末代 Sapalengaw 的話

Words *of* the Last *Sapalengaw*

中央研究院民族學研究所

敬　贈

WITH THE COMPLIMENTS OF
THE INSTITUTE OF ETHNOLOGY ACADEMIA SINICA

時代交疊下的最後敘說

1

　　二次世界大戰結束後，臺灣脫離了日本的統治。隨後歷經二二八事件與國府撤退，一九四九年間，中華民國政府行政中心轉進到臺北。一九五〇年代政治與社會秩序逐漸趨於穩定，也積極推展各方面建設（包括山地生活改進運動等各項作為）。

　　在人類學研究方面，跟隨國府來臺的學者，一則承襲大陸時期的科學民族誌及邊疆民族的研究傳統，二則延續日本人類學者對臺灣原住民文化的研究興趣，產生了頗具特色的研究成果。特別值得注意的是，在當時的時代氛圍下，人類學者普遍關懷各族群傳統文化流失的嚴重性，乃將「搶救即將消失的高山族社會文化」當成主要目標。當年的馬太安（或音譯為馬太鞍）阿美族調查，便具有這樣的意義。

　　一九五五年八月，中央研究院民族學研究所籌備處成立，創所的首要目標便是針對即將消失的原住民社會文化展開積極的調查。當年年底，民族所即在凌純聲教授領軍下，率領李亦園、任先民、李卉、鄭格等人，組團到屏東縣來義排灣族部落進行調查。

屏東來義調查，為民族所甫成立即馬不停蹄展開的第一個田野

凌純聲先生率領民族所同仁（左起李亦園、李卉、任先民）與來義排灣族頭目合影

　　一九五八年開始，中研院民族所到花蓮縣光復鄉展開一連串民族學調查。當時採取團隊合作的形式，由所長凌純聲率領，不同研究者分別針對親族組織、社會制度、物質文化等課題，進行訪談紀錄及民族學標本的採集。此次調查結束，民族所又邀請了馬太安部落耆老，北上南港盤桓近月，進行補充訪談及錄音。其後，民族所研究人員，再數度前往馬太安及鄰近地區，進行多次訪談調查，嗣後還各別發表長短不等的報告或論文，刊載於中央研究院民族學研究所集刊各期（1958–1962），這些文章後來經過整併、擴充成《馬太安阿美族的物質文化》（1962）、《秀姑巒阿美族的社會組織》（1965）二書，其中《馬太安阿美族的物質文化》由李亦園先生編纂，內容分成總說、生產方法、生活方式、工藝技術與知識、娛樂與嗜好等五章，凡二十二小節；而《秀姑巒阿美族的社會組織》，則由劉斌雄先生主編，著重部落中人口、家族、系譜、神話源流、婚姻、社會制度及與鄰近部落關係等十章。

　　關於這次的花蓮光復地區調查，不同文獻中有不同的記載方式。
任先民先生（1958:80–81）在〈花蓮縣太巴塱阿美族的祖祠〉一文中，
主要是紀錄在太巴塱的調查過程：

> 早在民國四十一年冬季，筆者隨臺灣大學考古人類學系同學
> 作第一次民族學實習調查時，即曾經過太巴塱，參觀過這一
> 引人注意的房子，可惜當時爲時間所限，僅只能匆匆一過，
> 未能稍爲調查其梗概。直到民國四十五年冬季。筆者參加本
> 所東部阿美族調查工作，住在花蓮縣光復鄉馬太安村，距離

1956年，任先民調查太巴塱祖祠，對其源流傳說、建築形式、雕刻圖案各方面，
進行了詳細測繪及考究

太巴塱祖祠內的七根屋柱，各有其雕刻圖紋及典故

太巴塱僅二十餘分鐘的行程，乃趁這次機會，抽出幾天時間，到太巴塱去，找到這所房子的繼承人，並遍訪村中耆老，將有關這所房子的歷史故事，建築情形，包含意義及其功用，加以詢問，一方面將房屋的形式，室內的花紋圖案等，一一加以描繪，冀能存其真相，前後工作四天，儘可能的紀錄了他們的傳述和報導，歸來之後，得以利用這些資料，撰述本文。

今年六月，溫尼颱風過境，造成了不少災害，這所僅存的古房屋，也遭逢了颱風的劫運，全部被強風吹毀了，太巴塱的居民，雖有重建的倡議，無如經費籌措困難，只好忍痛作罷了。那麼筆者這篇文章，適是為其弔念而作了。

收集這些資料，作為筆者主要報告人的有：vuei mayan、

依任先民調查結果，所繪製
的太巴塱祖祠的長、寬、高

1958 年 7 月，溫妮颱風肆虐花蓮，吹垮太巴塱祖祠，
劉斌雄先生徵詢地方同意，將其屋柱運回南港

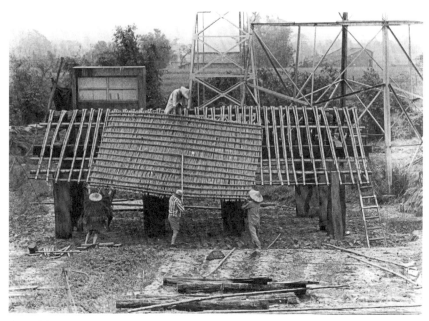

太巴塱祖祠重立於南港中研院院區，位置約為今日近史所檔案館附近

受邀北上，進行訪談錄音的馬太安耆老，參與了太巴塱祖祠在南港的重建

重建的太巴塱祖祠多年後再度頹圮，屋柱則收藏於民族所博物館內

galolo wnmawi，和這所房子的繼承人 saumah kuriu；此外
現任議員，前任鄉長萬仁光先生，現任東富村長何青山，均
曾給予多方協助。

劉斌雄先生由花蓮光復鄉調查歸來，經其商得太巴塱耆老的
同意，將被颱風吹毀的這棟房子的殘肢，贈送本所，僅由本
所略致祭儀即拆卸費用，得以將其運回臺北南港，並僱請光
復鄉阿美族老人三人同來，協助本所同仁及僱工，將此一房
屋，依照原來形式重建於本所後側空地。

凌曼立（1958:119–120）則在臺大考古人類學刊附記的〈考古
人類學界消息〉中，敘述了在馬太安的調查情形：

本年九月初，中央研究院民族研究所獲哈佛燕京社之資助，
開始花蓮縣馬太安社阿美族的民族調查，由該所劉斌雄先生
領隊，參加工作者有該所助理員溫遂瑩，本系同學石磊、凌

曼立等一行四人，自九月八日開始工作至二十八日結束調查，共計二十工作天；調查該社之人口、社會組織、親屬制度、生命禮俗、生產方式、工藝與技術、藝術與娛樂等，該次調查另一重要工作，將阿美族的太巴塱社唯一僅存而已為颱風吹倒的祖宗堂 kakitaan no loma 的建材搬運回南港中央研究院民族所，同時邀請四位阿美族人來到該所協助重建該屋，並請該族耆老著手編造阿美族的古代住屋、穀倉、會所、祖宗堂等四件標本。

重建之祖宗堂已於本年十月完成，在這一個月中利用空暇時間，由本系衛惠林、凌純聲教授率領四年級同學丁洪學、王崧興、石磊、陳清清、凌曼立等分別輪流向四位阿美族人補充調查該族的親族與家族制度、生命禮俗、服飾與編織、宗教與神譜及觀念與智識，同時錄音八盤，有關其神話傳說的故事，作為專題研究之實習。

今年二月中旬，由劉斌雄、文崇一兩先生及王崧興同學先後再赴馬太安社作第二次調查，作長達九十餘代的系譜的校正調查及錄音故事的錄文及翻譯工作，該項調查資料現在整理研究中。

之間，王崧興先生獲凌純聲先生指派，參與馬太安耆老的錄音訪談及其後續整理補校，對於此項工作他有這樣的記述：

民國四十七年十月間，中央研究院民族學研究所馬太安調查團從該社請來了三位報導人和二位翻譯，留在該所作補充調查。所長凌純聲師為使我們選‘民族學專題研究’的四年級同學多得一次經驗，故賜予我們機會調查。雖然筆者前後總共只調查三天半，但由於這次短短的接觸，則引起筆者對該社之宗教問題發生莫大之興趣。

四十八年寒假，承民族所資助，筆者赴該社做進一步調查。

1958 年起，民族所同仁多次前往光復進行民族學田野

前後在該社停留兩星期，返回臺北後，將兩次調查所得之資料草成馬太安阿美族的宗教一文。

四十七年十月間，該社何有柯先生（土名 unaktabong，現年七十九歲，他是該社最後一任的 sapalengaw（頭目兼祭司）在民族所作補充調查時，曾灌錄了八盤錄音帶的說話。凌師於筆者考取研究所後，將這批錄音帶的翻譯工作交給筆者。錄音帶的翻譯，是先請陳阿順先生（土名 vasa lawas，現年四十六歲）將它譯成日文，然後筆者再根據他的日文稿本譯成的。由於陳先生的日文程度不太理想，筆者又在四十九年寒假再度前往該社請陳先生協助，將這批錄音檔的內容譯成中文。內容譯出後，發現跟上兩次調查的資料頗有重複

凌純聲先生在光復時，與太巴塱部落的人合影

當年馬太安部落的耆老合影

協助太巴塱祖祠於南港重建的馬太安耆老（左起何有柯 Unak Tafong、連再芳 Isin Tafong、張阿湖 Loho Det、陳阿順 Fasa Lawas）

的地方，因此就將三次調查的資料合併，分爲本文及另文馬太安阿美族之故事。（王崧興 1961:107）

此外，李亦園先生在《馬太安阿美族的物質文化》一書中，也大致記下當時的調查過程：

民國四十五年十二月，作者隨凌純聲師考察臺灣東部諸土著族群，曾在花蓮縣光復鄉的馬太安社作爲期十天的訪問。在訪問期間我們覺得馬太安是很合適作爲民族學調查研究的地點，凌師因而鼓勵我擬定一個調查計畫以便有機會來作一次深入調查。

調查工作於四十七年九月正式開始，全部參加工作人員除主持人凌純聲教授外，先後有本所衛惠林教授、劉斌雄、文崇一、丘其謙、徐誠梓、溫遂瑩、吳燕和諸先生以及臺灣大學考古人類學系四年級同學石磊、凌曼立、陳清清、王崧興

等。四十七年度內共舉行田野工作二次，第一次自四十七年
九月六日至十月三日，第二次自四十八年二月八日至三月二
十九日，其間自四十七年十月二十五日至十一月二十五日並
曾請得馬太安的三位報導人來南港所中作補充調查和錄音。
當四十七年度第一次田野工作結束後，同仁返回研究室整理
和討論調查所得材料時，大家共同認為一年的期間恐不易完
成全部項目的調查，尤其是社會組織方面實非幾個月的功夫
所能完全瞭解。因此決定向東亞學會繼續申請第二年的調查
補助，其重心以社會組織為主，並擴大範圍比較馬太安社與
其他秀姑巒阿美族村社的關係。此一第二次計畫又承東亞學
會慨允補助。第二年度（四十八年度）亦舉行二次田野調查，
第一次自四十八年八月十二日至九月五日，第二次自四十八

民族所馬太安第一階段的調查，以物質文化為主（左為男子放置魚筌，右為太
巴塱婦女燒陶）

年十二月十日至四十九年二月八日。（李亦園 1962:1-2）

調查報告的初稿於四十九年秋全部整理就緒，共有四十餘節，長六十萬字。因為篇幅的關係，並適合補助機關的規定，同仁決定把報告分為兩部份出版。其社會組織部份，以秀姑巒阿美族的社會組織為題，由劉斌雄先生主筆。

我們在田野調查時，每一工作人員都分別負責若干項目，作為他們調查的重心；在研究室整理材料時，大家雖曾互相討論，互相參考所獲的材料，但為了尊重工作人員個人的意見，每一項目都撰寫成獨立的一節，並附有作者的姓名，這樣就全篇報告的完整性上說也許有缺點，但在保存每一作者個人的手法上說，也未嘗不是一個好辦法。（李亦園 1962: 2）

以上這些文獻紀錄，敘述的重點不一樣，相關參與的人事時地，甚至略有出入，但多少都能窺知當時調查研究的梗概。以今日的角度觀之，民族所當年的花蓮光復鄉調查研究，可謂留下了非常豐富的民族誌報告。而經由馬太安 Unak Tafong（何有柯）先生口述，所錄下的珍貴盤式帶八捲，內容敘述了該部落的歷史、系譜、社會制度、神話傳說等等，更是中研院民族所乃至臺灣原住民文化的重要資產。

值得特別指出的是，光復鄉的太巴塱與馬太安自十七世紀起即是阿美族著名的大部落，其政教合一的領袖制度更是相當特殊。以馬太安為例，由於部落領域廣闊，因而分成五個行政區域，每個區域各有其領袖，在區域領袖之上還有一位全部落的最高領袖，集政治與宗教權力於一身——處理政治事務時，可以稱之為大頭目（afelo'ay），處理宗教事務時則可稱為總司祭（sapalengaw）。Unak Tafong 是馬太安最後一位經由傳統方式繼承這個職位的人，因為一九五○年代隨著基督宗教的進入，部落組織產生急遽的變遷，先前的政教合一領袖制度也無法再延續。由於這樣的特殊身份，加上處在這樣的時代背景，

Unak Tafong 的錄音資料特別顯得有價值。

實際上，當年錄下這些聲音資料的 Unak Tafong 有著深切的無奈與憂慮，年屆七十八歲的他，已擔任馬太安部落 sapalengaw 達十二年，但在第十年時，曾因種種因素受挫，不再主持部落行事，其後部落遭遇嚴重風災襲擊，才在族人要求盼望下又出來任事，錄音資料中透露出當時他的心情：

> 因為部落內有部份反對人士說：「現在時代不同了，這個古老的習慣已經過時了，應該廢除它！我們應該學習美國人的信仰生活。」
>
> 「你們認為很好，就照你們的意行吧！」
>
> 我就這樣承讓，自動地卸下這個 sapalengaw 的職位，不再主持部落任何祭祀，但是部落居民改口稱呼我為 afelo'ay。
>
> 你看！我辭了 sapalengaw 職位後不久，颱風不是來侵襲部落嗎？我想這是神靈（kawas）對部落居民改信基督教的不滿。

在那個時代，部落文化變遷之遽，的確讓人憂心。李亦園先生一九六二年的文中提及：

> 前兩節所述關於馬太安阿美族人的社群生活和宗教生活，以及本報告所研究的早期馬太安族的物質生活，目前可以說大部分都已解體或被放棄了，這是一百數十年來外來文化傳入接觸的後果。在這一百數十年的文化接觸變遷中，實際上可分為兩段不同的時期：第一段時期自外來文化的開始傳入以至日本佔領時代的中期，在這一段時期中文化的接觸是偶然的、間接的、片面的而非強制性的。第二段時期是自日據時代末期一直到目前，這一段時期的文化接觸多半是全面的、強制性或有計畫的。（李亦園 1962:12）
>
> 日本人的下令除去獵頭骨棚和廢止 kakitaan 家，父系的戶

口登錄和財產承繼，天主教和基督教各派系的傳入，以至於
光復後推行的生活改進運動，這些都是使阿美族原有文化無
法容納，而只有走上解體的因素，因此我們說後期的文化接
觸是全面的、被動的和強制性的，這些急遽的文化接觸的後
果，便是文化的失調與不合所致，阿美族一面信奉天主，一
面仍對 kawas 和 malatau 很敬畏，社會上母系和父系制度同
時並行，使人無所適從。（李亦園 1962:13）

　無怪面對外來研究者對傳統部落文化的探索熱情，Unak Tafong
顯得熱絡，且配合回應：

如今我作大頭目，凡是來本社的人我都非常的歡迎且熱誠招
待。如學生、地方首長、官吏，及各界人士等，我都不會拒
絕。不管是從何來的學者或者是附近的老師我不會介意，一

不同統治者、不同文化影響，越來越多外來物進入馬太安部落的家庭

接受西方宗教後，部落人逐漸習慣於教堂舉行婚禮

終戰後國民政府推行山地生活改進運動，訂立改善人民圍桌吃飯習慣

視同仁。他們親近我，讓我感到榮幸。

藉著劉先生的到來，為了感謝他的美意，我在此鄭重的表示我永遠不會遺棄阿美族這種傳說故事。

說這話時的無奈，研究者成了唯一的聽眾：

特別是劉先生說：「請教老先生！」「行了！」我就答應。那是我看在劉先生專程來訪，怎麼敢不接受呢？為此，我把所有的一一傳授給他。我面對這麼熱心的劉先生，不留一個統統講出來了。你看，Komod（歷代神譜）、Lopalangaw 故事、'Ayaw no riyar（洪水時代）、Tatakosan 神話、Solol 'Alimolo 神話等主要的講古，全部都講出來了。同時，這些講古也是這些神人（kawas）親口傳授給馬太安的人。所以，由此知道，我講古的一切沒有一件是我 Unak 創作的故事。如前天說過，我不過是現任頭目，這講古由前任頭目傳承下來。

　　一九八二年五月間，民族所研究員劉斌雄先生向行政院國科會提出申請，進行為期共三年的「阿美與雅美兩族的口傳文學」研究計畫，其核心主旨在於：「本計畫的提出，一面鑑於國內對臺灣土著口傳文學調查研究的停滯，現時又見傳誦人的快速凋零，深感有急需搶救的必要，另一面促進民族學研究所歷來搜集資料的整理發表，建立用土著語言記錄的正確資料檔案，以資推展臺灣土著口傳文學研究的新局面。」當時筆者擔任阿美族部分的調查研究工作，除了在花東兩縣用錄音機採錄口傳資料外，還在黃貴潮先生的協助下，將之轉譯為阿美語拼音文字。基於 Unak Tafong 這份錄音檔的珍貴性，幾經波折，終於把盤式帶轉拷成當時通用的卡帶，並由黃貴潮先生做了初步的整理。可惜由於種種的原因，這部分的成果未能公諸於世。

　　時隔二十年，近年來許多博物館及研究單位，著手數位化及網路資料庫的建置，筆者乃興起重新整理這份 Unak Tafong 錄音檔的念

馬太安大頭目 Unak Tafong，於住屋前盛裝留影

頭。在民族所所長黃樹民教授的支持下，將從卡帶又轉錄至 CD 的資料，邀請出身太巴塱的吳明義（Namoh Rata）先生依據二○○五年十二月十五日教育部會同原住民族委員會公告的阿美語書寫系統（參見附錄），將 Unak Tafong 的口述資料，用阿美語拼音文字一一重現，並逐段翻譯成中文。然本文所引用文獻之阿美語，維持原書表記方式。另外，由於不同世代的阿美語已漸變遷，轉譯成阿美文字的工作並不容易，但我們仍期待逐字對應，力求本書的阿美語記音文字能完整呈現 Unak Tafong 的口述風格。至於在中文翻譯方面，則採整段意譯的方式，以方便中文讀者閱讀為原則。

2

　　二○一四年，本書編纂付梓之前，我們特地造訪了馬太安 Unak Tafong 的家族後代，重新聯繫起中斷近一甲子的關係，家族成員告知計保有當年民族所出版的《馬太安的物質文化》一書共四本，幾乎奉爲傳家之物，裡頭所載阿公的話及其他調查結果，更爲後代實踐傳統文化的重要依據。Unak Tafong 家系主要繼承者外孫女陳玉蘭（Afo Sawmah）回憶：

> 當年研究院來訪問時，由部落幾個年輕人負責翻譯，那時候
> 幾個人剛從學校畢業，踏出社會才要教書，因爲兩邊的話

馬太安大頭目 Unak Tafong 一家人合影。由左至右爲詹玉蘭 Sera o'ngo（長媳）、Logots Fala（鄰居）、陳蘭梅 Sawmah Afo（女兒）、何有柯 Unak Tafong、陳早荖 Calaw Unak（次子）、Linga Nakaw、Fusa Nakaw（鄰居），小孩爲何成福 Fasa Tafong（孫）、陳玉蘭 Afo Sawmah（外孫女）

幾位受過國民教育的馬太安青年，輪番擔任
研究團隊的翻譯，右為張文祥 Ingay Marang

曾任光復鄉長的萬仁光夫婦，
當年提供研究團隊諸多協助

外出打扮的馬太安部落的二位主要報導人（左為連再芳，右為何有柯）

懂，就輪流來這邊。只是每次阿公講古，只要開始就會直到結束，中間無法打斷，必須連續聽著他講，中間要翻譯很難，如果你斷斷續續，阿公不會跟你弄。就是一段完整故（敘）事，沒有逗點沒有休息的講古。而每次旁邊看阿公演說，都會先 mifetik 跟上面（kawas）溝通，告知上面我想講的，接著就會嘴巴開始講。以前沒錄音沒有文字，有時晚輩的我們會想，是不是上面是藉阿公的口述，像臺灣人講的通靈，在傳達意思。

除了受過日本教育的陳阿順、王錫山，另幾個像王文龍（王錫山之子）、吳阿民、黃阿德、鄭寶輝等人，日後各是馬太安當地重要鄉紳、體育國手，或是教育的推動者。訪談過程中身為 sapalengkaw 的 Unak Tafong，所展現驚人記憶及口述能力，時過境遷仍讓幾位參與者印象深刻，而參與口述翻譯的任務，想來某種程度也促成了文化的紮根與播種。

當年民族誌〈遊戲〉一節記載的小孩。左起為陳榮藏 Lalan Calaw、林阿隆 Amid Afo、何德信 Mayaw Tafong

大頭目 Unak Tafong 的兩個兒子
（左為長子何正宏 Tafong Unak，右為次子陳早著 Calaw Unak）

Unak Tafong 的孫輩後代，致力文化傳承（左為孫子何成福，長子何正宏之次子，
右為目前當家外孫女陳玉蘭）

從光復基督長老教會俯瞰馬太安部落現狀

外公回來跟小孩講他搭飛機，臺北很快就到，去到那裏，路
有的從上面，有的從下面，當時我才小學四年級，就一直夢
想，想臺北究竟是怎樣的地方。

幾個阿公（連再芳、張阿湖）上到臺北，不知道怎麼逛街，
回來只知道幫孫子買布鞋，偏偏又不知道尺寸，五、六雙都
買一樣的，結果小的穿太大，大的穿太小，太大的鞋帶綁緊
勉強還穿得住，走起來聲音大像鴨子，太小的就得從前邊切
掉，讓腳趾頭露出來。

搭乘民航機的獨特經驗，一度在老人的晚年被津津樂道，北上返
家後的阿公，實際上是懷著矛盾的心情，一方面還留有學界禮遇的興
奮榮光，另方面卻不得不接受時代氛圍下兒孫積極接受基督宗教的無
奈，一九六六、六七年，教會主導下，馬太安地區曾有數波信眾燒毀
傳統服的動作，我們無從得知阿公當年看在眼裡，是懷抱怎樣的心
情，阿公是到一九七一年，辭世前才接受家人的主張進行領洗，時年

九十八歲。

初中畢業和同村四個女孩，到臺北的紡織工廠工作，那時花
蓮要上到臺北還很不方便。放假時想到阿公去過研究院，就
想找機會也去看看，一個人眞的跑到南港研究院門口，用什
麼名義呢？跟門口說我找劉斌雄教授，是何有柯的孫女，現
在回想那時很冒險。

物質文化的研究興趣，調查過程，民族所當年同時進行了馬太安
文物的收集典藏，該次南港之行，令陳玉蘭印象極深的，卻是自己阿
公阿嬤的等身石膏塑像，頻頻詢問翻鑄的可能，查詢後發現該文物僅
存簡要紀錄，實是殊爲可惜的事情。

舅舅、媽媽這輩相繼辭世，到我們孫輩這代，認爲應該好好
傳承，讓後代知道自己的外公。開始的想法是蓋一座牌樓，

大頭目 Unak Tafong 壽誕與其家族合影。隔年辭世，享年 98 歲

家人依據民族誌記載插繪，
仿製的頭目盤帽

孫字輩於 2007 年成立
「撒巴勒奧文化協會」，
紀念及傳承先人功績

剛好兄弟有人正學雕刻，因此由他負責牌樓造型，阿公是第六十六代 sapalengaw，要怎麼樣呈現意義呢，後來選了層疊的人頭和羽毛圖騰，來象徵阿公過去部落領袖的地位。

　　對後世的影響，跨過忙於經濟起飛，不得不擱置傳統的上一代，二〇〇七年，Unak Tafong 家族由孫輩發起，立起木雕牌坊，邀請部落耆老帶領年輕一輩，就所收集的竹、白茅、藤條等材料進行傳統建屋，隔年正式立案為「撒巴勒奧」（sapalengaw）協會，積極展開文化傳承的工作，偏偏又逢颱風毀損，再接再厲重蓋，走過最挫折的年代，二〇一二年，馬太安最新晉級的 awei，赴協會進行傳統文化的請益，嗣後安排各項技藝的學習，在這群曾經失落的長輩心中，漸漸點燃新的期待，sapalengaw 原意為蟄伏土中的種子，對傳統文化的珍視與傳承，正悄悄地重新萌芽。

3

　　至於出版這本書可能有的意義，或許可以從幾個層面來思考。首先讓我們觀察口傳文學是什麼。口傳文學的研究專家巴蘇亞・博伊哲努（1999:41–42）指出，口傳文學有六項重要特質：與實際生活緊密連繫、能顯示歷史的部分實況、充分表達初民的理想或願望、反映抗拒艱難、反對惡勢力的態度、辯明古時對鬼神或宗教信仰的態度、嘗試釐清與生存環境的關係。這六項特質，或多或少都可以在這本口傳集中看出來。有賴讀者細細品味。

　　鄒族出身的巴蘇亞・博伊哲努也指出（ibid.:3），口傳文學具有這樣的意義：「口傳文學在傳統的原住民社會中，原具有教育的功能，不僅是娛樂的工具，同時它也是各族媛歷史文化的結晶體，藉由這些口傳文學內涵的重述或誦唱，往往足以激勵情志、鼓舞精神。」這樣的說法，跟人類學者 Bascom（1968:498–499）的說法很類似：

口傳文學有教育與文化傳遞的功能，傳遞知識與文化，協助社會控制，鞏固社會權威。根據這樣的觀點，我們也能經由這份口傳資料，瞭解當年馬太安阿美族人的社會生活樣貌。

進一步來看，這份 Unak Tafong 錄音檔，當年王崧興先生曾據此整理出〈馬太安阿美族之宗教及神話〉（1961）以及〈馬太安阿美族的故事〉（1962）二文，其中一部分內容則為劉斌雄先生在撰寫《秀姑巒阿美族的社會組織》時所引用。如今，當年埋下的時光膠囊再度被開啟，我們不禁要想，若有機會如實重現原音（第一手），或另透過不同的翻譯脈絡（第三角度），那麼這批封存的錄音檔，除了未被引用的部分能轉為文本刊行，針對研究者已發表整理的部分，比對後存在著詮釋上的差距，進一步探討這些差距，對人類學在處理訪談／口傳資料時，是否能助益其方法學上的不足及限制？這是進行這項翻譯再現計畫時，三方（錄音檔—已有文本—第三角度翻譯）不斷對話而引發的想法。當然，這方面的工作茲事體大，有待來日，更有待能者。

簡要地說，人類學研究已經明確告訴我們，口傳文學是有意義的研究項目，但因應不同的研究重點，要配合不同的材料與方法。例如 E. Leach（1967）便指出，神話乃至口傳文學的研究，不應剝離社會文化脈絡，W. Murphy（1978）則認為，口傳文學研究加上社會語言學，可以探討口傳文學傳遞的意義，但要加上傳誦者背景、動機的探討。再舉個具體的例子，劉斌雄先生曾經提示筆者，馬太安口傳文學中出現的一些古老部落名稱，與荷蘭時期的番社戶口記錄有相當程度的吻合。換言之，口傳文學中有些資料可與荷蘭人、漢人、日本人的文獻資料相互印證，而尋找出歷史上的一些事實。當然，我們也不應忽視，口傳文學中也表達了阿美族對某些歷史事件的認知與感受，未必與漢人等完全相同，這便與歷史記憶的研究相關連。

原住民口傳文學文字化的當代意義，也是值得強調的重點。巴蘇亞・博伊哲努（1996:5）曾剴切地呼籲：「……因社會急速的變遷，聲光傳播媒體所提供的新穎節目幾乎已全盤取代昔日口傳文學的功能……原住民口傳文學的傳遞已經面臨斷絕的危機……筆者曾不斷提出口傳文化或文學『文字化』的觀念，即在族群中能記憶整體文化的耆老尚未凋零與傳統文化活動尚能運作之際，對文化體的形質予以紀錄或錄音、錄像，口傳文學則轉譯成書面的文學，讓各族群能夠擁有這些文化的資產，以適應未來的社會，並作爲其文化持續發展的母土。」希望這本書的出版，是對此一呼籲的微小回應。

4

最後欲借本文感謝一些給予助力的相關人士。首先是中研院民族所的所長黃樹民教授。他對這項工作的支持不遺餘力，不但提供經費上的資助，還十分鼓勵文化紮根的各項事物，由衷表示感激。其次，吳明義先生以古稀之年，仍致力於本族語言、文化的推廣與研究，其精神令人感佩。尤其本書的記音、翻譯異常艱難，他仍願意在編纂阿美語辭典的百忙之外，以兩年的時間奮力完成，值得欽敬。此外，民族所編輯室的黃淑芬小姐任勞任怨，不但協助聯絡、編輯的事宜，還要經常向我們催稿，沒有她的堅持，這本書就沒法完成。謹此致上眞誠的謝意。再者，文稿提交民族所編輯委員會後，承蒙兩位審查委員仔細閱讀並提供寶貴的修正意見，十分感激。最後，關於本書的編輯以及本序文的撰寫；田野地的調查、人名的釐清，黃啓瑞先生皆曾提供不少協助，一併在此致謝。

 謹識
二〇一四年七月

參考書目

王崧興
　　1961　馬太安阿美族之宗教及神話，中央研究院民族學研究所集刊 12:
　　　　　107–178。
　　1962　馬太安阿美族的故事，中央研究院民族學研究所集刊 14:95–127。
巴蘇亞・博伊哲努（浦忠成）
　　1996　臺灣原住民的口傳文學，臺北：常民文化事業有限公司。
　　1999　原住民的神話與文學，臺北：臺原出版社。
任先民
　　1958　花蓮縣太巴塱阿美族的祖祠，中央研究院民族學研究所集刊 6:79–
　　　　　106。
李亦園主編
　　1962　馬太安阿美族的物質文化，臺北：中央研究院民族學研究所。
凌曼立
　　1958　考古人類學界消息，臺灣大學考古人類學刊 12:119–120。
　　1960　臺灣與環太平洋的樹皮布文化，中央研究院民族學研究所集刊 9:
　　　　　313–360。
　　1961　臺灣阿美族的樂器，中央研究院民族學研究所集刊 11:185–220。
劉斌雄等
　　1965　秀姑巒阿美族的社會組織，臺北：中央研究院民族學研究所。
Bascom. W
　　1968　Folklore, in D. L. Sills (ed) International Encyclopedia of the Social
　　　　　Sciences, 6:496–500.
Leach, E.
　　1967　"Introduction" in E. Leach (ed) The Structural Study of Myth and
　　　　　Totemism. Pp:vii–xix, London: Tavistock Publications.
Murphy, W.
　　1978　Oral Literature, in B. J. Siegel (ed) Annual Review of Anthropology,
　　　　　7:113–136.

Unak Tafong 的口傳文學概述

Namoh Rata（吳明義）

1 大頭目與口傳文學

　　Unak Tafong，中文名字爲何有柯，是最後一位依照阿美族馬太安部落傳統領袖制度膺選出來的部落領袖，即大頭目（sapalengaw 或稱 afedo'ay）。[1]

　　阿美族的傳統部落生活，正如人類學家所言，仰賴著領袖制度、年齡階級制度以及祭司（巫師）制度等三大要素緊密維繫與運作著。換言之，依據此三大要素領導部落居民，從事經濟、政治、軍事以及宗教等活動。傳統的馬太安部落，由於地域遼闊，因而區分爲五個區域。每個區域有地區領袖（區域頭目），其上更有統理整個部落的最高領袖——大頭目，此乃是從五位區域頭目之中選拔出來的。馬太安部落大頭目的產生，就整個阿美族部落來說是比較特殊的，他必須通過嚴酷考驗方能膺任該職位。

　　大頭目應該具備的條件有以下幾項：

　　1. 精通系譜知識（mitosil to tato'asan），其範圍包括：⑴ 神代的系譜，⑵ 'a'isidan（巫師長）歷代的名字，⑶ kakitaan（宗祠主持）之系譜，⑷ sapalengaw（大頭目）之系譜，⑸ temalo'anay（部落才女）之名譜，⑹ cidal（日）、folad（月）、fo'is（星辰）之名譜，⑺ faliyos（風）、'orad（雨）之名譜，⑻ citafaday（出草有功人士）之

---

[1] sapalengaw 係馬太鞍部落大頭目（亦稱總頭目），扮演祭司身分時之稱呼；扮演部落政治領袖時，則稱 afedo'ay。

名譜，⑼ pakainaay（自己家族的母系）和 pakamamaay（父系）之系譜等。

　　2. 能約束部落居民（pakarekecay to niyaro'）。

　　3. 精通於禱告（inaneng to safetik）。

　　4. 能維持部落之傳統於不墜（sapisaniyaro'）。

　　5. 能照料部落大眾與事務（sadipot to niyaro'）。

　　6. 能遵守戒律（sapi'emat to tireng）。

　　7. 精通部落各種特殊信仰（sademak to niyaro'）。

　　8. 精通獵首祭儀（sademak to sapingayaw）。

　　9. 精通年齡階級之事務（o demak to sapisaselal）。

　　10. 擅長於各種演說（sakapapelo）。[2]

　　大頭目之主要職責有：

　　1. 決定部落之一切祭日之順序及主持祭儀（sarekec to lisin no niyaro'）。

　　2. 遵守一切的禁忌（sarekec to paysin）。

　　3. 主持部落會議（laoc no finawlan）。

　　4. 裁決部落內發生的各種事件（mamisawkit to 'ilo no niyaro'）。

　　5. 主持與他部落之交際（papaini to pi'ada'ada）。[3]

　　Unak Tafong 符合了上列十個條件與五項職責的要求而膺任大頭目，並依照傳統的程序正式就任。其程序如下：

　　就任儀式稱 misefad to malataw，進行 papelo（就任演說與誓詞），即向神說話，請諸神來臨之意。儀式在早餐以前舉行。此刻準備酒，從已宰殺的豬體內取出豬肝，和少量的糯米飯，以芭蕉葉包裹在一起，此二物是舉行祭儀時的必需品。酒是供 mifetik（滴酒祭）

---

2 參考劉斌雄等著《秀姑巒阿美族的社會組織》，頁 177。（1965，中央研究院民族學研究所）

3 同註 2。

時使用的。豬肝和糯米飯包放置腳下，進行 papelo 時，用右腳踏之。族人相信在此時，芭蕉葉裏的豬肝和糯米飯（hakhak）都會因此消失不見。

　　就任儀式時所進行的 papelo，通常是較爲冗長的，因爲得迎請所有的神靈及祖靈。演說與誓詞的內容包含：⑴ 洪水發生以前的諸神。從 Sapaterok（即神代的 sapalengaw）開始。⑵ sikawasay（巫師）歷代的 a'isidan（領袖）之名譜。⑶ kakitaan（宗祠）歷代主持的祖靈，從洪水以前開始。⑷ citafaday（出草有功人員）的名譜，從神代開始。⑸ sapalengaw（總頭目）的歷代名譜。⑹ temalo'anay（出草凱旋歸來時，代表整個部落獻酒，以及接駕的女青年代表）的名譜。⑺ cidal（日）、folad（月）、fo'is（星辰）之名譜。⑻ faliyos（風）、'orad（雨）之名譜。⑼ sapalengaw 本身的 pakainaay（母系親族）及 pakamamaay（父系親族）之祖先歷代的名譜。諸神靈、祖靈都迎接後，接著進行有關農業或其他種種祈禱：諸如⑽ safariw（關於開墾之事）。⑾ 關於植物（農作物）害蟲之事。⑿ 關於田園雜草之事。⒀ 關於道路及打獵的山野之事。⒁ 祈求部落平安，部落居民無病息災之事。據說在 papelo 時，sapalengaw 是一直用右腳踏豬肝及糯米飯的芭蕉葉包進行演說的。又說，若 sapalengaw 講述的內容無誤，用腳踏著的兩件物品，即豬肝及糯米飯，自然會消失不見。

　　papelo 完畢，眾人開始炊煮早上宰殺的豬隻，並且用餐。[4]

　　Unak Tafong 是最後一位依照上列十項膺任大頭目的條件以及遵循上列傳統儀式就任大頭目職位的部落領袖。難怪老先生能夠口若懸河滔滔不絕地對著錄音機講述三十餘則口傳文學（可能還有更多）。

　　從上列敘述可知，馬太安部落的領袖制度本身就是文化傳承重要的一環。因為，膺任頭目以前的準備階段，就是承續與傳接的授受過程。試想任何有志於此職位者，必自年輕時，私自向各年長者討教以

---

4 同註 2，頁 180–181。

達到授受的目的，藉此一代一代傳承阿美族的精神與社會文化。即使有些人無緣於大頭目職位，其豐富的部落知識足能成爲部落的活字典，如美國《根》（Roots）的著者——艾力克斯・哈雷（Alex Haley）所稱的史官（griot），一座活圖書館。他備極推崇非洲的這種史官，幫助他完成在非洲的尋根工作。他把史官視爲一座圖書館，一位史官的殞落，猶如圖書館被毀，是人類莫大的損失。[5] 史官的存在象徵祖先在遠古的某處發生的事件有被追溯的可能性。人類故事得以一代一代，乃是古代長者的記憶及口傳之故。也因此，今日的我們能與祖先的智慧結晶共舞。阿美族的歷史就是靠著這樣的人物一代一代傳下來的。有些部落於光復後取消了頭目制度，如光復鄉太巴塱部落，即由村長取代頭目的地位。然而近來，由於觀光事業之蓬勃發展以及豐年祭活動之頻繁，具象徵意義的頭目也隨之出現，但是不再擁有傳統頭目的權威與名望。不過有些部落頭目在進行第四項，裁決部落內發生的各種事件職責時，遠比村（里）長明快，因此其住所常常有居民聚集，進而成爲部落之核心人物。

2 Unak Tafong 口傳文學的分類與說明

本書收錄的三十篇 Unak Tafong 口傳文學，是中央研究院民族學研究所劉斌雄先生於 1958 年末所錄製。從內容性質可分類如下：

(一) 社會變遷方面

Unak Tafong 出生於 1892 年。三年後，清朝把臺灣割讓給日本統治。換言之，Unak Tafong 的生命成長，恰好與日本政府在東臺灣的經營與各項經濟建設的推展並行。所以在這個範疇內的各主題不僅

5《根》，艾力克斯・哈雷著，張琰譯，頁 8–9。（自華書店，1987）

很明顯地透露馬太安部落的土地分配、覝魯娃（Karowa'）地區的開發與水稻文化的開端、天然災害導致住民擴散，又日治時期為增加糖的生產量，因而搶奪土地，使該地區住民不得不被迫離散。同時在 Unak Tafong 的自述中，亦揭露其親身經歷了當時日本政府如火如荼地從事東臺灣的交通建設（鐵路、公路、電信）的過程。以上種種乃說明著不僅是馬太安區域，甚至整個東臺灣地區質變的開始與過程。只不過這些事實以口傳的方式傳述，確切的日期、地點、人物和事實，有待比對日本政府當時的記錄，才能使口傳暗示性的涵義成為更可信的歷史事實。

本書屬於此範疇的有以下幾章：

第一章 O kafafalifalic no niyaro' no Fata'an（馬太安部落的歷史變遷）又分成以下四小主題。

> O kakenay no Fata'an to sera（馬太安部落的土地分配）
>
> Kakakenay to sera i Karowa'（覝魯娃地區的開發與水稻文化的開端）
>
> Tatiihay a nikalasapalengaw（招災的大頭目群相）
>
> Pi'alaw no Ripon to sera ato kaliwaswasan no Fata'an（日本人搶奪土地與馬太安子民的擴散）

第三章 Ci Unak Tafong——sapalengaw（大頭目何有柯自述）

(二) 部落習俗方面

此主題範疇所涉及的內容，大部分是馬太安部落的民俗與慣習，以及生產器具的演進等。至於議婚這項，我不認為那是最典型的。因為人的思想行為是變化多端的，當然自男女相識、求偶、議婚、提親至成婚，各人途徑與方式不一定相同。Unak Tafong 的說法可能是一地或一隅之見。

本書屬於此範疇的有以下幾章：

(三) 部落事件與糾紛者

此範疇主題所提及的事件，包含個人、夫婦之間、家庭、部落社區或部落和部落之間的糾紛等。

本書屬於此範疇的有以下幾章：

第二十六章 Ci Calaw Engay（查勞厄愛事件）

第二十七章 Mayaw Kapohong（馬耀旮博弘事件）

㈣ 傳奇者（legends）

此範疇各主題所涉及的內容大部份是傳奇性的，是現實環境中無法想像的事情。僅能當作詼諧笑話來欣賞。

本書屬於此範疇的有以下幾章：

第十章 Ci Idek（伊德的故事）

第十一章 O mala'alemay a ina（變成穿山甲的祖母）

第十二章 Malakowaway a Nakaw（變成鷲鷹的納高）

第十三章 Malaponayay a Falahan（變成綠鶯的法拉罕）

第十六章 O niyaro' no Faliyasan（女人國）

第十七章 Ciwadis ko poki ni Alofay（阿璐筏愛的陰部長齒）

第二十一章 Ci Aracan：O lengaw no kaliyah（惡靈的起源）

第二十八章 Idek aci 'Afetongan（伊德和阿福杜幹的故事）

3 口傳文學文字化的難處

1. 由於錄音帶老舊、或因磁帶的磨損，有些小聲的連接詞無法辨音，在文字化過程，成為很大的困難。

2. Unak Tafong 說話的速度往往跟不上他的思緒。常常有些該講的話，也許他以為已經講過，就跳到另一段，因而讓聽者聽起來有三級跳的感覺。所以遇到這種狀況時，常常費時推敲其原意，並且得加上若干詞語才能弄懂。

3. Unak Tafong 有著特殊的口頭禪。例如 "hanaw ko sowal" 或 "iray ra" 等，幾乎每句都有，難免感覺太多了一點。在無文字可標準化的年代，「一口治天下」的阿美族社會，各有各的演說方式與表達方法。或許是年輕時候學習發表演說的學習對象就有那種口頭禪，而且在不自覺的情況下模仿學來的。若以嚴謹的態度來聽時，感覺那是多餘、無意義的，不值得模仿或學習。

4. Unak Tafong 和我有四十二年的年齡差距。共生的年代又各自住在不同的部落，所以有些古老或特殊用語來不及親自請教。故有些許語彙連聽都沒有聽過，當然也無法瞭解其意義。即使現在回去馬太安部落進行田野調查，也無從問起。因為與老先生同年者（1892 年出生）皆已作古。現存的八旬以上的耆老，年齡也大我沒幾歲，加上青壯年者不見得關心部落文化或口傳文學之類的文化遺產，所以結果也如預期般，一問三不知。總之，這些因無法查明而成懸案的語彙，也恐將永遠無解。

5. 傳說內容不僅人物多，事件也多。或許加上記憶力隨年齡的衰退，難免有張冠李戴或移花接木的現象。遇到這種情況時，還要靠邏輯推理將其論述合理化。

吳明義榮獲教育部 103 年度本土語言傑出貢獻獎

4 Unak Tafong 口傳文學的特色

1. 自我中心主義色彩濃厚。例如「女人島」的傳說，男主角在小川尚義和淺井惠倫編著《原語による高砂族の傳說》中，在奇美部落（Kiwit）是 Sadafan。但是在荳蘭部落（Nataoran）則是 Maciwciw。在 Unak Tafong 的口傳中是 Makaciw，並且強調 Makaciw 是馬太安人。但是從生活環境與常識來判斷，「女人島」故事的產生，應該生活在近海或靠海為生者的可能性較高，但是 Unak Tafong 全都攬在馬太安部落的傳說中，其合理性亟待商榷。

2. 有坐井觀天之嫌。在談到農具的演進與捕魚誌時說到，當馬太安部落農具從石器演進到山豬和水鹿的肩胛骨時，太巴塱和其他部落仍然停留在石器階段沒有進步。另一方面，有關 palakaw 的捕魚技術曾提及只有馬太安部落民直接受到 Solol 'Alomolo 神的教導，所以只有馬太安住民懂得此套方法，其他部落則沒有。然記得童年時，家父經常帶領我到秀姑巒溪邊的靜態水域或緩流中進行同樣的活動，而且漁獲量比馬太安的沼澤地還多。人的流動性，免不了彼此之間的交互影響（acculturation），所以任何生活技能很快就會流通起來，不可能只有一群人獨佔、獨享，何況是鄰近部落，互動更是頻繁。

5 結論

首先我們要感謝老前輩 Unak Tafong 為我們阿美族的後代留下了部落寶貴的資產。更感謝劉斌雄先生辛苦地用當時笨重的錄音器材（不像現在有著輕便、音質佳的數位錄音器材），為我們錄製了這些寶貴的部落資產，否則這三十章的傳說故事，可能隨著老先生的離世而永遠消失在虛空中。儘管這些資料不如我們想像地那樣完美，但是其實質價值是瑕不掩瑜的。

嚴格地說，這三十章的故事，以現在呈現的質量來說，還不能當教材來使用。必須以現在的語言尺度再加以修訂才能符合現代的需要，更希望不久的將來能很快地完成這個任務。

附錄／阿美語書寫系統

　　二〇〇五年十二月十五日教育部會同行政院原住民族委員會於正式公布原住民之書寫系統，本書記音方式即運用此標準系統，其書寫系統摘錄如下表。

　　阿美語依地緣關係，發音上有些許差異，故又細分為，1. 北部阿美語（新城、花蓮、吉安、壽豐）、2. 中部阿美語（鳳林、光復、豐濱、瑞穗、玉里、富里[1]）、3. 海岸阿美語（長濱、成功、東河）、4. 馬蘭阿美語（富里豐南、關山、鹿野、卑南、臺東）、5. 恆春阿美語（滿州、牡丹、池上、太麻里）。本書敘述的馬太安部落，即屬於中部阿美語。

輔	音			
發音部位及方式	書寫文字	1	2/3/4/5	國際音標
雙唇塞音（清）	p	✓	✓	p
舌尖塞音（清）	t	✓	✓	t
舌根塞音（清）	k	✓	✓	k
咽頭塞音（清）	'	✓	✓	q
喉塞音（清）	^	✓	✓	ʔ
舌尖塞擦音（清）	c	✓	✓	ts

---

1 富里鄉大部份以中部（秀姑巒）阿美語為主，只有富里鄉的豐南部落是馬蘭和中部的混合性部落，所以富里橫跨中部和馬蘭兩個亞群。

雙唇塞音（濁）				b
唇齒擦音（濁）	f[2]	✓	✓	v
唇齒擦音（清）				f
舌尖塞音（濁）				d
齒間擦音（濁）	d[3]	✓	✓	ð
舌尖邊擦音（清）				ɬ
舌尖擦音（清）	s	✓	✓	s
舌根擦音（清）	x	✓	✓	x
喉擦音（清）	h	✓	✓	ħ
雙唇鼻音	m	✓	✓	m
舌尖鼻音	n	✓	✓	n
舌根鼻音	ng	✓	✓	ŋ
舌尖顫音	r	✓	✓	r
舌尖閃音	l	✓	✓	ɾ
雙唇半元音	w	✓	✓	w
舌面半元音	y	✓	✓	j
總　　計	**18**	**18**	**18**	**22**

---

2 字母 f 依地區不同代表三組發音 [b, v, f]：大體上而言，越接近北部的方言，字母 f
越可能代表 [b] 音，越接近南部的方言，則越可能代表 [f] 音。

3 字母 d 依地區不同代表三程發音 [d, ð, ɬ]：大體上而言，越接近北部的方言，字母
d 越可能代表 [d] 音，越接近南部的方言，則越可能代表 [ɬ] 音。

元		音	
發音部位及方式	書寫文字	1/2/3/4/5	國際音標
前高元音	i	✓	i
央中元音	e	✓	ə
央低元音	a	✓	a
後高元音	u[4]	✓	u
後中元音	o	✓	o
總　計	5	5	5

---

4 後高元音 [u] 與後中元音 [o]，傳統上一直被認爲是「自由變體」。然而在實際的言談
　中，仍存在著語音上的差異，特別是表徵「符法功能」的虛詞，很明顯地是發 [u] 音。
　勉強將 [u] 與 [o] 混同使用，對於族語使用者來說，一則感覺發音不標準，偶爾也會
　有聽不懂的現象。因此將 [u] 與 [o] 並列，以適度地呼應族人的語感。錄自行政院原
　住民族委員會、教育部編印，〈原住民族語言書寫系統〉，頁 7。

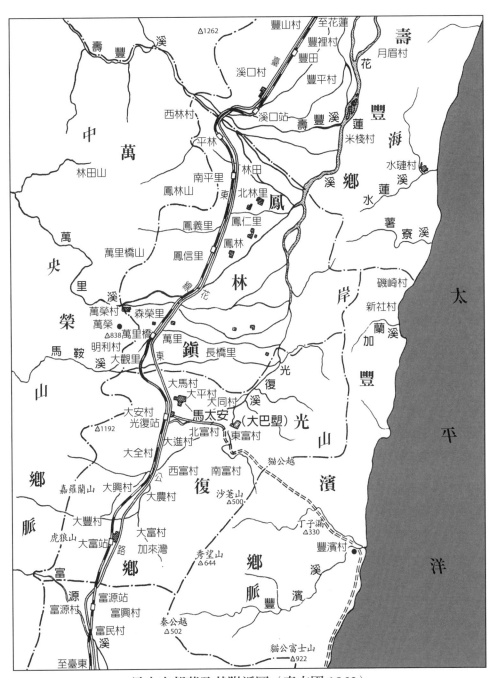

馬太安部落及其附近圖（李亦園 1962）

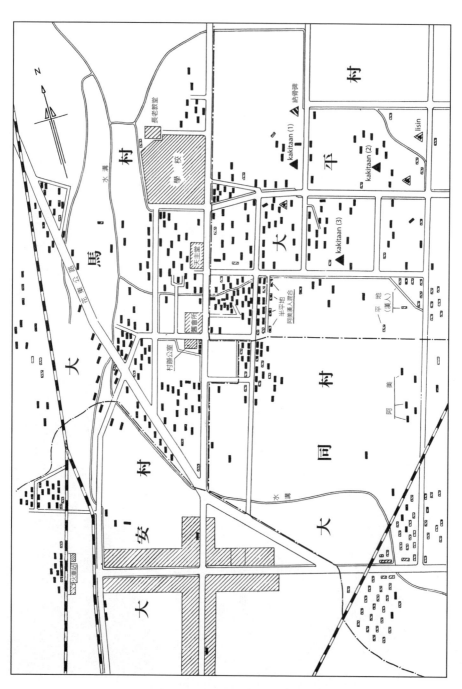

馬大安部落平面圖（李亦園 1962）

目　　次

第一章

O kafafalifalic no niyaro' no Fata'an
馬太安部落的歷史變遷

O kakenay no Fata'an to sera
馬太安部落的土地分配

1 O pala no niyaro' no Fata'an riy, ira cecay paparodan iri tosa a kofo, malalen a hatira. Iraan sato haw riy, ira misakilac to, iriy iraan sato riy, caay to kalacengacengang haw, cima ko caay ka cisera howa, hanaw ko sowal tiraan sa, sanga' sato to na maherek a paini, iriy ra a haenen ta haw, mikerit tinian to ko papikedan, matira ko demak tiraan, o sowal ho i tini i polong.

從前馬太安部落分配土地時，平均每一家約分得二公頃（kofo）的土地。[1] 部落的居民家家有了自己的田地之後，不必再為爭取耕地而有糾紛。也因此開始規劃地界。而規劃、測量等作業主要由 papikedan（青年層的領導階級）負責。[2]

2 Dafak sato iriy ira mawoc, iyaan ko saka teli sato ci Hopak tiraan iriy, ira, "ano dafak kita matini a mawoc tiraan iriy, mike:nis kita haw, maherek a mikenis matiya tiraan o patelian to

---

1 kofo 是公畝的日語唸法。日治時代一公畝就是一公頃的意思。

2 papikedan 等同於 mama no kapah（年齡階級青年層的領導階級）。

sala'edan, aka ka silingo'or haw, haenen no mita matiya haw, aka
pacamahaw to tolo a kofo," hanaw ko sowal, haen han to ni Hopak
ko sowal. Ci Hopak sato riy ira, o sapalengaw ci Hopak haw, hanaw
ko sowal;

次日，大頭目 Hopak（何巴克）召集部落會議（mawoc）宣佈：「明
天大家集會，開始規劃界線的定點，以期建立明確的界線位置。界線
位置劃定後，希望大家不要再有非分之想。就這樣決定了，不可擅自
將土地擴增爲三公頃。」Hopak 是當時部落的 sapalengaw。[3]

3 Iyaan ko saka, sowal sato riy ira, o papikedan to ko painiay
haw, to pikerit sato iraan sa, lima romi'ad a mikerit ko
kasakomod. Ira matira ko demak. Pakaynien, pakaynien han no
papikedan ko sowal iraan sa doedo han a mikerit. Saka enem a
romi'ad riy ira, o saka falod to a matiya saka, mihecek kamo haw,
pafokeloh, pafokeloh han haw, iriy paheceki to lalidec, sa ko sowal,
nga'ay mengaw ko lalidec haw, ta caay kamoraraw to sala'edan, sato
ko sowal ni Hopak. Iraan ko saka, pahecek, pahecek sato to
sala'edan tiraan no roma a loma', no piparopa:rod, hanaw ko sowal
tiraan sa, hatira kiraan.

這些劃界工作由 papikedan 負責執行，眾人順著他們的規劃定線。各
幹部配合著領導階級的領導，費了五天功夫才完成劃界的工作。他們
邊作業邊說：「這一家的土地邊界，從這邊到那一邊。」這樣逐一仔
細地明示給土地所有者並獲其認定。第六天，大頭目 Hopak 命令部
落居民說：「你們自行拿取石頭打柱作爲區界上的標幟，也鼓勵栽植
九芎樹（lalidec）作爲永久的標幟。」[4] 由於九芎樹容易發芽滋長生根，
於是家家戶戶設法於自己的地界上栽種。

---

3 sapalengaw 又稱 afedo'ay，有種子和新芽之意。在馬太安部落通常是指稱大頭目或
　總頭目，既是政治領袖，也是主持農作及其相關祭儀的祭司。
4 馬太安部落稱九芎樹爲 lalidec，在海岸阿美和南部阿美一帶則稱 kakidec。

4 Sowal sato ko papikedan iriy ira, maemin to a pahecekan haw, imatini sato. Iyaan ko saka, haw hay, iraan sato iriy, aka kakakecokeco haw, ano inian o kita imatini ira, iyaan a loma' tiraan haw iriy, i tira san a maomah haw. Haen han to ni sapalengaw ni Hopak ko sowal hanaw ko sowal tiraan, hatira kiraan.

青年幹部宣佈完成了劃定界標工作。接著，大頭目 Hopak 宣佈：「現在每家都有自己的耕地可以種田了。以後不得侵入他家的田地種植，以免引起糾紛。」

5 Iraan sa herek sato kiraan iriy, inian sato iriy, o 'alingay no ina kiraan haw, han to ni Hopak ko pipangangan. 'Alingay ni ina sanay iriy, samasa, i tapangay to fahifahi, sato ko sowal ni Hopak tiraan sa, ano kita o fana'inay ko singanganay tiraan i, mikadafo kita kira, sato ko sowal ni Hopak. Iraan sa o fafahi san ko singanganay to 'alingay nomama ato ina, san ko sowal tiraan. Iraan ko saka iya:an to ko kaomah, hanaw ko sowal tiraan.

Hopak 稱呼每戶所得的田地爲 'alingay no ina，[5] 即「母親的冠冕」之意。所謂 'alingay no ina 是什麼意思？因爲戶長是女嗣，很自然地土地歸屬於女嗣所有。至於男子，因爲是入贅與妻居，故無權擁有土地。Hopak 就是這樣宣佈母系社會母權的由來。所以，馬太安部落的土地，登記在母親名下，遺產由女子繼承。從那時候起，田園工作的職責一直都未改變。

Kakakenay to sera i Karowa'
屴魯娃地區的開發與水稻文化的開端

1 Iyaan ko saka, sowa:l sa to roma haw, iray, inian to o Karowa', iray, inian to o Ci'okakay, o hiya ira o Tohoy, 'Arayan, iray, to

---

5 'alingay no ina 是指母權，母系制度。

Lopaw ira to Tayi' ira, inian o Kohkoh, hati:ra o kapolongan ita o finawlan haw. Sanay tiraan sa, matira ko demak tiraan. Haen han ako ko sowal. Iyaan ko saka, sakasaan tiraan haw ira, o matang kiraan. Iyaan ko saka, matira ko sowal no sapalengaw ira sa, ira sato ko finawlan a mi'araw. Iyaan ko saka, i tini to i Karowa' haw. Kapolongan no pilomaloma' kiraan.

除此之外，馬太安部落還有 Karowa'［晃魯娃］、Ci'okakay［岡界］、Tohoy［涂薈］、'Arayan［阿拉燕］、Lopaw［羅包］、Tayi'［大也］和 Kohkoh［瑞穗］等公共曠野用地。當時，土地分配時候的情形就是如此。因為那些土地是未開墾的肥沃土地，經部落居民逐一勘察之後，sapalengaw 指定 Karowa' 為公共用地，各家都可前來開墾。

2 Iraan sato kira ira, maherek a miterik tora ira, 'oway sato. Ya piterik toraan ira pasasorikoran haw no awid. Ira matira ko demak tiraan. Makatimol a hiya ira, a pala iray. No teloc kiraan o cecayay ko safa. Hanaw ko sowal. Ta'ami:s sato tiraan iray, o Kalafi. Wali sa tora iray, o Latoron. 'Amis sato toraan iray ira, no Laowaw, ira wali sato tiraan o Lasana'.

知道該塊土地大概的範圍後，開始採集黃藤。[6] 不僅各戶有地可耕，同時各年齡階級組也分得該階級的公共用地。分配土地的情形是這樣的。最南端的土地是分配給初入級的成員來運用。北端由 Kalafi 組負責。東端由 Latoron 組負責。又最北端由 Laowaw 組，再往東側過去由 Lasana' 組負責。

3 'Amis sato iray ira, no Laceles, hatira. Ira saka etip tora iray, ira o Lafangas haw. Hanaw ko sowal tiraan. Ira 'Amis sa tiraan

---

6 黃藤是依靠高大林木生長，攀緣性強的藤木，葉呈羽毛狀，葉軸佈滿逆刺。藤皮可編織各種背藍或當綑綁材料。黃藤的嫩心莖可食，阿美人認為吃藤心，可如藤般長壽，產婦食用則可增加奶水。

ray, no Ma'orad iray, o saetip papiked ko sawali. 'Amis san tiraan riy, no Latodoh, iraan haw o kalas, iray matira ko demak hati:ra ko pisaawiawid tiraan o kapolongan no finawlan haw. Hanaw ko sowal.

再往北地區由 Laceles 組負責。西區由 Lafangas 組負責運用。至於我們 Ma'orad 由西側轉向東側的地區。北側由 Latodoh 組負責，這一組是屬耆老級。就這樣把公共土地劃分給各年齡階級來耕作。

4 Iray, herek tiraan ira sa, sateriterik sato to pala'edan tono i cecayay tamdaw kinian haw. "O no miso kinian, o no miso kinian." saan a mi'oway. Paporong paporong han naira sa, mati:ra haw kiraan haw. Hanaw ko sowal. Iraan saka, maherek a miterik paitemek sato. Iyaan a misanga' kiyaan to sala'edan a tatosa. Matira ko demak.

土地分配的工作完成之後，開始劃地爲界，這是分給個人耕作的。「來！這塊地是你的份！來，這塊地是你的份！」這樣詳細地指定每一位的工作場所。然後，每人自行以打結芒草爲標幟插在界線上。然後自行於分配所得土地上耕作。

5 Iray, maherek tiraan iray ira, fariw sato ko piparoparod. Hanaw ko sowal tiraan sa, ira sato iraan i, maherek a mifariw tiraan iray, ira, mo^tep a romi'ad iray, ma'icang to 'enaf han to. Ira maherek a mi'enaf tiraan iray, sakapot sato a mi'adop. Ira matira ko demak tiraan haw.

每家或每個年齡階級有了耕地之後，開始進行砍伐工作。約經十天，草木曬乾就進行焚燒。焚燒後，年齡組（sakapot）臨時召集組員前去狩獵。

6 O maan kiyo sakapot sa ray, mi'adop, malosikaen a misa-talo'an, yo kiparopa:rod ita no pala no Fata'an hanaw ko sowal. Ira sa tiraan ray, herek a misakapot tiraan ray, lawoc sato.

Rasa tiraan i na mawoc haw tiraan ira, misatalo'an haw sato. Ira sa pitemek sato ko piparoparod a misatalo'an, malo o kamokoan ano ma'orad, ira, o pasa'sa'an a misalahok to.

這個年齡組（sakapot）為何臨時去打獵呢？那是為了準備日後馬太安部落各家建造田中小屋時，工作人員用餐所需的菜餚。打獵回來，開始建造田中小屋。該小屋是用來避雨、休息或燒煮午飯的地方。

7 Ano cikapisatalo'an a matiya howa ira, cikapadeng ko lamal ma'orad, sanay sa misatalo'an sa ko piraroparod. Iray, maherek a misatalo'an iray ira, misakapot haca. Iyaan ko saka, ci tama' iray sowal sa tiraan ray, mapolong iray ira sakakaay no yofayof, sakakaay no awid kiraan a mapolong haw. Hanaw ko sowal tiraan matiraay kira sa sikaen kiyaan a malohok. O hemay sa tora o toron. Hanaw ko sowal. Nikasaan ako matiranay kira, sa ka hatira kiraan. Iyaan ko saka, sowal sa tora ira,o sowal no sakakaay to pisaawia:wid iray ira, pausaay to hiya haw to talo'an to hakhak.

再說，若不建造田中小屋，萬一下了雨，火種熄滅無法煮飯燒菜怎麼辦？因此家家一定建造小屋以備不時之需。建造小屋之後，yofayof（農耕集團）的最高階級組，[7] 入山打獵準備午餐的菜餚。大家所吃的飯，都是糍粑（toron）。[8] 同時，由最高領導階級下令，送糯米飯（hakhak）給正在建造小屋的人。

8 Iray, tahidang sa kamo matini kamo o sasafaay no yofayof kiraan Iray, "wa:w kaepod to faki, maranam to kita. ini ko

---

7 所謂 yofayof（農耕集團），以太巴塱（Tafalong）為例，就是以共同擁有的水源來耕種水田的人。水田用的水源處是個貯水池，池中的魚蝦蚌殼也是大家共有的。如今 yofayof 一詞涵意擴展為政黨。sakakaay no yofayof = sakaay no awid（係指農耕集團的最高領導階級）。sasafaay no yofayof = pakarongay（農耕集團中階級最小或最低者）。

8 糍粑是阿美語 toron 正確的中文翻譯，只是臺灣比較習慣以「蔴糬」來稱呼。

hakhak, ini ko titi!" hanto no pausaay a sasafaay a yofayof. Iyaan sato riy, no komo:d to, no sapalengaw to a sowal kiraan haw.

由 yofayof 組織中最年輕者來執行工作。抵達的時候，送飯的大聲喊叫：「喔呀！天上的神仙和祖靈啊！請下來吃早飯吧！看！這裡有糯米飯，有豬肉！」一切的事情都由 sapalengaw 指揮。

9 Hanaw ko sowal sa, maherek a maranam kiyo o pausaay i talo'an iray, "Sowalen to faki!" sato to Malataw. Matira ko demak ira sa, mafelec to. Tahira i loma ira, "Alaen to ko tafo oli malahok kita." han to kiyaan o sasafaay ira sa, ala sato tafo. Iyaan ko saka, sanga' (en) ay to ko titi sato, sanga' han to, maherek tiraan iray, "pakilac han to ko si^si no titi".

送飯的這一組人員在小屋中用過早餐，請求 sapalengaw 向 Malataw 神祈禱片刻，然後全體下山返家。回到家，yofayof 命令最低階層的階級說：「拿便當來，我們開始吃午飯！」又說：「把肉切好，分給大家（pakilac to si^si no titi）！」[9] 於是就這樣忙著準備午餐。

10 Ira sa, maherek sato, paiteme:k sato to tafo haw, to toron. Hanaw ko sowal tiraan. Matira:ay kira, iyaan ko saka, hatira kiraan. Iyaan sa tora ira, iraa:n to ko doedoen haw, tahemati:ni. Hanaw ko sowal. Matiraay kira sa, iraan sa tora iray, herek sa kiraan o Karowa' na mihafay to hafay iray, tayraan to i Tayi', o panay to no Karowa'.

分配結束，各自食用自己帶來的便當——糍粑。大家就這樣開始吃午飯。這個集團午餐活動的習俗，至今仍然承襲並未斷絕。關於耕種，在 Karowa' 的小米收割之後，轉向 Tayi' 種植小米。Karowa' 則開始種植稻米。

---

9 在共同完成工作之後，把肉品切割成大小差不多的肉塊，再分給每個人是阿美族的傳統習俗。

11 Iray, Hafayen to kiyaan no Tayi'. Iray, sowal sa tora iriy ira, mipanay to ilisin to. Meherek a ilisin iray, pasakohkoh. Hanaw ko toraan haw. Iyaan ko saka, ra sa toraan iriy ira, o likaf sato no papikedan iray, tini i sapi'adopan. Ira ya han a sapalengaw ira, "iraan a i kohkoh ko mafetaay ko papah no masay ato lapot iraan ko dokdoken haw, tira a mifariw kita to kilang" sa ko likaf no papikedan. Hanaw ko sowal i matini. Hatira kiraan.

Tayi' 地區於小米收割後舉行豐年祭。豐年祭結束,轉往瑞穗發展。因此,青年層的領導階級在狩獵區對 sapalengaw 有些怨言。領導階層私下竊竊私語:「反正瑞穗地區的樹葉和蕃薯早已枯黃,就讓咱們悄悄砍伐那兒的森林和草叢吧!」

12 Iray, sowa:l sa tora iray, kalohafay to. Iray, iraan sato ira, hafayen to ira, ilisin to, ira maherek a mihafay ato mipanay. Iyaan ko saka, maherek toraan iray ira, a pakalaci'okakay to. Ira matira ko demak tiraan haw, pakaci'okakay a misa Tohoy. Roma a miheca tiraan iriy ira, herek a ilisin iriy ira, misa Lotaw to iray, o panay to no Ci'okakay, o hafay to iray i Lotaw. Iray maala to ko hafay ato panay kiraan iray, ira, ilisin to. Tiraan misamihecaan.

小米田完成開墾、播種、收割等一系列的工作,即舉行豐年祭。接著是開發 Ci'okakay 和 Tohoy 地區。先收割 Lotaw [洛道] 的小米,然後舉行豐年祭。接著,再去收割 Ci'okakay 的稻米。小米和稻米收成,約一年後,才舉行豐年祭,這樣才完成一年的工作。

13 O sanay kinian sa, sakasaan a misamihecaan tiraan ira, ham fa^cal ma'osaw ano awaay ko lifong, ira o pisafa^cal to mihecaan haw sa, matira ko demak. Hanaw ko sowal. Maherek kiraan iray ira, masa i, tayra Ci'arayan to. Ira maherek mifariw ira, miferac to, misatalo'an to, pausa to, hae:n saan. Hanaw ko sowal tiraan haw. Hatira kiraan.

爲什麼要延期一年才舉行豐年祭呢？那是因爲前些年經常有災害導致收成不佳，爲了跨越厄運而這麼做。有一年輪到 Ci'arayan 播種。每回輪到新開墾耕地，即依序進行砍伐、焚燒、播種、收割、搭建田中小屋、送飯等工作。

14 Oyaan to saka, sowal hanaw ko sowal. Maherek kiraan ira i, mihafay mipanay tiraan iray ira, (i: matawal ako kiraan o pisaloma') maherek a mipanay saloma' saan. Maherek a misaloma' ilisin saan, maherek a mawoc. Hanaw ko sowal tiraan haw. Iyaan ko saka, maherek kiraan iray ira, misaKarowa' to. Ira matira ko demak tiraan ira sa, cikapala:wa, i maherek a mipanay a misaloma'. Hanaw ko sowal i matini sa, matira ko demak iraan sa, pacacekos sato i Tayi'. Ira matira ko demak. Sa, maherek ko Karowa' mipanay iriy, palosimet to, maherek tora i, misaloma' to, ilisin to. Ira matira ko demak.

再說，（啊！對了，我忘了講蓋房子的事。）收小米、稻米之後，是修建房子，接著舉行豐年祭。豐年祭結束，全體年齡階級在集會所召開會議進行集團工作協調。因此，一年的活動陸續完成，又轉往 Karowa' 開始耕種。因此，每年於收割後搭蓋房子是部落少不了的活動。有一年，終於輪到在 Tayi' 耕作。換言之，在 Karowa' 收割結束，接著就是整頓家務、蓋房子、舉行豐年祭等活動，就這樣一年四季不停地輪流進行著。

15 lrasa, dado^do^do: sa to matang, hanaw ko sowal tiraan sa, itira haw, "'alingay no ina" saan, tira o sarakat. Ta sowa:l sato ko roma tiraan iriy ira, irato ko Holam. Ira to ci Kowalay, iray, ci Lawtang. Iray, ra sato matini ci Panong mama tiraan iray, ira sapalengaw ci mama Panong. Iyaan ko saka, matini sato tiraan iriy ira, "kato paloma to kaepakay a safak haw, ka o ka'apaay to a safak adada ko tiyad to hafay" saan ko sowal ni Kowalay, o Tongsu ci Kowalay, o Tongsu ci Lawtang (Taywan). Hanaw ko sowal.

起初相繼開闢新耕地，把土地當做「媽媽的頭冠」（'alingay no ina）
登記在母親的名下，以尊重母權。不知過了多少時候，有一年 Holam
（清朝）時代來臨。[10] 初期來的清朝官員是 Kowalay 和 Lawtang 兩位
大人。當時的 sapalengaw 是 Panong。兩位大人勸導：「你們不要再
播種陸稻和小米，因爲吃了這些東西會肚子痛。」這兩位第一次來的
大人就是 Kowalay 和 Lawtang，他們是清朝的通事。

16 Iyaan ko saka, (mafana' kako kini howa saw) hanaw ko sowal.
Ya, saka saan i matini, o sowal no sapalengaw tiraan iray, ira,
"nga'ay pakologan to niyam. Iray, kiso sapalengaw Panong tiraan ira,
tolo ko miso a kolong haw. No miso Saway ira cacay ko miso a
kolong haw. O miso Karo 'Oracan cacay ko miso a kolong haw. Iray,
miso a Papay Ngiyaraw tosa ko miso a kolong haw, Iray, miso o Rata
Kafongid iray, cacay ko miso a kolong sato.

依據大頭目 Panong 轉告兩位通事的話：「我們將提供水牛給你們。
首先，特別準備三頭水牛給大頭目；給 Saway 一頭水牛；給 Karo
'Oracan 一頭水牛；給 Papay Ngiyaraw 兩頭水牛；給 Rata Kafongid
一頭水牛！」

17 Itira ko teka a pakolong ni Lawtang a ci Kowalay. Matira
kiraan haw. Iyaan ko saka, sawtiw a cacay ko cikolongay.
Hanaw ko sowal. Iyaan ko saka, nasa:an kira sowal tiraan iriy ira, o
roma ho a sowal tona maherek a pakolong. Iray, patafian to ni
Kowalay ci Panong mama o sapalengaw cara o sawtiw. Patafi,
pakarot, papitaw, han ni Kowalay, padanga han to. I tira ko teka haw
a cikolong haw. Hanaw ko sowal tiraan.

這是 Lawtang 和 Kowalay 兩位通事，首次提供水牛給本部落的情況。
換言之，首批擁有水牛的人，僅止於這些部落的大頭目和幹部而已。

---

10 Holam 泛指閩南人外的外省人，在此指清朝時代。

通事大人提供水牛之後，經過一些時日，又特別賞給大頭目 Panong 一副犂頭（tafi）。[11] 此外，還提供犂耙、鍋子等工具給族長和部落幹部。從此之後，馬太安部落有了水牛。

18 Iyaan ko saka, iraan sato o kolong tiraan ira, ciwawa ira yo pakaenan no roma, ciwawa pakaenan ira sa, rarocek sato ko piparoparod a cikolong haw. Hae:n han ako ko sowal. Iyaan ko saka, herek sa tiraan iriy, ira, o roma a sowal ni Kowalay aci Lawtang, iray, "kamo i matini o lalimalimaay ko wawa to fayfahi ira, sasipolo' han haw. O mamo^tepay a fayfahi a wawa ko piparoparod namo. Hay ciloma' tora ira sa, ka i liyok han ta paloma hanto ita to keliw haw ko pala. Haen a hanto no namo o Pangcah. Ira namo o Fata'an iray, hae:n hanto ko demak namo!" sato.

之後，部落的人輪流飼養那些水牛，生產了小牛，就留起來飼養，如此推行數年，家家戶戶都有了水牛。Kowalay 和 Lawtang 兩位通事又宣導：「凡一個家庭中有五位女子者，允許女子們分家獨立生活。或者家中有十位子女的家庭，允許女子分家獨立，築家在周圍。對於這些分家而獨立經營家庭的子女們，再設法供給她們田地耕種，並鼓勵他們種植苧麻。希望你們為自己和馬太安設想！」

19 Iyaan ko saka, i tira ko teka a mikeliw haw to panganganan toni sipolo'ay o cecay a ngangan. Ira raan sato o tapang tosa a ngangan ko tapang. Hae:n han ako ko sowal. Iyaan ko saka, herek sa tiraan Iriy ira, o sawtiw to ko 'ayaw haw, ira tapang no mama o sapalengaw a misafonon. Ira matira ko demak.

從此以後，開始有獨立的小家庭生活。同時立刻分給她們耕田，使其能安心工作生活。每家分得耕田之後，由 sapalengaw 的家庭開始嘗試種植水田。

---

11 光復以北的阿美人稱犂頭為 tafi，其他亞群都稱 kangkang。

20 Teka sa misafonon iriy ira, iraw i Cifarosan i sa'amisan no Cingping, i tira ko teka. Iyaan ko saka, pakasa'amisan to no Cingping ko pikenis a mowali. Ira sa, sowal sa tora iray, maherek a miterik tiraan iray ira, "Haen han a palako a matini haw, nga'ay ca ka palapang kamo, samorawen ko sera a matini" sato.

馬太安部落從此開始耕種水稻。據說，首先嘗試耕作的水田就是在 Cingping〔鎮平〕北側的 Cifarosan。劃地以後，開始教導建置田畦，整平泥土，並且一一示範種水稻的程序和技術。

21 Iyaan ko saka, ira sa "ano ca han paeminen a mihaen a misalakolako kiraan ira, caay aca kahalec haw. Haen han ko sowal. Ano maemin to tora ira, polong asa kita a matiya." Haen hanto ni Panong mama ko sowal. Na o sanay kinian sa, iraan sa tora masaay ha kita kinian o kacipala naira o Fata'an o Pangcah saan kira ira, iraan kira sowal i matini. Haen han ako ko sowal. Iyaan ko saka, ira sa tiraan iray, ano ca ka haenen ako iray matini ni Unak Tafong ira, samiayi i, ira o sanay to no mako haw. Ci Unak Tafong ko ngangan ako. O sapalengaw kako. Hanaw ko sowal tiraan.

於是大頭目 Panong 向部落居民說：「我們一起學習這種新式的耕田方法，把所有種水稻的區域建置田畦作成水田。」馬太安部落的水稻文化是這樣的開始的。既然要求我敘說有關這一方面的事情，我就照實說。我是 Unak Tafong（何有柯），馬太安部落的 sapalengaw。

22 Iyaan ko saka, roma sa tiraan iray ira, pakayni i tini i sawalian no niyaro' no Fata'an ko makeliway, hatira. Iyaan ko saka, roma miheca iray ira, misafonon to, romamiheca ray, misafonon to, romamiheca ray, misafonon to, romaramiheca ray, misafonon to. Raeked sato mi'onip haw. Hanaw ko sowal tiraan sa, tahamatini:to i matini a mido^do a mi'onip. Hanaw ko sowal, hatira kiraan.

我們耕種的土地擴大到馬太安本部落東側。而且自次年開始，馬太安部落居民年年種植水稻。直到現在，部落居民都還會下田從事插秧等相關工作。

Tatiihay a nikalasapalengaw
招災的大頭目群相

1　Iray, o roma sato iray ira, o ni Adal a kalasapalengaw tiraan ira, ma'orad mafereng, lima a romi'ad. Itira a maemin ko pala haw. Ira matira ko demak. Iray, o roma sato ray, oni hiya sato ira tatiihay a sapalengaw iray ira, ni hiya to ni Sawo Tatakoy, lima a romi'ad, maemin to pala malalakelal to. Ira roma a miheca ira ni Marang Katakelang, lima a romi'ad kira ira, ko 'orad mafereng maemin to ko sera. Roma a mihecaan nira a malasapalengaw iray ira, ni hiya to ni Saway Erek, iray, enem a romi'ad ko 'orad ira, maemin to ko sera.

接著，我要講述幾位先人擔任 sapalengaw 期間的情形。當 Adal 擔任 sapalengaw 時，下了五天五夜的傾盆大雨，洪水暴漲流失了不少田地。後來，另一位心術不正的 Sawo Tatakoy 就任時，同樣地，由於下了五天五夜的傾盆豪雨，因而造成水災，田地流失變成河床地。又 Marang Katakelang 擔任 sapalengaw 時，亦同樣遭受五天五夜的豪雨洪災，田地流失殆盡。接著由 Saway Erek 繼任時，則遭到六天六夜的豪雨侵襲，田地也流失了不少。

2　Ira roma sa tora ira, oni Okong iray, a nikalasapalengaw maemin to ko sera. Nosanay kinan a sowal no mako i matini haw, hatira kiraan. O fa^calay a nikalaspalengaw iray ira, inia:n to a mama haw tato'asan niyam ni (Panong), ni Foting mama iray, cikafereng. Iray, sowa:l sa tora iriy, cikadafo to ci 'Olaman Kaki' ko malasapalengaway, fa^cal cika fereng iray, cika emin ko pala.

在 Okong 擔任 sapalengaw 時也不例外，受了災害，也失去了不少田地。以上我所說的都是事實。優秀的 sapalengaw 是我們先祖 Panong 和 Foting，他們在位時，沒有發生任何災害，部落居民收成豐富。後來他的女婿 'Olaman Kaki' 任職期間也很平安，沒有天災、傳染病的情事發生。

3 Iray, roma sa tora ira, ci Panong mama ira, o sawtiw iray ira, o sapalengaw. Hanaw ko sowal. Fa^cal ko kakaenen ira, cika 'orad, 'cika emin ko pala. Sowal sa tora ira, ni 'Olam mama niyam a parod. Oyaan ko saka, raan sato yaan sato kira ira, cika fereng cika emin ko pala. Iyaan ko saka, sowal sato koni Panong ira, a fa^cal ko mihecaan cika fereng ko pala.

另一位 Panong，不僅為哨長（sawtiw），[12] 同時兼任 sapalengaw。他在任時，整年風調雨順，糧食富足，生活安泰，田地完全沒有流失。至於我們家的老先人 'Olam 擔任此職時，也不見有天災地變。另一位 Panong 擔任時，同樣地，四季風調雨順無見異樣，土地當然也沒有流失。

4 O sanay kinian sa, i tira haw sowal sato ko mako i matini iray, masakakokako to a cecay i matini ko sapalengaw ira, o niyam a loma' tiraan iray, sakaenem kako haw. Ci Panong, ci Foting mama, ci 'Olam mama, ci Panong mama, ci 'Olam mama, hay tatosa ko 'Olaman, tatosa ko Panongan, polong sa aenem kami o sapalengaw tira na loma' haw. Hanaw ko sowal. Ira sa tiraan ira, sakasafaw tosa meheca no mako kinian na malasapalengaw.

如今擔任 sapalengaw 的是我。在無人輔佐的情況之下，獨自一人執掌馬太安部落之政治。在我家族的系譜中，我是第六位擔任馬太安的 sapalengaw。據我所知，系譜中歷年來擔任 sapalengaw 的依序如下：

---

12 依據中文辭典的解釋，哨是清朝的兵制，一百人為一哨。管理一百人的領袖稱之為哨長 (sawtiw)。

Panong I、Foting、'Olam I、Panong II、'Olam II、Unak Tafong
（我）。'Olam 和 Panong 各有二名，所以共有六位。而我擔任十年時
間。不！擔任 sapalengaw 的職務已有十二年。

5 Ira sowal sa tiraan ira, i nacilaay to a faliyos kiyami, caay to
kako ka papelo. O sanay kinian saka, faliyos sato i nacila.
Hanaw ko sowal tiraan sa, matini sato tiraan i, no cika papelo sato.
Masa o ciwlo to. O Ciwlo tiraan iray ira, "kalimaan saw kono mukasi,
ira o cecayay to ko lalan ha kiya." hanto no Ciwlo ko demak, matelii
kako tiraan.

說到上一次的颱風，那是因為我已有一年未盡我擔任 sapalengaw 的
職責，發表任何演講。若問我為何沒有盡責？那是因為基督教會的長
老們（Ciwlo）說：「我們部落的舊習慣應該廢除不要了！我們只有一
條嶄新的路可走！」[13] 我對這樣的說法感到生氣，不以為然。

6 Inian kinian sa, (tosa ha) a cecay ha miheca cato papelo. Ira i
nacila sato, cito ka papelo tiraan iray ira, maherek a ilisin iray
ira, mafaliyos ira, rnati:ra ko demak haw. Hanaw ko sowal. Nikasaan
ako kinian iray ira, i tira ira sa, sowal sato i matira tiraan ira.
nawcingan ira to ko kaysiya, 'alawan to no kaysiya i Cingaloan, o
Kohkoh han to 'alawan to no Kaysiya, o Tayi', 'alawan to no Kaysiya.
O Tako sawalian no loma' no Fata'an ray, 'alawan to no Kaysiya.

所以，已有兩年未公開演講。果然今年豐年祭過後，有強烈颱風來
襲。事情始末說來就是這樣。不久糖廠來了，Cingaloan、Kohkoh、
Tayi' 以及馬太安部落東邊的 Tako 等地區的土地陸續被搶奪了。

7 Iray, o Singayan satimolan no Cingping riy, 'alawan to no
Kaysiya. O Lotaw, Ci'okakay, o Tohoy, Ci'arayan, o Karowa',

---

13 Ciwlo 是日語借詞，指稱長老教會或教會內擔任「長老」職務者。

ira sa masolep ko Fata'an haw. Ira mahaemin no tatiihay a sapalengaw i tira ira malaklak to ko pala.

之後，又繼續強佔 Cingping 南側的 Singayan、Lotaw、Ci'okakay、Tohoy、Ci'arayan 以及 Karowa' 等地區的土地，因而招致馬太安部落居民散落各處。我想，這都是心術不正的 sapalengaw 領導無方所招來的禍害。

8 O sanay kinian sa, matira ko demak sa, 'alawanan no Kaysiya i matini sa, i tira to ko solep no Fata'an. Hae:n han ako ko sowal. Iyaan ko saka, no masolep ko Fata'an hanaw ira, awaay to ko sera kira, maemin to no tatiihay a sapalengaw. O sanay kinian sa matira ko demak.

就是這樣，由於土地遭糖廠搶奪強佔，招致馬太安部落居民面臨窮困的局面。我在此再次強調，如今馬太安部落走到窮途末路，土地流失，都是不良 sapalengaw 所引起的衰運。

9 Hanaw ko sowal sa, i tira haw ko teka a cipala. nikasaan ako sa, hati:ra aca ko sowal i matini, ci Unak Tafong kako i matini haw. Iray iraan sato iray matiraay sa, sapalengaw kako. A haen han ako kina sowal, hatira ko sowal ako.

以上是有關馬太安部落何時獲得土地財產，又如何失去土地的一些過程。我是 Unak Tafong，現任 sapalengaw。今天講到這裡。

Pi'alaw no Ripon to sera ato kaliwaswasan no Fata'an
日本人搶奪土地與馬太安子民的擴散

1 O Ripon to ko miliwasakay, ma'alaw to ko sera. Ira taynian to i hiya, i. Sapat, i Ma'ifor, i Matadim, i Lohok iray, i: Angcoh, ira ini o Tokar. Ira matira ko demak ira sa, i tira haw iray, awaay ko, sera ira matira saka, lipowak saan. Tangasa ko Fata'an i tira i o Ma'ifor ato Sapat. Iraan sato o iraan ira, o Sedeng iray, Fata'an to, ira o Posko (Silangkong), o Fata'a:n to.

日本人搶奪了土地，導致馬太安部落居民離散各處。有的遷移到 Sapat［掃巴頂］、Ma'ifor［舞鶴］、Matadim［馬太林］、Lohok［呂福］、 Angcoh［安通］，甚至到 Tokar［觀音］。換言之，部落居民因失去土地而分散遷往他地。所以，Sapat、Ma'ifor、Sedeng［大禹］、Silang-kong［玉里鎮源城部落］都有馬太安人居住。

2 O sanay kinian sa, matira ko demak. Awaay to ko kalipalaan kira howa, iyaan a sowal ako i hani, ira away to ko kakamaomahan. Sa, icowa to a micoenek to tafedo' no konga ato 'onanip no Tali. Saan kira sa, i tira ko sakaliwaswasan to no Fata'an haw. Haen ako ko sowal. Nikasaan ako kinian sa, awaay ho ko Kaysiya ray, awa:ho ko mafolaway. Ira samanen no sapalengaw howa?

因為失去了土地，無法耕作，究竟該於何處種植蕃薯和芋頭呢？由於生活需求，使得馬太安人不得不離鄉背井另覓土地耕作以維持生活。糖廠未興建以前沒有人離開部落，sapalengaw 對這個事實，也感到無可奈何。

3 O sanay kinian sa, sakasaan no sapalengaw tiraan i, ni mama Foting ira, a cima to ko tihi a tayraan i Kalingko? a mi'orong to Taywan? ano tayraan i Posko? A cima to ko tihi a mi'orong tora taywan ano tayni i Folalac? Ira a cima to ko tihi a mi'orong a matiya? o sanay kinian haw taynian i tini i Cepo', ira matira ko demak.

就大頭目 Foting 的立場而言，他不希望部落居民離散，否則要找什麼人作伴共抬清官的轎子往來 Kalingko［花蓮］或 Posko［玉里］之間呢？或要找何人一起抬漢人官員的轎子前往 Folalac［成功小港］及

Cepo'［大港口］等地呢？

4 Iraan ko saka, cima to ko tihi a mi'orong to fafoy talacepo', no wawa no Taywan no sanay no sowal ni mama Foting, ira awaay to ci Hopak hanaw ko sowal mapatay to. O sanay kiraan matira ko demak haw. Hanaw. ko sowal tiraan sa, 'ereng san ko niyaro' haw.

大頭目 Foting 只擔心無人作伴共抬漢人的豬隻到大港口進行買賣，此時大頭目 Hopak 已辭世。由於，sapalengaw 下了不許離散的禁令，縱使馬太安部落有部分人口離開了，至今仍然屹立不搖。

5 Nikasaan ako kinian sa, o Tafalong mafolaw to sa, nani tini i Sawanengan ira katimol no niyaro'. Tatiih kira howa. Ira matira ko demak. Hae:n han ako hatira kiraan.

鄰近的太巴塱部落，由於部落南邊的土地被糖廠強佔，迫使了部分人口遭逢離開本部落遷散他處的命運。事情的一切就是如此，我就講到這裡。

第二章

O rawraw no finawlan ato pisawkit no sapalengaw
子民糾紛與大頭目的裁決

1 O roma to kina sowal ako, pakayniay i 'ilo no paka'asoloay no niyaro'. Ya sato onian a satapes, 'asolo iray, o koreng. Hanaw ko sowal. Pakacowaay a sa kamo tiraan riy, cika pakafana'en a micaliw to 'asolo. Ira sa sowal sa tiraan, cecay miheca ray "ini: ko 'asolo ako kini?" sa ko ci'asoloay. Ira sa, sowal sa tora ira, pa'ilo han cecay a loma'an a mainget. Hanaw ko sowal haw.

現在要講另一個話題。就是有關部落住民私藏別人的舂杵（'asolo）、籐簸箕（satapes）、甕（koreng）等不當行爲的裁決。事情發生的原因不外乎是未通報而取用他人的舂杵，並且於案發約一年後，舂杵的主人發現了，說道：「啊！這不是我家的舂杵？原來在這裡。」舂杵的主人因此很生氣地告發，事情因而鬧大並形成糾紛。

2 Iyaan. ko saka, ya sa tora, ham mifaking ca pifaking. Nikasaan tiraan, o sowal a ce:cay, ira han ko sowal haw hanto no ni Hopak ko sowal. Ira sa doedo sa kiraan, roma a sapalengaw matira, roma a sapalengaw matira.

像這樣的事情要不要懲罰？沒有。大頭目（sapalengaw）Hopak 說：「警告就好了。」之後繼承的大頭目也沿用這個裁決方法。

3 Tahira sato i niyaman. a parod sapalengaw ci Foting ira, nga:lef sato ko pisafer to finawlan ato niyaro'. Hanaw ko sowal haw ira sa, awa sa ko 'ilo hatira kiraan. Sowal pakasatapesay iray, ano tosa miheca "cowa ko satapes ako" sa mikilim. Ira sato ko mihecaan iray, "ini: to kini ko satapes ako, mafokil? ira o nisaga'an no mama?" hanto no wawa nona ina, nona mama.

到了我的祖先 Foting 擔任大頭目期間，處理部落居民的糾紛更是寬大爲懷，所以沒有類似的事情發生。舉例來說，有兩年時間，失主一直尋找著他的籐簸箕並說：「我的籐簸箕到底哪裡去了？」有一天，編織者的孩子意外發現說：「這不就是我的籐簸箕？難道我認不出父親親手做的東西？」

4 Iyaan ko saka, ira ko cinglaw haw, ira sa, mainget to kiya cisatapesay, "macicih to a padeteng noca panokas?" sato ko sowal tiraan. Iyaan ko saka, raan sato kiraan ira, matira ko inget, cika polong ko pakamamaay pakainaay. Hanaw ko sowal, masa ko painaananay to no sapalengaw. Hanaw ko sowal.

就這樣，籐簸箕的主人很生氣地叨唸著：「幾乎都損壞了，借去用那麼久，爲什麼不早些還來呢？」即使生氣得不得了，但是他父系與母系的親族並沒有和他共同出手去追究。因爲 sapalengaw 概括承受所有部落發生的事件。

5 Iyaan ko saka, roma sato iray, ono niyam a parod, iray, nacaliwan ko fasolan, caliwan to ko koreng. (O maan a korengan sa ray, iyaa:n to o 'atomo). Awaay ho ko Taywan yosaka, matira ko demak. Iyaan ko saka, i, ca: panokas, matira teli sa ko niyam a tato'asan ca Foting. "A malocacaliwan no wawa no pakoyoc iray, aka ka cinglaw.

以我家族爲例，像藤蓆、陶甕（阿美族自製陶器，當時漢人尚未到來）有人借了不還，家人雖想叱責對方，但大頭目 Foting 阻止說：「將大頭目家的用具借給窮人家使用是應該的，不要責備他們。」

6 Ira, o koreng i, ira ano caliwan haw ira, aka kacinglaw, o papakoreng ko sapalengaw." han ni mama Foting ko sowal.

Foting 以開導口吻勸告家人：「如果有人來借用陶甕，不要拒絕，不能責罵，因為我們是 sapalengaw 家，應該給予幫助或施捨。」

7 Iyaan ko saka, cika 'idi pacaliw ko sapalengaw haw. Ira marekec kiraan. Hatira kiraan. Sowal sa tora ira, o nian to o sala'edan, iray, "mangicngic ko lako ako kini? iray, ketonen kinian o matang kini? inian cihafayay a lako no mako a sala'edan makeco kira?" sa ko loma' tiraan,

因此 sapalengaw 家不吝嗇將家中的用具借給窮苦人，還會盡力幫助他們。講到有人侵佔他家田地界線而發生糾紛。有一天隔鄰非常不滿地說：「你看，他們故意越界耕作，又冒失地種下小米來侵佔土地！」主人如此這般地向 sapalengaw 陳述。

8 "Aka ka inget haw! o papapala to wawa no finawlan haw to pakoyoc." han ni mama Foting ko sowal. Do^do: sato ko caho ka ala no kaysiya ko Karowa' ato Tayi' ira, Cingaloan, tino Lotaw ira to Cingayawan, Ci'okakay, o Tohoy ira ato Ci'arayan i Karowa'. Ira sa ra sa tora i, i tira haw, hatira kiraan. Iraan sato o finawlan a cecay sapalengw iray ira, mikeco kiyan o tatiihay tamdaw malikakong to ko sala'edan yano misakakoay. Iyaan ko saka, i tira: to ko demak tiraan haw.

大頭目 Foting 說：「請息怒，不要生氣，大頭目家對貧窮的家庭應該慷慨援助才是！」擔任 sapalengaw 者，便是以這種犧牲自我的態度治理民眾。當 Karowa'、Tayi'、Cingaloan、Lotaw、Cingayawan、Ci'okakay、Tohoy、Karowa'、Ci'arayan 等地的土地尚未被糖廠佔用前，部落居民之間經常發生土地界線的糾紛。再說，部落內若是有人心術不正，故意侵佔別人土地，致使界線有歪七扭八等情況發生，那麼，sapalengaw 自有因應對策。

9 Maherek to a misaomah tiraan o mikecoay iray, "no haenen ko mako a pala?" sato, pafafa han a mifolesak to hafay. Iyaan sato iraan iray ira, cito kolasen kina hafay, sawadan to a mikolas matira ko demak tiraan, tatiihay a sanga'en no sapalengaw.

當侵佔者耕種完，原地主發現「爲什麼把我的土地弄成這個樣子？」於是又重複把小米撒在上面。像這樣的情形，那小米田就不再除草，放任雜草叢生。這樣的情況，大都是這些人不接受 sapalengaw 的協調而造成的結果。

10 Hanaw ko sowal tiraan sa, i tira haw ko demak tiraan haw. Iray, sowal sato tiraan iray, "Aka piramod haw tiraan a loma', ano tomilimeli' ko lopini'an nira, mikeco to pala, ira pafafaan a mifolesak, ra sa tora ira, aka palaheci a miramod to teloc no mihaenay a parod, mafotos." saan.

事情就是這個樣子。老人家對年輕人提出告誡：「即使那家有麗質天生的美女，他們曾經侵佔過別人的土地，又重複撒種在別人撒過的地方，與這樣的人家後裔結婚，將因腫脹病（mafotos）死亡。」

11 "Matira kinian o no paka'asoloay. Matira. Iray, ca piramod ano tomelilimeli' ko lopini'an niraan o micaliway to 'asolo han tora ira, a maanen to? ano ciwawa to, ano han tora i, aya o wawa ako a sato ano adada." hanto no loma' ya macaliway ko satapes ira o 'asolo. Hae:n han ako ko sowal sa, macowaay ko Pangcah i niyaro' no Fata'an? asa kamo ray, iraan haw.

「對於借用舂杵或籐簸箕而不還人家的，也不要跟他家的姑娘結婚。即使這家女兒麗質天生，而你也喜歡她，但絕對不要跟她結婚，否則你們的孩子得了怪病，那時就後悔莫及了。」若想了解馬太安部落居民的生活文化，就如以上所說的那樣。

12 Iyaan ko saka, sowal sa tora ira, "Ano mapolong kamo toraan i, fangcal a matira? cika folaw ko niyaro'?" "Ano tayraan i Pa'ilasen? o wawa nira a matiya cika la'odot," caay pipatay sa ko sowal ni Kedal, o Kedal Foting o mama. Iyaan ko saka, i tira haw ko saka cikafolaw no Fata'an haw. Hae:n hanaw ko sowal. Hatira kiraan.

以前 sapalengaw 常常這樣訓誡我們：「如果你們部落住民時常爭吵不和睦怎麼可以呢？這麼一來，不是招惹大家分崩離析了嗎？」另外，Kedal Foting 這位 sapalengaw 還這麼說：「若某人到 Po'ilasen〔富源部落〕，那裡的孩子不爭吵、不殺人，那才奇怪！」所以，以前馬太安部落住民沒有離開本部落而離散到別處去的。

第三章

Ci Unak Tafong–sapalengaw
大頭目何有柯自述

1 Ira saka saan ako tiraan iray, o roma to kina sowal ako haw. Hanaw ko sowal. Tiya sato i, macekel ko niyaro', toraan iray, mato'as to kako i tiya misaronem to. Mapatay to ko sakakaay niyam ci Lamen i tiya. Patay sa i kacekelan. Fafalo ko mapatayay no peton ako. hanaw ko sowal. Iray, kako to a ca:cay. Hanaw ko sowal.

在此，我要講述另一件事。根據父母親的描述，我出生的時候，部落居民正忙於田裡的工作。到了我懂得人情世故時，只記得家人在作墳墓。我的大姊 Lamen 剛過世，她死時也是部落正忙於田裡工作的時候。我的兄弟姊妹共死了八位。現在只剩下我一個人。

2 Iyaan ko saka, sowal sa tora iray, mato'as to kako iray, kasoy sato kako. Kasoy to roma miheca, roma miheca. Sa'osi sa kako tora i, ira mitosa a polo' iray, ira ko lima. hanaw ko sowal. Hatira kiraan. Iray, sorarat sato kako. Iray, sa'osi sato kako tora namisorarat iray, tosa a polo' ira ko enem. Hanaw ko sowal. Iray, fafani sato kako toraan iray ira, sa'osi sato kako tiraan ira, tolo miheca tatosa to ko wawa ako. Hanaw ko sowal.

我長大到可以撿木柴協助家事，就這樣年復一年做著同樣的事，歲月一晃眼就過去了，屈指一算，我竟然也二十五歲了。二十六歲時，加入年齡階級組織。結婚約三年後，就有了兩個孩子。

3 Iyaan ko saka, sowal sato tiraan iray, ira, teka sato a pateleng haw. Hanaw ko sowal, maherek kira o teleng. Iray, pateleng sa kami tora ira tatodong no Rinahem. Iray, makatimol to iray, dato hanto no Pa'ilasen, iray i Yamato. Hanaw ko sowal.

那時日本政府開始進行拉接電話線的工程。一段拉線工程竣工後，我們又從 Rinahem［壽豐］開始拉線到南邊的 Yamato［大和，光復鄉大富］。之後，再由 Pa'ilasen［富源］部落接繼 Yamato 以南的拉線工程。

4 Ira sa, ya sa tora, saka:tosa a miheca tiraan ira, teka sa Cinamalay. Hanaw ko sowal. Iray, ira, to kakerker. (Masiwala ako, o kakerker ko 'ayaw.) Teka sa tora i tini i Rinahem. Iray ira, sa tora i, tosa miheca.

兩年後，日本人又開始建設火車鐵道。（啊，我講錯了，先建設的應該是臺車（kakerker）的軌道，後來才是火車使用的鐵道才對。）我們是從 Rinahem 開始加入築路工作，共花了兩年時間。

5 Iray, sowal san tiraan iray, paherek kami tiraan iray i Yamato. Ira matira ko demak kiraan haw. Sa:an toraan iray, ira, sorot hanto no Ripon ko kowang, matira ko demak tiraan. Iray teka sato kami iray, no'amisan no Maerir. Hanaw ko sowal i matini haw. Hanaw ko sowal satimolan no Nataoran, ya nanom tata'akay, Maerir han niyam kiyaan. Ira i tira ko teka.

我們的工程負責到 Yamato 才告結束。不久之後，日本人開始強制沒收各個部落的槍枝。後來，我們又開始進行 Maerir［木瓜溪］北岸，Nataoran［荳蘭］部落南側水道開鑿工程。

6 Tangasa sa kami i tira i hiya ray. i tira ray, i Rinahem ira, misanga' to sawanengan, iray, a cacay ha miheca. Iray, maherek ko Pisawanengan iray ira, tahira iray, i Malifasi, ira i saka tosa miheca. Iray, tahenay misaga' to amoto howa. Iray, tangasa i tira i Falinah kira i, ira cecay miheca. Ira tosa ha miheca haw. (a toloay to tosa miheca.) Hanaw ko sowal.

之後，又參加 Rinahem 糖廠的建造工程。糖廠竣工之後，第二年參加 Malifasi［馬里勿］橋的建設工作。打水泥的工作相當緩慢。之後又在 Falinah 工作一年。這樣合起來共二年。（不，三年？不，二年吧！）

7 Iray, tangasa i tira i Cingaloan i, tolo a miheca pisakoli no niyam a palalan to lalan no cinamalay. Tangasa sato i tira i hiya i, ha iray ira, miteka to i Satefo pangkiw sakatosa sepat a miheca. Iray, timo:l satapang. tangasa i Karangrang iray, sepat a miheca.

又奉命做苦力來到 Cingaloan［鳳林］地區，從事建設鐵路的工程。在這裡約三年。後來工程從 Satefo［馬太安溪］開始，在這裡又滯留了約一年半。加總起來有四年吧。之後，又被派往南進行鐵路工程建設到 Karangrang［瑞穗紅葉溪］，共費四年。

8 Iray, tangasa i tira i Tamasato iray ira, tosa miheca. Ato lima miheca. Teka sato i tira i hiya haw i pongkang, iray, sa'osi: sato i, tolo miheca ta maherek kiraan o pongkang. Hanaw ko sowal. Sa:an iray ira, mihiya to to mapaherek kiraan tofac sato to Taloko. Fangcal to ko Taloko masaga' no Sisiwsiw.

繼續往南到達 Tamasato［玉里］，共費兩年時光。這麼算來大約有五年。後來開始開鑿舞鶴隧道工程，大約花三年才完工。接著就是參加太魯閣族的討伐工作，還好太魯閣族討伐很快就被 Sisiwsiw 平息了。[1]

9 Tafalong, Fata'an, o 'Amis, o Pa'ilasan ora o Fakong. O hiya Taykangko, o Kiwit pakayra haw. Ira ko Sapat tira ko misofacay. Tatimol tatimol sato iray ira, nikowanan no Tamasato.

---

1 Sisiwsiw 是指日本警察進駐的駐在所。

Hanaw ako kiraan, iyaan ko saka, raan sato kira ira, cecay miheca i tira tangasa sa i tira i hiya i Tafito. I tira a paloma' ci Ciwciw. Iray, o Taloko to ko i faleday, ira Taloko to ko tangasa i Kalapaw. Hanaw ko sowal.

參加討伐的部落有太巴塱、馬太安、南勢阿美（'Amis——即北部阿美）、富源、豐濱、大港口、奇美以及掃叭等各部落。往南則有玉里支廳管轄的各部落。之後費了一年時間開路到 Tafito［橫貫公路天祥］，在那兒建造了支廳長的官舍。再往上的道路，就由太魯閣族負責開闢到 Kalapaw［克寶］。

10 Mafelec toraan teka sa i Fasay kiraan o tangasa i tini i Loysoy. Hanaw ako kiraan sa tira ko sakasaan tiraan ira, kapi sakatosa. Hanaw ko sowal. Polong polong han kiraan pito a miheca, (cika moetep), hanaw ko sowal. Hatira kiraan. Ira, sowa:l sa i tira i: hiya sa'osi ako kiraan nani tira i Karangrang sakapito a miheca sa cito ka sa'osi ako kiraan o 'emamisay tangasa i Maerir, masa'osi tora mihecaan kiraan. Hanaw ko sowal.

從 Tafito 回來之後，參加從 Fasay［東里］到 Loysoy［瑞穗］之間的工程。在這裡約一年半。以上是我參加過的苦力工作，加總起來共有七或十個年頭吧！（不，七年吧？）再說，自從加入 Karangrang［瑞穗紅葉溪］工作，合起來約有七個年頭。但是，不包括在木瓜溪工作的日子。

11 Iyaan ko saka, ra sato kiraan ira kalalofang to kamo o Lafokah sini'ada kinian o mato'asay saan. I tira to kami a misakoli i Cipawlian. Hanaw ko sowal. Sa matira haw. Salofang sato kami iray ira, tolo kami a miheca. Hanaw ko sowal, sa kako tora malakataw to kako. Iyaan lima miheca a malakataw.

後來，上級召會我們說：「你們 Lafokah 階級該升級到 Lofang（耆老階層）以協助老年階級。」於是就在 Cipawlian（綽號爲香蕉的老闆）

做苦力。我們擔任 Lofang 約有三年。後來，我從事了五年的水圳監視員（kataw）工作。

12 Sa:an toraan ira, "pisawad ha Unak faedet ko parod, kiso Karo, kiso Mayaw, kiso Malay" sato. Iyaan saka, cecay a romi'ad kako a cika lakociw ira to ci Tenged a mi'olec takowanan. Ira sa tolo a raraningan ira lakociw sa kako. Hatira kiraan.

過了一段時間，有一道命令下來說：「Unak、Karo、Mayaw、Malay 你們的任期已屆滿，可以卸任了！」因此我被解除職務，才過一天，就由 Tenged 來接任我的職務。約輪到第三次時，才任命我當部落的幹部（kociw）。

13 Ira cika paherehe:rek to moetep a malakociw, ira li:ma a romi'ad malatomok aca kako. Iyaan ko saka, latomok sato kiraan iray, ira enem a miheca. Hanaw ko sowal tiraan riy, o hatira ko mihecaan ako haw tahamatini i matini. Nikasaan ako kinian sa, ini sato ca sowali kiraan a mihecaan ako nanomamangan ano hani ira sowal ako imatini haw. Hatira kiraan. Iyaan ko saka, sowal sato tora iray, micocok to tangila, cacay ta miheca misawad to kako.

任職不到十天，即約五、六天左右，我被任命擔任頭目（tomok）。從此我連續擔任頭目約六個年頭。這些歲月的總和就是我的年齡。以上就是我從小到現在的簡歷，要算年齡不得不提過去發生的事。後來我擔任防疫檢驗員（爲防瘧疾刺耳取血的工作），一年後就辭職。

14 Inian kinian haw, sa'osi sato ko syoki iray, "pito ho a miheca a polo' kiso ha mama. Pitoay ho a polo' kiso" sato. Iyaan ko saka, "ha!" sa kako. hatira kiraan. Iyaan ko saka, sowal sato, ira to ko Holam iray, sa toni o sakikamay i, sa'osi: saan kira i, ira, pito ira ko enem no hatira: ho ko mihecaan ako? sato kako i matini. Hanaw ko sowal. Iyaan ko saka, matini sato iray, namasamaan ko picodad ira o hiya? i sakitini i kamay? sato kako.

有一天，某位戶籍課員告訴我：「老伯，你的年齡約七十歲了。」我說：「哦！我知道了！」但，中華民國遷臺後，有官員看了我的戶籍資料後數一數我的年齡，告訴我說我的年齡七十六歲。我感到懷疑，爲什麼我的年齡只有這些？我不知道我的戶籍資料究竟是怎麼填寫的？是否日本和民國交接時，登記錯誤？

15 Iyaan kinian haw, sa matini sato iray ira, faloco' ako i matini lowad sato kako iray ira, malasapalengaw aca kako. Hanaw ko sowal. Ira sa, sowal sa a mala sapalengaw kako i matini iray, sa'osi: sato kako na malasapalengaw iray ira, safaw ira tosa ko mihecaan ako kiraan. (o: hay! Mo^tep ira ko tosa a malasapalengaw kako.) Han tora ira sa, ira malasapalengaw kako tiraan iray, cika fereng, cika faliyos. Hatira kiraan. Ira, inaci:la miheaan iray, cito kako papelo.

如今我擔任 sapalengaw，回想了過去的事情。你看！數一數我擔任 sapalengaw 的歲月已有十二個年頭。（對，沒錯！十二年了。）我擔任 sapalengaw 以來，部落內未曾發生旱災和颱風。但，前年起我不再主持部落的活動並發表演說（papelo）。

16 Ira "kalimaan keno mukasi haw, inian to no Amilika ko doedoen cecay to ko lalan." sato. Ira "mamaan no kapah to" Misawad kako i, a malasapalengaw, cito papelo ira maedeng a masawad ko ngangan to sapalengaw tino afedo'ay sa kako ira sa, Afedo'ay hanto kako i matini haw. Hanaw ko sowal ira sa, sawad sa kako iray, mafaliyos i nacila kiyami! Ma'osi ko kawas.

因爲部落內有部分反對人士說：「現在時代不同了。這個古老的習慣已過時了，應該廢除它！我們應該學習美國人的信仰生活。」「你們認爲很好，就照你們的意行吧！」我就這樣承讓，自動卸下這個

sapalengaw 的職位，不再主持部落的任何祭祀，但是部落居民改口稱呼我爲 afedo'ay。[2] 你看，我辭了 sapalengaw 職位後不久，颱風不是來侵襲部落嗎？我想這是神靈（kawas）對部落居民改信基督教的不滿。

17 Haanaw ako kiraan sa, matira ko sowal i matini sa kinian sa, malasapalengaw to kako i matini haw. Nikasaan ako kinian. Haen han ako ko sowal. Sa, kako matoris to i nacila. Yosanay kinian sa, o hatiraay ho ko mihecaan ako i matini haw. O sowal ako sa, raan sato ira, inian kinian a pasadak to sowal i matini. Hanaw ko sowal tiraan sa, awaay ko siwalawa:la ako haw. Iraan to a cecay micodad to Cyoming ko misiwalaay tono mihecaan ako. Hanaw ko sowal, hatira ko sowal ako.

現在我又被部落人士推舉，恢復了 sapalengaw 職位。這些事情我昨天已告訴各位了。也就是說，我的年齡就是這樣。關於我公開的年齡歲數。應該不會有錯誤，只是戶籍員登記戶籍資料時可能發生錯誤。我的話說到這裡。

---

2 afedo'ay 意指生命之源，馬太安部落總頭目的另一個職位名稱。

第四章
Ci Falahan
姦婦法拉罕傳

1 O roma kinian haw, hanaw ko sowal tiraan. Iriy, na matira. sa cifafahi sa ci Iko riy ira, ci Falahan. Sipolo' sa a maramod awaay ho ko wawa. Iriy, maomah a maramod, masamatini to ko romi'ad kiraan ira, "Kafelec ko miso haw, pacerep ho kako, caay kafelec kako, ano dafak kako a mafelec a maratar kako. Aira ano ca kapakatakotakop to fafoy." hanto ni Iko ko fafahi nira ci Falahan. "Olili kafelec to, olili a misalafi to kiso." hanto ni Iko ko fafahi nira. Hanaw ko sowal.

這是另一件故事。話說 Iko 娶 Falahan 為妻後，他們就從本家脫離，另起爐灶建立小家庭，那時膝下尚無子女。他們如常上田工作，約莫黃昏時刻，Iko 對 Falahan 說：「妳先回去。今晚我不回家，讓我一個人看守田地，準備明天一大早才回家！不過，如果獵到山豬，可能比預定時間早回家。」又說：「走吧！不要忘了，妳還要準備晚飯呢！」

2 Iyaan ko saka, sowal sato tiraan iriy, to'eman to riy, ira, milapot kiyaan a fafoy komaen to 'atoto no masay. Iyaan tora sa, hokhokan to ni Iko tora safi han tora mapatay kina fokod. Ira sa, rawod kawing hanto a mitamorong a taloma'. Hatira kiraan. Iray, tahira sato ci Iko kira, "kikikikik kato haenen haw" sa ci Falahan. Iyaan ko saka, ma:mang ko patay hi Iko, Hanaw ko sowal sa, ko sowal no mato'asay tono mukasi. Hanaw ko sowal.

傍晚時分，Iko 發現一隻山豬正在田邊吃著蕃薯籐和蔓藤根。說時遲

那時快，他毫不遲疑地投擲矛槍，山豬當場倒地。那是一隻小山豬
（fokod）。他高高興興地扛著山豬回家。可是 Iko 來到家門前時，「嘻
嘻……你不要這樣嗎！嘻嘻……」從屋內聽到 Falahan 的笑聲。可想
而知 Iko 多麼傷心！

3 Iyaan ko saka, teli sato ci Iko kira, "Fohaten kako dadada!"
hanto ni Iko. ca katahenay, hinam han iray, i matira:way i
cofok, hinam han ira mitahpo ci Amidan. Ci Amid kiyaan o
misakemotay ci Falahanan. Hanaw ko sowal haw nikasaan ako
kinian. Ira sa, "Fohaten kako! Ka o likat ko 'ayaw!" hanto ni Iko.
Masa ko awaay ho ko teking howa, o nitodeman ho kiyo lamal.
Hanaw ko sowal tiraan haw.

Iko 放下山豬，敲門喊叫：「快點給我開門！」Falahan 遲遲不開門。
原來她正在屋內的角落和 Amid 私通。她覆蓋著 Amid 的身體。Iko
又喊叫：「先來點火！給我開門！」昔日未有火柴，只有為保存火種
用的灰燼（nitodeman），所以 Falahan 生火很慢。

4 paido'es han ci Falahan i tala'ayaw a milonged, malikat to
tiraan iriy, fohat hanto ci Falahan, feng hanto kiya tama' nira
tiya fokod. Aro' sato i paenan. Ira, ya sato 'idoc nira telien, i tatihien
nira mimoyo'. Matira ko demak haw. Iraan kiyo tadang hananay,
nikasaan ako kinian sa, matira ko sakitira. Iriy, ra sato riy ira,
"Palisonen, pasa'olam haw to kalodi" hanto ni Iko ko sowal to fafahi
nira ci Falahanan. "Ano makerah sato riy ira, takos han ci inaan ita
haw, o sa'ali ako" sato.

Falahan 等屋內火點亮後才開門。Iko 扔下山豬後就坐著在土間中央，
同時把矛槍擱在身邊方便拿取的地方。這種情況稱呼 tadang（姦情）
事件。Iko 對 Falahan 說：「請妳馬上燒水煮泥鰍！」又說：「等燒好
了，妳去邀請我們母親和妳的兄弟姊妹！」

5 Sa cingangan sa ko sa'ali nira i, ci Mayaw, ci Angah, sa'ali ni Iko,o peton ni Falahan. Hanaw ko sowal. "Ira, nanitira ira tayra han ci inaan ako haw, ira hakelongen to ci mama nira ci Dokoy aci Karo" hanto ni Iko ko sowal.

Falahan 的兩位兄弟名叫 Mayaw、Angah。他們的身分，等於是 Iko 的 a'li。[1] Iko 又吩咐 Falahan 說：「請順便請妳的母親和弟弟 Dokoy 以及父親 Karo。」

6 Iyaan ko saka, yo ira to kiyo ina ni Falahan, o mama nira to peton nira. "Afay! iyaan ko tama' iso 'ali? " hanto no peton ni Falahan, "Icowaay sa 'ali? Citiliday ho" han ni Iko. Ha:n tora ira to ko ina, ira to ko peton, ira to ko mama ni Iko. "O maan ko takosen saw?" hanto ni mama nira.

不久，Falahan 的父母和兄弟都來了。Falahan 的兄弟：「哦！a'li 你 獵到了什麼東西？」Iko 客氣地回答：「沒有什麼啦！只不過是幼豬 罷了。」後來，Iko 的父母親和兄弟也來到了。「今天有什麼特別的 事，還邀請我們來？」父親問。

7 Iyaan ko saka, sa ci mama sa cira iray ira, ci Ono', sa ci ina sa cira riy, ci Malay hanaw ko sowal haw. Iyaan ko saka, ra sa tora iray, "ci tama' saw?" hanto no ina ira. "Hay, hakowaay, citiliday ho" hanto ni Iko ko mama nira. "Tako:s no saan saw? o patoloan haw sa kako" hanto ni mama nira. Mati:ra ko sowal haw. Hatira kiraan. Ci Falahan sato riy ira sa, "paliesonen ko hiya haw" sa ira sa, palieson han no peton nira ni Mayaw. Ira sa, tokad sato ko 'ali nira ci Dokoy o peton ni Iko.

Iko 的父親名叫 Ono'，母親名叫 Malay。母親問「你獵到什麼呀？」 「是的，只不過是幼豬。」Iko 回答。他的父親說：「啊？還以為是大

---

1 a'li 是阿美族對配偶的兄弟姊妹的稱呼。

公豬（patoloan），[2] 何必邀請我們過來呢？」Falahan 吩咐她的兄弟 Mayaw 幫忙燒煮晚餐。然後 Iko 的兄弟 Dokoy 動手解剖山豬。

8 "I hakowaay ka'apa kina fokod kini?" "hay 'ali" hanto ni Iko ko peton ato 'ali nira. Iyaan sato matiya haw ra, "Ka o fitoka ato tinayi' haw, iraan o 'atay haw ko sasafelen, ira cawi no tokos ko sapafeli haw." hanto ni Iko. "Raan sato o cepi' iray, lalikel asa kamo haw. Iyaan sato o kahong, lalikel asa kamo haw!" "O maan to kono miso?" hay iriy, "Ini:ho ko mako tosa ho a kakorengan ko no mako i tini, sa mitakos i, o maan ho ko cikaeminen namo?" hanto ni Iko ko sowal.

大家問：「什麼時候獵到了這麼大隻的山豬？」Iko 回答他的小舅子和他兄弟：「是的，今天傍晚時獵捕的。」然後吩咐料理豬肉的人說：「把那些胃、腸、肝下鍋烹煮，脊椎骨兩邊分給其他人。」又說：「那些後腿和前腿，你們各取一支吧！」他們問：「那你的份呢？」Iko 說：「這個你們放心，我這裡還有裝滿兩個缸子的山豬肉呢！大家不用客氣！」

9 "Ora sa fanges nira pakatokosen a mipela' haw, iya sa o tangal ira, o safaled a tangal kono namo ha 'ali. O towa' kono namo haw!" hanto ko peton nira. Iyaan sato o 'atay iray, "pela' han haw" hanto ni Iko. Ira sa, ira: sato tiraan iray, "Noca ka linah saw? mamaan saw?" "A, maroray kako mana, 'ali, tadacaay ko roray ako" hanto ni Iko. Matira ko demak tiraan. Hanaw ko sowal, matira haw.

Iko 又吩咐：「那個豬皮從脊椎骨那兒切割下來。還有豬頭上部是舅子你們的，顎部是分給我兄弟你們的！」Iko 又說：「要把豬肝平分給兩家！」老人家問道：「你為什麼一直坐在那裡不動呢？怎麼了？」他回答：「啊！我實在太累了，動不了身子！」事情就是這樣。

---

2 太巴塱和馬太安稱大山豬公為 patoloan，一般的小公豬為 fokod。

10 Iyaan ko saka, sowal sato "A macacak to sa 'ali?" hanto ni Iko ko sa'ali nira. "Aya, makerah to kini" "A, cerohen ta epoden" sato. Pacilahananay a komaen kono mukasi? I cowa a miala to cilah? Hanaw ako kiraan haw, hae:n han ako ko sowal.

然後 Iko 問他的舅子說：「差不多煮熟了吧？」舅子回答：「哇！水都乾了！」Iko 說：「添水之後，拿下來吧！」昔日尚無鹽巴可撒，所以煮好就吃了。

11 Sa, tohtoh sato ci Falahan ira, fafilo sa to peton nira ato sa'ali nira a misilsil. Iyaan sato ci Falahan, naina naina ato ci mama iray, namo: ko namo ha 'ali haw, namo namo o peton tatolo kamo haw. Hanaw ko sowal tiraan. "Emin han aca a micikcik, hanaw ko sowal" hanto ni Iko ko peton nira ato 'ali nira.

Falahan 和他兄弟以及小舅合力把煮好的肉從鍋中倒出來，然後擺上。Iko 吩咐說：「把全部的豬肉切一切分給大家。」豬肉切塊分給大家時說：「這是給媽媽和爸爸的豬肉！這是你們三個人的，這是小舅（sa'ali）的。」

12 "O maan to ko saki dafak?" "Manikaw saw hanto ni Iko. Hanaw ko sowal haw, Sa, kora sa hatira kiraan. Malafi to "Eminen ko no namo mama, eminen ko no namo ina" sato. "I? dada ari!" han, "Honiaw to ko mako han, maroray kako ina mama, caay ho ka adah ko ifangat ako, o matiniay waco a nika citireng." hanto ni Iko ko sowal. Iyaan ko saka, lafi: sa caira. Hanaw ko sowal haw. Sa, ko sowal no nima? Ci Hopak to, o sapalengaw. Hanaw ko sowal.

老人說：「不留明天的份嗎？」Iko 回答：「不缺那些東西！」於是開始吃飯，Iko 說：「爸爸、媽媽，你們的豬肉要全部吃光！」「那你呢？來吧，一起吃！」「好的，我稍等一會才吃！其實，我感到疲憊不堪。身上的汗還沒有乾，可見我的身體很虛弱！」於是大家慢慢享受他們的晚餐。這是大頭目 Hopak 所敘述的故事。

13 Iyaan ko saka, ra sato tiraan ira,hato sapalengaw kiraan a loma'. cai, cika o sapalengaw haw. Hanaw ko sowal. Iraan ko saka, maherek kiya o colcol no mama nira iriy, eminen sa emin han kini o titi ira sa, maemin to. Herek sato, makahereherek sato. Iyaan ko saka, "iyaan sa mako patayraen ci inaan hana, masaparatoh to safa!" hanto ni Iko kiyo saniraan a titi. "Ira solsolen 'ali," solsol hanto sa, san ko sowal haw hatira kiraan.

據說這一家是 sapalengaw 的親戚，但是並不是 sapalengaw 家族。他的父親也向大家說，不要客氣，請盡興食用。於是大家把食物都吃完了。吃飽後，大家各自回到原來的位置坐著。Iko 向母親說：「媽媽，我這份豬肉請拿回家給弟弟們吃吧！」又向他的小舅子們說：「把這個豬肉串裝好帶回家吧！」他們皆照照 Iko 的吩咐行事。

14 Mitamako to. Mitamako kiyaan o to'as ni Iko, o mama ni Falahan. Hanaw ko sowal. Ira sa, natolotolo ho a mipakpak to tamako iray, "mama" sato matira ko demak tiraan sa, o demak sato ni Iko tiraan iriy, mowad to, miawit to 'idoc nira, mitawos to matiraway ira hae:n sato a moho "hae:n han ako mama a mihokhok kina fafoy. Ira karihkih cira i, makat kako. Tomerep cira i, miroho kako.

接著，大家悠閒地抽菸。Iko 的老人家和 Falahan 的父親都抽菸閒聊。大約每人吞雲吐霧三次時，Iko 突然舉起矛槍站著說：「父老們！」說著慢慢靠近 Amid 藏身處那一邊，然後蹲著說：「我今夜就是這樣追逐那隻山豬，聽到山豬走動的，我就追逐，牠走動，我就追，牠靜止不動，我就蹲下來，

15 Karihkih kina fafoy, ira ta copa sato kiyaan a fafoy, ta fek han ako." "Anako'!" sato ci Amid. I tira ko teka no tadang haw hanaw ko sowal tiraan ira sa, iyaan sato a titi no sa'ali, o titi ni Fafahan iriy, laliw hato, san ko sowal. Inian sato o no mita iriy,

eminen ko no mita, mimaan to naira, ini ano dafak, hanto ni Iko, ira
sa niyaan sato iriy, i tira ko teka a citadang haw, haen han ako sowal.
O lalafa' a ci tadang, ha pa'ilo kiraan ira, caay pa'ilo haw, hanaw ko
sowal. Caay to karamod. Roma a miheca iriy, cifafahi ci Iko, ano
hacowa ci fa'inay ci Falahan? hanaw ko sowal. Ci Iko o tadamaanay
ko tireng, ci tama'ay aca, caay pa'aliwac to dadayaday i, haenen ni
Falahan i, san tiraan sa, cika tahenay ci fa'inay ci Falahan, hanaw ko
sowal tiraan. Na pakacowaay ko tadang han iriy, pakayinay i cecay
ngangasawan haw, sarakat hanaw ko sowal, hatira kiraan.

後來山豬正面靠近我，我就立即像這樣射槍殺死牠。」此時突然聽到
Amid 喊叫：「唉唷，痛呀！」這就是姦淫禍害的開始。Falahan 和她
兄弟顧不得他們的肉立刻逃離現場。Iko 面對這種場面，很理智地吩
咐家人不要驚慌，盡情享受晚餐，不必管他們的事。雖然不會懲治姦
淫罪，但是雙方的後代均被列入禁婚的對象。不久之後 Iko 再婚。
Falahan 呢？久久沒有消息。周圍的人都在想：「連 Iko 這種孔武有力，
夜夜都帶回獵獲的優秀丈夫，甚至都被妻子背叛，更何況……」引起
了很多聯想。總之，首次通姦事件乃是從本部落的一個氏族中發生
的。今天說到這裡。

第五章

Pakasero'ay a tamdaw
誤殺事件

1 Sowal sato ko roma a pakiraan iray ira, inian o kakakowang. Iyaan ko saka, makowang sato ko tamdaw mapatay a makowang kiraan ira sa, i tira a cecay ko pa'iloay haw. Han ako ko sowal tiraan. Iyaan ko saka, iyaan mapatayay ko wawa ko mipa'iloay, kirami tiya mikowangay. Han ako ko sowal, iyaan a ce:cay.

我要講述有關互殺事件的例子。若有人被槍打中死亡，一定會控告
（pa'ilo）肇禍的人。受害者家屬向加害者要求相當代價的賠償。

2 Iyaan ko saka, iyaan sato no pakakowangay kiraan saka, iraan ko mapolongay to ngangasawan haw. Mainget to tiyaan mihiyaay mikowangay. Hanaw ko sowal tiraan. Ira sato o mikowanay tiraan ira, tatalo:c saan, matira ko demak toraan sa, nawhan tora kataloc nira ira, mangodo kira howa. Hanaw ko sowal tiraan. Matira:ay kira ko pakayraay i pakakowangay haw, hanaw ko sowal.

肇禍這一方的親族（ngangasawan）全體共同指責肇禍者的過錯。使
肇禍者畏怯不敢聲張，表示自己理虧無顏面對眾人。誤殺事件大概是
這樣處理。

3 Nikasaan ako kinian matira sa, onian ko saka heced nira pakakowang haw, sanay saka hatiraay. Sa, sakalima a romi'ad iray ira, ala han no latosaan. Iray, masaay kini o latosaan asa kiraan iray, na o peton to no mama, ato peton to no ina. Iyaan sa, ano makowangay kira tireng ira, ono pakainaay pakamamaay kiraan sa, iraan kiya no o latosaan han haw. Ta pausa caira to hakhak. Ira to dafak to i, pausa. Ira dafak to i, pausa. Ira matira ko demak.

所以肇禍者是抬不起頭來的。大約五天之後由 latosaan 來引導出席。什麼叫 latosaan 呢？就是指肇禍者之父方和母方親戚。由他們代替肇禍者，每天早上送糯米飯到處理案件的會議場所。

4 Ira sa, teli sato ko sapalengaw tiraan ira, "Naw? ira no cikakahi 'adayen? O sanay kinian. Sa, ano taynien i pa'ilasen kira ira, saciwawa a saan kira matiya i, mala'edo a matiya haw, ira mipatayay tamowan o kapah, ira hatira. Matiya sa, caay ka pakafiten to" hanto no sapalengaw. Iyaan asa iyaan sato sakaenem a dafak iray, colal sato.

此時，sapalengaw 指責說：「加害者為什麼不敢前來受審？如果這個事件是發生在 Pa'ilasan〔富源〕部落，必定受到很嚴厲的懲罰，加害者將來只能生出像老鼠般的孩子，生不出好後代，而且肇禍者一定會被殺。如今又未出席到底是何居心？」第六天早上 sapalengaw 出面召開會議。

5 Iyaan ko saka, dafak sa tora iray, 'a'icep sato tiyaan o mikowangay ato mapatayay ko wawa. Hanaw ko sowal toraan haw. Iyaan ko saka, pafelian no makowangay a ina ko kiya mikowagay to 'icep macocofeli a mihaen a pafeli, ta mi'icep to. Cila'ed to fedfedan haw. Palamal han. Haen han ako ko sowal pakayraay pakakowagay. Nikasaan ako kinian. Hatira kiraan haw.

次日，雙方的親戚互相面對面坐著，一邊咀嚼檳榔，一邊開始慢慢和談。就在這個時候，被害人的母親送檳榔給肇禍者的母親，互相交換檳榔後，坐著咀嚼檳榔。雙方親戚分別對坐兩邊，中間還擱置一把點燃的火把，表示正在進行和談。這是關於誤殺事件的開會情形。

6 Ta dafak sato kiraan ira, maherek a malafi kiraan kira ira, mama sato kiro o pakakowangay, kiro o mapatayay ko wawa. Hanaw, ko sowal. Iyaan ko saka, "Sakasaan ako matira sa sisa, i tira to i etip haw tira a mapolong haw. Ira misalikaf kita to maama:an Mama" sato ko sowal. Iyaan ko saka, "o maan ko salikafen matiya? ray, salikaf i, o maan to ko salikafen haw?" hanto. "o diko, o diko ita a maro' i etip haw" han yo mikowangay ko wawa.

次日，晚飯之後，肇禍者的親戚代表說：「各位父老！我們更換座位吧！請大家移到西邊的家（肇禍者之家）。我們再到那裡慢慢討論吧！」被害人的親戚代表回答：「我們移到那裡，還要討論什麼？我們坐在這裡聊聊不就得了？」

7 Iyaan ko saka, ya sa, ano ca sa samatiraen ira, ano na'ay han ako ko demak fangcal a matira? sato. Haen han ako ko sowal haw. Iyaan ko saka, matira ko demak tiraan. Hanaw ko sowal. Iyaan ko saka, dafak sato tayra sato. Tahira sa tora ira, ano moetep ko tapila' to hakhak, iya sato a makowangay ko wawa ira naikoran nira mitakos tora i, "kamo anohoni haw ira, aka ka pitosa to kimit haw. Ano o titi ko, sakasaan ako ira maleca:d to kini ira a matiya?

為什麼被害人的親戚如此回答呢？那是為了這件事能夠圓滿結束，所以他口頭回應對方的邀請和誠意。次日，被害人的家人應邀赴肇禍者的家。他們早準備大約十來個藤鑤的糯米飯準備當晚飯。其實，被害人的家人赴會身之前，長老已說：「你們所有參加的人要記住，吃飯時不能吃太多！抓食飯時，最多不得超過兩次！

8 Ano caacaay ka patay ko wawa nira i, ira ano tatiitiih ko mita a wawa toraan ira, ano cakapatayen no manowan kira, patelac sa koraan kira, sa ko tawo haw. Yo sanay kiraan sa, rasa tora ira, lece:peng kina sowal ako imatini" sato, ira sa piyoc sato. Iyasa toraan tira ira, tolo a laloma'an kira ira, cika tapakad kiraan haw. 'Aloma:n to ko pakamamaay pakainaay yo saka tolo to a paparodan, yana peton niyaan o pakakowangay ko wawa a mikadafo ko kisafa'ina'inay. Hatira ko mihayomay haw.

這是為了避免對方說：『這些人對自家孩子死亡根本不悲傷，只是為了吃飯而來。其實，我們的孩子沒犯錯，那是跟布農族打鬥時被誤殺的』等等閒話。」最後決定可以赴會出席者，只有死者直系家族三家，以及母方或父方親戚的代表者。

9 Hanaw ko sowal toranan sa, matira ko paini.ako i matini. Ano matapakad kita o ngangasawan kira ira, o maan to ko nira a saki'orip cikasaan i matini? Yo sanay kinian, ira sa, lace:paw no sapalengaw a sowal haw. Yo sanay kinian. Ano kihpic ko fitoka a matiya, iyaan nira a magiriw, a matiya ira a makori a matiya i, fangcal a matira sa, ko sapalengaw haw, lece:paw ita koraan haw, sato ko sowal. Ko makowangay ko wawa.

發生這種事件，沒必要邀約很多人來參加聚會。那是為了避免造成對方供餐的負擔。這是依循 sapalengaw 的教訓。再說，在糾紛期間，雙方難免互相仇恨，但被害一方也考慮只論事不論人，好讓對方參加者身心不受任何傷害。切記 sapalengaw 是這樣訓勉的。

10 Tamakomako sato ira, "Haen hanto, sema'ayaw engoy a 'ina:y!" hatira aca ko sowal. Ira iraan sa tora, a mafaking faking to fafoy. A caka matira haw ira, cika faking haw, cika matira o Tafalong haw, ira mifaking to fafoy. Kira kono mukasi, haen han ko sowal. Sanay saka, hatira aca ko sowal ako.

於是他們用餐後，各自坐著抽菸並愉快地高聲說笑。對方也不再有要求賠償（豬）等的爭論。我們馬太安部落不同於太巴塱部落，太巴塱部落若發生類似的案件，當事人必須提出豬隻作為贖罪或懲罰。昔日的習慣如此。我就說到此。

第六章

O ngangasawan hananay
親屬關係

1 Matini sato kiraan iray, pakacowaay ko cingangasawan iray, ko Fata'an sato ko sowal. Yaa:n pakamamaay haw. Iray pakainaay iray, ano sasepat ko pakamamaay ira ano tatolo ko pakainaay, iraan kora nika o ngasaw han kiraan haw. Iraan sato mikadafo ko fa'inay ira sa, o ngangasawan to kiraan. Ano mikadafo ko fa'inayan a wawaan. Hanaw ko sowal. Kiraan haw. I tira ko ngangasawan saan.

我要講述馬太安部落所謂的 ngangasawan（親族）。不管是父方三、四家或者母方二、三家，這些家的構成關係即稱爲 ngangasawan。另外，依據我們部落習慣，男子入贅到女方家，該男子入贅的婚家也稱 ngangasawan。

2 Iray, ano citelek ko parod ira iraan ko mihayomay. Ano tatosa ko fa'inay a wawa a mikadafo ira tinian o pakainaay Pakamamaay. Iyaan sa i tira ko pitadem haw. Han ako ko sowal tiraan ira sa, matira kiraan. Iray, o caay ka polong haw, iray, ano malepalo ko wawa, ano mala'alaw to sawidang saringring no loma', ano tatolo ko saringringan, ano sasepat ko saringrigan, a hanghangan sato ko wawa. Mala'alaw to 'acam a widang iray ira malepalo.

要是那一方有二、三位入贅者，有一天母家發生事情，這些人都回來協助解決母家的種種問題，連他們的子女也來參與。所以母家稱爲女方，入贅者稱爲父方。當入贅者年老、生病或死亡，不必回到母家受照顧或者善後。另外，我們彼此應該和睦相處。好比說，自家孩子跟鄰居的孩子打架，或是組友之間不愉快，或是孩子們結成三、四個人爭吵時，所有人員（mapolog）絕對不得召集討論，以免小題大作鬧個不停。

3 Iyaan ko saka, ra sato kiraan ira, aka pamama haw, aka paina haw, a mipalo. Aka papeton a mipalo, Hanaw ko sowal tiraan. Ano misangangasawan matira, fancal a matira? iray, cika folaw kini o a matiya kini o apa'iloan kiya o mipaloay? Ano taynian to i tini i Pa'ilasen, i 'olaw, i tini i 'olalip a matiya, o matiraay ira, salongan a matiya? Yosanay kinian sa, a cimato ko; tihi namo matiya o kapah ho? milisafon a matiya a misaniyaro' yosanay kinian sa, cika ngodo a matiya to tao a matiya a mafolaw? Yosanay kinian sa, inian kinian.

再說，凡是孩子們的吵架（毆打），父母和親戚等大人們不得干預，以免事情鬧大。為了這事召集親屬處理，並要求對方賠償，那不就等於強迫對方（加害者）搬家？每家如果搬到 Pa'ilasan［富源］、'Olaw［北岡］、'Olalip［鶴岡］這些地方，那麼你的鄰居還有誰呢？再說，如果這麼做，還有誰是你的朋友呢？如果年輕人都走了，我們的部落會變成什麼樣的部落呢？這麼一來不是招來別人的取笑嗎？

4 Iyaan ko saka, mapahecekan no cidal ira to folad i, anana' ka caka ngihangih ko Fata'an. Yosanay kinian sa, ra sa tora ira, aka pama:ma a malepalo haw! Han ako sa kiraan. Iyaan ko saka, masaay hakiya o mangicay. "Aka pipalo ha 'inay a matiya cidoka'a kamo." Iyaan ko saka, ira saan ko 'ilo haw. Iya cikapolong ko Fata'an. Han ako ko sowal. Iyaan ko saka, o Tafalong saan tiraan i, honi mapolong i, mimaan kamo i, han ira mitadem kami sato. Felec sato kono ngasaw i mifaking. Ira tahamatini: ko Tafalong a mihiya mifaking.

我們馬太安部落創社以來未動搖過，如同太陽和月亮一樣站得穩固。

因此我們部落居民應該互相幫助快樂地生活在一起才對。要是在社內遇見毆打的情形，應該勸說：「孩子們！不要打人！打人彼此會受傷，是不可以的！」我說這個例子，表示鄰居的太巴塱部落和我們馬太安部落是不同的。太巴塱部落不論事件（犯錯者）大小，必定召開年齡組或親屬會議處理問題，並且制定犯罪者必受罰的原則。雖然他們對於犯罪者有嚴格的制裁，但他們之間卻時常發生毆打、殺人等事件。另一方面，馬太安部落除了參與喪葬禮之外，很少召開會議。

5 O sanay kinian sa, ira a matira matiya? Nika sa, ceca:yay ko sadak nanitiniay ci Pilikalawan. Aci Marokirok cikasaan kami o mama? Haen hanto ni sapalengaw ni Hopak. Hanaw ko sowal. Sa, ra sato ira, o caay ka 'ailo haw o caay ka polong haw ko ngangasawan. O patay a cecay ko saka polong haw. Hanaw ko sowal toraan sa, tahamatini: to caay ka polong. Yo sanay kira. Han ako ko sowal tiraan. Sa, maansanay hakira ko nika ngangasangasaw no Fata'an asa kamo saka, dengan cecay ko Patay haw. Yo sanay kinian sa, o hatiraay kiraan. Sa kako hatira kiraan.

我們之間不得有傷人害己之事。因為我們都是來自同一祖先。換言之，我們是 Pilikalawan 和 Marokirok 神的後代。以上我所說的，都是大頭目 Hopak 的訓話。再說，我們馬太安人除了參與喪葬禮之外，很少召開會議。現在也是如此。就連部落的 ngangasawan 也不例外，通常是為了協助某家辦理喪事，大家才聚集在一起，其他的日子裡，ngagasawan 是很少聚集一處的。

第七章

O roma a Falahanan
另一位法拉罕

1 Patinako to roma a Falahanan. O sarakat ni Falahan kira ira, o roma a Falahanan kinian, o roma loma' hanaw ko sowal. Ci Saway Angah kiyan o fa'inay. Hatiya ci Angaw a poener hatini. Ira sa, matoka a maomah, mafokil a mikasoy, ira sa faehkol han ni Oneng Kafongoh aci Ohay Katowa'. Hanaw ko sowal sa, iyaan o peton no ina no fafahi ako iray, ci Tafong, hanaw ko sowal Tafong o Idaw.

這是另一個事件。她的名字叫 Falahan，是另一家的 Falahan，丈夫名叫 Calaw Angah，身材差不多這麼矮小。這個人平常懶散，還不善撿柴，所以被岳父 Oneng Kafongoh 和岳母 Ohay Katowa' 趕走。另外，還有位名叫 Tafong 的人，他是我岳母的兄弟，全名叫 Tafong o Idaw。

2 Iyaan ko saka, namilaliw ci Rengosan, i tira haw ko saka ala hanto ni Calaw Hadecay Katayi' a malekaka, cika kakahi. "Miala toraan i, cika sasowasowal i" matira ko sowal ni Tafong. Dadaya sato iray ira, pahemayan iray, hatiya o tapila' hatini ko toron. Ira, iraan sato ira, (Mafaha kako) iray, ra sato ray, cika maen ci Tafong. O ina ko maenay haw. O peton ko maenay. Hanaw ko kiraan sa, makahito.

Tafong 跟 Rengos 分離之後，Calaw Hadecay Katayi' 希望 Tafong 當

他家女婿。但 Tafong 不同意並回答：「這件事，我還沒考慮！」可是，晚上女方卻送來了聘禮。那是盛滿飯糰的糍粑。Tafong 的母親和親戚們接受這些禮品而且食用了。雖然 Tafong 沒吃，但他卻不得不勉強同意此椿婚事。

3 Iyaan sa, sowal sato iray ira, aro' sa ci Tafong. Dafak sato iray ira, mitafo to kalodi ci sokoy to 'inorong. To dafadafak i ira sa, cinitafo aca to kalodi. Hatini ko tafo maedeng sakaranam. Ano ci'osaw ira, sakalahok na Oneng Kafongoh aci Ohay Katowa'. Hahaw kora sa, limela ci Oneng Kafongoh aci Ohay Katowa' ato sa'ali nira ci Saway Katayi' aci Calaw Katayi'. Hanaw ko kiraan sa, matira sa, hatira kiraan. Sowal sato ray, ciwawa to ci Tafong aci Falahan, saci ngangan sa ko wawa nira ci Pongal. Ira matira ko demak kiraan haw. Iyaan ko saka, mahemamakat tora i, foti' sa ca Tafong iray, i loma' mafoti'?

Tafong 入贅之後，每天早晨前去捕泥鰍（kalodi），收獲很不錯。每次扛柴大都將捕獲的泥鰍和採摘的 sokoy（木鱉子）一起帶回來。這些泥鰍早餐吃不完，還可當午餐。Oneng Kafongoh 和 Ohay Katowa' 非常滿意。因此，Oneng Kafongoh、Ohay Katowa' 及其兄弟 Saway Katayi'、Calaw Katayi' 很喜歡 Tafong。後來，Tafong 和 Falahan 生下孩子，名叫 Pongal。有一天晚上，即孩子大概約剛學習走步時，他們上床睡覺，

4 Iray, terong no dadaya i, "Nahiraw hana Tafong, nahiraw hana Tafong." sa:ca. "Talatatakel to kako kini Falahan?" han ni Tafong. I terongen kiya wawa nira. O tangal ko nihaenay ci Tafongan. Iray, o para' sa tora i, i ti:raw. Hilam han tora i, "Tatalacowa to kako kini?" sato. Kapkap hanto nira i, ma'owid ko kamay ni Saway Angah. "Ina ina, ini ko mikoliniway." hanto ni Tafong. "Aka sawaden 'inay, aka sawaden 'inay, ano cimato? kalamkami miteking, kalamkami a miteking." hay, teking hanto ira, hinam hani ira, ci Saway Angah.

夫妻倆將孩子放在中間。到了深夜，Falahan 推 Tafong 說：「Tafong，你過去一點，過去一點好不好！」「不行呀！我已經睡到床邊，無法再挪動了！」Tafong 回答。因爲孩子也緊靠著他，無法再動，只好把自己的屁股朝向另一邊。之後，他納悶地說：「叫人往那裏睡呢？」摸摸床邊。啊！他驚嚇了一下，原來摸到人手，這是 Calaw Angah 的手。於是他喊叫：「媽媽這裡有盜賊！」「抓住他，到底是誰？點火！快快！」點火一看，原來就是 Calaw Angah。

5 Ira sa, "Aka, o citoka! o cifokil a mikasoy, caay parenged!" sato. Mangic to ci Ohay Katowa' ci Tafongan. "Aya ci Efong ako.[1] Ira han to ma:an ci Efong ako. Iray, mapalawa to kami Tafong a cikamaen kami to sokoy, ira to dafadafak. Patafoan aca to 'inorong to Sokoy ira ato cinitafo a:ca to dafada:fak. Nosanay kini 'inay sa, rasa tora aya ci Efong ako. Aka sasaan ha 'ina:y" han ni Ohay Katowa' ato fa'inay nira ci Kafongoh. Iyaan kaherek a mi'epor ray, fesoc sato tayraan i tapang. Iray pikadafoan ako i peton no ina no fafahi ako. Hanaw ko sowal.

Ohay Katowa' 痛哭罵道：「你這個懶惰蟲！不能撿柴的笨蛋，不如狗的東西！」Ohay Katowa' 向 Tafong 哭道：「我的孩子，我的孩子！我們實在是可憐的老人呀。我們什麼時候才能吃到 sokoy（木鱉子），這些日子裡你每天給我們吃不完的 sokoy。啊！孩子，我們不要你離開我們。」就這樣 Ohay Katowa' 和 Oneng Kafongoh 夫妻傷心極了。不久之後，Tafong 回到他的娘家。就是我岳母的家。

6 Iyaan ko saka, tahira sato iray, "Citadang kako ina" sato. "Cima?" han nira iray, "ci Angah" sato. Ira, "maedeng haca tayraan kiso haw? ano ciwawa kiso?" hanto ni Miding aci Efong.

---

1 Efong 係年長者對年輕的 Tafong 的暱稱。

Hanaw ko sowal haw, hatira kiraan.

回到娘家說：「媽媽，我家發生不倫事件！」「是誰？」「是 Angah！」
「你想回去吧？你不是有孩子嗎？」他的母親 Miding 和父親 Efong 這
樣詢問著。

7 Iyaan ko saka, sakatosa a hiyaan i, miala aca, ca kakahi.
Sakamo^tep a riyanan sa pahemay sato. Tosa ko tapila' no
toron. "Matini sato ira, manaca 'inay, rasa sika ira pala'edan to ira ci
to kapaysin. Ya, pala'edan to to hemay." hanto ni Saway Katayi' aci
Calaw Katayi'. Iyaan ko saka, "Cai:" han no peton nira ni Fosay aci
Kawah aci Efong. "Caay ina, o maan heca ko paysin?" han nira sa,
hakelong sa ci Tafong. Hanaw ko sowal. Iya:nan mihakelong ira,
dafak cinitafo ci'norong to Kasoy cisokoy to.

過了兩天，女方的人前來要求 Tafong 回到妻子家。但他不願意。又
過了十天，女方家帶來二個飯籩的糍粑。Saway Katayi' 和 Calaw
Katayi' 向 Tafong 說：「我們已經準備了糍粑進行 pala'ed 祭（除邪禮）。
你不必忌諱，可以回到岳家。」「不行！」他的兄弟（姊妹）Fosay 和
Kawah 及 Efong 等人都不同意。「媽媽，我想沒什麼不妥吧！」於是
他跟他們回到岳家。回到岳家之後，照樣認真捉泥鰍、採取 sokoy，
以及撿木柴。

8 Yaan ko saka, misorarat ko awid nira i, kotayan ni Saway
Katayi', ira misorarat ko awid ira, kotayen ni Calaw Katayi'
matalaw pilaliwan. Sa, ko sowal no fafahi ako haw, ci ina no fafahi
ako. Hanaw ko sowal. Sa, sowal sato ray, adada to. Iray, ira sa
toraan iray ra, "Ano sangasanga' en no cikawasay ira, ca kasanga'."
Hanaw ko sowal tiraan. Sa, pakawas hanto. Cifafoy to pakawas.
Hanaw kira sa, maherek sato toraan mapaka:was toraan iray, ira
dadaya sato ray, mapatay. Ira, iraan kiya sa, i tira ko tadang haw.
Hae:n han ako ko sowal.

但每次 awid（年齡組）在集會所集會時，都是由 Saway Katayi' 及
Calaw Katayi' 代替去參加，這是怕他跑掉。（這些話是我岳母說的。）
後來，Tafong 生病臥床不起，雖然施行了各種巫術，仍無法治癒。
最後，爲了治病不得不宰殺豬隻，進行 sikawasay 禮，讓他成爲巫師
（sikawasay）。但是，當夜卻氣絕身亡。就是說他因不倫事件死了。

9 Yasa loma' no pikadafoan ako kiraan iray ira, caay pa'ilo.
Samanen o faki ni ina Fosay ci 'Olam o mama. Iyaan ko saka,
ra sato tiraan, "Aka pa'ilo haw, hanaw ako kiraan, aka ka polong
kamo. Na citomeli'ay ko lopini'an kira niyan mi'alipay ci Falahanan
kiraan ira, cika imah kamo? Yosanay kinian sa, matira ko dmak sa,
aka pa'ilo kamo haw." hanto nira saka, ca pla'ilo ko pikadafoan ako.
Haen han ako ko sowal.

Tafong 娘家不準備進行 pa'ilo（控訴）。因爲 'Olam 是 Fosay 家的大
長老（faki）。他說：「你們對於這件事不得有 pa'ilo，並不得召集親人
進行任何討論。」又說：「事實上，Falahan 和 Tafong 之間已無可責
備之處。因爲他們夫妻已經過著平常的夫妻生活。事到如今不得再控
訴！」因此，我（報導人）岳家不再追究。

10 Ira saan o tapang ni Falahan, ci ina ni Falahan ato peton ni
Falahan, ira peton ni Ohay Katowa' ci Amid o Kadahipa', ira
ci Angah, ira ci Owih o mama. Hanaw ko sowal tiraan sa, iraan a
cecay ko pa'iloay haw. Iyaan sa, ira sa tiraan ira, ano pahafay a
matiya kiraan iray, pakomodan to no sapalengaw, iray, sarakat a ci
tadang. A pahafay ko fa'inay namo haw. Iray ira, ra sato ray, ano ira
ko mitaosay to fafahi ira aka piawit to kamay haw, aka piala to
Topin. Ira ano ci wawa kako ira toraan i, cecay a romi'ad a matelii,
ira sakatosa i, aya fafahi ako, aya wawa ako, a cikasaan a matiya?
han ni Hopak a maoc.

另一方面，Falahan 的家裡有 Falahan 的母親和兄弟（姊妹），還有

Ohay Katowa' 的兄弟（姊妹）Amid o Kadahipa'、Angay、Owih 等
老人。也許這些人都是 pa'ilo（控訴）的一方。對於這種事件的發生，
大頭目 Hopak 在集會所時，對年齡組說：「pahafay 時，我也說過了，
若是妻子私通犯姦，你們不得動手打人，也不可要求贖金。若你們之
間已有孩子的話，更要忍著一天之氣，免得第二天後悔轉念想著妻子
和兒女。不然你怎麼做人呢？

11 Iya sa, make:rit aca piawit a pahafay a misaapa ko fafahi.
Roma sato ira, "Aka pi'ofific haw, yosanay kinian sa, matira
ko demak. Hanaw ko sowal kiraan." Hanto ni Hopak ko polong i
lalaocan ira sa, awa sato ko tadang. Ira sa, hatira sato ko tadang haw,
tahematini matini. Yosanay kinian, macowa kiraan yosanay ira, iraan
kiraan haw.

再說，妻子雖然對不起你，但絕對不可以出手打人。還有，妻子跟別
人通姦時，也不要抓人。」以上是大頭目 Hopak 在集會所的訓言。
從此以後，直到現在，不再發生不倫事件。

12 Yaan sato tora ira, ca pisangangasawan kiraan. O maan to
ira, ano tawos han kiraan kamo a matiya i, ira emin aca kosa
kita pakamamaay, o pakainaay? Ano aenem to ko pakamamaay i,
ano sasepat to ko pakainaay i, sadak no malekakakakaay i, ira
amaanen a matiya? cikasaan kita? Na osanay kinian ira matira ko
demak toraan haw! Sa, ko sowal ni Hopak. Han ako ko sowal tiraan.
Wa hatira:en ako ko sowal ako.

雖然近年來也發生類似的吵鬧，但不再驚動親戚眾人。必要的時候，
僅召集父方五、六個人或母方的兄弟（姊妹）們二、三個人，就可以
把事情解決了。以上是 Hopak 所說的話。我講述到此為止。

第八章

Kalalood
戰爭

1 No macowa ko teka no kalalood asa kiso iray, cikamatira. Ira todong no misifatay ca 'Ayal aci Sayi, iyaan a Lasana'. Mi'adop i tira Cida'olaway iray, misacara ko waco, iray, kowangen no 'Amis? ca: 'Ayal aci Sayi mama, oyaan 'Ayal naira to Lasana'. Ira, raan sato ray, malalood i tira i Malopasi i laklal, sa'amisan no Cida'olaway.

關於戰爭是何時開始發生的，也許你不知道？那是發生於某日，當時由 Lasana' 組的 'Ayal 和 Sayi 進行狩獵看守，途中來到 Cida'olaway，'Ayal 和 Sayi 的獵狗突遭南勢阿美開槍射死。因此，就在 Malopasi 河邊，也就是在 Cida'olaway 處，雙方互起衝突開了槍。

2 Ira sa, pakikic hanto no Lasana' ira sa, ci Tafad ci 'Ayal i tira haw to. 'Amis, hanaw ko sowal tiraan. Iyaan ko saka, ra sato ray, feli sato. Tahira i Kohkoh i, lafin sa i Kohkoh. Iray, masadak ko cidal i, likoda saan. Matira ko demak tiya kowang saan sa, palitemoh sato kiyaan o ngsaw haw. Pakamamaay pakainaay, iya ko te:ka a palitemoh. Hanaw ko sowal. Iyaan ko saka, ra sa tora i, ano, mamoetep kina malekakakaay howa i, hatira:to.

不久之後，Lasana' 組將南勢阿美打走。'Ayal 還獲得了南勢阿美的人頭。Lasana' 組勝利回來。來到了 Kohkoh〔瑞穗〕，休息一宿。次日清晨，舉行馘首祭舞蹈（likoda）。歸途接近部落時，為表獵獲人頭凱旋而歸，於是先對空鳴槍一次，好讓鄉親父老們出來迎接。首先前來迎接這群勇士的是父方和母方的親族。而兄弟或姊妹儘管有十來個，也都會前來迎接。

3 O peton. Ni ina howa i, ano lalima ko fana'inay tatolo ko fafahi ira, iraan kiyo o ngasaw hananay haw. Hanaw ko sowal. Iyaan ko saka, sowal sa tora i, lima a romi'ad ko lisin. Hanaw ko sowal. Iray, tahira sato to dafak iray, likoda sa i tira sa'amisan no Cacifong. Ta pakaenan no wawa no pakainaay pakamamaay. (Ha tiraan a no honi) Hanaw ko sowal. (Ano hacowa maherek) Nikasaan ako kinian, matiranay kira.

所謂 ngasaw 親族呢？就好比你的母親的兄弟五個人，或是姊妹三個人。這個祭典要舉行五天。次日早上到了 Cacifong，即舉行 likoda 歌舞。然後由母方和父方親族的孩子們（子女）接待提供飲食。我要講的還很多，因此簡單說說。

4 Iyaan ko saka, o tafad iray, hahayen to no kaepaepakay a mihahay. Iray, palitemoh to komaen to to eraw, o eraw to ko kaenen. Hanaw ko sowal haw. Iyaan ko saka, Ya sato o Tafad ni 'Ayal ray, miliyok to i tini i niyaro' no Fata'an. Ira sa, "o hoyo hahiy iye, o hoyo hahiy iye, o hoyo hahiy iye" sato a mihaen to tangal a matini a mihahey, ira tafad ni 'Ayal a teka:d no 'Amis kiraan.

舉行馘首祭時，除兒童參加歌舞之外，大人要喝酒（eraw）。然後把 tafad 人頭舉起來繞行馬太安部落一周。遊行隊伍，由一人手持插著人頭的竹竿，領先走在眾人行列前頭，o hoyo hahiy iye 邊唱邊走。這個人頭就是 'Ayal 砍來的南勢阿美人頭。

5 Namatiya a: to: ini i: mo^tep a miheca iray, mico'ay aca ko 'Amis. (O Fata'an) o Lasana' sa tora iray, awa ko cidokaaay. Hanaw ko sowal. Iray felec sato. Cikaranam ko kira Lasana' a emin paysin saan. Tahira sato i tira i kakitaan iray ira, "o wa:w" hanto ni

Hopak, kalokomokomod aca. O peton tora ira, o sapi'ay'ay to to peton haw. "O ina tora i o mama tora ira sadak no pakainaay pakamamaay iray, kalapicomoco:mod aca.

約過了十年，南勢阿美爲了這個人頭來復仇。這一次由 Lasana' 組來反擊，幸好無人傷亡。出動應戰的 Lasana' 組不吃早餐，因爲這是禁忌的事。先到祭司（kakitaan）Hopak 那裡，然後 Hopak 和各組的幹部們齊聲高喊 o wa....w，「在場的父母、兄弟、姊妹們，請大家前來，

6 Ini ko 'oled. ini ko titi, ini ko toron, ira ini ko eraw" hanto ni Hopak. Hanaw ko sowal. Awaayto ci Solol 'Alimol mapatay to. Patay tora o faled to. O kawas howa i. Hanaw ko sowal. Iyaan ko saka, i tira ko teka, haw iray, a malalood ato 'Amis. Hanaw ko sowal. Iyaan ko saka, ira sa tora iray lite:moh sa tora i, a mi'adop tora i, ira, malalood ho to Nataoran ato Cikasoan cai pakadawa. Ira o roma awid to o laowaw. I tiraay sato a sakiniyaro' toraan o kalalikel no awid to macodahay iray, iray ira,

這裡有 'oled（生米糰）、titi（豬肉）、toron（糍粑）、eraw（糯米酒），請享用！」Hopak 說。這時 Solol 'Alimolo 已經過世，不在人間，不過，還是個神仙，住在天界。據說有史以來，跟南勢阿美交戰這是第一次。不知經過了多少年，在狩獵途中，再度遇到 Nataoran［荳蘭］和 Cikasoan［七腳川］部落的人而起衝突。他們還是打不過我們馬太安部落。有一年，選出部落勇敢優秀的青年舉行比武，

7 ci: Lafoni, ara i, Taolay, Taway Kaot, ira ci Mayaw Holol, ira ko niraan. Iya sato kiraan iray, cipakadawa ko 'Amis Cikasoan, o kakakotako:tay kasaawiawid. 'Adop sato ko Kalafi ira ira, sa cihiya sato kira i, ira , ci Iko, ci 'Afo Karat, Kaniw Paladiw hatira. ko no Kalafi a awid. Ira sa, cai pakadawa ko Cikasoan. Ato 'Amis, pakiki:t han no fata'an. I 'ayaw ko katar naira kira howa o Cikasoan ato Nataoran. Hanaw ko sowal.

他們是 Lafoni、Taolay、Taway Kaot、Mayaw Holol 等人。比武結果南勢阿美 Cikasoan 部落的人終究還是贏不過馬太安部落的青年。又舉行一次狩獵比賽。我們這邊由 Kalafi 組的 Iko、'Afo Karat、Kaniw Paladiw 等人代表出賽。結果，Cikasoan 部落還是敗給馬太安人。因為這些 Cikasoan 和 Nataoran 的青年們都是不得要領的兇猛漢。

8 I matini i, alae:n naira, ira cik afolaw ko 'Amis i matini ko Cikasoan matini ira; ho matini. Ira, mipatay to Ripon, ira sa,i matini sato i, tofac hanto niyam o Fata'an a miterik ko patelengan. Ira matira ko takaraway a malakomod no Cikasoan. Hanaw ko sowal tiraan. Tala'ada ko Fata'an howa i, ato Tafalong ira ca: ka tala'da.

這個 Cikasoan 部落還留在舊部落，未移住他處。這個部落曾發生殺死日本人的事件。因此這個部落不如馬太安部落那樣進步。也或許是因為 Cikasoan 部落的頭目高傲、目中無人所致。馬太安和太巴塱兩部落的人可自由到各地旅遊，但他們的人就不敢出外旅遊。

9 Malitemoh sato haw i, "ho kamo o timol papidahen!" han naira ko sowal. Hatira, caay pakada:wa haw to Fata'an haw. Ira, han ko naira, pakomod sa ko papeloay no hiya howa i, no Cikasoan i, ira, "Kato kamatiya o etah no Panay ko tireng no kapah, kamato etah, edid ko kapah. O sapitemo o pilepel, ka matiya o tomay ato lokedaw" han no 'Amis ko papelo howa i. O no Fata'an sato ira, "Aka: pitiko haw; ira, ano mitiko kamo tiraan ira, fangcal a matira?

近年來，有時候在外面與他們偶遇時，他們對我們諷刺地說：「哦！你們南方人 Timol，是怕日本人的懦夫！」不管任何事情，他們沒有一次勝過我們。其實，Cikasoan 部落的頭目是「唯我獨尊」的傳統作風，對青年訓話：「年輕人，身體不得像稻子的 etah 一樣笨重。該像 edid 的 etah 一樣行動敏捷。又該如同熊和虎的手掌般行事明確有效！」相反地，馬太安部落族長的訓話經常是這樣：「年輕人，凡過去不愉快事件不可想要復仇。因爲記仇的不是好人。

10　Iray, mi'orong to pakamidan kira, mi'orong to fodata, o maanen kina maheka rakatay mapikasay a wawa o maan ko kaenen? Hanaw kamo tora, raan sa tora ray ira, aka matira o 'Amis haw, o Cikasoan!" sa ko sowal no sapalengaw. Ira matira ko demak, Keda 'Olam makarikor to, Ira ci Rahic. Ira inian Keda 'Olam haw, (o kapah) ci Keda 'Olam ko makarikori:kor to i tira i hiya, i Hayasita ka'amis no lomaloma'an no Hayasita yana lakelal kawali no cilamalay. I tira ci Keda 'Olam a citafad, o 'ayaw Laowaw.

假如因仇恨發生部落內的混亂怎麼行呢？爲了逃難，你來得及收拾行李嗎？或者扛著包袱及背籃等，你走得遠嗎？還不能走路的幼童，你如何照顧呢？拿什麼食物來給他們呢？所以我們馬太安部落的年輕人不得像南勢阿美 Cikasoan 部落那樣，因小事記仇而惹起了大亂。」按照口傳強調這種教訓的是 Keda 'Olam，其次是 Rahic。據說 Keda 'Olam 年輕時候居住在 Hayasita 北側，[1] 即火車站東側的河邊。又曾經在此地 Keda 'Olam 獵得人頭。那是 Laowaw 組之前的事。

11　Hanaw ko sowal toraan sa, matini sa tora i, malitemotemoh to i roma tala'ada kira iray, "o: ko timol papidahan! maparengen ko Ripon ato Taywan" saan. "Naw! i cowa masadak ko laco? i cowa masadak ko 'afet? i cowa masadak ko kowang? ira o dangah? ira o sakamaomah? ciko ko Taywan? ko pasadakay to rarar ato hawan? cikasaan ko faloco' i matini?" saan ko komod.

話說回來，現在也是，若出外跟南勢阿美相遇時，「哦？你們這些敗類的南方人！懼怕日本人和漢人的南方人！」如此譏笑我們馬太安人。「你們這些無恥者！你們所需要的子彈從哪裡來？火藥從哪裡來？槍彈從哪裡來？鍋子及農具等從哪裡來呢？還有小鍬、腰刀等這

---

1 Hayasita 係指林田，即鳳林北邊南平火車站一帶。

些物品，不是漢人製造的嗎？」馬太安人這樣地反駁他們。

12 Sa, awa:ay kono pihiya to Taywan, to Ripon. Matira ko demak kira sa, sowa:l sato ira, malaiyong to. Malaiyong tora malaiyongay iray ra, "a kato kalaiyong ko kapah" sa ci Keda 'Olam. Iyaan ko saka, malaiyong kinian o Tafalong, malaiyong kinian o Pa'ilasen, kira. 'Amis sato i, malaiyong ko 'Amis, malaiyong ko Nataoran ira ato Lidaw. Iyaan ko saka, cecay miheca.

馬太安部落對漢人和日本人未曾有違抗情事發生。所以即便日本警察徵調青年當警丁或隘勇，馬太安都得以免除這種勞役。Keda 'Olam 說：「我們不必去當警丁。」因此，首先徵調 Tafalong［太巴塑］和 Pa'ilasen［富源］部落的青年們，擔任警丁的義務工作。南勢阿美的 Nataoran、Lidaw［東昌］部落也不例外。被徵調者至少得服務一年。

13 Iyaan sato i, cai: kotayen ko no Fata'an. "Ira, malaiyong kamo iray, na'onen ha kapah! ci wina namo, o peton namo kiraan ira, malakoto no lotok a matira fangcal a matira?" han ni Keda 'Olam ko sowal o kariponan to. Ira sa, sowa:l sa tora ray, ci Kohoy Kariyan iray, maparet yaan sato i, "no cikotayen kami? cara sa i, pakaen to titi, to fafahi to mama i," sato kiraan ira, "patayaw ita ko Ripon" sato

馬太安人不是被強迫的，是志願參與的。這時候族長 Keda 'Olam 對每一位參加警丁工作青年關懷地說：「你們當警丁工作時，不得惹是生非。以免引起家鄉同胞的受害及毀滅。」舉個例子，南勢阿美有一位名叫 Kohoy Kariyan 的，因當警丁累得受不了生氣地說：「為什麼不給我退休？他們可以用豬肉供養妻子和父親，那我們能嗎？」後來又高喊：「殺死日本人，殺死日本人！」

14 kiya ci Kifan, iya sa, patay han ni Kifang o kapah no Cikasoan. Hanaw ko sowal tiraan sa, sowal sa tiraan, iya sato a Iyong ci o niyam ira, ci Komo, ci Nangit, ci Oyan, ci Calaw, ci Kadongah aci Kacaw Kacengah, ci Hino, ira Karo Inging ira. Hati:ra ko maanen nima ko sa'osi no pisolot howa no malaiyongay. Iyaan sato kiraan ira sa, co: (papecihan li'anan ira sa) mapatay to ko Ripon

終於有一天 Cikasoan 部落的青年 Kifang 殺死日本人。這是因徵用「警丁」而引發的事件。當時馬太安部落擔任警丁的有 Komo、Nangit、Oyan、Calaw、Kadongah、Kacaw、Hino、Karo Inging 等人。其實，當時是無法違抗日本人強迫徵用警丁的政策。據說當時 Cikasoan 部落和日本人武器衝突時，被殺死的日本人大約有五十名。

15 Iya sa, sopet sa tora ira, "kita sa o Fata'an matira dipot hanto ko iyong" sato. Ci Oyan ira ci Calaw Payo, ci Saway Fanol, ira ci Unak Hodo, ira ci Kacaw Katangah, Karo Inging ira sa so:ked sato i tira ko Ripon, tira i Tafonan Ira sa, "Tanengay ta ko 'Amis, o maan ko hahaenen a mipatay to Ripon? Na i cowa a masadak ko Fodoy? Na i cowa masadak ko kowang? " sa ci Oyan aci Calaw Payo aci Saway.

因為這麼大的混亂，本社的族長命令：「我們馬太安人將保護所有的警丁。」於是將這些人像 Oyan、Calaw Payo、Saway Fanol、Unak Hodo、Kacaw Katangah、Karo Inging 等，以及日本人集中到 Tafonan 避難。[2] 後來有命令說：「我們不惜對南勢阿美開戰。因為他們殺死日本人。你們想一想，我們所穿的衣服從哪裡來的？我們的槍彈從哪裡來的？這些東西不是從日本人來的嗎？」於是 Oyan、Calaw Payo 和 Saway 等人決定協助日本人，對南勢阿美發動攻擊。

16 Ira, o awid niyam kiya ci Oyan aci Taway, ira aci Calaw. No Laowaw kiya ci Katengah ira ci Unak, ira ci Karo Inging, kira, o awid na Doho o 'Edi Laowaw. O niyam aca ci Taping ci Oyan aci

---

2 Tafonan 即花蓮縣壽豐鄉光榮部落西邊的太魯閣重光部落。

Calaw aci Komo. Iya sa, i tira to haw a masopet ko Ripon, ko makotayriring. Ha naw dipotaw ita ko Tayring sa ko ci Oyan. Hae:n han ako ko sowal. Ira sa, so'elinay, i sowal sato i. ca pitalatala to hitay no Ripon, menga:w saan a mafolaw.

這些當時的指揮者 Oyan、Taway 以及 Calaw 是我的組友。在 Laowaw 中有 Katengah、Unak、Karo Inging 及 Doho 和 'Edi 等。至於我們 的組友有 Taping、Oyan、Calaw、Komo。就是說所有的日本人和各 地的警察人員都集中在那裡。因為 Oyan 說我們要保護日本人。最 後，在大批日本軍隊未來到之前，馬太安青年趕走了這群發起動亂的 南勢阿美人。

17 Ira nairaan haw ira, i tira takaraway a malakomod. Hanaw ko sowal tiraan sa, matira ko demak. Sa kako. Hatira kiraan.

我想，南勢阿美人為什麼能夠發動這場大兵亂？原因無他，因為南勢 阿美的族長是個高傲的好戰者。

第九章

Ci 'Ayal
阿雅兒傳

1 Iray, 'adop sato ko Alafangas kira i, malitemoh i Pacingkoyan iray, 'Amis to ko mikowangay. Ira, iyaan i, pakikise:n to. Ira, sakiniyaro' saan i, ci Calaw Cacing, ira ci Datay, ci Conoh Kering aci Tafed 'Ofid ira. Iyaan cai: pakacokeroh. Hanaw ko sowal. Matira sa, hatira kiraan. Sa, sowal sa tiraan iray, patakos sato ko Lidaw.

有一天 Alafangas 階級來到 Pacingkoyan〔壽豐東方花蓮溪西岸一帶〕狩獵時，與南勢阿美人相遇。南勢阿美人先開槍，後來 Alafangas 階級反擊迫使他們逃走。後來馬太安部落派出 Calaw Cacing、Datay、Conoh Kering 和 Tafed 'Ofid 等人代表談判。最後他們還是敵不過馬太安人的善辯。過去曾發生這樣的事。有一天，Lidaw 部落來了聯絡。

2 Ira matini sowal sato a o hiya iray, no Cikasoan iray, malilafang to kami ato Nataoran saan ko sowal ira sa, litemoh sa tiraan iray, tini: to hiya iray i Pacingkoyan sawalian no Rinahem saan ko sowal sato. Matira ko demak tiraan. Iyaan ko saka, tahira sa iray, ira ta emin ko 'Amis. Ira lilafangay san tiraan iray, ira, o Lasana' a cecay ato Kalafi tosa a aawidan. Tapa:kad no Cikasoan ato Nataoran. Tolo ko no Nataoran a no 'Amis a fafoy, Nataoran. O Fata'an sato i, cecay. "Mikalic haw malilafang haw i" sa ko mato'asay haw.

通知說是 Cikasoan〔七腳川〕和 Nataoran〔荳蘭〕部落將舉行拜訪活動（malilafang）。地點在 Rinahem〔壽豐〕東側的 Pacingkoyan。因

此，馬太安部落爲了回應邀請，挑選出 Lasana' 和 Kalafi 兩組代表參加。Cikasoan 和 Nataoran 部落動員全體參加。Nataoran 和南勢阿美人各提供三頭豬，馬太安部落則提供一頭。據古人說這些豬是爲了聚餐食用。

3 Iyaan ko saka, o papeloay sato i tiya ray, mihakelong kiyo niyam tato'asan ci Dakoy Foting mama. Matira ko demak tiraan. O teloc ho o Kalafi ci Panong mama niyam. Ira matira ko demak tiraan haw. Awa ho ko fafahi ni Panong mama. Nikasaan ako kinian ira sa, tahira sato i tira ray, irato ko Cikasoan. Sowal sa tora rayi, "kai'ayaw ko namo o Finawlan haw!" sato ci 'Ayal.

據說我家先祖 Dakoy Foting 領導人（papeloay）也前來赴會。此外，Kalafi 組最年輕的 Panong，我們這位先祖也有參加。那時他尚未結婚。這個時候 Cikasoan 人已經到齊。馬太安的 'Ayal 說：「請你們大家先走一步。我等會跟著你們走進去！」

4 Iyaan ko saka, sowal sa tiraan iray, "cowa ci 'Ayal?" sato. Iyasa ci 'Afo Karang iray, ya kahe:ngang iray, palikahengang hato no 'Amis. Iray, rariko:r ni 'Ayal ci 'Afo Karang. Hanaw ko sowal. Iyaan ko saka, "aya iniay to ci 'Ayal haw?" han ni Kafos ato 'Amis. Kapot ni Kafos o finawlan, lawop saan ci 'Afoan Karang, "caay ka ci 'Ayal kako i ikor ci 'Ayal." han ni 'Afo Karang, "caay" sato. Mahaen ko demak kiraan.

進入現場時，有人問道：「'Ayal 怎麼不見呢？」這時候有位顏面呈現紅色，南勢阿美人都稱呼他「紅臉者」，名叫 'Afo Karang 的男子，進入現場時，就走在 'Ayal 的後面。南勢阿美人和 Kafos 看到了人就說：「啊！'Ayal 來了！」於是 Kafos 那一組和其他的人即刻衝過來圍繞 'Afo Karang 身邊。但是 'Afo Karang 一再表明：「我不是 'Ayal！」他們卻說：「不會吧！」

5 Ira sa, "iniayay ko 'icep, iniayay ko tamako!" saan. Caay ka ci 'Ayal kako! i rikor ci 'Ayal" hanto ni 'Afo Karang ato Finawlan. "Caay! 'Ayal haw mafokil to tireng haw" saan, ci Kafos kiyaan. Ka'a:pa ci 'Afo iray, ira, ka'apa ko tangal, hatini ko tangal ni 'Afo. Hanaw ko sowal haw. Ira sa, yaan sa o safa nira ci Mama Panong iray ira, i:raw kira, "ha ci 'Ayal kiraan!" han ni safa nira ko finawlan tiko sato a matini.

每個人都說：「請你吃檳榔！請你抽菸！」'Afo Karang 說：「我不是 'Ayal！'Ayal 在後面！」'Afo 否認著。「你不是 'Ayal？我不相信！看你這個體格，的確是 'Ayal！」Cikasoan 的 Kafot 這樣肯定地說著。原來 'Afo 是位身材高大，而且頭也特別大的青年。後來，他的弟弟 Mama Panong 高喊：「對！'Ayal 還在後面。」

6 Iray, ira, hatini iraan na ra:wan nanay a loma' ni Liw Sang, i tira ci 'Ayal a matataos. Ira menamenad sato iray, hatira to irawan a loma' na i sawaliay. "O! pacefa: saan howa ci 'Ayalan! o fafahi fohecal ko fanges!" sato. Iya sa, toko sato i tira ci 'Ayal. Matira ko demak sa ko sowal no mato'asay haw, niyam a mama ci Da'olam. Hanaw ko pakongko tamiyan. Hanaw ko sowal.

他們才不再為難 'Afo，轉身向 'Ayal 方向走去。'Ayal 從遠處慢慢走到大家眼前，眾人鬧起來說：「這位就是 'Ayal 嗎？怎麼像個皮膚白皙的小姐呢？真胡說！」'Ayal 不出聲就地停在那兒。這是古人說的故事，是我們先祖 Da'olam 講述的。

7 Iray, "patayen to ko fafoy!" sato. Patay sato to fafoy. Patayen no 'Amis ko naira, patayen no Fata'an, cecay ko no Fata'an howa i, sa ko mato'asay. Maan sa ko mikalicay a malilafang kita: to ko no Cikasoan i Nataoran? To:lo aawidan ko malilafangay. O Lasana', ira mapatay to ko Lasana' i 'ayaway Lasana' kotay hanto na iya hay iyasn to a Lasana'. Cacay mama ca 'Ayal aci Calaw Aong aci Mayaw Ka'oco. Hanaw ko sowal.

「開始宰殺豬吧！」於是他們分別料理自己的豬，準備聚餐作樂。這次參加殺豬聚餐活動的就是 Nataoran、Cikasoan 和馬太安三個部落的年齡組成員。至於馬太安參加的組員就是新的 Lasana' 階級。因為年老的 Lasana' 組組員都已經過世。Lasana' 階級的新組員有 'Ayal、Calaw Aong、Mayaw Ka'oco 等三人。

8 Ira iraan haw, iray, mapatay macikcik to iray, "Cima ko samamaay namo?" "Iya:to o sapalengaw sa ci Foting mama." hanto ira sa makitira pakilac. Ira sa o Fata'an ko 'ayaw pakilac. Iray, maherek ko hiya iray, ira, taynian to, i: "hay ini kaka ako" hanto ni Panong o safa. Ira Panong o Calaw aci 'Ayal Calaw mapolong ko mama.

把豬殺死，肉品切塊後開始分配。「你們馬太安組哪一位是最高齡者？」「就是大頭目 Foting mama！」就這樣先分豬肉馬太安部落。那是因分配員不知道哪位是馬太安最年老的。「這位是我的兄長，就是最年長者！」Panong（他是第二位）如此這樣告訴他們。Panong Calaw 和 'Ayal Calaw 老人們都坐在一起。

9 Hanaw ako kiraan haw sa, ca hanen sakawanawa:nan ko sowal ano hani ira, tatiih nikasaan ako sa, maherek a pakilac to 'Amis iray ra, todoh han awaay ko koreng, cikoreng ko matiranay howa? Ira sa, maherek a mitodoh kira ira, "O nanom." sato, radom sato ko kalaf i tira han i cacifaran ko pisetawan to pitafoan to tafo. Ira, rarararigoringoa:n hanto mahakalalimalima. Matira ko demak tiraan naw. Ira sa, "aya ci kaka ako tawosaw ho ci kaka ako." sa ci Panong o mama.

要這樣詳細地講述。不然，我就是個心地不良的人。南勢阿美人全部分到豬肉後，開始用火烤肉。因古時沒有鍋子可烹煮。有的烤完豬肉後，開始喊叫：「水拿來！」由 Kalafi 組取水供給老人組。昔時這些裝水容器及飯盒都用 cacifaran 製作的。烤肉時，各處五個人集中在

一起圍火烤肉。不久之後，「對了，我該找我的兄長吧！」Panong
自言自語地說著。

10 Ira sa, ala, masa ko 'orongananay koni a matiya to tafo nara
a malekaka ray ira, awitan to nira ko na cifar a mitawos a
matini. Ira tahira: sato tiraan iray, malahok to. Ira sa, maherek a
malahok iray, cecay a kimit ko nialaan a maen, ci pakatosa to
kaekaen. Hinam han ko tireng ni 'Ayal iray: matiya sa o dadiwasan
ko pafakaan. Ira fa^cal ko takelang, fa^cal kini o para'. Ira matira ko
demak. Tadama:an ko pising ni 'Ayal, cika'ipoc, masaydoedo ko
'edo, ira takaraw, ira fohecal.

他們扛著便當，提著檳榔莖製的盛菜碗來到那一邊，就坐下來吃午
飯。'Ayal 僅抓取一塊糍粑，不再拿取第二次。其實，'Ayal 的腰部如
同束腰型的小陶壺（dadiwasan），胸部和臀部寬闊健美，容貌秀麗，
皮膚白皙，身材高大。

11 Ira sa sowal sato ci safa nira iray, "Sowali ci Foting mama
haw, ira pisorangaden." hanto ni kaka nira ci Panong.
Sasorangadan sato iray, hati ra: o sae:tip no loma' ni Liw sang,
maraay ko sasorangadan. Hanaw ko kiraan haw. Folad han milata'
kira matini iray, haen han sipasip han to ekong iray, hati:ni ko folad
mikowang ko nitala'an, saan ko sowal ni 'Ayal na mama, han ci
Foting ha mama han nira ko safa nira.

Panong 向弟弟說：「告訴 Foting mama，準備打靶場。」於是準備在
離這裡（指劉先生的房屋）較遠的地方作為打靶場地。先把木頭一邊
的前端削成月形，然後塗上鍋底外黑垢（ekong）做為靶子。這樣的
方法是 'Ayal 說的。如此向 Foting mama 報告。

12 Iyaa sa, sowal hanto nira iray, "Saan ci 'Ayal aka hani,
sorangadan ko 'Amis. O maan ko hani sa, ci 'Ayal aka hani

ira ci mama Foting sapalengaw." sato ko sowal ni 'Ayal ira sa, sowal hanto ni Panong. Ira sa, "Matini mama sorangadan ko 'Amis. Iray, lihod hanto matengila no 'Amis" saan. Ira sa, mapaherek to "hatiniay a kilang haw, iray, cecay laya'" hanto ni: hiya ni Panong mama ira sa haen han ni Foting mama. Ala san tiraan iray, "Pisorangad ano hani haw!" sato? "Hay!" hanto no Fata'an.

但 'Ayal 提醒他們：「這個打靶比賽一切的準備，不得讓南勢阿美人知道是由我 'Ayal 安排的，該宣揚這是 Foting mama 的主意。」「長老！現在一切都準備好了。告訴南勢阿美族人開始打靶比賽。」準備工作者如此報告。「給他一根一庹（laya'）長的樹枝吧！」[1] Panong 說完，就將比賽交給 Foting 主持。Foting 手持樹幹說：「大家準備開始打靶對陣比賽（sorangad）！」「好！」馬太安階級呼喚著。

13 Iray, "Kapah to! sanga'ayen to ko lemed ano hani!" sato ci Tamohong to sakiniyaro' no Cikasoan. Ira matira ko demak haw. hae:n han ako ko sowal. Iyaan ko saka, ala hanto ni Kaniw ira sa, mara:ay ko pahecek. Iray, sowal sa tiraan iray, tawos sato i tira ca 'Ayalan kira no 'Amis aemin ato Fata'an. Tapakad o Finawlan no niyaro' no 'Amis ira ato Cikasoan. Hanaw ko sowal haw. Matira ko demak tiraan..

「諸位！預祝你們勝利！好運不絕！」Cikasoan 組的 Tamohong 也高喊。然後 Kaniw 把靶子拿到遠處插在地上。接著，參加打靶的南勢阿美人和馬太安人都聚集在 'Ayal 身邊。

14 Iyaan ko saka, ci 'Ayal sa tiraan iray, hiyaen sa ci 'Ayal, dipoten to ni Foting mama o sapalengaw. Aray haw, ci Kafos ko 'ayaw iray, ano pakacowa ko laco. Satala'ta' sa macacaliw ira caay ka tapiror ko niya kiya sasorangadan. Maemin to kiro laco ira, "Ayi o no namo o Lasana' ato Kalafi ato Laowaw." sato

---

1 阿美語 laya' 是指展開左右兩臂之長度。

這個時候 'Ayal 靜待，準備出來施展絕技。同時 Foting mama 在旁保護 'Ayal 以防萬一。打靶活動開始，先由南勢阿美人 Kafos 打靶。但不知他怎麼的，雖然開槍用盡了許多子彈，卻都沒打中。接著，「由 Lasana' 和 Kalafi 和 Laowaw 階級繼續打靶活動！」高喊聲不斷。

15 Haw, taneng sa ci 'Alosalang iray, ira, ano pakaco:wa ko laco. Ira matira ko demak ira sa, mapaherek to, ira matini sato ira "Ari 'inay sorangadan a matini away to ko cidal i, ira halafin ko cidal? ano caacaay ho ka hiya ko cidal marawis to ko loma'?" han. ni Foting mama. "Mafana' ko perec sa mama?" hanto ni 'Ayal. "Ari 'inay, ari 'inay o romi'ad ita" sato. Iyaan ko saka, maro' to. "Tanengay ita ko no mako mama" sato haen hanto nira patoro' mikowang, tapiror sato ko sasorangdan. Iray, patirengen to ni Kaniw Kalaliw, ira:ay ci Kaniw Kalaliw.

後來由 'Alosalang 試打標靶，但沒有一個打中。Foting 向 'Ayal 說：「孩子該輪到你吧！不然太陽下山，無法回去呀！」「我不會打靶！」'Ayal 不肯參與。「孩子，快點！時候不早了！」「那麼試試看！」他就坐下來，瞄準開槍，碰地一聲，靶子被擊倒下。站在遠處的 Kaniw Kalaliw 把靶子提起來再次定位。

16 Ira sa, "ari 'inay paliyawen ari 'inay" hanto ni Foting mama. Ya lowad sa patoro' han tapiror sato. Ira sa, kawih hanto "taynien mama" sato, kawih hanto ira tamorong hanto. Ira sa, hilam hanto iray, madahdah ho ko laco. Sa, ci Keda 'Olam nano kongko ni Panong mama. Matakop ho ako ci Panong mama kira howa. Mikasoy to kako. Hanaw ko sowal. Iyaan ko saka taos, "aya ci 'Ayal" sato ci Kafos cito ka pilicay cipaca'of ci 'Ayal.

「孩子，再來吧！」Foting 喊叫。他站起來瞄準開槍，碰地一聲，又擊中，靶子倒在地上。然後揮手說：「把靶子拿過來瞧瞧！」於是由老人將靶子扛著過來。他們清查了靶子，的確留有子彈的痕跡。這是

Panong 從 Keda 'Olam 那裡聽到的古老傳說。那時候我已是能撿拾木柴的孩童。「哇！'Ayal 這麼驚人？」Kafos 嚇得發呆。但是 'Ayal 沈默不語。

17 Sakahe:ngang matiya to o sirigan ko pising ato korokoror mawacay ci 'Ayal panengneng to tireng ni 'Ayal kiyaan ci Kafosan. "Iraan iso aca ci 'Ayal haw? Iraan iso aca ci 'Ayal haw?" ira sa, "ci 'Ayal kako saw? cika ci 'Ayal kako. Man kira: ci 'Afo, o fafahi kako" hanto ni 'Ayal. "Cai, ci 'Ayal kiso." sato sa "a mma" hanto ni 'Ayal.

這個時候，'Ayal 不僅脫衣還露出豔紅的臉部和背部等處給 Kafos 看。Kafos 說：「原來你就是 'Ayal 勇士！真是想不到！」他敬畏地開口說道。「什麼？我不是 'Ayal。那邊站著的 'Afo 就是 'Ayal，我是個女子。」他故意這麼說。「不！你就是 'Aya！」「伯父！」'Ayal 說。

18 Iray "Sowalen ci Kaniw Kalaliw haw, alaen ko kowacing oli! Ira toloen a laya' ko kowacing haw. tiraen i kawali ko pahecek iso." hanto ni Foting mama ci Kaniw Kalaliw. Ira sa, fekac sa i tira i lotok mimowal i tira i satimolan i Pacongkoyan. Hanaw ko sowal sa ira to. Na i tiraen nira i pahecekan kina kilang iray, "nasawalien" hanto ni 'Ayal. Ira pahecek iray "nasawalien" hanto ni 'Ayal, ra nasawli sato. Iray, "aka to haen han matini!" hanto ni 'Ayal. Iya sa, sowal sa tora i, "Ari ko namo Nataoran ato 'Amis hanto ko sowal ni 'Ayal.

「請你告訴 Kaniw Kalaliw 把大型菅蓁（kowacing）莖幹拿來，並且切約三度長，插在那一邊的地面上。」Foting mama 這樣吩咐。於是，Kaniw Kalaliw 跑到 Pacingkoyan 的南邊砍取大型菅蓁莖，而且沒多久就回來了。'Ayal 說：「請插在東邊一點！」又說：「再向東挪移些！」看了之後，再說：「好，就這樣。」接著 'Ayal 又說：「現在先由你們南勢阿美人 Nataoran 勇士來試一試！」

19 Ira sakasaan a misorangad i matini na no mako to a sowal. Ano pakafeten ko parod i faecal a matira? Ira nga'ay mifahkol kita to 'afet ato laco haw, hanaw ko sowal, nga'ay mapalisomad ko faloco'. Ano caay somaden a matiya, ano caay ko faloco' ako a matini, taloma' ano hani iraan ko faloco' a matiya i? sa kako i matini." hanto ni 'Ayal.

「其實這個打靶活動是我刻意安排的。我想藉著消耗子彈（或火藥）作樂一番，以消除我內心的苦悶。再說，我若抱著這麼惡劣的情緒回家，怎麼得了？因此，藉由這個活動解除不悅的心情。」'Ayal 如此地告訴大家。

20 Ira sa, "Ha, kiso Kafos ko 'ayaw" hanto tangararen kiyo o penen, ano pakacowa ko laco sa ko mato'assy. Ira sa, ra sato "Aka to ka ci'osaw a misorangad, to'eman to, no 'orongen to matiya kiyo o hiya i, kiyo paro i, fangcal a matira?" hanto ni 'Ayal.

於是，又重新開始另一個比賽方法。「你 Kafos 先來吧！」現在來更換菅蓁莖作靶子。但是他們始終打不中。'Ayal 說：「每一位組員應該打靶。天黑之前所有的子彈全部用掉，不必帶回家。」

21 Ira sa raeked sa ko 'Amis a mikowang. Awa: ca ka tapiror kina penen.Ari kono mita mapaherek to? ari ko no mita!" sato fekac ci 'Afo Tarang, tomireng kina penen. Sa ko mato'asay haw.

因此，南勢阿美人都前來打靶。但沒有一位打中那個菅蓁莖。'Afo Tarang 很着急地說：「該輪到我們了。結束它吧！」菅蓁莖依然在那裡打不倒。這是古人所說的。

22 Hanaw todong no sakiniyaro' no Fata'an. Hatira kiraan. Ira sa, maeminn to. Ira, "Ari a 'inay" hanto ni Foting mama. Haw lowad sa matira "tefoy" saan. "Aari 'inay pakinatosaay ho" a patirengen to ni Kaniw Kalaliw. Tomireng to laliwan to ni Kalaliw tomireng to kiya penen. Tanengay to feret han capo' han cekoy sato. I tiya safahe:ka' sa ko Cikasoan ci 'Ayalan haw. Ira matira ko demak.

這些故事都是馬太安人講的。他們終於打完靶。Foting mama 喊叫：「孩子，該你了！」話還沒說完，'Ayal 站起瞄準，碰地一聲，菅蓁莖倒在地上。「孩子，再來一次吧！」Kalaliw 再把它拿起來。菅蓁莖再次插定後又開槍，碰地一聲，菅蓁莖折斷垂下。這個時候，Cikasoan 部落的人看了 'Ayal 的絕招再度吃驚發呆。

23 Iraan sa o 'Amis iray, pafeli ci 'Ayalan to pa'afetan Tanoman kiya ci Kafos ira to alali:ma a latang ci 'Ayalan o Laco. Ira, matira ko demak, it sa, sapohpohpoh sa ci 'Ayalan ci Kafos iray, "Ci 'Ayal kako saw? cika ci 'Ayal. O fafahi sa hae:nen to kako i, saan ko faloco' ako matiranay" hanto ni 'Ayal. Ira sa, ra sato etrep sato ko 'Amis. Ira mati:ra haw ko caay pitiko a malakomod, ira ko sapalengaw. Ira sa, 'ereng sa ko Finawlan. Hae:n han ako ko sowal.

於是由 Kafos 代表南勢阿美人送給 'Ayal 裝藥筒、水筒、子彈（每位出五個）等物品，以示對 'Ayal 欽佩。後來 Kafos 前來撫摸著 'Ayal 的頭。'Ayal 說：「我叫 'Ayal 嗎？你們不是說我這個人是女子嗎？」南勢阿美人無人敢開口說話。我想這是南勢阿美的族長領導錯誤的結果吧。

24 Iyaan ko saka, namalalilafang ira sakasepat a polo' ko mihecaan ira sa, ko sowal no mato'asay tora teka mitekateka ko Cikasoan. Ira matira ko demak tiraan. Ira sa, patakos sa ko 'Amis o Lidaw, iray, "namo sowal sa tiraan iray. Fata'an ko niyam ato Nataoran haw," sa ko Cikasoan. Namo sa tirana iray, o Pokpok, o Lidaw, ira o Cifarfaran, o Sakiraya kamo namo ko Tafalong haw, hatira ko namo sa ko sowal" sa ko Cikasoan.

其後，過了約四十年後，Cikasoan 又發起集體會合的活動。這故事

由古人相傳至今。有一天，Lidaw 部落的使者前來通知：「Cikasoan
說我們的夥伴，就是馬太安和 Nataoran 部落。至於 Lidaw 部落的夥
伴，就是 Pokpok、Cifarfaran、Sakizaya 及太巴塱等部落！」

25 Iray ira, matira kira sa, malalitemoh cara ira, (patakosi ko
hiya) patakosi to ko, o Fata'an ko patakosay to Tafalong.
Matira ko demak tiraan sa, ko mato'asay. Iyaan ko saka, pina a
romi'ad sa tiraan iray "sakatolo i, malalitemoh, kita haw tira i
Pacingkoyan" sato. Ira sa, saka, herek kina tonek iray, saloma' sato.
Iyaan ko saka, fa:lo aawidan ko Fata'an caay kaemin. Ira i loma'ay sa
kiraan iray ira, i safaw cecay i loma'ay awid. no mato'asay. Han ako
sowal.

後來由馬太安轉告給太巴塱。這些故事由古人相傳至今。不久，數日
後有通知說：「三天後我們在 Pacingkoyan 大會合。」然後在大會合
的地方準備蓋小屋。當時馬太安參加大會合的組員共八個組隊。此
外，尚留守在社內的老人組還有十一組之多。

26 No mato'asay ho cecay noli'an ko cecay aawidan, tosa
aawidan i, tosa noli'an. Ira cecay aawidan sanoli'an ko no
mato'asay no mukasi. Hanaw ko sowal. Iyaan ko saka, lalitemoh
sato. Ita i, i sawali ko Lidaw iray, i saetip ko Cikasoan, iray, i sawali
ko Tafalong.

據說，古時每一階級大約有一百名組員。換言之，兩個階級就有兩百
名組員。大體來說，每一組平均有一百人。有一天，各部落的組隊終
於聚集會合。Lidaw 是在東邊，Cikasoan 是在西邊，太巴塱也是在
東邊集合並住下。

27 Iray, papelo sato ci Foting mama, mitefad to malataw iray,
"Ati! cekoren kami mama; matini sa tiraan iray, yo malilafang
kimi i, miteka haca ko Ccikasoan ato hay ko Cikasoan a mipatay,

namalilafang to.

Foting mama 開始向 Malataw 神大祈禱：「天上的父呀！請降臨看顧我們！請看！每次拜訪活動都是 Cikasoan 引發殺人事件。

28 O sanay kinian sa, raan sato tiraan iray, dingolen kami o makokomokomod tini. (hay a) kamo o kawas haw." hanto ni Foting mama. I 'ayaw no riyar kiro o komod ho i, cekoren i matini ha Fodi'aw ni Yaka', Ira Talingaw ni Yaka', ya 'Osaw ni Yaka', Tangoha' ni Yaka', 'Anafoyan ni Yaka', 'A'idepang ni Yaka', cekoren ko kapah! Kamo o Walaciwac kira i, waciwaci kinian haw Cikasoan ato Nataoran.

因此，天上的諸神請降臨保護我們。」「還有先祖（洪水時代）、領導者諸靈啊！Fodi'aw ni Yaka'、Talingalaw ni Yaka'、'Osaw ni Yaka'、Tangoha' ni Yaka'、'Anafoyan ni Yaka'、'A'idepang ni Yaka'，請保護青年們。Walaciwac 神！求祢將 Cikasoan 和 Nataoran 的青年趕走。

29 Iray, ano paroneng ko kapah ako iray, kadadipodipot haw." hato ko pitonanaw ni Foting Mama. Iray, "kiso i matini ha malakokomod kira ira, cekoren matini haw, todong no mamisimaw to tango namo mama. Iray, to Langah namo. Iray, to namataan namo, nafokesan namo. Iray, dipoten kami Lopalengaw Sapaterok, iray, Honahonaw Sapaterok. Iray, tahini kirami ci Tema'o'ol Sapaterok, ira ci Afedo'ay Sapaterok. Ira palamiti ko kapah haw, ira patafedo'i ko kapah.

求祢，在一切的困難中保護我們的青年們。」Foting mama 這樣祈禱著。又大祈禱：「天上的諸位靈父！請保護祢們的孩子們，祢們的青年們。他們是祢們的眼睛（mamataan）、祢們的頭髮（mafokesan），Lopalengaw Sapaterok、Honahonaw Sapaterok 請祢們保護我們。Tema'o'ol Sapaterok、Afedo'ay Sapaterok，請惠賜青年活力和信心。

30 Iray, kiso o Calipacip, ira kiso Tatakosan". Ra sato ra ira, ya sato cecay a pali'afet ko kapah iray, pakahatolotolo. Hanaw ko sowal. Caay ka cima ko mitekaay. Ira maherek a malilafang kiraan i a caay to ka tatiih haw. (han ni) Teka ha: nca to sakamo^tep maiheca i, o maan a demakan ko matiraay? Hanto ni hiya. Ano talacapedan ko Fata'an matira i, nengnengen ha mama" hanto ni Hopak ira sa, caay ka papelo ko Tafalong.

還有 Caripacip 神和 Tatakosan 神！」「請協助青年們，萬一爲了反抗敵人而開槍時，每顆子彈都能殺傷三、四個敵人。因爲，總是他們先開槍殺害我們。祈求天上的諸神靈們，讓我們拜訪活動結束後，彼此能和平相處不再爭鬥。回想十年後的今天還是由他們引起麻煩。難道說，我們馬太安只是遮蔽女陰的一塊布嗎？天上的靈父們，祈求祢們在邪惡的陷害中保護我們。」Hopak 就這樣祈禱。這時候，太巴塱部落也無一人開口說話。

31 Sisa, o 'Amis ko mitekaay papelo, ci Foting iray ra, mikowag ko Cikasoan. Ira caay ho piteka ko 'Amis. Maherek ko pahiya iray ira, "hat:ra ko sowal ako" hanto ni Panong Foting mama. Ha, cofay sato ray, ira, mahatolotolo to ko 'Amis Nataoran ato Cikasoan. O Lidaw sato iray, mapatay to no Lidaw ko Tafalong. Ira sa, 'Ami:say sato ko no Fata'an. Ira falo aawidan ko Fata'an. Iray, "hah!" ko no 'Amis i, ira pihiya no Lasana' i, ira na 'Ayal i, ira to i hiya i Maerir, toor hanto. Matira hatira haw.

Foting 正在演講時，Cikasoan 部落首先開槍。「我講到此。」Foting mama 立刻停止講話。事不宜遲，這邊的人開始一齊反擊，可能大祈禱起了作用，一槍能殺死二、三個 Nataoran 和 Cikasoan 人。這個時候，Lidaw 與太巴塱互打。馬太安部落共有八個組隊參加。其中 'Ayal 的 Lasana' 組隊爲中幹。結果，將南勢阿美族人追趕到 Maerir ［木瓜溪］以北。

32 Iyaan ko saka, makarikor to kiraan. Iray, no Tafalong sa tora, timo:l sato tangasa i tira i saetipan no Kalotongan ira ko no Tafalong. Hanaw ko sowal. Tiya, lalitemoh, mafelec to ko Tafalong, mafelec ko Fata'an lalitemoh sato i tira i cepo' no Falinah. Tira, Nakahecidan hananay no mato'asay.

這是最後一戰。太巴塱部落階級組員一路往南前進，一直到 Kaloto-ngan 的西側才回家。[2] 我這樣說。馬太安的青年就在回途，即 Falinah 溪下游，與南勢阿美人相遇。就是古人稱 Nakahecidan 之處。[3]

33 Iyaan ko saka, "Talacowaen namo a pado?" han tora i, "Tangasa i Moli' Cawopaliw!" sa ko 'Amis. "Tangasaen namo o edom?" hanto iray, "Tangasa ra:wan a lotok!" sato. Patafak han no Fata'an, Tamako sato i tira. Ira mapapafeli to to 'icep ato tamako. Tamako ko no Fata'an ira o 'icep ko no 'Amis. Ira matira ko demak kiraan haw. Mafafangcal to to Lidaw. Hae:n han, ako ko sowal.

終於停戰。「Podo 戰友，你們將敵人追到哪裡？」馬太安人問。「哦，驅趕到 Moli' 地方。」南勢阿美人回答。「Edom 戰友你們呢？」馬太安人問。「追到那一邊山頂。」Lidaw 人回答。後來，一時的大混亂過去了。由馬太安人將敵人招集一處。彼此交換香菸和檳榔，以表示彼此和解，不再敵對。當然包括南勢阿美人和 Lidaw 人在內。

34 Iyaan ko saka, iyaan haw ko demak tiraan. Hanaw ko sowal. Iyaan ko saka, namati:ya ray, ira, hatira kiraan. Paherekaw ho kiraan iray, o edeng no sowal kiraan haw. Hatira ko sowal ako.

事情的經過就是這樣。此後，不再發生這種事。我講述到此結束。

---

2 Kalotongan 係太巴塱東北方的一個部落，現稱加禮洞。
3 Nakahecidan 意指留有鹹味。

第十章

Ci Idek
伊德的故事

1 Singtoaw aca ko sowal ci Idekan. Malawa i nacila yo saka pifoting no finawlan. Iriy, sowal sato ci Solol 'Alimolo iriy, mifoting kita sato, o finawlan sato i tira to ko nikamawoc, mawoc sato sapikarkar to sasadim sato ci 'Alimolo. Ira sato tiraan iray, "o::y" sato ci Solol 'Alimolo iray, "mikarkar to sasadim" saan. Ira sa, dafak sato ray, mikarkar ko finawlan. Karakar sa i, i tini i saetipan no ci loma'ay no Taloko i tini no'amisan no Ciakoyan, hanaw ko sowal, i tira i fedeng, pikarkar no finawlan.

繼續來講述有關 Idek 的故事。上次講述部落漁撈生活時,有遺漏沒講到的。神明 Solol 'Alimolo 宣告我們來捕魚,部落居民 (finawlan) 為此在集會所集合。於是 'Alimolo 當場指示年齡組成員挖取毒魚藤 (sasadim)。所以 Solol 'Alimolo 高聲大喊:「喔伊(o::y)!大家集合去採挖毒魚籐。」[1] 次日組員們集體到 Ciakoyan 溪〔馬太安溪支流〕北岸太魯閣族部落西方邊陲地點採挖毒魚籐。

2 Iray, rasa tiraan iray, rasa mikihatiya to ci Idek a maoc. Rasa tora iray, tahira i loma' iray, (mafaha kako kini howa) hanaw ko sowal. Ira sa, toktok sato to sasadim, fafilofilo sato ko finawlan. Maherek a mitoktok iray, ala sato tafayar to sapitafo matalaw

---

1 阿美族部落尚無擴音器時,都以喔伊(o::y)這種方式下達命令。

kahetikan niyaan o 'osaw no nitoktokan. Hanaw ko sowal. Ira sa falod hanto pa'onoc, herek sato kiraan ira, a mitoktok kira ira, sowalen to ko kalas ato mato'asay. Hanaw ko sowal.

這時 Idek 也來參加這個採挖毒魚籐的集體行動。回來後，組員們合力將毒魚籐打碎。完成之後，採集姑婆芋葉將之包裹起來以免散落。接著把這些包裹打包綑好，以扁擔挑著，準備一起運走。所有事宜整理完成，向耆老（kalas）和長老報告。

3 Tosa aawidan kiyan o tararikoray a misolimet to nipa'onocan to. Iya sato ira, saciawid sato ko mato'asay ira o Latiked, tolo a li'an, hatira ko awid no Latiked o teloc kiraan. O kaka sa tiraan iray ira, o Ma'orad. Hatira ko miseraay to sasadim ano dafak haw. Sato ko komod no papikedan. Iyaan ko saka, iya sato o teloc haw i,sadafak to. Iray tefo ko 'ayam ira iray, toan to. Iray, (miala to) maranam to i tira i loma'. Hanaw ko sowal.

有兩個階級組員（awid）留下，[2] 負責運送打包好的毒魚籐。當時受命的年齡階級是 Latiked，人數有三百人，他們是最年輕的階級，它的上一級是 Ma'orad。由這兩組負責搬運魚籐。年齡階級的領導階層下達命令要這兩組於次晨動身。就是在早晨公雞第一次鳴叫時，這兩組成員先在自己家中吃早飯，然後才開始活動。

4 Ira sa, sowal sa tiraan iray, irataemin, makairaira tora iriy, ira teli sato ko pakahawor misakopangay ato papikedan iray, "Na'onen masidsida ko sasadim haw, hanaw ko sowal." hanto no papikedan. Ira sa, maherek kiraan ko sowal no Papikedan iray, "ta takolilay" hanto no misakopangay (pakahawor) kereng sato a mafekac. Nanitira i cito'elay ko katatalaan kapolongan no (pakahawor) ira sa, militemoh to. Hanaw militemoh to to (kakahawor)

---

2 馬太安所稱的 awid，等同於一般阿美語 selal（年齡階級或組員）一詞。

hanaw ko sowal.

所有參加捕魚的人員到齊了。第一站祭司團（misakopangay）和青年階級的領導階層（papikedan）向大家說：「你們要小心！避免將魚籐散落在路上！」青年幹部說完，祭司團繼續說：「ta takolilay！出發！」[3] 大家就出發了。並且約定 Cito'elay 爲會合的地點。[4] 此時，最下級組（sasafaay）爲了迎接（militemoh）老年組忙得不可開交。

5 Ra, maemin to palitemohan ira tanokama:y tanokama:y sato ko (kakahawor) tiro kaka, hay koro o Ma'orad. Tano hawan sato, tano defo sato, to 'alofo i, palitemoh hanto to tafo. Hanaw ko sowal. Ira to ko palitemohanay a (kaka) Patolon sato ira, i tira i sa'amisan no Tayi' haw sato. Na'onen masidsida kiya sadim sato. "tak takolilay!" sato kereng sato a mafekac, kaki'aya'ayaw saan.

因爲 Ma'orad 以上的老年組，不用揹很重的行李，連自己的便當都是由下級組來提拿，身上僅留著腰刀和佩袋，所以走起來很輕鬆。從這一站又前往 Tayi' 的北側。幹部人員告訴青年們搬運途中要小心，以免魚籐散落。再說：「tak takolilay! 出發！」大家就動身了。

6 Iraan sato iray, yasa paka'ayaway iray ira paloen kira howa "Namimaan kiso ca pakarakat?" hanto no pakafekacay. Hanaw ko sowal. Iyaan ko saka, militemoh to kinian o pakarakatay, oyaan ko mipaloay pakafekacay. Do^do sa tora iray, mipalo: to, doedo sa tora mipalo: to, doedo sa tora mipalo: to. Miliyas kiyaan o caay pakafekac. Hanaw ko sowal tiraan. Iyaan ko saka, tangasa sato i cepo' no Ciwacoay ira, i tira haw mafekac ha:ca a militemoh. Hanaw ko sowal i matini. Mae:min to a 'orongen kira tafo tafo 'alofo kira no Ma'orad ira sa, tanokamay sato a 'emamis.

---

3 ta takolilay 爲咒語，不知其原意。
4 Cito'elay 是指有茄苳樹的地方。

此時，青年們揹著行李，盡力快速往前行走。若走得太慢，被上級趕上，將被罵道：「你這個笨腳！」並遭鞭打。那些先抵達終點的人，又返回接應老人組，他們見到笨行者也會隨時打人。這樣的鞭打也是對青年組的鍛鍊法。因此，青年幹部會趁此機執行鞭打。由最上級開始按照階級往下打、打、打，一直到最下級為止。這下一站就在 Ciwacoay 的下游。[5] 青年組照樣的施行接力競賽（militemoh）。而 Ma'orad 組的這些老人的便當和佩袋等則是由青年組負責提走。

7 Tangasa sato ko makarikoray to mahaenay iray, toko sato. "Patoloni to kapah." sato ko Ma'orad. Iyaan ko saka, tolon sa tora ira, "Hami masidsida ko hiya haw kiro o rakar, iray, matolanga ko kahengangay ko koror mirarara to dadaya. Ano lima ko aawidan mirara afay sara sato masidsi:da haw ko rakar haw. Ta tira to picefosan" sato. Tira saetipan no Cirakayan tira ko tatangalan no Fata'an. Hanaw ko sowal haw. Iyaan ko saka, awaay ho ko caay ho ka ira ko kapah no Ma'orad, iro o Cikayoman. Iray, awaay ho ko kapah no Talakitak iray, awaay ho ko kapah no Moco'. Hanaw ko sowal.

最後的梯次到齊之後，對 Ma'orad 組說：「請為青年組曉諭！」於是 Ma'orad 向青年吩咐說：「小心！不要遺失那些魚筌（rakar），以免造成背部，因整夜躺下來而透紅。還有，要先拿到下毒捕魚的基點（picefosan）放置！」當時，Moco' 還沒有青年組。就是說 Ma'orad、Cikayoman、Talakitak 三個地區未成立青年組。我這麼說。還沒有青年組織的的地方由 Ma'orad 和 Cikayoman 當道。同時也還沒有青年組的 Talakitak，Moco' 階級尚在青年層。

8 Iyaan ko saka, tahira sato namilitemoh iray ira, tolon sato ko kaka no Ma'orad iray, ra sato o 'Ariwar ira, "A midongec kamo

---

5 Ciwacoay 意指有狗的地方。

haw. Alaca:cay kamo falod malosapakaranam to mato'asay" han no kaka haw no Misakopangay ira sa kereng sato mafekac. Hala:fin ira to. Iray, matiya hanto mi'orongay to kasoy ko 'ariwar iray ira, awitan to ko dongec cacay falod.

'Ariwar 組向 Kapah 說：「爲了明日老人組的早餐，你們去採藤心！每個人至少取回一捆。」於是青年們出發了。返回時，各個取回許多藤心，如同扛著木柴似地帶回藤心。

9 Ira sa, ira sa tora iray, sa'opo hato kinian o 'ariwar ato tara'aran malosapisanga- yangay, kamokoan. no mato'asay a misimaw to 'alofo. Ira sa, maehrek a misangayangay tiraan ira sa, todoh sa kiyo kapah to dongec. Hanaw ko sowal. Mitoktok to ko finawlan, pakilacan tino o kaka no Ma'orad ira o pakilacay. Ira sa, tokto:k sato ko finawlan. Iray, teli sato ko papikedan. "Eminen haca kini o satoktok ta maranam kita,"sato. Ira sa, emine:n ho ira sa, mae:min to ko satoktok kira ira, "Maranama to mama!" hanto no papikedan raeked sato a maranam. Hanaw ko sowal.

又叫青年們蒐集樹枝和雜草蓋建遮陽棚（ngayangay）作爲老人組休息，並且看守背包的場所。遮陽棚搭蓋好，青年們開始燒烤藤心。由 Ma'orad 分配工作，大家開始搗碎魚籐。青年幹部說：「這些魚籐搗碎完畢，就吃早飯。」搗打結束，青年領導階級喊叫：「長老們，請吃飯！」大家就一起吃早飯。

10 Iray, (alasiesok nalesi to) sato. Ya sa nikemkeman to cecay 'a'icepan kira iriy, alama:mang to. Ira, pakilac, pakilac hanto. Iray, sowal sa tiraan iray, maherek to ray, miala to mama:ngay a fokeloh, o fonak. Iray, ra sa tora iray, "kaho haw mifetik ho kako haw" sato. "Ira kiso ha, matini iray, kamo o kawas matiranay iray ira, pafoti:ngen kami haw, hanaw ko sowal." sato ko mato'asay. Iyaan ko saka, caay ho kapatay ci Idek. Ira matira ko demak tiraan.

吃完早餐，把檳榔切成一小片一小片分給大家。此時，拾取砂石活動已經結束，於是青年領導階層報告說：「稍等！讓我先行滴酒祭吧！」耆老祈禱：「懇請神靈惠賜豐富的漁獲。」這個時候，Idek 還在世。

11 Iray ira, "Ta kita matini ya nipafelian to 'icep, to fokeloh" feng hanto a matini a pasaetip, "Tira to ko 'icep ako i hani! Pafotingen kami ano hani haw!" hanto noyaan o pisawiawid. Ira sa, maherek a mihaen iray ira, (solol pacakod) hanto no Laowaw patayra i cikaw no nanaom. Hanaw ko sowal. Maemin tora i, "Yaan o mapoyapoyay ko loma', ari aka pitaos haw. Hanaw ko sowal, malasawada ko foting!" saan. Iyaan ko saka, sapatamod to sasadim ita o hangaraway matiyaay o fila' no kawas, no kawas a fila' kiyo o Hagaraway, o (mamangay) a sanekan. Hanaw ko sowal.

耆老說道：「現在大家投出檳榔（'icep）和石頭（fokeloh）吧！」於是大家一齊向西側投出去。同時異口同聲說：「神呀！請聽我的祈求！賜給我們很多魚！」這個禮儀完畢，由 Laowaw 階級將魚籐移到水邊。然後說：「大家請注意！哪一家有孕婦的不得參與下水，免得毒不死魚！」他們將那些魚籐加上野生茗葉一起搗打。野生茗葉有股臭味。然後由上一級組來把它分配為兩處。

12 Iyaan ko saka, awa ala sato kiyo o kaka to penen papapah hanen, malakakirahi: ra to kiyaan o hiya ira ko safa. Ira sa, tahira silsil sato, tosa kasilsil. Iray, matira ko demak kiraan sa, iray, ripa'en to a mihiya ko sasadim. Ira hiya sato hagaraway iray ira, maherek a miparo tiraan, macacamol kira howa ko piparo. Hanaw ko sowal. Sa, miteka a micefos kira i, "Ka tira ano hani a mapatay ko foting!" hato sa talafafaw to no micefosay. Hanaw ko sowal.

於是上階級者採取留有葉子的菅蓁，下階級成員都到齊後，幫上階級者把菅蓁打結，並排成兩列。又把魚籐和野生茗葉倒在一塊踩踏混合。完成之後移到上游（毒魚的基點）開始投入水中。同時說：「看！

魚呀！你們全部死光吧！」

13 Iya sato ni hiyaan nira i, patayra hanto i hadhad, miliyaw haca a niparo. Ira tosa laya' ko sapalo to fakar to nisadiman. Matoktok to iray ira, malakafiyo' sato a micefos. Ira matira ko demak. Sa, maherek a mihiya iray, tira hanto i nanom ra nani ricarican. Hanaw ko sowal. Ira sa, mati:ra haw, hatira kiraan, ta pararem to ko finawlan. Ira sa, sacicepo' sa ko finawlan i Pacingkoyan haw, sawalian no Rinahem. I tira ko cepo' no finawlan. Hae:n hanaw ako ko sowal.

像這樣幹部的始工禮完成，把容器挪到岸邊，再次將魚籐裝在兩個籃筐中，並於相距三尋的地方搗碎魚籐。然後各個涉入水中，把魚籐汁液撒在水中。撒完後，把經搓揉的魚籐渣淖留在水中，大眾接著往下游方向移動。這次毒魚活動的下游終點，在 Rinahem［壽豐］的東側稱爲 Pacingkoyan 的地方，魚開始被毒死。

14 Iyaan ko saka, ci Idek sato ato mato'asay iray, misimaw to hiya to 'alofo. Ira sa, hatira kiraan. O fanoh sato nira iray, ira "Kiso a Kapa' ari pipawawa to Fata'an haw. Kiso ha Adafowang i, pipawawa to Satimolan haw. Kiso ha Toray iray, pawawa i tini i 'Amis haw." Sanay sa, o Torayan kinian o 'Amis. Ira sa, o Kapa'an kinian o Fata'an ato Tafalong. Tolo ko no Tafalong a Kapa'an. Ira sa, Ciadafowangan kinian o hiya o Satimolan.

另一方面，Idek 在毒魚活動的休息站跟老年組在一起看守背包（'alofo）。此時，Idek 開始施展妖術。祂派命祂的體毛（fanoh）說：「Kapa' 你要爲 Fata'an 的女子生孩子！Adafowang 你要爲位於南方的 Satimolan 的女子生孩子！Toray 你要爲 'Amis［南勢］的女子生孩子！」就是說，Toray 爲南勢阿美部落，Kapa' 爲馬太安和太巴塱地區。Adafowang 爲 Satimolan 地區。Idek 打發這些體毛變成的妖人，同時將那地區的天空變爲黑夜。

15 Hanaw ko sowal "tiraan sa, ra sa tora ira, maherek a patolon iray, saroma hanto ni Idek ko romi'ad, ira sato'emanen ni Idek ko romi'ad, taengad i tira i pifotingan rarong. Iray, ra sato o makapahay ko fa'inay to ramod ira to matikedaay kakapah maramod ray, samatiraen ni Idek ko fanoh nira. Iray, yo matatodongay ko kakapah iray ira, matodong ko fafahi. Sa, ko sowal no mato'asay.

Idek 吩咐完他所派出去的妖人後，開始改變天氣，把白天弄得像夜晚般暗，但漁撈處依然陽光普照。Idek 派出去的妖人，其容貌跟每位婦女家的丈夫長得完全一樣，妻子們認不出是妖人化身。這是昔人所說的。再說，假如這家男子長得醜，Idek 就把妖人化身爲醜臉男子。

16 Ya sasepatay ko wawa to fana'inay iray ira, hatirae:n nira. Ano fa^cal ko wawa nina loma' iray, safa^calen nira, yo fana'inay, emi:n sa mifoting kira haw kiraan. Ano mapodas iray, ko fa'inay Iray, podasen ni Idek. Ano makeni' ko mata iray ira, sokeni'en ni Idek ko fanoh nira, satatihien ko mata. Hanaw ko sowal. Roma sato iray, ano mapilih i, pilihen nira, hanaw ko sowal, ano mapilih kiyo fa'inayan fayfahiyan. Iray, ano mapoco' kina fana'inay iray, poco'en nira ko fanoh nira.

假如那家有四位男子參加捕魚，也一樣取他們的容貌派出四位妖人。若患皮膚病（mapodas）者，Idek 也派出患皮膚病者。若是獨眼男子，也仿其模樣，派出獨眼妖人。若是跛腳男子，也一樣派出跛腳妖人。若是長頭瘤男子，也同樣派出長頭瘤的妖人。

17 Ano mafahecel kina hiya iray, a fa'inay iray, fahecelen nira kiya o pitodong. Hanaw ko sowal tiraan sa, malale:cad ko kilomaloma' haw. Hanaw ko sowal tiraan. Iyaan ko saka, tahaloma' sato tiyaan a romi'ad, i tini i loma' a cecay to'eman. I tini i pala ray, caay ka to'eman. Sa ko sowal no mato'asay. "Afay o foting ni mama! afay o foting ni mama" saan "Cifoting kami 'inay, kaopoh ano hani malafi engoy" han. "Hay mama" san kiyo wawa.

若有人丈夫是患肺病的，也一樣派出妖人偽裝成患肺病的丈夫。總之，這樣的事，Idek 對每一家都做了。這一天，天空的模樣完全是兩樣，部落是黑夜，但荒野（捕魚地方）依然是白晝。男子們（其實是妖人們）捕魚回來，家家小孩高興地說：「哇！爸爸抓了那麼多魚！」「孩子，我們漁獲很多！女兒，趕緊準備晚餐，晚飯你們多吃點，吃飽飽喔！」父親們回答。「謝謝，爸爸！」

18 Ira sa, sowal sa tora iray, "Hacowa ko pifoting no namo iro hani ira?" Ciira ko ngangan niya na ano ci Mayaw, ano ci Calaw, ano ci Unak, ano ci Payo, ano ci Conol, ano ci Fasa', ano ci Kapa', ano ci 'Olaw, ano ci Amid, ira ci Tono', ira katatikedakeda no ngangan. Ira ano ci Dokoy ko ngangan no niyaro', iray haen hanto ni Idek ko pipangangan. Matira ko demak ira sa, ano ci Adal ko fa'inay no nina fafahi. Hanaw ko sowal, ano ci Marang, iray, paka ci Marangen nira ko fanoh. Hanaw ko sowal kiraan.

孩子們說：「你們究竟什麼時候抓魚的呢？爲什麼那麼快就回來了？」這些妖人都有其名字，諸如 Mayaw、Calaw、Unak、Payo、Conol、Fasa'、Kapa'、'Olaw、Amid、Tono' 等各式各樣的名字。若在部落名字是 Dokoy、Idek 就冒用這個名字。如果婦女們丈夫的名字是 Adal、Marang 或某某等等，Idek 就派出體毛偽裝成這名字的妖人出來惹是生非，招謠撞騙。

19 Iyaan ko saka, ano ci Doho ko fa'inay ray, haenen nira ko pipatodong to ngangan to fanoh ni Idek. Hanaw ko sowal sa, ano ci 'Ingiw i, ko ngangan no fa'inay ira, haenen nira ko ngangan, hanaw ko sowal. Ira ano ci Keliw ko ngangan no fa'iny iray, paka ci Keliwen nira ko fanoh. Iyaan o wawa ae:min lecad han ni Idek ko fanoh nira kini o halowawa fana'inay tiyaan o fayfahi.

又，假如丈夫的名字叫 Doho，妖人一樣取這個名字回到家裡。因此，如果丈夫的名字叫 'Ingiw，妖人也同樣取用這個名字。又，若是丈夫的名字叫 Keliw，Idek 一樣叫妖人 Keliw。總之，那一家的男子叫什麼名字，妖人就叫什麼名字。

20 Hanaw ko sowal tiraan sa, matira haw ira ko pisafodih ni Idek. Ta misafel to, "Iy! Tifeken ho iy!" saan. Iy, toto'en to no fafahi. Ira cima ko mafana'ay to fafahi mukasi to ngangan? hanaw ko sowal. Iyaan ko saka, herek a mitifek kira ira, eneng han ko nipaesonan nira, "Ha, macacak to kato torori! maferaya!" hanto ya ni Kapa' hananay, o fanoh ni Idek, marae:ked ko finawlan a haenen ni Idek.

Idek 這樣施展著妖術欺騙整個部落。例如在 Kapa' 家中，妻子說：「Kapa'，把這個糯米飯舂一舂！」然後，妻子再拿去料理。我不知道他妻子叫什麼名字。因爲她是古時人。那些妻子烹煮的魚，Kapa' 看過後說：「魚煮熟了，不要再加火！」其實，這個 Kapa' 不是原來的丈夫。他是由 Idek 的體毛變成的妖人。這個晚上所有在家的男人（年齡組）都是 Idek 派出來的妖人。

21 O tatosaay a maramod to cifa'inay tatosa: to. Ano tatoloay ko kadafo ira tolo: to ko pikadafo no fanoh ni Idek. Haen haen han ako ko sowal. Sa kako tiraan iray, matiranay kira sa, macacak to iray, ira epod hato. Matira ira sa, ala sa to papah no looh pikilacan a mihiya a mitohtoh, pifasawan. Matira ko demak haw. Yosanay kinian samatiyaen to ko pikilac no inian to no finawlan pifoting. Na caay ho pifoting ci Idek, hanaw ko sowal. na i tini i sawa'eran no Satefo ko loma' na Idek aci Rengos aci Mawday aci Doyo,tayraan to i saetipan no Fata'an no niyaro'. Hanaw ko sowal.

若原來的家有兩位女婿，Idek 就派出兩位妖人冒充這家的女婿。若有三位女婿，也同樣派出三位妖人來冒充。然後把那個煮好的魚拿下放在芭蕉葉上待涼。事情就是這樣發生的。這些捕魚歸來的男子們也照樣帶許多魚返家。事實上，Idek 根本沒去捕魚。Idek 的家人，有妻子 Rengos，還有女婿 Mawday 和其妻子 Dayo。他們原來住在馬太安溪 [Satefo] 的上游，後來遷移到馬太安部落西側。

22 Iyaan ko saka, tira sa mifoting haw, han ako ko sowal tiraan, hatira kiraan. Iyaan ko saka, sakoko' ko 'ayam, sa koko'e:n to kira howa ni Idek. Sarakat a koko' iray ira, sakatosa ra ira, toan to iray, taengad to. Ira sa, cowa awaay to kiyana fanoh ni Idek. Wa minokay to i tira i tireg ni Idek i tira i para'. Hanaw ko sowal haw. Yosanay kinian matira ko sowal no mato'asay.

於是他們就在那兒漁撈。第二次公雞鳴叫之後，黑夜過去，天空開始亮起來。這些情景都是 Idek 唸咒造成的結果。這個時候，那些妖人都回到 Idek 身上屁股部位。Idek 原來一直在休息站。這是昔人所說的故事。

23 Iyaan sa sowal sato tiraan iray, o fe:lec to no finawlan. Tahaloma' sato "afay? na i hacowaay kamo a mifoting? I dadaya sato hatini: ko foting i, ira iyo iraay hatini to, no wawa a foting, na i hacowaan kamo mifoting?" han no fafahi ato ina. Iyaan ko saka, ya sato pa'alofoay iray, a mato'asay toraan, "i hacowa a mafelec? sato ko (a caay ho ka 'orad hakiya) ira matira ko demak tiraan," o raeked halo kalas a mifoting, iraan kiyo misimaway o tihi ni Idek.

終於年齡組捕魚活動結束，收拾返家。但，各自回到家時，妻子和母親等問道：「奇怪？你什麼時候又出去捕魚？昨夜不是剛回來嗎？怎麼又有這麼多魚呢？」老年組聽了這樣的問話，回答：「我們沒有回來啊！發生什麼事？」因為這些老人們也在捕魚休息站未走回家。Idek 也跟他們在一起。

24 Matira ko demak ira sa, "Naw? O mamaanay kiyaan a romi'ad kami i, na to'ema'eman?" sato ko cifa'inayay ira ato o wawa. "O felec niyam kinian i, na mikidadaya kami?" hanto no fa'inay kiyo o piparopa:rod ato wawa. Matira ko demak tiraan sa, ya sato ray, rarawraw sato ko finawlan sa, "O::y a mawoc kita!" ira hatira ko demak tiraan haw. (Ira halili matoka a makat kira i, ira ko kapahay iray, awa sa ci Idek iray, dadicadit sato ko fana' no finawlan.)

又說：「奇怪了？到底天氣怎樣，難道有過天黑嗎？」各家的太太及孩子們都存疑。男子們對每一家和孩子們說：「難道你們以為我們曾趁夜回來過？」為此，部落全體年齡組（finawlan）發生了混亂議論局面。「喔伊！年齡組集合了！」幹部處通報全體組員召開會議查明真相。Idek 因懶得走路，所以未參加開會。

25 Ira sa, ira ko tatiihay fayfahi iray. ca I:yak, ira ci Idek a matiya." sato ko sowal. Iray, refa sa ci Idek i, matoka a makat i, tadama:an ko fahedil ko pongo maedeng a tamorongen, tamorong hanto. Matopa to ko loma' iray, (kohkoh o pala) o feled, hanaw ko sowal. Ira sa, tangasa sa i loma' iray, "A, aka hiya i kako."sato. "Papi'orong takowan da?" mainget to tira kiya mi'orongay. Hanaw ko sowal ira, "Iraan a matiya ci Idek to mi'alipay to" (malafot ko sowal nona somowalay)

因此，大家懷疑也許是 Idek 惡作劇。後來有個女子來報告，終於真相大白。大家確定一切是 Idek 所為。於是通知 Idek 一定要參加會議。Idek 的家離會所很遠，通知人催促 Idek 趕快去赴會。Idek 很不滿地說：「不要碰我！」又說：「那麼揹我去！」通知的人很生氣地說：「你就是挑戲婦女的惡黨！」

26 (Ra, mapatot aca i hani awaay ko /hani/ hanaw ko sowal) Ira sa, "a patayen to ci Idek a matiya!" sato ko sowal a mama hanto no patakosay,

（我說，剛才我的話被切斷。）報信的人說：「報告長老！據聞要殺掉 Idek！」

27 Iray, "Patakosi ci Idek wa patayen ita ano dafak, sa ko finawlan, han haw!" han to kapah iray, fekac sato a tatolo. Iray,masa'opo ko kapah i tira i saetipan no Fata'an, i tira ko loma' ni Idek. Hanaw ko sowal, maramod aci Rengos, ci Rengos ko fafahi. Ira sa, tahira sato iray, "mimanay kamo kapah?" han to ni Idek iray, "Cika matira mama, iray i nacila sato a dadaya kiraan ira, mainget to ko piparoparod." Hanaw ko sowal. Matira ko demak kiraan haw, ira sa, malekaci'ido'idoc to ko finawlan.

青年幹部們又派人吩咐說：「你們去通知他說：『我們明天要殺死你！這是全體組員的決定。』去吧！就這樣轉告他。」後來，青年們在馬太安的西側，即 Idek 家的附近集合準備殺他。當時他和 Rengos 已經結婚，Rengos 是妻子的名字。「青年人，你們來做什麼？」Idek 問。「伯父，昨夜發生的事，家家都憤怒不平。大家決定殺死你。為此我們來了。」

28 "Naw" ira demak i raronga:y to a malahanghang ato kalas, kapot a o kalas? Caay ka saan kako? saan kako tiraan iray ira, saromi'ad i na to'eman? cikasaan kako?" hanto ni Idek ko fana'. Sanay kira. iray, "ano saca kamo matira haw iray, ira pata:y han ano matiyaay kami ano macowa kako" hanto ni Idek kino patakosay. Hae:n han ako ko sowal haw. Hatira kiraan.

Idek 告訴年輕人：「那是什麼話？我不是整天在休息站跟其他老人組坐在一起？也沒看到什麼天黑的模樣。」Idek 如此反駁。又說：「若是你們這麼決定也好！快來殺死我吧！」Idek 如此告訴通報人。

29 Iraan ko saka, dafak sato ira, "o::y kalamkamay ita a taloma' a masa'opo i soratan!" sato. Ira sa, malaka ci'i:doc to ko finawlan. Iyaan a sasepatay a fana'inay a loma' iray, sasepa:t to. O lalimaay ko fana'inay tiya loma' iray, lalima: to. Oyaan ko saka, taloma' sato. Tahira sato ray, matiya sato o po'eni no tilefo honahon nananoman, ira ko 'idoc no fanoh ni Idek. Manawop aca no fanoh ni

Idek ko finawlan ira sa, sawadan ta mipatay.

翌日，通報者高呼喊叫：「喔伊！大家聽著！請各位趕快到集會所集合！」不久之後，全體年齡組各自取矛槍集合在集會所。若家中男子有四或五位，要全部出動。另一方面，Idek 為了保護自己，又施展妖術發動無數的妖人抵抗部落青年的攻擊。這時，Idek 的妖人們所持的矛槍，多得如同整片白茫花般。結果部落的青年群被 Idek 的妖人群趕走，不敵而散。

30 Mati:ra kiraan haw. Han ako sa, macowaay hakira ko demak ni Idek a saan kamo ira sa, sawad hato. Iray, wa hatiraan ako kiraan haw. Hanaw ko sowal.

也因此要殺死 Idek 的決定為此取消。以上為 Idek 的一段故事。

Kadafo ni Idek ci Mawday
伊德的女婿：毛岱

31 Sa, o roma to kina sowal ako i matini, ya sato a kadafo nima ni Idek iray, ira o peton ni Idek kiya ci Dayo iray ci Pongal ni Dayo maramod to. Ni Idek sato a fafahhi iray, o peton to sasepat caira, no wawa ni Maafok aci Maceriw. Hanaw ko sowal haw. Iyaan ko saka, saci kadafo sa ci Idek i, ci Mawday o wawa ni Dayo aci Pongal Dayo. Hanaw ko sowal. (Maherek to i nacila pakayraay ci Oyodan kiyami. Hanaw kamo a pacena')

現在我所要講述的又是另一段故事，是有關 Idek 的女婿。Dayo 和 Pongal 是對夫婦，同時是 Idek 的同胞（親戚，peton）。Idek 的妻子也是同胞，他們共有四位。他們是 Maafok 和 Maceriw 的孩子。Idek 的女婿名叫 Mawday，是 Dayo 和 Pongal 的孩子。我這麼說。（有關 Oyod 的事，上次我不是講過了。）

32 Yasa nikasaan ako kinian. (Maan sa "Kami to kaka no Cikasoan, ato Lidaw, o Popok, Nataoran hanaw ko sowal.) Yaan ko saka, sowal sa tora ira, pi'arawan ko comod ni Mawday ci Mawrafasan, ci Mawrafas ko fafahi ni Mawday. Hanaw ko sowal haw. Saci peton sa ci Mawrafas ci Taremon Tawlada'. Hanaw ko sowal.

以上如此。（關於這個故事，南勢阿美部落的人說：我們 Cikasoan、Lidaw、Pokpok 等部落的說法才是眞實的。）以下是南勢阿美的傳說：正處農忙期時，Mawday 入贅到 Mawrafas 家，Mawrafas 的兄弟名叫 Taremon Tawlada'。

33 Iyaan ko saka, sowal sa tora mi'araw to. Iray i tira i kawaliay no Matangki ko makafafaw ni Idek a pala. Iray, i tira i cikaw no sakatimol no Ciyataw no Malifasi. Iraan ko maka'amis ta pakayra i tatodong no niyaro' ko sawalian. Ira matira ko demak haw, i saetip koni Idek a pala.

Idek 的田地最上段的部份，在 Matangki 的東方，就是丸橋〔今萬榮〕火車站的南側上段。其最下段的部分在部落的西端。這就是 Idek 的田地位置。

34 No finawlan sa tora i, i Satimolan, i cifasawan ira o Taporo, o Tono' o Sawalian, ira ko no finawlan. Iyaan ko saka, sowal sa tiraan, ira, malalengangangangan to. Iray, misanga' to. to pala'edan (ato sala'edan)，cecay a faterik, hanaw ko sowal kira, (o 'alingay to) Hanaw ko sowal, matira kira demak haw. Hanaw ko sowal.

至於部落居民們的田地，就在南側的 Satimolan、高原處 Taporo、懸崖處 Tono'、東側的 Sawalian。然後，Idek 和部落居民田地之間劃著分界。在這中間分界線上，設約一個 faterik 的空間。

35 Iray, maherek a misapala'edan to penen kira a misakamecel i, tangasa i sasikoran iray ira, porongan. Satimolan no sikoran ray, porongan. Iray, haen sato sasoikor hanen, o pala no finawlan. Hanaw ko sowal tiraan ira sa, maherek to a misapala'edan iray, fari:w sato. Hanaw ko sowal tiraan.

這空間裡種植著菅蓁（penen）一直到田地後面，並用打結的芒草作為界線標誌。打完了分界線就開始砍伐草木。

36 No kadafo saan nira ira, iyaan a pala ni mama nira kiraan iray ira, yo i tira ko pala. Iray, i saetip cikaw no lotok. hanaw ko sowal. Iyaan ko saka, cecay faterik kono wawa ni Mawday. Nikasaan ako kinian haw. Iyaan ko saka, polong sato ni mama nira a pala, i kaetip kono nara a malama a pala. Hanaw ko sowal. Iyaan ko saka, sowal sa tora ira, a maemin to kono finawlan a safariw. Iray, tala sato to hiya to 'icang no nifariwan. Hanaw ko sowal.

至於 Idek 女婿 Mawday 的田地，是和岳父共同使用。但女婿耕作的田地，則是靠近山腳最西側的部份。這個田地不大，僅一個 faterik。因為田地是共同使用，所以工作時不分是誰的土地，Mawday 照樣協助岳父工作。時間在不知不覺中流逝。有一天，部落居民砍伐好田地的草木，就等待草木乾燥。

37 Sakamo^tep a romi'ad ira mararid to cara i, laoc sato ko finawlan ira to sapi'enaf. Dafak ray, mi'e:naf ko sasafaay no saawiawid. Hanaw ko sowal haw. Iray , dafak sa ira mipalosimet. Ira na sowal ako nacilaay. Hanaw ko sowal haw. Iray, maherek a mawoc dafak palosimet. Iray, dafak ray, misakapot hay malosikaen a misatalo'an, dafak ira misatalo'an to, Hanaw ko sowal.

約十天之後，年齡組出動火燒草木（pi'enaf），次日又出動最下級組（sasafaay）完成火燒。次日為 misalosimet（始工禮或準備日）。如同上一次所講的。就是說，次日是 misalosimet。再次日則進行 sakafos（捕捉小蝦），這是隔天年齡組圍築山田草柵時，用餐所需的荣餚。次日就展開圍築山田草柵的工作。

38 Nikasaan ako kinian sa, matira sa, ca han aca pangoyos ano han ira, i cowa sa a matiya a masapinang kira hiya a hereken kira pisatalo'an. Hanaw ko yo sarakat nira oyaan o 'a'ayaw matiya o sa'osi ako i honi. Hanw ko sowal. Iyaan ko saka, ya sato ni hiyaan ira ni 'enafan tora ira, mitafed to. Ya sa, ni Mawday iray ira, o kamay ko ni Mawday o kadafo, cipakafana'en ni Idek ko wawa. Hanaw ko sowal haw.

（報導人如此詳細說明故事內容，不然怎會清楚明白。）就這樣他們完成圍築草柵工作。這就是所謂準備日。一方面，Mawday 也開始墾地種植，由於 Idek 還沒有指導他如何墾地，所以 Mawday 親自進行翻地作業。

39 A pakayra haca ako yosa'osi ako kira o 'a'ayaw, ira masa'osi to i nacila. Hanaw ko sowal. Ko masa kami ko kaka hanto kono 'Amis howa iray, deng na sowal ako. Hae:n han ko sowal. Iyaan ko saka, so'elinay maemin to kono tao a satafed tora i, cai ho 'enafen ni Idek. Ira maemin to kono wawa nira a hiya a satafed.

（昔人如何墾地，上次已經講過）關於這故事，南勢阿美人說他們的傳說才是真實的，你說是嗎？瞧！我如此說！部落居民的田地開墾翻土（tafed）差不多結束。[6] 女婿 Mawday 的部份，也燒墾完畢。但 Idek 的田地仍未動工。

40 "Iray, kaho ka hiya i" sato. Iray, ra sato ca pakafana'i ni Idek ko kadafo ci Mawday. Hanaw ko sowal haw. Nikasaan ako kinian sa, sawol sa tiraan iray, maemin to kono finawlan, caay katafedi ko ni Mawday, "Kaho tafedi" han ni hiya ni mama nira ni Idek. Hanaw ko sowal. Ira maherek a mipatahad ko finawlan iray ira, "Ano hacowa koni Idek o? o mami'enaf ho, o mamifariw ho?" sato.

---

6 tafed 是指燃燒完砍伐過的草木後，開始挖掘樹根或草根，順便進行翻土的工作。而 satafed 則是指做這工作的對象或範圍。

Idek 常說：「不急於工作！」女婿 Mawday 不知道岳父為何這麼做。Idek 也沒告訴他為什麼。再說，部落居民的田地早已完成翻土工作。Idek 向女婿 Mawday 說：「暫時不要翻土。」部落居民瞧見 Idek 的田地未動工而取笑說：「Idek 到底什麼時候動工？你看，都還沒有砍伐、沒有火燒？」

41 Ira sa, sowal sa tora i, misanga' to kapoy ('acocol) , o kapoy ko 'ayaw. Iray, misanga' to hiya to 'acocol. I tira a mitodong ko finawlan a misanga' to 'acocol no kaepaepakay haw tahamatini, ta misanga' ko sito. Hanaw ko sowal. Ato toka'. Hanaw ko sowal. O 'awol ko toka' Hanaw ko sowal tira mitodong. Masanga' to ni Idek a matoka a makat ira pakatoka'. Hanaw ko sowal haw.

但，說也奇怪，這個時候 Idek 天天製造竹陀螺（kapoy）和木陀螺（'acocol）。（現在的兒童或學生玩的陀螺，就是此時流傳下來的。還有竹馬（toka'）。這些玩具都是從 Idek 造的模型傳承下來的。竹馬是用竹材製造的。據說 Idek 有時候懶得走路，所以發明竹馬代步。）

42 Iyaan ko saka, sowal sa tiraan iray, adihay to ko 'acocol ato kapoy ni Idek. Ira sa, fafahi sa ni Idek iray, mikaered cira, hatini to ko porod, maedeng to sato. Iray, teka sato a makat iray,i tira i loma' nira a mifalod (mifedfed), to keliw ko fafahi nira. Pakayra to i lalan no sanga' a matini a maemin.

於是 Idek 製造的木陀螺和竹陀螺一天比一天多。另一方面，Idek 的妻子則忙於製線，當製作好的線差不多夠用，便開始縛綁麻線，經小路一面拉著線，一面往田裡走去。

43 Tahira i satimolan no ciyataw no Malofasi i satimol ray, haen sato a moti' han sato a pakalalinik no lotok. Ta tangasa sato i copo no saetipan no Fata'an talati:mol a matini, haen sayo a 'emamis. Ira tangasa sato i tira i hiya i kamokoan ni Rengos. Haen han ko sowal. Iyaan saka, sowal sato ray, "Ayi iraan a hiya!" sato "a keliw!" sato. patakec han ni Idek i tira i hiya i kawos. Maherek a patakec i tira riy, haen hanto nira a mi'acocol a matini.

來到丸橋火車站南側時，轉向山下，沿著路繼續走。最後來到了馬太安部落南邊的堤壩，又轉向南側繞過來，妻子才停止拉線。接下來，Idek 開始操作其所製作的陀螺。Idek 說：「把那個線繩拿給我！」把線繩綁緊後把陀螺打下去。於是這些陀螺在地面開始轉動。

44 Haen hanto nira a miparo, pa'acam han nira cikakareden ko keliw. Ira cikcicken nira ko keliw ira sa, 'acocol hanto iray, paloen to iray, maringer to. Raringoringoh hanto no fafahi nira sa, tak hanto nira "wa:w" sato, fedfed sato kina kapoy mifedfed to keliw, sato a pararem koya nifariwan to talod, ato kilang.

輪到竹陀螺時，因為這個不需用手搓的線繩，只要麻線切開，把它綁於蘆莖的末端，然後猛力往地上打下去，這樣竹陀螺立刻轉動。就這樣，Idek 在妻子的協助下，不停地打著陀螺。那些轉動的竹陀螺不停地發出嗡嗡聲。

45 Waw masoni ko kapoy ira ringer sato ko keliw iray,takod, takod, takod, takod, takod, takod, takod, takod,sato to kilang. Ira matira ko demak tiraan. Ira maherek to a patahad ko finawlan haw. Ira sa, maemin to ira maherek to a mifariw. Iraan ko saka ci Idek sato to nira iray, ano hacowa 'enafen o?" sa ko finawlan yo piparoparod. Hinam han ci Idek iray, nanom san, sa'owa'owak saan ci Idek. Hanaw ko sowal. Ira sa, edeng kini sato, isi' han to nira i tatangalan no omah, i tira Cakayoman i kawaliay no cilamalay. Hanaw ko sowal sa sefay sato a pararem koya nifariwan to talod ato kilang.

隨著竹陀螺轉動的嗡嗡聲，地面的雜草和樹逐漸被砍掉。此時，部落百姓的春耕工作早已完成。大家看到 Idek 工作尚未完成就譏笑說：

「這個人什麼時候才能耕種？」但 Idek 對這種閒話充耳不聞，不理不睬。然後 Idek 來到田地的最高處，就在火車站東方 Cikayoman 地方撒尿。剎那間，尿變成洪水，田地的雜草和樹木統統被沖刷到下方。

46 Matira ko demak tiraan sa, tahira sato i saetipan no tokos i, cito kararem no nanom iray, tahira sato Cikayoman kira i sa'amis no loma' ni Ceking i tira riy, ato ci loma'ay ni singsi iray, masoked to i tira ko ca'aca'ang no kilang. Ira sa, maedeng to kitira i, pasi'amis to a matini ko felec no isi' ni Idek. Ira pakasaetipan to no tolos a matini.

洪水（尿水）一直沖刷到小山的後面，就在 Cikayoman，Ceking 家的北側和 Singsi 家的中間時，水勢停了下來。那些雜草和樹枝等全部被推在這裡。然後洪水轉向南勢阿美，經小山的後面繞衝過去。

47 Ira sa, ano caay kaselen i kacorasan a misamo^tep a romi'ad kao maselen i tini ira sa, ma:mang to ko hiya cifanaw ho, ira sa o Cifanaway sato sa "o Cifanawan" han no Fata'an haw, nora no Congaw ato Taloko. Ira sa matira ko demak. Tahamatini to ko Taloko "Fanaw Tatanawan" a saan. Hanaw ko sowal tiraan ira sa, masadak kiraan haw, Iyaan ko saka, sowal sa tiraan iray ra, maherek a misi' kira i, pararocek hanto ni Idek ko 'acocol to tapangan.

傳說這個洪水持續了十天。此場意外的洪水災害，還驚動了近邊的 Congaw（泰雅族）的 Taloko（太魯閣部落）。因爲當時馬太安部落內外到處積水成爲池沼地。因此他們以「o Cifanaway」（池沼處）稱呼馬太安。另太魯閣部落如今尚稱呼馬太安「Fata'an Tatanawan」，我公開說明此事。Idek 放尿後，把所有的陀螺置放在每根樹根的旁邊。

48 Iray, ira sa, sowal sato riy, ira, paloen ni Idek kira kapoy a matini iray, fetir fetir fetir fetir fetir sa ko tapangan no talod. ato kilang. Tayraan to no taoan i hafay, ngangipos to ko hafay iray ira, mainget ko finawlan ci Idekan haw. Hae:n han ako ko sowal.

然後將每一個陀螺打下去。於是隨著轉動的聲音，各種雜草和樹根一個一個地被去掉。那些被去掉的雜草和樹根通通被扔到人家的小米田。由於別人家的小米快成熟了，因此引起他們對 Idek 的憤怒。

49 Iyaan ko saka, matiya o nikaomahan kiya ni o nitafedan no 'acocol ni Idek ta, ma'acocol to koni Mawday a pala. Hanaw ko sowal ira sa, cecay ko tafed haw o cacar no todong no kalalad. no mato'asay kiraan to hiya sa, ko faloco' matiraay kira.

Idek 使用陀螺整頓的耕地，與別人家採人工方式整理的一樣好。同時，Mawday 的耕地也是利用陀螺來整理。古人的耕田用具，大概只有耙子（carar）。

50 Nikasaan ako kira ira no mato'asay sato tiraan iray, o fokeloh iray, haen han micakcak a matini iray, ira pasopara' han ray, hatiyaan o saetip a cafeng no kokayto. Inian i, pasopara' han i:raw ko nikaomahan kini? saan. Ira kono awaay ho ko rarar i tiya. Hanaw ko sowal haw o fokeloh to ko hiya ko sakamaomah. Iray, ra sa tiraan iray, caedes kini saw? sato. Ira inian sa o kahong no kararayan sato.

再說，更早之前，原有的工具都是石頭。用石器工作時，人要蹲著，以倒退的方式慢慢地挖掘泥土。石器的厚度大約像集會所西邊的牆壁般厚。因此，一天做不了多少工作。那時還沒有小鋤頭（rarar）可供使用，僅有石器。後來，發覺使用石器手容易疼痛，因而改用山鹿的肩胛骨（kahong）。

51 Ira sa, coloken a matini iray, tepak tepak sa ko sera a matini felih felih han nira, kamkam kamkam han a matini. A maedeng aca iraan ko sakamaomah no Fata'an patisodan to fokeloh haw, o kahong ko sakamaomah. Hanaw ko sowal tiraan, o Tafalong sa tiraan iray, o fatodih, ira kono Taloko, no Congaw ono katimol. Hanaw sa, caay katoor ko Fata'an haw. Hanaw ko sowal.

古人使用了鹿的肩胛骨，覺得它比石器方便多了。可以把土一塊一塊地挖出，也可以把土翻來翻去，還可以把土打碎。因此，馬太安人使用鹿的肩胛骨，不再使用石器。另一方面，太巴塱人使用的就是石頭。此外，太魯閣族、泰雅族及南方人也是如此。換言之，他們根本比不上馬太安人。

52 Ira mati:ra ko demak. Nikasaan ako kinian ira sa, maemin to ko 'acocol iray sowal sato iray ira, "Mama o nima ko 'ayaw a paloma mama?" hanto no kadafo nira ni Mawday, "ka o miso ho ko 'ayaw" saan. Ira sa, "sacahalen ako ko mako mama, palatosaaw ta ko pala" hanto ni Mawday.

事情就是這樣，使用陀螺耕田很快就整理好耕地。女婿 Mawday 向 Idek 說：「岳父，誰的田要先播種呢？」「你的田先播種吧！」Idek 回答。Mawday 又說：「我想把播種面積擴大些，分兩半種下。」「好吧，你就分兩半種吧！」

53 Ira sa, "hata palatosaen to!" sato. Ira sa, ngangan han mapolong kina hiya. O roma koni Idek a hafay kira howa o lafoni cipapahay. Hanaw ko sowal. Ala sa ci inaan nira to 'okoy i tira ci Dayoan ato mama nira ci Dadepangan Dayo. Ira sa. Yo pa'eno no 'okoy i, tolo ko piala ni Mawday, ira matira ko demak tiraan haw.

Idek 回答。然後他們劃分播種地界。因為 Idek 要種的小米種類不同。就是長葉子的在來種小米（lafoni）。於是 Mawday 到母親 Dayo 和父親 Dadepangan 那裡拿取了葫蘆（'okoy）。然後 Mawday 取得葫蘆的三粒種子核（pa'eno）。

54 Ira sa, "ka o miso ko 'ayaw a paloma 'inay" sato. Ira sa fitelak to hiya iray, to tanoman rasras sa, iyaan sa podpo:d hanto nara a maramod ci Mawday. Ci Idek sato ray ira, caay ka cinglaw ato fafahi nira. Matira ko sowal kira haw, ra sa, "Kiso tahaloma' i, aka ka cinglaw haw, cipapaha kina hafay aka kacinglaw" "O maan a hafayan kinian? aka ka saan ci papaha ko hafay!" sato ko sowal ni Mawday to nanosowal no ina nira. Haen han ako ko sowal.

Idek 說：「先在你們的田地播種吧！」然後將竹筒剖開，從裡面溢出數不盡的種子。於是 Mawday 夫妻忙於撿拾種子。這時 Idek 夫妻在旁默默觀看著。因爲他們知道：「回家途中，絕對不得與人講話，以免種下的小米長出葉子！」「也不得問：『這是什麼小米？』這樣也會讓種下的小米長出葉子！」這些話是母親向 Mawday 訓誡的。

55 Iyaan ko saka, maemin tora iray, ano matomes ko talomal kira howa to mamangay a talomal. "Tata to" sato ira tosaen a laya' ni Mawday ko nippipaloma. Ira sa, paraaraay samanen howa ta Paloma hanto naira a maramod.

種子撿完了，Mawday 又將它裝滿兩個小籐籃（talomal）移到田裡，以大約每兩尋的間隔，把種子播撒在地上。Mawday 夫妻繼續進行著種植工作。

56 Iray, sepat a romi'ad. a mipaloma. Hanaw ko sowal haw, nikasaan ako kinian. Maan sa, "Kami o 'Amis ko kaka tamiyan ci 'Afetongan." han nira ko sowal sa, ma'osi kami o Fata'an haw. Hanaw ko sowal. Han ako ko sowal, a ira to ko pahe:rek ako ano honi. Nikasaan ako kinian ira sa, maemin to i sakasepat iray ira, "maemin to niyam mama" sato, haw ari ira, "i tira to kita i mitaan haw, i makoan a ngangan ha 'inay" sato.

連續進行了四天才完工。「關於 'Afetongan（Mawday）的故事，我們南勢阿美人的傳說才是正統的！」南勢阿美人有這種說法，我們馬

太安人聽了眞不以爲然。爲此，稍後我一定作個結論。第四天完工，
Mawday 說：「岳父，我們做好了。」「那麼，你們來我們這裡幫忙
吧！」Idek 回答。

57 Iyaan ko saka, o hafay ko mita o lafoni ko nira. Ci Idek ko mifolesakay a matini. (a matini hanhan ha matini a mikamkam a milafong ko sera to hafay) maemina no Alonah saan. Ira sa, ropa:y han naira a emin ira sa, sepat a romi'ad ko hiya ko kamaomaham a mapalaklak to ni Idek a hafay. Hanaw ko sowal kiraan sa, iya sa tora ira toloto ko papah no finawlan. Hanaw ko sowal.

Idek 播種的就是在來種的小米（lafoni）。Idek 親自撒種。他就這樣，
就這樣子地撒種。撒完了，又仔細用土輕輕覆蓋每個種子，深怕那些
種子被螞蟻吃掉。Idek 大約費了四天才播種完畢。此時，部落居民的
小米已經長了三、四片葉子。

58 Yaan ko saka, sakalima a romi'ad iray, do^doan to ni Mawday iray, "domadiya' to mama kono miso, lomengaw to kono mako mama tosaay to ko papah" saan. Mati:ya o papah no 'okoy ko papah. Hanaw ko sowal. toni Mawday. Iray, sakalimalima a romi'ad i, sofaen to iray, "masatawidwid to mama" saan, ira matira ko demak tiraan haw, hanaw ko sowal.

第五天後，Mawday 從田裡回來說：「岳父，你的小米快發芽了！我
的已經長了兩片葉子。」Mawday 說的葉子如同葫蘆葉般。約經六
天，Mawday 又說：「岳父，看來田裡的植物差不多快結穗了。」情
況大概是這樣。

59 "Kiso mama tiraan iray, mapalomaay iray ira, tolo to ko papah" saan. Roma sato ira, kolasan to kono finawlan. Iray, sowal sato ray, ira, "misepat to ko papah no miso mama, mikolas to ko finawlan" han to nira. "Mikolas to a mimaan sa Mawday?" han to. Ira sa sowal sa tiraan iray, roma sato ira, maherek to ko finawlan iray ira, "sepat to ko papah nira mama" sato. "Mako sa tora ira, hatira ko papah" sato.

「岳父，那一邊大約長了三片葉子。」Mawday 又說。不久後，部落居民們開始除草（mikolas）。Mawday 說：「岳父，你的作物快長第四片葉子了，不過，居民們已經開始除草。」「除草！你急什麼？」Idek回答。不久之後，部落居民們也完成除草工作。Mawday說：「你的作物才長四片葉子。我的也差不多一樣。」

60 Iray, ya sato "masa'aredo to kono finawlan mama" sato, "mita sa tora ira, limato ko papah" sato. O sowal ni Mawday to mama nira ci Idekan. Haen han ako ko sowal haw. Iray, roma sato ray, "masadak to ko (misamowa ri) masaposaposak to kono finawlan mama" sato. "Mako matira iraan i, cifalo to kiraan o tapang mama, misokayap (milalad) to ko mako" sato. Roma sato ira, kahengang to iray, "rarocek sato kono mako mama to heci, mitolotolo, mahekatolotolo ko no mako mama" sato.

不久後，「岳父，部落居民種的作物，大約長得像稗子（'aredo）般大。但我們的還在長第五片葉子。」Mawday 又這樣向岳父 Idek 報告。不久之後，Mawday 說：「部落居民的小米已經一粒粒結穗了。」又說：「我的長得茂盛，下節部分開始開花。」不久後作物成熟了。Mawday 說：「岳父，我的每株結了二、三個果實。」

61 Iray, sowal sa tiraan iray, "maecak to kono finawlan iray ira, masakahengang kora ira, macacak to ko miso mama" han to ni Mawday ko mama nira. Iyaan sa sowal sa tora ira, "o::y mi'adodol kita" sato ko finawlan, ira mirara to pasanga'an ira saci'oled sato. Ci'oled ci Mawday, ira ci Idek mama nira. Hanaw ko sowal. Fetik sato riy ira, raan sato kiraan haw ra ira. (ma'ori:p ho ca Mawday.)

Iray, "Da, matini sato ray, ini ko epah a ina. Iray, ci Mawday, iray, ci Dayo ra sato ray, mahakidoedo to i matini" sato, matira ko fetik.

又說:「部落居民田裡的作物也成熟了。岳父,你的也成熟了。」不久之後,社內有人高聲呼喚:「喔伊!今天是我們的 mi'adodol 日(作柵欄)。」Mawday 和 Idek 也參加共同作業,並帶著生米糰前往田裡。即用生米糰行滴酒祭。(當然 Mawday 尚在世。)進行滴酒祭時說著:「請看!在這裡獻供香酒!Mawday、Dayo 等,讚揚祢至高者!」如此禱告。

62 Ira sa, matira ko no wawa nira ni Mawday. Han ako ko sowal. Iyaan ko saka, toan to. Iray, sakatolotolo sakalimalima romi'ad iray, doedoan to ray, "Macacak to mara^ked to ko miso mama, mako sato ray, sakahengang sato kono mako. Oyaan to o teloteloc to ko caayay ka'ikes mama. Mati:ya saan o hiya ko mako safohecal saan matiya sato o koyoh." kiyo o tafedo'.

這是 Mawday 所作的一切。祭祀完畢,暫時返家。過了四、五天,Mawday 問 Idek:「岳父,你的作物差不多全部成熟了。我家的部份,也成熟得都呈紅色。僅末端部分尚未結實,這些作物看來像似一片白色沙灘。」

63 Ira Koyoh han ko no kawas tira fokeloh. Hanaw ko sowal. Mita sato i matini o fokeloh han kono mita. Hilam han kono kawas iray, o koyoh han kono kawas. Hanaw ko sowal tiraan sa, matira ko 'Amis a mikilim to ngangan no fokeloh. Hanaw ko sowal haw. O Tafalong matira, yo 'ada'ada matira. O fokeloh to maemin haw.

神靈稱石頭爲 koyoh,人類稱石頭爲 fokeloh。現在的人也是如此稱之。甚至連南勢阿美人、太巴塑人也是如此稱呼。但有些地區的人卻稱呼 koyoh。

64 O Fata'ata'an kira o koyoh sanay. Ira o koyoh saan kono malataw to fokeloh. Haen han ako ko sowal. Iyaan ko saka, ra sato sarengad sato. Ira sa tahaloma' kiraan ira, malitemotemoh to kiyo hiya iray, awaay ho ko teloc. Ira kitemek sa ko piparoparod a mi'orong to sarengad. Dimata' hanen. Hanaw ko sowal haw. Hatira kiraan.

只在我們馬太安這兒稱石頭為 koyoh。因為馬太安之神 Malataw 稱呼石頭為 koyoh。今天全部落的人外出採集棕葉，各自設法搬運回家，大部分是用扁擔挑回家。

65 Iyaan ko saka, i, sakalima a romi'ad riy, makiloma' to kita sato, ira sa, dafak sato miro'it ko finawlan. Malecad to aci Mawday aci Idek. Ira sa, "cowaay ko 'ayaw ita mama mihiya miro'it?" sa. "Kiso ho ko 'ayaw a Mawday" han ni Idek. Ira sa, "pafafoyan to mama!" hanto. "Pafafoy to." Iray, ra sato ra ira, tayraan to i tira i paenan haw sato to hatiniay tata'akay a fafoy, cifolatakay.

翌日是 miro'it 的準備日，全社參與。Mawday 和 Idek 也不例外，同樣遵守這個日子的規定。岳父，我們要先祭祀誰家的田地？」「先做你的吧，Mawday！」兩人交談著。「岳父，我們要獻供豬隻嗎？」「那是當然的！」然後將這麼大而且體毛有花紋的豬搬到外面。

66 Ira sa "olililili kakoyen to oli!" sato, tahira sato ray, malatenos ira, matira ko demak madiko to. "O tofay i cowa saw kina fafoy?" sa, ci Mawday i tifay ray, "o tenos kira sa mama" hanto ni Mawday. "Patedo aka kasaan hana! I tira i paenananay olililili!" hanto ni Idek ci Mawday kadafo nira.

「去去去！將豬搬過去！」Mawday 去外面看，但不見豬，只看到一支竹筒（tenos）放在那裡。「那不像一隻豬嘛！到底豬在哪裡？」又說：「那不是一支竹水桶嗎？」Mawday 感到莫名其妙。「胡說！在外頭的，快去看！」Idek 又向 Mawday 吩咐著。

67 Tahira sato ray, oya to a tenos. (o fayi ni) Mawday. Matira ko demak. "A maan sa? o 'osi nira, o 'okoy i, a o maan? sanay ko laloma' nira cipasadaken nira. Matira, milecad ko kadafo ako saan sa ko mato'asay haw. Han ko kadadoedoedo tahamatini. Nikasaan ako kinian. Iyaan ko saka, sowal sa tiraan iray ira, "o lililili,tatatatata" sato. Iray, makat sato ray, ci Idek tora, ira 'a'ayaw ci Idek ira palowaden nira kira "'ok 'ok 'ok 'ok 'ok" sato ira "ari kakoyen!" hanto ni mama nira ni Idek.

Mawday 又去探看，還是原來的竹水桶。(此處原意不明) 這是至今由古人傳下來的話。所以我這麼說。然後，Idek 又說：「走走走！來來來吧！」於是 Idek 先到豬舍，用手動一下原來的竹水桶，立刻變成特大的豬，呱呱呱呱呱地叫著。「Mawday 捕住它，抬起來！」Idek 吩咐 Mawday。

68 Kakoy hanto nira ca pakafawa ci Mawday. Ira sa, "Karemon dadadadadada! iray, kakoyen ta ci Mawday!" sato, "alaen ko 'oway!" sato. Ala hanto no wawa nira ni Karemon. Hanaw ko sowal. Tahira sato palit hanto a mifo'ot ko wa'ay a tosa. Hanaw ko sowal. Sa, "Alaen ko 'onoc oli!" pa'onoc han i tira i sa'adifan no fafoyan, lilid hanto pataloma'. Haen han ako ko sowal.

於是 Mawday 抓住牠，但卻抬不動。Idek 喊叫：「Karemon 快來幫你父親！」「順便拿籐索過來！」他很快地拿過來，然後把豬綁在豬舍的邊角，再把木槓一橫，就抬起了豬，大家齊力抬到屋內。

69 Tiraen to i potal kiyann a fafoy pa'onocan to. Hanaw ko sowal. Iray, ira sa tiraan iray, ira sowal sato ci Mawday tahaloma' iray, "Kiso ha ina iray ira, aci Dayo iray ra, kiso ha mama 'Alitolo tora i, colo' i ko nangatoan haw, kamato fonak, kamato Dita!" hanto ni Mawday kira a mifetik i tira i loma'. Hanaw ko sowal.

換言之，就是說先將豬隻從豬舍抬往外頭，大家再利用木槓一起抬到

Mawday 的家。抵達後，Mawday 開始進行滴酒祭（mifetik），並祈禱：「天上之靈！母上 Dayo、父上 'Alitolo，這一切都由祢們作主！祈求恩賜我們如同土地般廣大，砂石般多樣，有數不盡、用不完的財富和快樂！」

70 Iyan to ci 'Alitolo a cecay, mapatay to ci 'Alitolo kira howa. Sa ko sowal no Mato'asay. Hanaw ako kiraan haw. Hatira kiraan. "Sakasaan ako a misakawa nawanan morarawa kiso. Nikasaan ako kinian. Iray, tatatatatata!" sato. "'Orongen a Awalada' ko hiya ko koreng." hato. 'Orong, "aka to alaen ari, o tipid tapila'" sa, ala hanto ni hiya ni Awalada', hanaw ko sowal. ira sa, mocirid hani ko sowal ako ira sa ci Awalada' to ko ngangan o peton ni Mawrafas malekaka a tatolo.

因為 'Alitolo 過世了。古人如此傳說，我就這麼說。Mawday 說：「這是為了你做事不犯錯誤，因此我仔細地告訴你！來，聽吧！」又說：「Awalada' 啊！你不要忘記帶走陶缸！」「還有小木盤（kato）、大木盤（tipid），也不要忘記帶走！」於是 Awalada' 依照他的話，把這些東西全部帶去。我剛才說錯了，還有 Awalada' 和 Mawrafas 他們就是三個兄弟（姊妹）。

71 Hanaw ko sowal sa, tangasa sato i talo'an iray. "Daho i a mitokad! tokadi padama i a tatosa ci Mawday!" sa awit hanto ni Awalada' aci Karemon ko wa'ay sema'ayaw. Ira tokad sato maherek a mipacok hanaw ko sowal. O folo' to ko sapipacok. Nikasaan ako kinian sa, matiraay sa maherek a palifanges ira, pasaksakan to eli' matalaw to kaciseraan ko. (fonak ko titi. Hanaw ko sowal masacifonakan)

到達了田中小屋（talo'an），並說：「來吧！開始解剖豬隻吧！」於是 Awalada' 和 Karemon 把豬的前腳割下來。他們就這樣為解剖豬隻忙了一陣子。不久，豬宰割完畢。宰割時使用的刀具就是箭竹（folo'）。

剝好豬皮，把豬肉放置在鋪於地面的茅草上，避免豬肉沾土弄髒。

72 Hanaw ko sowa sa, ci mama saan kira ira; mikasoy ira to. Kairaan ira o maherek to a palieson. "Kairaan o i laloma'ay 'inay ko safelen." (iray, kao teltelen ko tinayi' a caay ho ka teltelen mayi' i loma' to.) Iray, kairaan o saled, iray iraan o saled no 'ilif sato, saka safel hato ni Awalada' o wawa nira. Ira, toror hato ni Idek. Mitoreso to ko hiya. Iray ya sato ci Mawday ira miala to to raro'itan, nanitiraanan nira i tira i talo'an.

這個時候岳父（mama）去撿木柴。回來時說：「孩子，你先把豬腸放下去煮吧！」（那些腸子切一切。不，回家時才切割。）他的孩子 Awalada' 依照吩咐去烹煮。然後由 Idek 看火加柴燒煮。

73 Iray, tahira sato iray ira, papatih, satara'arar han ko haenan patelian to 'ilif, haen han ko patih a matini tolo, haen han nira i tira han ko raro'itan ato taymangan. Ira fetik sato i tira ray ira, "ayi, kiso matini misapala tira ira, tengili i matini ko finawlan haw! Talo'an no Finawlan" sato ko fetik ni Mawday.

Mawday 採集樹枝和茅草搭蓋三角形的草棚，並在這裡安置祭具（raro'itan）和祭祀酒杯（taymangan）。Mawday 開始進行滴酒祭並祈禱說：「啊！Sapala 神，請俯聽部落居民的祈禱！祈求賜福給所有住在田中小屋的人！」

74 "Kiso 'Aricoro manefek ko nangatoan no finawlan ato no mako" hanto ni Mawday. Ira, "Kiso o Caceledan iray ira, a cima ko dofasen saka, sanga'en 'ayam sagna'en fafoy toraan saka, ka mato fonak haw!" sato ko sowal ni Mawday tiraan. Hatira kiraan. Talatalo'an mati:ra ho, caayho kapatay ci ina nira howa i, tanocorok sa cecay ko sowalen. Hanaw ko sowal sa, macowaay hakira ko teka ni Idek asa kamo, matiraay kira.

又祈禱：「'Aricoro 神，祈求祢賜福給部落居民和我的莊稼！」繼續
祈禱：「Caceledan 神，祢是我的依靠。祈求祢，如同數不盡的砂石
般，惠賜我許多雞和豬。」以上是 Mawday 的禱詞。我這麼說是因
為當時他的母親尚在世，所以他進行 mifetik 時，只能如此。也許你
們想知道 Idek 當初的情況如何？就是這樣。

75 Iray, tahalama' sa tora i, tosa a, sepat sa, tosa ko tatihi ni
Mawday. Ira, iraan sato tiraan ira sa'ali nira ira, mi'orong to
to titi a tatosa. Hanaw ko sowal. Iyaan ko saka, "i tisowan to, iray, a
Mawday!"han ni Idek "maan?" "Oy^oyen ko waco! ci Tomay aci
Kedaw aci Oliyong, ira ci Ngaday" hato. Yaan o fohecalay 'anengang
iray, a "i-i-i" han ni Mawday iray, "awaay kini sa mama!" han ni hiya
iray oy^oy kinatosa aca caay to ka mowad.

Mawday 回到家時，二個、四個、兩個在一邊，他的兩位 sa'ali（妻
子的兄弟或姊妹）抬著豬肉回家。然後 Idek 說：「Mawday！」「什麼
事啊？」「那些狗兒都叫過來！就是 Tomay、Kedaw、Oliyong、
Ngaday。」可是那一邊有個漂白石凳，Mawday 再怎麼喂喂叫著都
沒有反應。「岳父，狗在哪裡？沒有啊？」Mawday 繼續喊叫兩次，
結果還是沒有反應。

76 "Aka aca kakoay aca ko mihiya ko mioy^oayay." "Iy Tomay
iy, Oliyong, ira ci Kedaw aci Ngaday!" sato toni o fokeloh. Ya
kohetingay fokeloh iray, kohetingay waco. Ya fohecalay a fokeloh ira,
malafohecalay a waco. Oya kahengangay fohecalay ko folatakay a
fokeloh a 'anengang iray ira, malafolatakay a waco. Kahengang ko
tilid, koheting ko tilid. Ira matira ko demak. Matira ko pihiya ira sa,
hatira kiraan. (Ma'efat ako ema) Malahok kira ira dademak a emin.Yo
o Remes iray, ira dademak. Yo o 'atang iray dademak.

於是 Idek 說：「那你不要做，讓我來喊叫！」「喂，Tomay！喂，Oli-
yong、Ngaday！」Idek 如此對著石凳喊叫。說也奇怪，黑色的石頭

即變成黑狗。漂白的石頭即變成白狗，那個紅白的石凳即變成紅白花
紋的狗，紅的即紅，黑的即黑。事情即是如此。我講得不太仔細。後
來吃午飯時，近邊的一切東西（物體）活動起來。就是狗血也動起來，
木塊也動起來。

77 Ira yo o salo'ec to 'oway ray, dademak. Iraan o Fanoh iray, dademak. Iya han a sacekih iray, dademak. Matira haw ko hiya ni Idek palalonahen ni Idek haw kiyo o remes. To 'atang tora i, (saferet han nira) mala'atipenoc. Ira cepit sa adada maripa' ita ko 'atipenoc. Iray ya 'oway iray, malararikah. Hannaw ko sowal. Iyaan sato o fanoh iray, mala'atikak. Ya sa o sacekih, iray, malaferarangad.

籐索也動起來，豬毛也動起來，腳趾也動起來。這些是都是 Idek 顯
現的奇蹟。再說，豬血變成螞蟻。木塊變成黑螞蟻（'atipenoc），我
們人腳碰到黑螞蟻時會感到刺痛。籐索也變成蜈蚣，豬毛變成蚯蚓，
豬趾變成蛞蝓、糞金龜（ferarangad）。

78 Ya han o titi ato fadowac ato cepi' iray, malaferarangad (toyo cihanaay a ferarangad) sa maolah to tayi' a mimolimoli. Hanaw ko sowal haw. Hatira kiraan sa. Yaan a sowal ako I honi iray, tahaloma' sa tora i, "a Mawday" sato "maan?" han ni Mawday. "Pafatisi ci ina iso." ira hani, ta'a:kay ko fafoy asa ko tao ira, pafatisi. Raan sato a 'okoy iray ira, ta'akay a 'okoy kira ira, (mafaha kako kini howa) tomesi kiraan haw to titi to 'osaw ita a maen.

那些肉、肋骨，以及大腿變成花金龜，喜歡在糞便中滾動糞球。我在
此再倒回講述一下。他們回到家時，Idek 說：「Mawday！」「什麼事
呢？」Mawday 回答。「將豬肉分給你的母親吧！因為鄰居都知道我
家宰殺的豬那麼大隻。所以你要設法用最大的葫蘆（器）來裝滿那些
剩餘的豬肉，送給你的母親。」（啊！我咳嗽了。）

79 Yasato a tinayi' iray, palicinahan iray, i Karemon iray, tomes han kiro tinayi' haw, palatosaen kiro o tinayi'. nga'ay matomes kiro o 'okoy ta'akay a 'okoy o lafay sato. Ya: sato o mangta'ay iray, o heci iray, pafanges han, pa'okak han ni Idek hati:ni to.

此外，叫 Karemon 來把那些內腸先醃起來分成兩份，另一半把它裝在較大的 lafay（盛裝食物器具）送給你的母親！然後 Idek 把那些生肉取一半，又各取一些豬皮和骨頭。

80 Ira sa, solsol hanto. "Mihakelong kiso sato a Mawrafas tora i, pihaeklongi!" han ni mama nira, ni ina nira ci Rengos ato mama nira ci Idek. "Aka ina! marawis no mako tini i naloma'an no mita? ini sawa'eran no Satefo? saan ko, hay ano caka i faled? sa kako matira sa cika, i tira to i, naloma'an no mita i, kataynian ni ina a mitala" hanto ni Mawday.

然後全部把它串起來。Mawday 準備動身前往母親家送豬肉。「Mawrafas，你也跟著去嗎？」她的父親 Idek 和母親 Rengos 問道。Mawday 則回答：「媽，不行的！你也知道那是我們的故鄉，遠在 Satefo［馬太安溪］的源頭，又是在天界。所以我不同意跟她同行。」

81 "Mihakelong kako, mihakelong kako" saan. "Aka a misaoxhaw kiso!" han ni Mawday. Hanaw ko sowal. Nikasaan ako matiraay kira, nikasaan ako haw. Ira, tahi:ra i fatad kira "'owax!" sa ci Mawrafas. "Hira ira tokirocirot a Mawrafas a Mawrafas."sato.

「我要去，我要跟著去！」Mawrafas 要求。「不行！你會嘆氣（misa-oxhaw）！」Mawday 極力反對。事情的發生就是這樣。我就這麼說。終於 Mawrafas 同行了。但是他們走至半途時，Mawrafas 突然叫聲 owax，嘆起氣來。「你瞧！Mawrafas；你瞧瞧！Mawrafas，百舌鳥（cirot）出現了！」Mawday 大聲叫著。

82 Ira sa capo' to penen i tira ray, ala to masay sokelot han matini iray ira sa lo'ec han nira matini, haen hanto nira ca'it hanto nira ko lafay ato mangta'ay a titi. Sa ko sowal no mato'asay. Hanaw ko sowal, I tira a midoedo kami a mi'anang, ta i tiraen niyam ko titi i tara'ar ato taymangan o raro'itan. Hanaw ko sowal. Iyaan ko saka. matira kono 'Amis matira kono Tafalong, pi'ada'ada. nikasaan ako kinian haw.

於是 Mawday 立即忙著採砍菅蓁和葛籐，把它結成架子後擺在地面。然後把葫蘆和生豬肉掛在那裡。這是古人的傳說。一直到現在我們行 raro'itan 祭時，使用的祭肉（品）都放在葫蘆（tara'ar）和酒杯裡面。這個方式就是從此傳下來的習慣。南勢阿美人和太巴塑及各地部落也以同樣的方式行祭禮。

83 Iyaan ko saka, tahira sa tora i, mahatira rawan a loma' nisaloma'an to loma' no sofitay macekor to ni ina nira ni Dayo. "Na'ay aka katayni a Mawday aka paci^ci! Ira to kora cirot i hani. Ira kaheteng kamo, 'angcoh kamo! Naw? o sowal ako i, aka pisaox haw cipapaha ko hafay namo han ako i, misaox kamo!" han to no ina nira palitemoh.

他們終於到達母親的家。其實，從 Dayo 家距離大約對面的營房那麼遠之處時，Dayo 早凝視他們的來訪。他們一來到家門，Dayo 迎接並說：「止步！不要過來 Mawday！剛才百舌鳥出現了。你們太臭又腥！我早已告訴你們『絕對不要嘆氣，以免你們的小米生長葉子』為什麼你們不遵守呢？」他的母親這樣的怒罵他們。

84 Ira sa tahira sa tora i, sowalan to nira ko wawa nira ci Mawday. "Tolonan ako kiya i dafak tiya to raro'itan." Nikasaan ako matiranay kira. Hanaw ko sowal. "Cipapah to Mawday ko Hafay namo, iray, malakarator to. Hanaw ko sowal." sato. Ira sa, "Masa i ina alaaw kina titi i? maan ko namo?" "na'ay! midengaa ko hiya, cipapahaw kono ni Ma'okesang aci Mahodhod ira aci Mahinghing aci Taok tifelacan. Han ako ko sowal. Mimaan kami tora na titi!" han to ni ina nira sa,

母親繼續說：「我早上行 ro'it 祭。」「你們的小米確實長出葉子。」Mawday 說：「那麼，這個豬肉可以接受吧？」「不要，會影響我們 Ma'okesang、Mohodhod、Mahinghing、Taok tifelacan，我們不要你這個豬肉！」母親如此說著，而且不接受其豬肉。

85 "Oli! tatoyan to olililili! a cimanan sa komaen Mawday aci Mawrafas. Hanen to, paloma sa kamo to roma miheca i cipapah to" hanto nira a cinglaw. "Ano cipapah ray, asimanay saw!" sato sa ko sowal, toan to. Hay riy, ono micamolay ho ko kawas kira howa. Ono Kawas iray, tacowaan? I rarikor to no riyar. Han kira sa, tala'ada ho matini ko teloc na Dayo aci Idek howa? Yosanay kinian sa, matira ko demak tiraan haw. Haen han ako ko sowal.

「走吧，拿回去吧！我們絕對不吃這個豬肉。我告訴你 Mawrafas 和 Mawday，明年你們所種的小米一定會長出葉子的！」母親如此講著。因為那時候，人和神還一起生活。他們的天地（世界）還在海的後面。以上是 Dayo 和 Idek 後代的情況。

86 Iyaan ko saka, o patala'ecah ni Dayo aci Depang Dayo ira aci Idek, ira tono serer a hafay. I tira to a patala'ecah haw. Hanaw ko sowal tahamatini, nikasaan ako matiraay kira. Hatira kiraan. Iyaan ko saka, tahira sa tora ira, "Caay ka tangasa kami ina mama. Tahira i fatad kira ira. misaox ci Mawrafas, ira tangasa sato kami iray. tosa sa kami tangasa i loma' iray, na'ay kako kataynian, aka paci^ci a taynian sato.

在此 Dayo、Depang Dayo 和 Idek 很清楚地顯示次級的小米種。一直流傳到現在。他們回到了家，Mawday 說：「那時候我們還未到達。我們行走途中 Mawrafas 嘆了氣。我們來到母家時，『我不要你們來我家。你們不要過來！』母親這樣發怒著。

87 Paci^ci han niyam a maramod tangasa sa kami ira, Ira Mawday? i hani aca kiro Cirot haw. Kaheteng kamo, 'angtox kamo, 'angtol kamo! iray, a roma miheca i, cipapah ko hafay namo haw, malakarapod ko hafay namo sato. Hanaw ko sowal" sato. Sa ko sowal no mato'asay.

我們不理她，但她繼續地罵道：『Mawday，剛才百舌鳥出現了，你們這個人又臭又腥又騷！明年你們的小米會長出葉子，且有病蟲害。』我們實在沒辦法，就返轉回來。」這是古人說的。

88 Iyaan ko saka, dafak tora ira, taloma' i, cika ranam i loma' ci Mawday. Ira maherek a tangasa hangorngor a mitaos to raro'itan nira taymangan, iyaan ko sowal. "A, kiso 'Alimolo ray, toro' han ko nangatoan ako ato no finawlan. Ira kamato fonak, ira, pi'eco aca to nangatoan no finawlan haw!" "Kamato dita', kamato fonak ko nangatoan no finawlan" hanto ni Mawday.

於是次日 Mawday 不吃早飯，設置祭柵放置祭品和酒杯之後，行祭禮祈禱：「'Alimolo 神啊！祈求祢賜福我和部落居民的莊稼。」「祈求祢，讓我的莊稼收穫如同砂石，如同黏土般多，並超越其他人的收穫。」

89 Ira, iyaan ko saka, cecayay ho ko hodoc, o lafoni to ko sapaloma no finawlan nani Idek. Hanaw ko sowal tiraan. Nani Idek kira o lafoni no finawlan, hanaw ko sowal. Iyaan ko saka, maherek a mifetik kira ira, maranam ci Idek. Hanaw ko sowal, caay ka maen to hemay iray, rasa tora ira, mafelec to. (mapawan kako ema.) Iray, tahaloma' sato ray ira, micereng. Iray, teli sa ci Idek iray, ira fafahi iray, "palisonen iro misoay" sato. Ira sowal sa tora macacak to ira, "tohtohen to" sato.

原來小米的種類只有一種，後來部落居民由 Idek 取得 lafoni（小米之一）種植。因此，進行 mifetik 後，Idek 才吃早飯。這個我不太清楚，或不吃飯就回家？發誓下定決心，我這麼說。回到家了，Idek 向妻子說：「你去煮新米吧！」煮好後又說：「拿下來吧！」

90 (A, pafelac) "Ira pafelac ko fafahi ako iray ira, ira kiso 'Alimolo toroi' ho ko pafelac no fafahi ako haw, ira ni Mawrafas. Ira kamato fonak, kamato dita' ko felac no fafahi ako!" sa ci Idek a pakafana'.

Idek 為妻子施行 fetik 說：「'Alimolo 神啊！祈求祢賜福，讓我的妻子得 pafelac（新米初煮禮）。同時賜予新米，如同砂石般多用之不盡。」

91 Maherek sa toraan iray ira, "I, ano mingoo matiyaay to macacak ko hafay matiya to fonga, to tali a matiya sa ka, pakacopelaken ko fafoy paka'angreren haw picofayen haw!" saan. Ira sa, "oli patayraan to i tiraw" sa patayra hanto ni Mawday kiyaan o hiya pa'alopalan. Hanaw ko sowal, matiraay irawan pisanga' to pa'awpalan. Hanaw ko sowal. Ira matira ira sa, (ma'em:) a iya na hiya ray, niro'itan nira ira, pawali sato ray, mafowas to ko potal haw to safak, mangapos to ko fasolan.

又祈禱：「神啊，要是山豬來加害即將成熟的小米和甘藷及芋頭等，請將這些作物變成帶有澀味或苦味的東西，以防止山豬吃掉，並將牠們趕走！」然後 Idek 說：「把它拿到那裏。」於是 Mawday 就把祭具（pa'alopalan）搬去。後來，他們收割的穀物實在太多。曬乾時，籐席都不夠擺放。

92 Felec sa ci Idek tora i, ato fafahi nira ray, to sa'ali nira ci Talawada',Karemon iray, dafak iray, fitelaken. Yo matiya to pawaliay i potal to safak no hafay. Hanaw ko sowal. Iyaan ko saka, maemin to ko sapihafay iray ira, i, paliwan no finawlan ci Mawday a micepo' to hiya. Hanaw ko sowal. Iyaan ko saka, sowal sa tiraan ira, maemin to iray iray caayay pisafaloco' ci Idek, a sa cika cinglaw. Hanaw ko sowal.

次日，Idek 和妻子，以及妻子的兄弟 Talawada' 和 Karemon 等又去收割。這次收割更多。放在外面曬乾的小米穀可說滿地都是。不知過了多少時日，部落居民的收割大都完畢，故前去幫忙 Mawday 收割。收割完畢。不知爲什麼，Idek 一直靜默不出聲。

93 Maherek ko ni Mawday ira, "Ka o no mako to!" sa ci Idek ira sa o lafoni ko ni Idek ato no finawlan, ro'iten ko ni Mawday. Ira matira ko demak haw, hanaw ko sowal ci fafoy to koni Mawday, o fo^kan, hanaw ko sowal hatini ko fo^kan. Ta tamorongen ni mama nira. Hanaw ko sowal tiraan sa, yaan ko fetik ni Mawday to nira a hafay no mama nira. Hanaw ko sowal haw, nikasaan ako kinian.

Mawday 收割完成以後，Idek 說：「該輪到我的囉！」Idek 和部落居民所播種的都是 lafoni。Mawday 開始行始割祭禮（ro'it）。Mawday 供祭時所用的祭肉就是這麼大的小豬（fo^kan）。由他的父親抬出去。Mawday 用這個小豬舉行始割祭禮。

94 Iyaan ko saka, maemin to. Iray, sowal sato ray, maemin to ko no finawlan midoedo to ko finawlan maecak to a maemin. Iray, maherek to a mifahkol ci Mawday i 'ariri iray iray, namifahkol dafak i! caho pilaliw, cira ray ira milaliw to tayra ci inaan nira. Matira ko demak tiraan caay to karamod aci Mawrafas haw ma'osi to kacipapah to no hafay ano roma miheca. Sanay kira.

部落居民也不例外，必須進行祭儀，因爲他們的小米也已經成熟了。Mawday 家的小米也收納入穀倉。Mawday 小米納倉完成，第三天就離開此家回到母親那裏。因爲 Mawday 不要他的妻子 Mawrafas。因爲他不希望明年的小米長出葉子。這是古人傳述的。

95 Ya sato o sapa'aca iray ira, o hafay. O tanoman sapa'aca to kiparoparod mipadangay kira. Ira sa, iraan sapaloma no to roma miheca no finawlan. Hanaw ko sowal ta, ya sa tora i, "ano cipapah kiraan ira, o karatod han haw!" hanto ni Mawday ko sowal. Ta laliw sato ciira. Sowal sato riy ira, "Mihololaw ho kako i tira i hiya i ci inaan ako" sato. Iyaan kiyaan o sariring haw o cikapakafana'en nira. Inian oni o pangcah a, o finawlan ko pakafana'an ra sato. "Milaliw kako sa ci Mawday han haw!" saan.

那些幫忙 Mawday 收割的部落居民，每家各得一個竹筒水壺和小米以做工資。據說，這些人將把這些小米當作次年的種子。Mawday 說：「如果明年的小米長出葉子的話，就稱呼它 karatod。」Mawday 說完即動身前往母親家。他對家人說：「我要去母親家那裡玩玩。」但他對部落的人說：「請轉告我的家人，我要離開那個家了。」

96 Ira sa, matira ko demak. Hanaw ko pisakawakawanan haw, iray, tayra sato ci Mawday i ci inaan nira, sowala sato ray ira, "Aka to, karamod na'ay!" sato ci ina nira ci mama nira ca pangangan. Iray ra sa tora ira, "maanen i, tayni kako mama" hato. "Iray, i serer kako a mifafahi" sato ko sowal ni Mawday ci inaan nira.

故事的內容就是這樣，我就如此詳細講述這個故事。Mawday 回到了母家。「你不要再跟她做夫妻。」他的母親和父親 Pangangan 說。「我現在不是回來了嗎？」Mawday 回答。「我想跟人（下界）結婚？」Mawday 要求父母。

97 "Hayda" hanto nira. Ra sato, "do^doen ko sowal ako haw! Haratengi ko sowal ako a matiya. Ano miro'it kira ira, aka to pafatis, ano cifafahi kiso i tira i serer" hanto ni mama nira a ci ina nira. Ira sa, (pakayni) tefo sa tora i piwarakan no Lidaw haw. Hanaw ko sowal tiraan. Mapatodotodong no lawoc. Nikasaan ako kinian sa, "Cima kiso?" han tora i, "Kako ci 'Afetongan!" saan, hanto ni Mawday Mangodo kira howa ci Kohoan peton ni Idek aci Sokoy.

Hae:n han ako ko sowal haw. Iraan sa tora ira, "o malataw" hanto no tao o 'Amis kiraan. Hanaw ko sowal tiraan sa, o hafay han kiraan o Malataw han kiraan.

「好吧！」父母同意。「以後你要按照我們的話去做。要記住！將來若是跟人結婚生活在一起，碰到 miro'it，不要將我們的豬肉獻給他。」某日，Mawday 降臨到人間，而他降落的地方就在 Lidaw 部落。當時 Lidaw 部落正舉行漁撈祭。他出現在年齡組集會時。「你是誰？」老人們詢問。「我是 'Afetongan！」Mawday 將名字改了。因爲他怕 Idek 的親戚 Kehoan 和 Sokoy 會認出他，故改名出現。因此南勢阿美人稱他「Malataw 神」。對於 hafay（小米），他們也稱 Malataw。

98 Nikasaan ako kira matira ko, "Ira cima kora ci Idek? ira ci Mawday? ci Mawrafas, ira ci Dayo? ira Depang Dayo?" haen han ko no Fata'an a cinglaw haw. Hanaw ko sowal tiraan sa, sowal sa tora ira, lawoc sato ko finawlan. "Tini to kako a mifafahi mama!" sato ko sowal ni 'Afetongan han ko no 'Amis. Hinam hari ci Mawday. Nikasaan ako kinaan. Iyaan ko saka, sowal sa tora ira, pakapaysin hanto cika patalaomahi ko (hay cakatalaomah caay ka paysin).

Idek 是誰？Mawrafas 是誰？Dayo 是誰？Depang 是誰？我們馬太安人講古時都說明得很清楚。'Afetongan 出現於年齡組時。「長老們，我希望入贅到這裡！」'Afetongan 這樣懇求長老們，這是南勢阿美人的傳說。其實，原來 Mawday 就是 'Afetongan。然後，部落內發出今天不工作的公告。

99 Iray, "Aka ka talaomah ko namo o kao kilomaloloma'. Ara i, mihiked to faecaecalay a limecedan no mita o ciwawaay." sato. Ira sa sowal sa tora iray, ira ano mafana'ay kako to kiya kao ko ciira ko komod no Lidaw saan kako. Hanaw ko sowal tiraan. Iyaan ko saka, romrom sato mapolong ko fayfahi haw kiraan no niyaro' no Lidaw. Hanaw ko sowal. Hieked kayakaya:t hanto koya sakapahay.

公告說：「今天各家不得到田裡做工，因爲今天要舉行少女選美會。」
可惜我（報導人）不知道當時的 Lidaw 部落的族長叫什麼名字？先
將 Lidaw 部落中較爲美麗的女子挑選出來集中在一處。

100 Ano tosa a polo' kiyaan pihiked. Iya sato kadadoedo ira ano tolo a polo' hieked han kiraan. Iyaan to o rarikor kiraan iray, masa'osi minaan kiya nisiekedan matiya? ano pitopito a polo'? Iya sato rarikor iray, hiekeden a:ca kira howa malosakasepat a talod, tada o rarikor to kiraan. Hanaw ko sowal. Sa ko sowal no 'Amis haw.

譬如說，先挑出二十位女子，或約三十位女子，七十一位女子，依序
分組。再分四組，這是南勢阿美人所說的故事。

101 Malecad to to no Fata'an a kongko. Nikasaan ako kinian. Patelac ko no 'Amis. Hanaw ko sowal. Iyaan ko saka, sowal sa tora i, "Ira maherek to a mihaco ira?" han iray, "Awaay mama!" saan, "'i? naw? makapahay a emin kiraan i?" han no somowalay papeloay no 'Amis. Hanaw ko sowal.

這與馬太安社的故事相同，但南勢阿美人的口述有錯誤。這些女子們
排好隊，再叫 'Afetongan 挑選，「怎麼樣？看到中意的嗎？」長老們
問。「還沒有，伯父！」「爲什麼？她們不都很漂亮嗎？」主持人反問
'Afetongan。

102 "Ari pakataloma'en cecay." sato. Maherek a mihaen tora i, etoan to sato matini. Makicapos tora ira, "Ira 'Afetongan?" han iray, "Awaay mama" saan. "I iya? i cowaay to a matiya ko fafahi ni 'Afetongan?" saan ko 'Amis a malilihod. Pakatalaomah hanto ko tatolo (mato wa talod) . Ari felec sa tora ira, nengneng sa ci Mawday ira kira i, "Ini kira maracingay ko mata. Iray, malapakoyocay mafodihdy ko ina. Ari awaay to ko fa'inay awaay to ko peton. Irawan ina mama ko kacifaloco'an ako haw." sato ci ira sa, satelatela' sato ko finawlan.

「那麼叫她們一個個走過來瞧瞧！」於是女子們一個個走過來。最後一個走過去時，長老們又問道：「'Afetongan 怎麼樣？」「沒有，伯父！」「哎！眞是奇怪？'Afetongan 到底想要怎麼樣的女子呢？」此時，南勢阿美人（長老們）開始議論紛紛。後來，不得已又找來了三位女子，Mawday 很仔細地注視。Mawday 突然開口大聲說：「長老們！我中意的就是她！我知道她有砂眼、是寡婦、又貧窮，母親是個瞎子。我喜歡她，決定選她做我的妻子！」在場的部落居民聽到了都驚訝地騷動起來。

103 "Naw? o pakoyoc i, poco'; ako riy, sa ci ina iray, ira, i tira kako ina.'' saan i, patadoan no wawa nira ni rengos i, naw?" sato ko faloco' no finawlan. Ira sa, "o faloco' ako mama" sato. Sanay kira ko 'Amis. Hatira kiraan. (Sakafolaw) Iyaan ko saka, so'elinay ira, patihi hanto no mato'asay ci 'Afetongan. Hanaw ko sowal haw. Nikasaan ako kinian.

「奇怪！眞奇怪！她是個窮人，母親又是個瞎子，他爲什麼說：『我最適合跟她！』難道是 Rengos 引誘他？」眾人不斷議論著。Mawday 說：「這是我的心願！」南勢阿美人如此口述這個故事。然後，由長老們陪著 'Afetongan 來到女子家。南勢阿美人這麼口述著。

104 Ira sa, "o faloco' mama" ato. Sanay kira ko 'Amis. Hatira kira. (Sakafolaw) Iyaan ko saka, so'elinay ira, patihi hanto no mato'asay ci 'Afetongan. Hanaw ko sowal haw. Nikasaan ako kinian. Hilam han iray, ira, iray, "Cima kiraan?" hanto no ina ni Rengos ira, "Patayni kami ci 'Afetongan o Malataw, maramod kami saan."

Mawday 說：「這是我的心願！」然後，由長老們陪著 'Afetongan 來到女子家。南勢阿美人這麼口述著。來到 Rengos 家。「他是誰？」

Rengos的母親問，「他叫做'Afetongan，他說要跟Rengos做夫妻！」
長老們回答。

105 "Mingodoay; mafodih kako" hanto no ina ni Rengos ira sa,
"So'elinay, riy, o faloco' ako ina, han ako ko sowal." hanto
ni 'Afetongan sanay kira. Iyaan ko saka, i ti:ra haw ko paini no mako
haw. Hatira kiraan.

Rengos 的母親說：「我是個瞎子，實在感到羞恥！」「不！我說真的，
我心甘情願的！」'Afetongan 回答。所以我（報導人）就這樣告訴
你們。

106 Iray, sa'ayaw a mi'araw i tira maepod, hanaw ko sowal. Ta
cila sa tora ira, mikongkong to kongkong no kilang. Ca
oy^oyen kono 'Amis. Paloen ko kilang mato kongkongay, "Kong
kong" saan. Ira sa, mawoc to. Iray, yasato haw ray, dafak sa kira ira,
"na'onaw kita haw! hanaw ko sowal"sato. I tira i saetip no (towaco)
Lidaw. Hanaw ko sowal.

這是當天他降臨人間時所發生的事情。次日，部落居民擊打木鼓。南
勢阿美人通報集合時，不用喊叫方式，是以木鼓召眾。咚！咚！咚！
集眾後，說：「請大家注意！靜靜地等候訓話！」他們集合的地方就
在 Lidaw 部落的西邊。

107 Iyaan ko saka, i satimol ko no finawlan, iray, i sa'amis ko ni
'Afetongan sa ko 'Amis. Ira sa, sowa:l sa tora mi'araw tira.
"Inian ko mako ha mama haw, inian ko mako sa'amis" sato. Makayra
i loma'ay no Kaliyawan a mo'etip. Sanay kira. Iyaan ko saka, felec
sato. Dafak iray, maomah kinian miterik aca to rikoran.

據南勢阿美人說，部落居民的田地規劃在南側，'Afetongan 的田地
規劃在北側，如此區分耕作的田地。在上山集合時，'Afetongan 問

部落居民：「我要住在北側的地方。」據說這地方是從 Kaliyawan（噶瑪蘭人）的舊址開始劃起。今天到此為止，回家了，次日開始做工，他從田的後段砍伐整修。

108 Dafak sa tora i, maherek tora i, mi'oway to cira ca:cay. Ano tatoloay ko fana'inay ira tolo ko pala. Sanay kira. Hatira kiraan. Iyaan ko saka, maherek a mihaen iray ira, sanga' sato a miteresiw do^doe:n to, porong porong haenen, sato to narikoran. Ira sa, samo^cel sa ko sala'edan. Sanay kira.

次日，他單獨一人去採藤（mi'oway）測量。據說他為田地分割測量時，如某一家的男子有三位，也分割給相當數量的田地。分割測量完畢，每分地的後段，先砍伐整修之後，再利用芒草結（porong）做為分界標幟。

109 Maherek a misanga' to sala'edan dafak mifariw. Ira ko sowal no 'Amis, to rom'ami'ad. Sa ko sowal. Ci 'Afetongan sa tora iray, ira miteka mikaered ko fafahi nira to keliw, cira sato ray, misanga' to kapoy. Ira matira ko demak tiraan. Adihay ko pisanga'. Ano mapeci' ho i, pakotayan, ano mapeci ho i, pakotayan kira howa. Ira sa adihay ko pisanga', to kapoy.

各地的分界線完成之後，每家開始砍伐工作。這是南勢阿美人口述的故事。於是 'Afetongan 的妻子開始製線，而他也開始製作竹陀螺，製作的數量很多，若有作壞的了就再製一個，這樣不停地作著，完成了許多竹陀螺。

110 Haenen ko ni Idek haw. I tira a miala ci hiya ni Mawday ko sapifariw ni Idek. O 'acocol ni Idek i, alaen nira. O kapoy nira ira, alaen nira. Hanaw ko pitodongan ni Mawday a miala, a misanga' to 'acocol. Sa, ko mato'asay. Hanaw ako kiraan. Ira sa, sanga' sato ci 'Afetongan to hiya. O maan? keton han mato tepong iray, keton han ko hiya. Sa'opoen kiyo 'okoy, podac no 'okoy, o pa'eno.

Idek 的作法就是這樣。Mawday 也完全模仿 Idek 作法砍伐自己的田地，並採用 Idek 陀螺的作法，就是竹陀螺的作法也一樣。Mawday 製作陀螺的方法與 Idek 完全一樣。於是 'Afetongan 鑽洞、切斷並收集葫蘆、葫蘆皮和葫蘆子核。

111 Ira sa, ngacep hanto a matini ko hiya iray, ira sa, ko laeno. Ya sa tora i, palecaden tora, fesol han nira i tini i cikaw, haenen nira a emin. Namaherek kiraan ,iray, o 'acocol to. Ira sa, ano hacowa kira ci ina nira iray, ni ina ni Rengos iray, "Sasanga' sa tarektek sa i tira i 'anifa i, ano hacowa: pifariwan? Maemin to ko no tao i?" sa ci ina ni Rengos. Ira sa, ca: cingaen ni hiya ni Mawday o kadafo. Haenaw ako ko sowal haw.

並且封住底下的洞口。另外從每個葫蘆旁邊挖一個洞，然後開始製作陀螺。有一天 Rengos 的母親說：「一天到晚在廚房喀喀作響，到底何時才去砍草？人家不是都做完了？」但女婿不理睬岳母的嘮叨。

112 Iyaan ko saka, yo sakasepat a romi'ad nengneng sa tora i, caay ho kaedeng han ni 'Afetongan ko fafahi nira. Maherek to ko nira a misanga' to kapoy, o 'acocol to. Iray, "Hacowa to?" han nira iray, "ca ho ka edeng" sa:ca. Iray, sakalima, a romi'ad maherek to ci Idek, ci 'Afetongan a misanga' to 'acocol. O finawlan sato maherek a mifariw sanay kira. O finawlan no 'Amis.

第四天，'Afetongan 看了妻子製的線，認為還不夠用，但他的陀螺已製作得差不多。「還需要嗎？」妻子問，「還不夠！」回答。第五天 'Afetongan 陀螺全部完成，此時部落居民的田地已經砍伐完畢。（此處的部落住民是指南勢阿美人。）

113 Ira raan sato kiraan iray ira, talaomah to. Toko sa tora i, i wingawing no Towapon ha naw. Tira a moko ko fafahi. Ira sa, pakapariyar sato a matini ci 'Afetongan a matini. Pakayra i sa'owa'owacan. Iray, ha sa tora i, tayra to kiraan o hiya. matira ko ta mitaos ko fafahi nira pakayra i (porot) no Lidaw, i satimolan ta taos sa matini.

他們就到田裡去。'Afetongan 的妻子先到 Towapon（地名）的前端等候。然後 'Afetongan 從邊緣走過去。即沿著溪邊（sa'owac），再繞 Lidaw 部落南側過去和妻子會合。

114 Tahira sa tora ira, ala yo keliw niawitan no fafani nira ira, patakec hanto i kawos no kapoy, hatini ko kawos. (Hatini to hatini) sa ko mato'asay. A hatini ko kapoy malecad ko 'aol. Hanaw ko sowal.

會合之後，將妻子作的線索取來綁住竹陀螺的把柄。依據老人說法，它的把柄這麼大。竹陀螺大小如同竹子般。

115 Ira sa, patapaked han hanto nira matini, fek hanto nira. Ciko o makaereday keliw, iyaan o tofac a matini iyaan ko sapatakec. Han hanto nira i, ringer sa matini (ca kaedeng) ya paloen ari sa to fafahi nira (sawien to) nira matini. Ya sato nira i, patakec hanto tini nira, han han matini ira ma'acocol, haen hanto nira matini liyo::n sa matini tatosa mahatosa to.

綁住後將它打下去。綁竹陀螺的不是紡線，就是麻皮。於是它們開始轉動，並且叫妻子不停地拍打，陀螺轉動速度更加速。陀螺綁線後再拋繩打下來，於是不停地轉動過去，兩個陀螺就這樣平行轉動著。

116 Wa Oh: hanto ni (Idek a matini) a, mihiya ni 'Afetongan. Iray, mapeci' kiyo o hiya ray, patisodan. Malapapapatisodan to ko no fafahi. Pa'ayawa:n ni 'Afetongan ko fafani nira. Iray, patakec a matini maherek haen ha matini a mi'acocol, kaponen nira ya sato. Kaponen to no fafahi nira, 'acocol ko nira matini.

轟隆隆地響著，若有損壞，再取一個打下去。'Afetongan 的妻子跟著一道打。換言之，他打木陀螺，妻子也跟著打木陀螺。

117 Kapoy han matini ira, "takod takod takod takod, wa::w" sato ko soni. Hanaw ko sowal sa, pedped sato matini. Ira ra sato kiraan iray ira, (paitodan to) matiya sowal ako i haniay. Iray, maehrek a padecod iray ira, 'acocolen nira, (tapawen) no fafahi nira. Matakec to nira ira, 'acocolen nira, kaponen nira. Iya sa, liyo::n sa matoococ no hiya ray ira, i, sidayan to kina hiya, iya to o keliw cecay to kira a mifedfed.

陀螺就這樣跳呀跳呀、嗡嗡嗡地轉動。滿地都是陀螺。如前所說，這批打完，再打下一批。用繩子縛綁的陀螺拋出後，開始像尖塔般快速旋轉著。

118 Ira ketonen to oni o nifedfedan i to ninian o kapoy. Sanay kira sa, "wa::w" sa mipalo. Ira sa matira haw ko sapifariw ni Idek haw, ta alaen ni 'Afetongan. Hanaw ko sowal ta maemin to. Ira alae:n ni 'Afetongan ko sapiisi' nira haw. Ira matira ko demak kiraan, sa ko sowal no mato'asay. No finawlan sa toraan ira maherek to a mi'enaf. Sanay kira.

如果線阻礙了陀螺的轉動，就把它剪掉。陀螺不停隆隆作響。過去 Idek 是如何砍伐的，'Afetongan 也跟著如何砍伐，如此砍伐完畢，也像 Idek 一樣在田地放尿。老人這麼說。這時部落居民已經完成田地的火燒工作。

119 Iray, sowal sa tora ira, "Ano hacowa maherek to a mi'enaf i, ano hacowa: sa kono namo?" han no ina, tere: p sa ci Mawday—ci 'Afetongan sanay kira. Iray, sowal sa tora ira, mitafed to ko finawlan a emin. Ci 'Afetongan (Mawday) sa tora ira, Mirasit to a mihiya to sa'owa'owac. Deng kini sa tora iray, isi' hanto nira iray, taring sato i tira no finawlanan.

「人家的田地已經火燒完畢，你們到底何時才動手？」岳母又發牢騷，但 'Afetongan 仍然默不出聲。而且部落居民的田地早已翻地完畢。不久之後，'Afetongan 來到田裡作工。

120 Sa ko sowal. Matini sa kami koni kaka, pacefa. han no Fata'an. hanaw ako a pacena'. Sakaforaw. Iray, sowal sa tora i, e: 'acocol to. Aray, no kawas iray, palo han matini patakec to tapangan no talod iray, haen han mifetik, paloen a matini kiyo rarocek hanto nira a makat a mipalo ray, rarocek sato a mihaen a matini a "fetir, fetir, fetir, fetir" sato, matiya sato o nitafedan kiyo o sera. Sa ko mato'asay. Ira sa, mainget ko finawlan i tira. Sanay kira.

據說是如此，他們說：「他們才是事實。」但馬太安部落說：「胡說。」所以我這麼說。他們很忿怒。他又重新打陀螺。這是神仙做的事，他把每個陀螺放在每株雜草（蘆葦）根旁，然後打陀螺，陀螺開始轉動，那些雜草樹根也跟著轉動，一株株地被砍掉。這麼一來，田地全部被整頓了。老人就是這麼說。部落居民因此對他心生忿怒。

121 Iyaan ko saka, malecad saca a mipatahad. Sa, ko kongko no mato'asay kiraan haw. Hae:n han ako ko sowal. Nikasaan ako kinian sa matiranay kira. Hatira kiranan. Ira sowal sato kiraan iray, maherek to a mitafed kira i, ira mikongkong to to kilang todong no oy^oy no Lidaw, ato Pokpok, hanaw ko sowal tiraan haw ato Sakiraya. Sanay kira.

'Afetongan 終於趕上部落的春耕（patahad）。這是昔人的講古，我依照他們的口傳，如此重述。這些南勢阿美人，田裡的耕作完成，再敲木鼓召眾。Lidaw、Pokpok 以及 Sakiraya 等部落都是以擊打木鼓取代人聲呼喚的方法傳達信息。

122 Ira sa, anohacowa ko 'Amis, ini: ho i hiya ko tao i Cikasoan i sawa'eran no Maerir. Hanaw ko sowal. Matira ko demak haw. Iyaan ko saka, patahad to ko finawlan malecad to patahad, a i rikor no mako ko ni 'Afetongan. Iyaan ko saka, sowal sa tora i, maherek a mikawkaw to kilakilangan ci 'Afetongan, i tira i tira i Fata'an, iyanan kiyo 'osaw a ma'alol todong no 'aporod. Sa ko mato'say. Hanaw ko sowal.

北部阿美族何時到來，據聞七腳川人仍然進駐在木瓜溪上游。田中的翻土整頓工作，'Afetongan 比部落居民稍晚完成。（此處話題倒回前段），過去，'Afetongan 還住在馬太安部落時，也有同樣的現象。'Afetongan 翻土整頓時，把那些尚未被沖流的樹根都堆在一起。

123 Alaen ni 'Afetongan (Mawday); ko sapiala to tangta'angay to nisidayan no isi' ni Idek. Masamatira citata'angay ci Mawday ('Afetongan) a misaoah. Sanay kira. Iray, maherek to ko 'Amis iray ra, cecay pararikoran maemin to ko sa'aporod "Ina!" sato tahaloma' "Maemin to ako ina ko sa'aporod" sato. "Paloma to kami aci Rengos." sato ray, "Hayda palomai to." Hanto no ina nira. Sanay kira. Ira sa, tosa ko tanoman nihiyaan nira, fiterakan fiterak sa tora podpod hanto nira ko pa'eno. Haen hanto nira a mielik a matini kiyo pa'eno iray, ira sa mala'efor to kiyo pa'eno ko kadipoh ira, ta podpo:d han nira matini.

再說，反正 'Afetongan 應用 Idek 撒尿耕作的方法。部落居民耕完田，他也跟著完成。他返家向岳母報告：「媽！'Afetongan 田地完工了！」又說：「我跟 Rengos 開始播種。」「好！開始播種吧！」岳母回答。他們先取兩個葫蘆（tanoman）分割後取出種子，再把種子擺在地上，用腳踩踏剝除薄膜，就這樣把種子一粒粒分好並撿起來收拾好。

124 Maemin to nira sa, tira han nira i hiya i pafelacan. Hanaw ko sowal sa, kakawaen to ko tafo sato, kakawaen to. Iyaan ko saka, sowal paloma sa tora iray, mo^tep a romi'ad, matira kora demak. Sanay kira.

撿起來的種子全部放入裝米的容器，然後裝好飯包準備上田工作。通常播種工作約需花費十天。

125 Alatolotoloen ko laya' ni 'Afetongan ko pipaloma. Ma:mang kiyo pisokayap toya howa no 'okoy. Sa ko mato'asay. Hanaw ko sowal. Iyaan ko saka, maherek to ina paloma sato. Ya sato no finawlan kiraan iray, demacina' to a masatawidwid to malolod ho ko papah kira howa. Sa kiraan. Hanaw ko sowal. Iray, sakalima a romi'ad. iray, malengaw to ko nira. Iray, mato makilah to tosa to ko papah no finawlan.

據老人說，'Afetongan 以三庹長的間隔播下種子，[7]因為葫蘆藤蔓會爬滿地面。他告訴母親已播種完畢，這時部落居民種植的部分已發芽長葉。幾天後，他的開始發芽，但部落居民的依然長著葉子。

126 Iray, rato sakalima iray, i "tolo to ko papah (mama) a, ina" sato. Ira matira ko demak tiraan. Hanaw ko sowal. Nikasaan ako kinian iray, roma sato mo^tep a romi'ad iray, kolasen to ko no finawlan iray ira, ira sa kiraan iray. "Ciheci to ko mako mama, ci falo to a ina" sato. Mama sa kako mama, ina sato. caloway kako howa to mama a saan. Hilam o ina hanaw ko sowal haw. Nikasaan ako kinian.

他對母親說：「媽！我們長了三片葉子。」十天後，部落居民開始除草，他說：「母親，我們的已經開花；父親，我們的已經結果實了。」我在這裡提到的父親，因習慣順口說是父親，事實上我要說的是母親。

127 Roma sato iray ira, "Masa'aredo to ko no tao a ina" sato. Roma sato sakafafalo iray ira, masadak to kono tao iray ira,

---

7 參考本書第九章註 1。

cirarocek to ko mako ina a ciheci" sato. Iray, sakamo^tep a hiya ira, 'adawasi to ko no tao iray ira, kahengang to iray, makahatolotolo to ko mako a ina a ciheci to ko pongo!" sato ci 'Afetongan. Iray, roma sato kiraan iray ira, "O ma'adawasay to mama ina" sato. "Mako san tiraan, o teloteloc to no teloc no ciheciay tafedo' ko no mako, caay ho ka kahengang mama ina" sato.

另外，'Afetongan 向母親報告說：「媽媽，別人的粟米已長得綠茸茸，甚至即將開花出穗。不過，我的穗粒也是株株飽滿。」第十天，別人的小米已出穗並漸呈黃色。我的在枝節上各長出米粒來。另外，眾人的粟米都快成熟了，但我的只有末梢穎端部份結著穀粒，尚未成熟。

128 O roma sato ira, mafokil kako ano maan sa kono 'Amis a pihafay? Iray, ra sa kiraan iray ira, "oy^oy" cikasaan ko 'Amis cikamatira no Fata'an. Paloen ko kilang "tekong tekong" han ko no 'Amis todong sapioy^oy. Ira sa miro'it to ko finawlan. Iray, cacakaw ho ko no mita hena, ira melaw han kiyo makateloc no heci no 'okoy. Sanay kira.

另外，我不清楚南勢阿美收割小米的儀式。南勢阿美不像馬太安是以喔喔（oy^oy）喊叫方式傳達開會的召集令，他們敲響中空的木頭視同 Fata'an 的喔喔來傳達。當部落大眾開始舉行收割儀式（miro'it）時，我們得讓小米更成熟，而且必須觀察胡瓜末端果實的變化。

129 Sowal san tiraan iray, tosa a romi'ad iray, ro'it sa tora iray, i:, miro'it to caira maramod. Ira felec sa tora ira, caay ka haenen ko no tao. Cito piala cipitodong ko 'Amis toni Mawday ('Afetongan). 'Aray, mafelec to. Tahaloma' kiraan iray ira, micereng to. Paeson to to pisoway. Iray, malikat to ko lamal ira sa, "Ayi, pafelaci a Rengos." sato. Ira sa pafelac sa tora i, no fafahi, "kiso 'Aricoro ira, tolo:i, tolo;i ko nipihiya haw, ira ko pafelac no fafahi ako.

據說，兩天後他們開始舉行收割儀式。但是他們的作法與眾人不同。南勢阿美不再模仿 'Afetongan 的作法。回到家裡很感恩。回到家後開始進行 micereng，燒煮鍋中的水。起火後，'Afetongan 向妻子要求：「Rengos 請給我一點米。」拿到米後，他說：「向您報告 'Aricoro！我太太各放三粒米，

130 Iray, kiso kamato fonak, kamato dita'" saan. Maherek a mihaen kira ira.ya sato o macacakay a nihiyaan nira. patayra hanto hati:ni, patayra hanto i pa'alopalan. Pa'alopalan han kiraan. Matira ko demak haw. Hatira kiraan. Ira sa, hafa::y sa caira. Nikasaan ako kinian. Iyaan ko saka, maemin to ko no finawlan. Iray ra sato kiraan iray ira, maemin to ko no finawlan iray ra, sowal sato to finawlan no 'Amis, "ira katapakad a mipaliw takowanan haw! cikaemin ako, sapihafay ako!" hanto no hiya ni 'Afetongan hananay.

請如細砂和黏土般多，好讓我們取用不盡。」祭儀完成，煮熟的飯還放在祭具，事情就是這樣的。接著，大家忙著收割。部落居民收割完畢，'Afetongan 問：「請大家來幫個忙，因為我尚未收割完畢。」

131 Iyaan ko saka, paliw hanto no finawlan. Pakasepasepaten to no finawlan ko tatihi. Pakalimalimaen to no finawlan. Ira sa emin sato kiya sapihafay ni 'Afetongan hananay naira o 'Amis. Hanaw ko sowal. Iyaan ko saka, tahaloma' sa tora ira, inian sato ni'orongan nira ira, caay no ka hiya "sa'opoen i tini" sato.

因此，居民都來幫忙，並且分別在這一邊派四組人，那一邊派五組人收割，因此很快就完工了。這就是南勢阿美人所謂 'Afetongan 所做的一切。（這是我說的話）。然後居民們將所有收割之物抬回去，回到家，'Afetongan 說：「請集中放在這裡。」

132 Ira sa, sa'opo hanto nira, taka:raw to ko sa'opo nira tanoman. Maherek a misa'opo iray ira, "ano dafak ira, kataynian haw!" sato. Matira ko demak kiraan. Ira sa, felec sato ko finawlan. Sanay kira. Dafak sato iray ira, yaan ci 'Afetongan hanaaay, Hanaw ko sowal iray, irato ko finawlan, tahira sato ira, "Awaay to kamo?" hanto ni 'Afetongan, iray, "Talaaw ita hana 'Afetongan" sato.

其實那些搬運回來的是葫蘆，因此堆得很高，'Afetongan 對大家說：「請大家回去，明天再來。」於是大家就各自回家去。次日，大家前往 'Afetongan 家。'Afetongan 說：「大家都到齊了嗎？」「等一下吧！'Afetongan！」眾人回答。

133 Hato ira, menad, menad, menad, menad, menad, menad sato. Irayi, "Awaay to?" sa i, "Awaay to" sato. Sa ko sowal no mato'asay. "Maedeng kamo tinian?" ala to 'okoy, ala to satapes, pateli tina 'okoy i tira i satapes, pek hanto nira a mitohtoh ari powak sa ko felac no hafay saan.

後來他們一個個陸續來了。「都來了！」「都來了！」說道。這是據老人所說。'Afetongan 說：「這個給你們夠嗎？」於是取出葫蘆倒在大籐籩上，葫蘆破裂從中湧出許多小米。

134 Naw? na cima ko mitifekay i tira i tira ho? Caay kamatira i tini i Fata'an, o hafa:y to a fitelaken ni Mawday ('Afetongan) sa ko sowal no mato'asay haw. Hatira kiraan. Ala to cecay to roma a satapes, fitelak han nira i, o felac no panay. Sa ko 'Amis. "Na cima: ko mitifekay i tira i loma'? Caay ho ka pawaliwali i?" sato ko kongko no Fata'an. Hanaw ko kiraan haw. Haen han ako ko sowal.

為什麼？難道有人先搗打了嗎？我們馬太安部落不是這樣的，據說 'Afetongan 剖開葫蘆出來的是小米。再取葫蘆放在大籐籩上，一經剖開，湧出的都是糯米。「奇怪！哪一位搗舂的呢？那不是還沒有曬乾嗎？」馬太安人懷疑這個故事。

135 Iyaan ko saka, sowal sa tora i, ala to fitonay, cikcik han nira ma:mang to, iray, tahira sa tora halopapah han nira "Maedeng kamo tinian?" han ira, "Caay" "Maedeng kamo tinian?" han ray, "Caay" "Maedeng kamo tinian?" han ira. "Ha, maedeng kami!" hanto iray, fek, fek, fek, hanto ni 'Afetongan, "ko ko ko ko kok" sato a makat. Hato, no ca'ang, malafo^kan kiyaan. Sa ko 'Amis.

然後，'Afetongan 取大竹（fitonay）後，連枝葉把它砍成短短的，就向大家說：「這些你們夠嗎？」「不夠！」大家回答。「這些你們夠嗎？」「不夠！」「這些你們夠嗎？」「好！夠了！」就是 'Afetongan 猛力拍打三次後，咕、咕、咕、咕嚕……山豬跳了出來，因為那些竹子變成山豬，連那些枝葉都變成小山豬。

136 Ira sa, ya sato kiraan iray ira, "pakacowaan kira 'aol? momokan nona fo^kan kina ca'ang?" sanay kira sa ko sowal. Iyaan ko saka, ya sato o ngangasawan ni ina ni Rengos kiraan iray. iyaan ko mamisalahok ato yaan o pakamamaay a wawa fana'inay. Sanay kira. Misafelay. Iray, macacak to ko hemay iray ira,macacak to ko titi, kaenan to ira. sa ko sowal no mato'asay.

大家驚奇地說：「眞奇怪？怎麼竹子裡會跑出山豬來？尤其那些極小的枝葉也變成幼豬，這怎麼可能？」然後由 Rengos 的親戚及父方的男子親戚來料理午餐。飯、肉煮好，他們就開飯，古人這麼說。

137 Sanga'an to tora i, adihay ko tapila' sorotan ko tapila', sorotan to tipid. Sanay kira. Hanaw ko sowal. Iyaan ko saka, pakilac to to titi ko 'ayaw. Pataheka to to tapila'. Alalimali:ma ko cecay tapila', patipid patipid hanto. Maemin tora ira, lahok sato.

再說，爲了聚餐用膳開始料理食物，先取飯籩和木盤準備午飯。然後分配豬肉並擺放飯籩，再分配木盤（豬肉），每組（一個飯籩）五個人。大家慢慢吃起午飯。

138 Iray, maherek a malahok kira ira, tamako sato. "Kamo o finawlan ira, tini ho haw!" hanto ni 'Afetongan, iray, itoan to. Iray, sowal sa tora iray, kintolira, nanokintol no 'aol no mama nira, no palomaan nira, no mama nira. Iray, sowal sa tora iray, tolo, "Maedeng kamo tinian?" hanto nira, "Cika edeng kami." "Maedeng tinian?" hanto nira. "Cika edeng kami!"

吃飽後，各自隨地坐下抽菸。'Afetongan 說：「大家不要急著回家，在這裡休息一下。」然後他取出觀音竹（kintol）。這竹子也許是他父親種植的。'Afetongan 又說道：「各位，這樣夠嗎？」「我們不夠！」「各位，這樣夠嗎？」「我們不夠！」「這樣夠嗎？」「不夠！」「這個夠嗎？」「啊！夠了！」眾人回答。

139 Ta, patada han to koreng, ira hatini kira koreng. "Da!" fek, fek, hanto nira ira, sakalokiyo' sa kina epah. Matira ko demak. Iray, o no kawas a epah. Sanay kira. "No kawas a epah" haen han kono 'Amis. Hanaw ko sowal.

於是將水缸放在竹子下面，'Afetongan 敲打二、三次「來吧！」即刻就有沸騰的水酒流出來。他們就開始喝酒。據說，這是從天上降下來的酒，南勢阿美人稱其為神酒（no kawas a epah）。

140 Iyaan ko saka, ya sato 'osaw tiraan to 'ilifiray, "Nacila ira caay pafatis kita i, sa kako ray, kako pafatisay matini haw? hanaw ko sowal kato pihakelong" han ni 'Afetongan ko fafahi nira. Mapoyapoy saan. Iya sa tora iray, cikawal sa ko 'Amis. Iray, "Mihakelong kako i" sato. Ira sa, hakelong sato. Tangasa i kawal ray, matefad iray, mapatay mala'oner. Sako 'Amis haw.

剩餘的前肢（'ilif），[8] 'Afetongan 與妻子商量：「上次我們殺豬為分享（pafatis）我的祖母，我想這次殺豬應該送給她，我一個人送去就夠

8 四腳動物的兩前肢，含膀骨肉在內。

了。」當時 'Afetongan 的妻子懷有身孕。妻子要求：「我要跟著去！」
於是她跟 'Afetongan 同行到母家。他們用梯子前往上界。途中，妻
子落地摔死。這是南勢阿美人的故事。

141 Yo sanay kinian sa, ra sato kiraan iray ira, matira ko demak kira ci Mawday ('Afetongan) sato ray, nokay sato (micofay cikatangasa i loma') pacofayen to kiyo sapafatis. Iray, "ina!" sa ci inaan nira, "maan?" "matefad ci Tengo!" sato ira sa. "I naw?" sa tora i, "matefad!" sato, ira matira.

後來 'Afetongan 獨自返家。（據說不直接進入屋內）那些帶去分享的
豬肉（sapafatis）也都扔掉了。「媽媽啊！」他叫著母親。「什麼？」
「Rengos 摔死了！」他說。「爲什麼？」母親吃驚說著。「墜落了！」
'Afetongan 悲痛地告知。

142 Iyaan ko saka, sowal sa tiraan iray, "Ira ci Mawday ci 'Afetongan, samanen mipawali to hafay howa!" sa ko mato'asay. "Padangan kiro o peton no ina ni hiya ni Rengos." sanay kira ko tao. Hanaw ko sowal kira sa, matira:ay haw. Iyaan ko saka, ra sa tora ira, iso ato ci Mawday na maherek pawali a minokay ci inaan nira . Sa ko sowal no mato'asay.

據老人說：「這 Mawday 即 'Afetongan。收割時怎麼曝曬（pawali）
小米呢！」別人鼓勵說：「要幫助 Rengos 之母的兄弟姊妹。」不久，
曬乾小米之後，叫 'Afetongan 回到他母家，老人這麼說的。

143 Hanaw ako kiraan sa, i tira haw ko sowal. Nikasaan ako kinian saw sa, ra sato iray ira, matira ko demak tiraan. Hae:n han ako ko sowal. Hatira ko sowal ako ray, o no Fata'an a kongko han.

我這麼說，因爲古人是這樣傳說的。事情就這樣，我說到此爲止，請
轉告他們，這講古是馬太安人說的。

第十一章

O mala'alemay a ina
變成穿山甲的祖母

1 Sowal sato ko roma iray, ci Ohay o wawa ni Safit. Ci Oneng ko mama iray, ira sato makadaway a ina ci Fadah o ina ni Orok. Iray ci Ohay tiraan iray, masakohkoh. Ya sato haw iray, i sa'ayaw no herek a mihafay iray, mipanay to. Iray, "dipoten ha ina ko wawa ako o cidal" hanto no wawa no wawa.

傳說有個名叫 Ohay 的女子，她是 Safit 的小孩，Ohay 的爸爸名叫 Oneng。婚後和丈夫 Orok 老邁的母親 Fadah 居住在一起。有一天，田裡要收割小米，接著繼續收割旱稻。Ohay 說：「婆婆！外面太陽很大，不方便帶孩子去工作，請您在家照顧孩子好嗎？」

2 Ira sa, "Samaan han midipot ko matiranay caay ho kamaen?" "Pacoco han tawoan!" han niya wawa no wawa nira. Iyaan ko saka, "atititi pafafaay to" sato, i toan to talaomah. Iraan sato tiraan iray, ira, yo pafafa iray, iyaan to ko tangic sanay kira ko sowal no mato'asay.

阿嬤說：「我怎麼照顧還不會吃飯的孩子呢？」Ohay 說：「找別家的媽媽餵奶吧！」孩子交給婆婆，就上田工作去了，小孩在阿嬤的背上哭個不停。

3 Iyaan ko saka, tangasa sato i tira i kaherek a malahok kira ira sa, yano sowal no ina no wawa no wawa. Herek no lahok iray ra, "tenge:ren to ko tefo' haw" saan ira sa, "hay" hanto no ina nira, hanaw ko sowal. Iyaan ko saka, mikitkit tomangic to a mipodac to tefo'. "O maan to ko karatangi:can nina wawa oh, waco to no waco ko kaciwawa!" sato kiyaan o ina. Hanaw ko sowal. Iyaan ko saka, maherek to a mipodac iray, cikcik han nira ko tefo', iray, likat sato to lamal, mangi:c koya o wawa, koyo o wawa no wawa nira. Sa ko sowal no mato'asay.

Ohay 曾經吩咐：「午餐後要燉煮竹筍當菜餚。」阿嬤說：「好，你放心。」阿嬤辛苦地剝開竹筍的外殼，背上的孩子哭個不停。阿嬤被煩得受不了說：「不如狗的東西，真氣人！」筍子切好，點火燒水，背上的孩子還是哭個不停。

4 Iyaan ko saka, sowal sato iray ira, palieson to i, pasalang to iray, to dangah (hanaw ako o dangah hay o sadangahan, iray, ciko dangah no Taywan, ira to ko Taywan howa) hanaw ko sowal. Iyaan ko saka, mamaan ko hanen sato mafowak to sato iray, ira, pasafelan ni Fadah o ina ni Orok, hanaw ko sowal. Ya sato a wawa tangic saan. Sako sowal no mato'asay. Iraan kiraan haw i, tahaloma' sato ko wawa nira mipanay iray, ira teli to panay to 'inorong ci Ohay ato fa'inay nira ci Orok iray, "ayi, cocoaw ako ina" sato i, "engoy, tiro pasafelanay ako pacamol i tefo' saw" han no ina ni Orok sa, "Naw pacamolan ko wawa?" sato.

然後，拿鍋子加水開始燒水。據說使用的鍋子是土製的鍋子（當時漢人尚未來到，所以沒有像現在所用的鍋子）。水沸騰，把竹筍放入下鍋煮。此時，阿嬤把孩子也下鍋煮了。「哇！」孩子大叫一聲就死了。Ohay 和丈夫 Orok 回來，放下荷擔，對阿嬤說：「孩子呢？我要餵他吃奶。」阿嬤說：「我把孩子和筍子一起煮了！」孩子的媽生氣地說：「妳為什麼要這麼做？」

5 Ra sa, "tanengay kiso? a micefos!" o sanay a falaloco' nira sa, cefos han iray, manafoy tayraan i potal, limek sa i tira i lalinik no loma'. Ira sa, cefos hato mapatay to ira sa, awaay to ko wadis ni ina ni Orok, ira ni Fadah. Hanaw ko sowal. Iyaan sa tora ira, sakamo^tep a romi'ad iray, mala'alem. Iyaan sa awaay ko wadis no 'alem haw. Hanaw ko sowal tiraan.

Ohay 心想：「若把熱水潑在妳身上呢？」「沒有用的東西！」說著就把熱水往阿嬤身上潑，阿嬤躲避不及，爬到了庭外，又躲入屋內的角落。再潑一次就死掉了，查驗死屍時，阿嬤 Fadah，也就是 Orok 的媽媽，因為年邁連一顆牙齒都沒有。經過了十天，阿嬤變成穿山甲，穿山甲沒有牙齒。

6 Ira sa, i laloma: to no sera, mikarkar matira. Ira sa, kae:n sa tora i, o alonah o matiraay o 'alonah, o matiraay ko kaenen. Ira sa pasema: han nira ko hiya iray ira, sa'alopicpikay (cohpid) sato ko alonah. Ira sa, pa'pa' hanto nira. Iraan ko nira a kakaenen haw no 'alem.

因此，穿山甲掘泥為屋，在地下生活，又因無牙齒，故以螞蟻為食物。牠沒有牙齒，先把大舌頭伸出去，等螞蟻聚集舌頭時，就捲起舌來，一口氣吞下去。

7 Ciwadis howa ko 'alem howa? Hanaw ko sowal kiraan sa, matira:ay ko nipasafelan to pacamolay to tefo'. Ira sa, masoni ko sadangahan a korengen. Pakorengan nira sa pa'aw mafowak iray "seng seng" sato ko sadangahan tahamatini ko dangah a masoni.

穿山甲無牙齒不能咀嚼食物，這是把孩子和竹筍一起下鍋燉煮的下場。至今，每用陶鍋燒水，水快滾開時會發出 seng seng 聲響。

8 Sanotangic no wawa ni Ohay a safelen, hanaw ko sowal. Wahatira ko sowal tiraan. Iraan sa tora ira, mapolong kira koraan howa? Caay ka polong kiraan, ira ko sadak no malekakaay. Irenger sato kiyaan o peton ni Ohay. "Namimaan sa matira ko ina? I cowaay ko sarepat a han a mipacamol. Mapelaay kiyo mapelaay a ina" sato ko sowal. Hati:ra. Hanaw ko sowal tiraan.

據說這就是當時 Ohay 的孩子下鍋時的慘叫聲。關於這位阿嬤死亡的情況，親戚們不便公開討論，更不便追究責任，只說：「這個老阿嬤爲什麼這麼糊塗呢？怎麼拿孩子當菜煮呢？」事情原委我就說到這裡。

第十二章

Malakowaway a Nakaw
變成鷲鷹的納高

1 A macowaay kira malakowaway, mala'alemay, ira malaponayay asa ko sowal tiraan iray, o no mukasi kiraan haw. Hanaw ko sowal tiraan. Iyaan sa ci Rongac sa iray, sa cifa'inay sa tiraan iray, ci Payo. Iraan sa tiraan iriy, mapoyapoy ci Rongac (a mapawan to kako ci Nakaw aca ko ngangan). Hanaw ko sowal.

這些由人變成鷲鷹（kowaw）、穿山甲（'alem）、綠鳩（ponay）等等的傳說，都是古人口傳而來的。有位婦女名叫 Rongac（對不起我弄錯了，是 Nakaw 才對），她的丈夫名叫 Payo。事情是發生在 Nakaw 懷孕即將生產的時候。

2 Tifek saan to hafay to nanidohdohan i fa'ecil. iray, tolo a fo'ot iray, i parod ko fa'inay iray, "masa i, dada Payo tahicen ho kako a mitifek" hanto ni Nakaw. Ira sa, "Mimaan saw? no tao sato a kapoyapoy i, tihicen no fa'inay?" hanto ni payo. "Masa i, caliwen ko poyapoy ako" hanto ni Nakaw. Misipolo' tatosa maramod. Ira sa, "Ket! ka i tira to ko poyapoy ako!" hanto ni Nakaw. Ira sa, o no kawas howa i, iyaan kiraan o tatekaan no pakayniay i kadaponoh. Hanaw ko sowal.

有一天，Nakaw 忙著舂打棚架上剛烘乾的三綑小米，並大聲向坐在灶邊的 Payo 說：「你快來幫忙舂打好不好？」Payo 回答：「為什麼要我幫忙？人家的妻子懷孕時，也沒有要丈夫幫忙？」Nakaw 說：

「那麼就讓你懷胎吧！」他們是剛剛另起爐灶的新家庭。Nakaw 以詛咒的口吻說：「去！把我胎兒帶給 Payo！」結果，Payo 立即懷孕了。這是神話，所以才會有這種怪事。這是守寡故事的開始。

3 Iyaan ko saka, 'ida'id sato ko tiyad ni Payo. Iray ra sato iray, sakasepasepat a romi'ad iray, masofoc ci Payo. Iray, pakayra i lokic iray, mapatay. Ira hanaw ko sowal haw. Ira ano tahicen nira ko caay paefeken ni Nakaw kira howa to poyapoy nira. Sa ko sowal no mato'asay.

不久之後，Payo 就大腹便便，四天之後，孩子從 Payo 的陰莖生了出來，不過，Payo 卻因難產而死。古人說：「如果答應 Nakaw 舂米，Payo 也許不會懷孕，也就不會死亡。」

4 Iyaan ko saka, yaan sato o peton nira iray, ira ci Fasa', ci Iko, ci Calaw, ci 'Afo, o fayfahi sato iray, ci Saomah, ci Fadah, ci Rongac, hatira ko peton ni Payo. Ira sa, mapatay ci Payo sato. Ira sa, takosen to kiraan howa no saringring. Ci ina nira ci Ohay, sa ci mama sa ci Amid, mama ni Payo. Hanaw ko sowal. No mukasi nikasaan ako kiraan haw.

Payo 的兄弟有 Fasa'、Iko、Calaw、'Afo；還有姊妹 Saomah、Fadah、Rongac 等人。這些人經鄰居通知而獲得消息，Payo 的母親 Ohay 及父親 Amid 也趕來了。這是古代的故事。

5 Iyaan ko saka, yasato tiraan iray, ira "Naw? namacowaay ta mapatay?" hanto no ina ni Payo. Iray, "Namatira ina i, awa: macacak ko sakaranam iray ira, teken ako iray, malala' kako a mitifek, dada payo tahicen kako!" hanto no mako ira, "mamaan lonok no caay ka saan saw? no tawo sato nikapoyapoy nitahican?" nasaan. Kako sato ina ira, "tanamen ko poyapoy ako, sato ira sa, nga'ay matini to ko kacaay pakalowad" han no mako ina sato ci

Nakaw a paratoh to ina ni Payo.

Payo 的母親質問說：「Payo 是怎麼死的？」他的妻子 Nakaw 回答：「那天早上，我爲了舂米忙得不得了，就向 Payo 說：『請來幫忙舂米好嗎？』Payo 回答：『你自己不能做嗎？看！人家的太太懷孕時，有需要丈夫幫忙做事嗎？』」我一生氣就回嘴：「好吧，這個大肚子讓給你！試試我的苦楚！」

6 Ira sa "ket tira to ko poyapoy ako!" na han ako iray, ira sa, tangsol sa tata'ak ko tatiyadan no fa'inay ako ni Payo. "Iray, naoraan haw ko sakapatay haw. Sakasepat a romi'ad iray, masofoc mapatay aca. Mafocingad ko lokic nira, pakalokic ko sofoc nira" sato. San ko sowal no mato'asay. Iraaan ko sakapatay ni Payo.

所以，我以詛咒的口吻說：「去！把我胎兒帶給 Payo！」頃刻間，Payo 的肚子就脹大起來。第四天就生下了孩子，孩子從他的陰莖生出，陽具破裂出血，因此死亡。

7 Sa, teli sato ko peton ni Payo iray, "Naw no tawo sato i, nika poyapoy ira tahican? Onian o niyaro' cikasaan ko faloco'? asa tora iray, simawen niyam haw makakotakotay kami?" sato ko cinglaw no peton ni Payo.

Payo 的兄弟姊妹說：「怎麼這樣？別人懷孕也沒有人叫丈夫幫忙舂米的呀！甚至部落內也沒聽說過這種例子。」他們又說：「要輪流監視 Nakaw。」

8 Iray, iraan sato iray, o sakamoetep a miheca tiraan iray, "Ina!" sato ci inaan nira ci Ohayan. (caayay o nipayo kiraan kiya haw ira ci Kawah ko ni Nakaw a ina) "Inian ha ina kiraan iray ira, ko maanen haw iray, mala'ayam to kako haw?" iray, "Malakowaw to kako haw!" saan to pi'oda:can to pipanayan a mapatay paefekan ni

Nakaw ci Payo. Ira malakowaw kako ina sato. "Naw malakowaw? Mimaan a malakowaw?" hanto.

經過漫長的十年，又是收割季節 Payo 辭世的時候。Nakaw 向她的母親 Ohay（不，不，那是 Payo 的母親，Nakaw 的母親叫 Kawah）說：「媽媽！不得已！請允許我變成鳥，我要變做鷲鷹。」母親回答說：「爲什麼要變成鷲鷹？到底爲了什麼？」

9 "Ari ko maanen haca saw? Ci sapikpik to kako, no 'ayam to ko saripa' ako, no 'ayam ko sacekcek ako haw." hanto ni Nakaw ko ina nira. Iyaan ko saka, "no laheci san awa kako to tomes ako, ira matira ha ina iray, tihtihen ako iray, patisodan ako ko tireng ako. Pacipat kako to fanoh no kowaw. Nikasaan ako kinian sa, iraan sato tora iray, inian saka, ko maanen ha ina." sato.

Nakaw 說：「我有不得已的苦衷，說也沒有用。你看，我已經長出翅膀，我的腳掌也像鳥一樣，我的嘴也變成鳥嘴了。」又說：「我滿身是虱子，抖也抖不掉，終日癢得受不了，只好把羽毛貼著身子像個鷲一樣。媽媽！請原諒我！」

10 "Hetatanam sato iray ira ina" sato.
　　4　6– 　3　4　3– 　(fa la- mi fa mi-)
ko-waw ko-waw
"Ngang" sato ko ina nira.
"Naw palaheci san malakowaw? " sato. Iyaan ko saka, maefer to ci Nakaw ira sa, "kori'" sato iray ira, mihaen to a misaliyoliyok i safaled.

說完就試飛鳴叫：「媽媽，妳瞧！ko-waw ko-waw 叫著。」牠直飛上天，在附近盤旋飛翔了幾次才向外飛去。這時候，母親傷心地望著天空大哭：「妳忍心這樣離開我嗎？爲什麼要這樣做？」

11 　4　6　3　4　3　4　(fa la mi fa mi fa)
　　ko-waw ko-wa-w ko
　6　3　4　3　(la mi fa mi)
waw ko-wa-w

sato ko radiw. Ira, "kowaw no 'odacan" hanen. Mifodat to tali, mitodat to fonga ato sapanayan. Irasa, "o kowaw no 'odacan" han kiraan.

ko-waw ko-wa-w ko 的歌聲漸漸地消失，從此不知去向。據說這個鷲鷹特別喜歡破壞芋頭、甘藷、稻米等農作物。因此，後代的人都叫牠 o kowaw no 'odacan。

第十三章

Malaponayay a Falahan
變成綠鳩的法拉罕

1 Iray, o roma to ko sowal ako haw. Iray, oya:n to o madaponayay. Iray, sowal sa tora iray, ci Falahan, ci Calaw Macak ko fa'inay. Saciwaco sa tora iray, ci Tomay, Ira ci Oliyong, ci Kedaw ci Ngaday. Sipolo' sa caira maramod. Hae:n han ako ko sowal. Iyaan ko saka, sowal sa tora ira, "mi'adopaw ho kako Falahan, maroray kako maomah" han ni Calaw Macak ci Falahan. "Hayda" saan ko sowal nira sa, satafoen to. Yo 'osaw no tafo iray ira, o sakaranam to. O tafo ni Falahan a maomah, o tafo ni Calaw Macak a mi'adop. Sa ko sowal no mato'asay.

我要講述另一則，關於守寡的故事。古時候，有一對夫婦，妻子名叫 Falahan，丈夫名叫 Calaw Macak，家裡養著四隻狗，牠們的名字分別是 Tomay、Oliyong、Kedaw、Ngaday。這對夫妻是由母親家分出，另起爐灶自組小家庭。有一天，Calaw Macak 說：「這些日子田裡的工作太累了，去打獵放鬆一下好嗎？」「好啊，去吧！」Falahan 答應。於是，她很高興地為 Calaw 準備早飯和便當。這是古人說的故事。

2 Iyaan ko saka, sowa:l sa tora iray, "ta ta ta ta ta ta" hanto caay to so'oti.Riy, felec sa tora iray, i 'ayaw ci Falahan mafelec nani maomah. Sanay kira, hanaw ko sowal. Toraan sa, matira haw kiraan a roma a sowal haw. Riy, tahaloma' sato ci Calaw Macak ato waco nira iray, comod sato patikatik sa to nao ka'opican to nanom. Maherek a patikatik iray, sawingawingawing sato ci Falahanan. "Ina" sato "Maan?" "Ci tama' kami to fokod!" saan ira ci Kedaw aci Tomay iray, ci Oliyong. Cinglaw ko waco kira no mukasi. Hanaw ko sowal.

Falahan 先出門去山田做工。之後，Calaw Macak 解開狗的綁繩說：「走！走！走吧！」他們就這樣出發去打獵。晚上 Falahan 比 Calaw 和狗兒們先回到家。當 Calaw Macak 和狗兒們回來進入屋內時，狗兒一面把被露水弄濕的體毛抖乾，一面搖著尾巴向 Falahan 說：「媽媽！」「什麼事啊？」「我們捕獲了山豬。」Kedaw、Tomay、Oliyong 開心地向 Falahan 報告。古時牠們是會講話的。

3 "Ira i cowa imatini?" hanto ray, "maemin niyam i pala ina, kiya tama' niyam to fokod" saan. Hanaw ko sowal. Iyaan ko saka, hatira ho ko sowal ni Falahan. Dafak iray, maomah sepat to ko pakamay. Iray, "matini madecdec kina o hiya i, ira o sakaomah ita i, hanaw ko sowal haw" hanto no fa'inay nira ni Calaw Macak. Hanaw ko sowal.

「那麼山豬在哪裡呢？」Falahan 問。「媽媽，我們在山上把山豬全部吃光了。」牠們回答。Falahan 聽了非常不開心。某日早上，Calaw Macak 說：「這四天，我們忙著工作，今天我想休息！」他們就這樣過日子。

4 "Mama:an saw, 'ado:p hanen? kako sato ko mifongaay Calaw" "Hayda, cena' no kaen ita" hanto no fa'inay sanay kira. "O tafo ako i?" "Masatafo to no mako" sa tora sa, mipatekol to to waco. Ira raan sato iray, "No hatinien ko no mako a taheka?" sa ko waco nira, "i cowa ko tafo hatini" hanto ni Calaw Macak ci Oliyong aci Kedaw aci Tomay.

Falahan 說：「不要緊！你去打獵也好。我還是去田裡採甘藷。」「好吧！就這麼做吧！」Calaw 回答。Calaw 說：「那麼給我準備便當吧。」「早就裝好了。」Falahan 回答。「那麼我們的便當呢？」Oliyong、

Kedaw、Tomay 牠們說。「不是在這裡嗎？」Calaw Macak 回答。

5 Hanaw ko sowal tiraan sa, "ta ta ta ta ta mikakawa to haw, ta ta ta ta ta!" sato. Iray, tahira sato i pala caira ira, misedok to. Iray, sowal sa tora riy, mafelec to. Ira ci Calaw Macak ko 'ayaw ato waco nira sa ko sowal. I ikor ci Falahan a mifonga. Ira sa, ranikay misawsaw to fonga howa, cisera howa i tira i Co'ongan. Hanaw ako kiraan haw.

然後，「快點，走！走！走吧！」Calaw 和狗兒們一起上山打獵，抵達之後，立刻開始在山林中衝刺。到了回家的時候，Calaw 和狗兒們比 Falahan 先回到家。Falahan 採收甘藷後，先拿到 Co'ongan 河邊清洗去泥巴。由於清洗工作耗時，很晚才回到家。

6 Hanaw ko sowal ira sa, "dadadada, Calaw fawaen ho kako" hanto ni Falahan i tira i satimolan no lalecean ira sa fawa hanto. Ira sa, lilid hanto patayra i pakongan i kalaeno no pafotingan, pafotingan nira ta tiraan a mitiferor (haenaw ko i taro). nikasaan ako kinian, o maan kiyo taro sanay, o dodoh no kilang to cidek. Hanaw ko sowal. Ano tiferor han i tatakel i, malahol sa ko sowal no mato'asay.

今天也不例外。「Calaw 快點扶助我！」Falahan 來到屋簷南側時，大叫 Calaw Macak 幫忙卸下甘藷。他們把甘藷袋抬到魚架下面置放甘藷的地方。甘藷隨便放置床邊很容易爛壞。古時貯藏甘藷的容器都是以橡木（cidek）製作的桶子。

7 Saloflof hanen, o maan ko lolof asa iray, samatiyaen oya matiraay, o talokan no 'ayam, hanaw ko sowal. Tata'ang to, hanaw papaenan haenen, ira hanaw ko sowal haw. I aikor no kateli no parod. Nikasaan ako kinian. Malecad ato pananoman. Hanaw ko sowal tiraan matira:ay kira ko sowal no mato'asay. Maherek a mitiferor riy ira, patisod to ci Falahan, ringo sato. Ira macacak to ko nisakalafian ni Calaw Macak to hemay. Ira matira ko demak tiraan.

甘藷的貯藏地點，是搭建得像雞舍般大小的儲藏室（lolof），屋內有土間以放置甘藷，在爐灶的後側，放置貯水器。古人是這麼說的。把甘藷倒出來之後，Falahan 更換好衣服，就到大火爐旁取暖。此時，Calaw Macak 已煮好晚飯。

8 Ira sa, "Ina!" sato ci Kedaw aci Tomay aci Ngaday, "Ci tama' kami hani ina" saan. "O maan?" "O fokod." sato. Iyaan ko saka, ya sato riy, "icowa i matini?" "maemin niyam i pala ina" hanto na Kedaw. "Naw? haemi:n no hanen? Maemin to ano o fokod i?" hanto ni Falahan. Ya sato ci Calaw Macak tere:p saan. Hatira kiraan. Iray, maomah to. Iray, raan sa tora iriy ira, maemin to ko hiya ira ko sa'odac. Iray, wa misapanay to kita ano cila sato riy, sakatolo sowal sa tora iriy, "Mi'adop kako, sa kako tora matiraay kira" hanto ni Calaw. Iray, "Mamaan saw, maeminay to ko sa'odac i" hanto ni Falahan o fafahi nira.

「媽媽！」Kedaw、Tomay、Ngaday 叫著 Falahan。又說：「我們有獵物。」「什麼獵物？」「是隻山豬。」「那麼現在在哪裡？」「我們在山上吃光了。」Kedaw 回答。Falahan 又說：「爲何在山上吃光？若是山豬，怎能吃光？」Falahan 如此反問，但 Calaw Macak 一直靜默不語。他們去田裡工作，不知經過多少天，甘藷田的工作也完成了，現在只等待稻田的工作。不久後，第三天早上，Calaw Macak 突然向妻子說：「我想今天去打獵？」「好吧！反正採甘藷的工作做完了，有什麼不好。」Falahan 同意。

9 Ira sa, "Tafo ako i?" sato. "Irato" sato. "Ta'ak to, ira ci Tomay, ci Kedaw, ci Oliyong, ira ci Ngaday" hanto ni Calaw. "Tata'ak to" sa tora sa patekol hanto ko waco. Iya sa raan sa tora iray, tata'aken to ko pitekol, hatini to ko nipitekol, cito ka cinglaw ko waco. Maherek a mihiya iray, a mipatekol ira, lalefolefo sato. "Ta ta ta ta ta ta!" sato. "Ta ta!" hanto no waco, cinglaway ho ko waco howa. Sa ko sowal no mato'asay.

Calaw 又說：「我的便當呢？」「有哇！」「我們有 Tomay、Kedaw、Oliyong，還有 Ngaday，所以飯要多裝一點！」Falahan 說：「足夠了！」於是開始餵狗吃飯。因為吃得很飽，牠們沒有亂叫，高興地跳著。「走！走！走！走！走！」Calaw 說。「走吧！」牠們就出發。昔時的狗還會講話。老人是這樣說的。

10 Hanaw ko sowal sa, tahira i pala to tiraan iray ira, lipowa:k sato ko waco. Pakatepa tiro ririririk caira tiyo foriring, ira to dadaya i, ano o pari'eri'eri:' to ato fafokod, ira to facikacik. Ira sa, matira ko demak kira sa, sa ko sowal no mato'asay. Hanaw ko sowal. Iray, i loma' ci falahan masaesa' "maroray kako i loma' kako" saan. "Hayda tira loma'" hanto no fa'inay nira.

入山之後，牠們分頭尋找獵物。其實他們所說的獵物即是下列的昆蟲：ririk（蟋蟀）、foriring（蚱蜢）、fafokod（綠色蚱蜢，螽斯）、facikacik（蚱蜢之一，夜間出現）等。就是說狗兒們把這些昆蟲當獵物。這是老人所說的話。Falahan 此時在家休息不出門，並說：「我感到疲倦想在家休息？」「好啊，在家休息吧！」丈夫如此安慰她。

11 Iray, tahaloma' sa tora ira, patikatik sa ira, mitawos to, miwingawingawing to to wikol, micomod ci Calaw mica'it to 'alofolofo, iray, to panapana' sanay kira. O pana' sato ray, o sasetok to folo', matini inian ko focol, matini inian ko rocok to folo' to. O maan ko hiya howa ko marad? sa ko sowal no mato'asay.

這一次他們打獵回來，雖然沒看到拿什麼獵物回來，卻看牠們得意洋洋地，不停地搖擺著尾巴進入屋內。另一方面，Calaw 則默默進來，把背帶和弓箭等掛好後坐著休息。昔日的箭頭都是使用箭竹製作的，形狀如同這個一樣。那時候尚未有鐵製鐝頭。

12 Sa o kahong no kararayan ko sakamaomah i, nasawadan to ko fokeloh i, awaay ko heci a maomah i, saan kira sa, pasomadan to kahong no kararayan ta kakahad ko nikaomahan. Hanaw ko sowal, tiraan sa, mati:ra haw. Hanaw ko sowal.

古人的農具原來以石器爲主。後來發現水鹿的肩胛骨比石頭好用，即廢除使用石器，從此以骨器取代石器。使用獸骨並加裝手柄，使用上更加方便，效率更是加倍，耕作的田地面積就愈來愈寬廣。這是老人家說的。

13 Iray, "Citama' kami ina to fokod." "I cowa i matini?" sato. "Kaenan i pala i" sato. "Kakae:n han ni Calaw i, naw? Kako iray maroray kako a maomah, mapacena' kiso, saan ko foloco' ako iray, no eca pakafeleci ano foko:d to? cikasaan ko faloco' ako i matini? (ayah nonini 'iyak no 'iyak) emin han i pala" hanto ni Falahan ci Calaw Macak. Sanay kira. Hanaw ko sowal tiraan sa, tre:p saan. "Maemin no waco howa i" hatira ko sowal.

狗說：「媽媽，我們捕獲了山豬！」「現在在哪裡？」「我們在山上已經吃光了」狗回答。「Calaw！你每次的獵物爲什麼不帶回來？爲什麼不留給我吃呢？難道說我這個人在家裡不做事嗎？你這麼做到底什麼居心？」Falahan 如此忿怒地吵鬧起來。但 Calaw 只說一句：「全部被牠們吃光了，我有什麼辦法？」

14 Iyaan ko saka, iray, sowal sato iray ira, miteka to misapanay dadahal to ira. Ra sa tora iray, hacowa a mimaamaan howa? ano cecay lako i maemin to. Ira tolotolo a romi'ad. Hanaw ko sowal. Iyaan ko saka, "Mimaan kita ina?" sato, karkarkar sato a matini to kahong a matini to sera, feng hanto. (Caedesen ci Calaw to safak no Panay), sa ko sowal no mato'asay.

不知不覺過了一段日子之後，就快開始割稻了。雖然田地不大，但至少也得花二，三天才可做完。這個時候，他們問：「媽媽，我們做什麼？」因爲閒得無聊，到處亂跑挖地亂胡鬧。

15 Iyaan ko saka, ya sato tiraan iray ira, "Ano ca hanen namo ko demak Calaw ko titi: to ko sikaen to patahad, a caay ko rara'. Haemin han i pala ni Calaw ko fokod i," han nira sa, tere:p sa ci Calaw haw. Hanaw ko sowal.

於是，Falahan 向 Calaw 說：「Calaw 你呀！若是每次獵到山豬，你們全部都能帶回來，在這個播種農忙時，有豬肉可吃，不必天天吃豆湯做的菜餚。你說是吧！」但 Calaw 不出聲。

16 Iyaan ko saka, sowal sa tora iray, kaomah sa to roma a pala mi'odac iray, maemin to kiya sapanayan. Iray, "A, Falahan!" sato yo miteka iray, "mi'adop kako mihoka' to roray ako" sato, "Hayda dadadada pi'adop to. Matini awa ko ni'odacan ako i," han ni Falahan.

於是，有一天稻田和其他工作做完後，Calaw 向 Falahan 說：「爲了消除我的疲勞，我想還是去狩獵吧。」「好極了，去打獵吧！我也沒事做。」Falahan 高興得很。

17 Ira sa, so'elinay (yato makarikor haw) , hanaw ko sowal. (toan to) iray, caay pi'adop ci Calaw Macak. Hanaw ko sowal. Iray, sa'ayaw a mihiya ray, (wa ira to ko kafelecan maan sa tora i) kerit han nira ko para' nira haw. Hanaw ko sowal. Ira sa, menad sato ci hiya ira ci Falahan. Ira ra sa tora ira, "Misafel to kiso?" sa tora "hay, kakoay sa cini'ocilan ca Tomay sa, citiliday ho o fiko' no ngafol" han ni Calaw Macak. Hilam han o para' nira.

其實，Falahan 出去後，Calaw Macak 留在家並未出門打獵。下午，Falahan 大約快回家之前，Calaw 把自己臀部的肉割下來，取代爲獵物烹煮。Falahan 回來說：「哦！你煮菜了嗎？」「對！今天牠們捕獵一隻尚有花紋的幼鹿。」Calaw 如此回答。原來那是他自己的臀肉。

18 Ra sa tora ira, epoden to. Hanaw ko sowal tiraan. Haen sa tora ira, "Takosen to ci ina iso ci Kawah haw, o Peton iso ci hiya ira ci Amid, ira ci Looh, ira ci Calaw, hanaw ko sowal. Ira ci mama hanto ni Calaw Macak. "Nanitira haw, tayra ci inaan ako haw, ira ci Hafadan ta, pahakelogen to ci hiya ci Dokoy, ira ci Iko, ira ci Fasa' ira, ci Tono', ira ci o peton ako to fayfahi, iray ci Kawlo, ira ci Fosay" ira hatira ko peton nira tatosa ko Cingafi'an ni Calaw Macak.

然後把它拿下來。後來，Calaw 說：「去吧！邀請妳的母親 Kawah 來，還有妳的兄弟（姊妹）Amid 和 Looh 以及 Calaw。還有別忘了，也請你父親來吃飯。」又說：「順便到我母親 Hafad 家去聯絡我的兄弟 Dokoy、Iko、Fasa'、Tono'，還有我的姊妹 Kawlo、Fasay 等人。」Calaw 如此吩咐 Falahan。

19 Ira sa, hala:fin to ray, menad sa ko sa'ali nira o fayfahi. Ira, matira ko demak nira sa, "paesonen matini a Saomah" hato, opoh sa paeson to sapisalafi to hemay. Sanay kira, o maan? o hafa:y to. "Pasa'olamen to kalodi'" saan ko sowal ni Calaw Macak. Ira sa, menad sa ko mama nira. Iray, mafowak to, hemhe:m hanto. Ira macacak tora ira, fohat hanto ko satahaf iray, nengneng han to minengneng a macacak to kini sa epod hanto.

不久後，sa'ali（妻子之兄弟姊妹）來了。Calaw 吩咐說：「Saomah，你燒水吧！」又說：「把小米和泥鰍（kalodi'）混合燒煮吧！」於是 Saomah 就去燒煮晚飯。他的父親來了，打開鍋蓋一看，鍋內的鹿肉已煮熟，於是拿下來擱置以便退熱。

20 Iray, "Kiso i matini a kaka ray, (palisonen to i, a ha iray, cato ka palison) Macacak to kira na nisafelan ako ina to tama' to fiko'. Ra an sa tora ira, sanga'i to!" hato. Ira sa, fafilo sato ko sa'ali nira ato peton nira. Sanay kira. "Ni mama ako kinaan haw, iray, ni ina ako kinaan ato tapang no (pikadafoan) to'as ako" hanto ni Calaw Macak. "Ra sato ni ina ako saromaen to. Malafi sa tora iray, pakahatosatosaen" hanto nira ko sowal.

Calaw 說：「哥哥，你把這些煮好的幼鹿肉拿下來準備給大家吃飯吧！」因此，大家為準備晚飯而忙碌起來。「你們做事的人要注意！我的父母和岳父母的份量要特別多些！」Calaw 如此吩咐著他們。又說：「不要忘了我的母親特別分給她多些。吃飯的時候，每組分為兩個人坐著。」Calaw 如此吩咐他們。

21 Iya sato "patahkaen to!" hato, ni Calaw Macak, patapila'an to ni Falahan. Ira sa, tosa ko tapila', hanaw ko sowal kira sa, "Namo kinian ha ina, namo kinian ha ina" sato. "Namo kinian kaka, makahatosatosa kita" hato no sa'ali ni Calaw Macak. Ira sa, lafi sato. "Kiso ari !" han no fa'inay no ina ni Falahan. "Mafecol kako mama, ora maroray kako a palalafa' tinian a fiko' citiliday ho han kira i, hanalecalecad tona Oliyong" saan. Matiraay kira demak ni Calaw Macak, "Hanaw to no mako" sato.

Calaw 吩咐：「擺放下來吧！」Falahan 於是把飯籩擺在地面。飯籩共有兩張。「媽媽！這是你們的！」「兄姐們！這是你們的！每組兩個人對坐。」Calaw Macak 對妻子的兄弟如此般地告訴大家。大家就慢慢地享受他們的晚餐。「你呢？怎麼不吃飯？」岳父問道。「我不餓！不過今天獵捕這個幼鹿感到疲倦不想吃，而且這個獵物還是有花紋的幼鹿，差不多如 Oliyong（狗）那麼大。」Calaw Macak 回答。

22 Ira sa, aro' sato. Matada to fodoy nira ko 'anengang cika cina' ko tatakel sanay sa o fodoy sa ko 'anengang nira haw, nga'ay macirep no fodoy ko remes ako o sanay, sa o fodoy ko 'anengang nira. Moemo hanto nira sa ko sowal no mato'asay.

Maherek ko roma ira, herek herek herek sato "aka 'osawen ina!" sato, "osawan ko hatiniay to a simal saw?" saan. Ira matira ko demak tiraan haw, hatira kiraan.

他一直坐在床臺上。爲了怕被大家看到並防止傷口的血液外流不沾透於床臺，就拿自己的衣服捲著當作墊子。這樣一來，那些血液就會滲入衣服不會外流，大家都不知道 Calaw Macak 受傷的情形。吃飽的人慢慢地一個一個起身移坐回原位。Calaw 說：「母親們！不必留著，一定要吃光！」「這些好吃的肥肉哪會留著呢？」她們回答。

23 Rasel sato ray, a maherek ira, 'anang hanto no sa'ali ko tipid ato fafahi nira ko tapila'. I tini: to i falang ko patapila'an, 'anang sa iri tira to i tiraw i fakelal i tira i satimolan no safotingan. Hanaw ko sowal. Iyaan ko saka, "Mama!" sato "Maan?" sato ray, "Kaeso' to?" sato, "Cowa ka kaeso' a Calaw cisimal" o ina ni Falahan ko somowalay. "Ari, ha 'osawa:n namo ina ko kafi?" sato, "Cika 'osaw 'inay" sato.

吃飽後，由妻子和其他人收拾木盤和飯簍。這些器具都由 Falahan 放置。就放在床臺上面，吊魚架的南側。這是古人說的。然後，Calaw 開口說：「爸爸！」「什麼事？」回答。「好吃嗎？」「不好吃！太油膩了。」Falahan 的母親說。「那麼它的肉湯有剩餘嗎？」Calaw 又問。「孩子！那倒沒有剩餘。」

24 Iray, "Ra sato no mako a terek i?" sato riy, "maemin to no fafahi iso" hato. "Kalimaan saw? malongoc kako?" sato. Sanay kira. "Ira ina, namatira haw, sowalaw hako haw. Ora ca kamaen ako keritan ako ko para' ako. Oraan ko nisafelan. Hanaw ko sowal.

「不是還留著我的份？」「沒有！全部被你的妻子吃光了！」「沒有關係，反正我也不想吃。」Calaw Macak 繼續說：「母親們請聽！我現在坦白地告訴大家，剛才大家所吃的肉是從我的臀部割下來的肉塊，所以我不敢吃！

25 O teka a mi'adop tiraan no mako kiraan ira, tahaloma' sato ci Kedaw iray ra, "Ina Falahan!" sato "Maan?" han nira. "Ci tama' kami to fokod" sato, mafokil tora fokod, nikasa kako to nisowalan, ira sa, "Naw no emi:n han i pala?" sato yo sarakat. Liyaw sato a mi'adop kako, maemin to ko sakaomah ira, to sa'adac iray mi'adop kako hanatosa ho.

從第一次打獵回來時，Kedaw（狗）就向 Falahan 說：『媽媽！』『什麼事？』『我們獵到一隻 fokod（山豬）！』其實，Kedaw 不知什麼叫做 fokod。於是 Falahan 很不高興地說：『為什麼把那個獵物吃光？』這是第一次發生的事情。後來，我又去打獵，這個時候田裡的工作差不多完成了。

26 Iray mi'adop kako miming to ko pala i han no mako. "Hayda hayda" sato. Iyaan tahaloma' sato ca Oliyong aci Tomay iray, ci Kedaw iray ra, ikor ho. Sowal sato a fawaen ho kako Calaw sa takowanan ira fawa hanto ako, lalilid sa kami patayra han niyam i tira, i pakongaan, matira ko demak. Iya sato riy ira, sowal sato ci Tomay Koyo aci Kedaw iray, "Ina!" sato "'Maan?" sato "Ci tama' kami hani ina" "I cowa i matini?" sato, sakatosa iray "kaenan i pala kiya", hanto.Matira ko demak hanto ni Tomay.

『如今沒什麼事做，我想去打獵？』我說，『好吧！』Falahan 同意。晚上 Falahan 比我晚回來，回來時她取來很多甘藷，於是向 Calaw 說：『快點扶我！』我就幫她把甘藷搬到藏物處。這個時候 Oliyong 牠們還在後頭未進屋內。後來牠們進來向 Falahan 說：『媽媽！』『什麼事？』『我們有獵物。』『現在在哪裡呢？』『我們在山上吃光了』這是第二次發生的事情。

27 "Naw no kakaen no han kiya tama' ano o fokod? ira matini sato i, ma:mang ko tayal ako a mimaomah to malokakaenen namo? a Tomay aci Kedaw aci Oliyong? ira aci Ngaday? Cikasaan ko faloco'? ta, kiso sa Calaw i, haemin hanen?" sato ko sowal ni Falahan Takowan. Sakasaan ako tiraan mama i, maomah i, na cika tepa kora fokod? ira hatira ko demak tiraan? (Icowa kora fokod ako kini? ira kirami no todohen nira kira fokod?) iraan kina tama' no waco. Yosanay kinian sa, mi'adop kako haw? hanto ako.

『若是一隻山豬的話，為什麼要吃光？Tomay、Kedaw、Oliyong 你們想，為了你們的食物，我不是天天很辛苦嗎？難道你們一點都不在乎我的辛勞嗎？Calaw 你說，為什麼不留山豬肉給我呢？』Falahan 埋怨地說著。母親們！爸爸們，事情就這樣發生的。其實，我每次去打獵未捕獲任何野獸。那都是狗們自己說的獵物。以今天我又說去打獵，這是我最後的決定。

28 Ira sa, yaan sato tiraan iray, nengnengaw kiraan ira, kiraan o sakinatolo ano hani, ira, wata! nikasaan ako kinian. Iyaan ko saka, iyaan i, mi'adop aca kako, mikerit kako to para' ako. Ira mati:ra ha mama!" sato ci Calaw. "Iray, i tini a demak nira sato kako kira, o tafo ni Calaw i, ira cika nitifekan ako? iray, nisalamalan ako? caay ka saan kako? noca pakafana' ano o fokod to? cikasaan kako? Sa kako ira sa, hae:n sa kako a mama aci ina. Hila:m haray, o fafokod no waco." sato ko sowal ni Falahan.

我不能再忍受這個冤屈，這是第三次。因此，今早假藉去打獵，最後，只好割切自己的臀肉代為獵物以滿足 Falahan 的願望。各位大人和兄弟姐妹們都明白了吧！」Calaw 清楚地說明了事情的原委。Falahan 開口說：「媽媽！爸爸！也許他說的話是個事實。但每次去打獵不帶回獵物使我很生氣。因為我想我不是閒著無事的人。每次他們去打獵，我為他們春米、燒飯、做便當等，用心照顧他們。但是 Calaw 一次也沒有帶回山豬肉給我享受！沒有想到那些狗們所說的 fokod

（山豬）原來是 fafokod（綠色蚱蜢）。」

29 Teli sato ko sa'ali nira iray, "Naw, ira mana sowalan ko matiranay? Caay ka saan ko faloco' hacima: han niyam kamo makakotakotay haw. Ira a alatosa kami a romi'ad, kotayan to no peton ako." sato kiyo sakakaay ni hiya sakakaay ni Calaw Macak, sanay kira.

她的 sa'ali 說：「你這套說詞不具正當性。我們不能原諒你。從此以後你要坐監，我們兄弟每隔兩天輪流監視你！」Calaw 的長兄如此裁決了這個事件。

30 Iyaan ko saka, sowa:l sa tora iriy, talatapang to ci Falahan, i paladah to a moko. Sanay kira. Kakotakota:y sato. Ira sowal sa tora iray, mo^tep a miheca ko daponoh no mato'asay. Hanaw ko sowal.

此後，Falahan 回到娘家，並且分家，獨自一人過生活。另一方面，Calaw 的兄長依照他們的裁決輪流監視她。據說古時候守寡服喪（daponoh）約十個年頭。

31 Ira sowal sa tora ira, caay karanikay tayraan a mipalawa tiya naromi'ad, tosa romi'ad, ko nipalawaan, (sakatosa a) sakatolo iray, sakarihki:h sa to dadaya. "Mimaan kiso sa Falahan?" han ni ina nira, "Mikoskos kako ina to caenget" saan i paladah. Caayay katalaomah howa ko madaponohay no mukasi. Hanaw ko sowal haw. Nikasaan ako kinian.

不知不覺地過了漫長的歲月。又不知為何忽然間前兩三個夜晚，常從 Falahan 的屋內聽到怪異騷擾的聲音。母親問道：「Falahan 你在屋裡幹什麼？」「啊，媽！我身體癢得要死，正在搔癢！」Falahan 回答。昔日的守寡者不許外出活動。這是古人所講的話。

32 Yaan ko saka, sowal sa tora iray, ira o dafak to narikoran no talaomahay. Iray, sadak sato nanipaladah. Iyaan ko saka, hakowaay a mimaan howa pakaratih to no sa'edef? ano pakacakat aca no sa'edef? Iray miefer to a matini sa, ko sowal no mato'asay. Ira cakod sato i tira i tokar, mati- ra:way a tokar no loma'. "Ina!" sato "Maan?" han i, "Komaa:nen ha ina haw, iray ira, mala'ayam to kako,

次日早晨，大約人們都上田去了，Falahan 從屋裡跑出來找她的母親。因為她住屋的門不太高，可以從這裡跳上跑出來。這是古人說的。Falahan 跳出來，在那邊的階梯向母親說：「媽媽！」「什麼事？」「媽媽請你原諒我，我要變成鳥類了！

33 Iray, rasa toraan ra saka, matini: sato tiraan i, ira hae:n sa ko demak tiraan i, o tomes sa ako kiraan ira, awa kako to tomes ako ina! iraan ko sapapikoskos ako! Iray, raan sa tora iray, pakipat kako to fanoh ako haw, i wa'ay, ira cisacekcek, cisapikpik to kako" sato ko sowal nira i tokar. "Naw pacieci sa kiso Falahan? limela i, o tireng iso Falahan! Naw kiso engoy? Naw kiso engoy?" Naw sato kiyo ina nira.

媽媽，過了這麼長久的日子，媽媽妳還要我繼續過這樣的日子嗎？妳看我不是滿身都是虱子嗎？我不能再忍受癢痛。再說，因為癢得受不了，我晝夜始終不停地搔抓著。但這樣無法減輕我的痛苦，我乾脆變成鳥類。你看我身上的羽毛、翅膀和腳上的爪子不是像隻鳥嗎？」母親聽了 Falahan 的哀訴後，說：「Falahan 我的女兒呀，妳為什麼這麼做？我不是要妳這麼做，我的女兒呀！」母親大哭一場。

34 Iyaan ko saka, "Komaanen ha ina, malaponay kako" sato. Hanaw ko sowal, efer sato i tira patapila'an i tira i tami no falang, "Hanen ita ha ina" sato. "Mihetatanam kako a madiw" sato. Ira mangi:c ci ina nira; "Aya ci engoy ako! naw naw maefer naw? O maan ko kaenen ni engoy ako?" sato.

「媽媽妳別傷心，妳看我已經變成綠鶯（ponay）了！」又說：「媽媽，請原諒我！」說著飛移到屋內橫樑上。「媽媽，我要練習唱歌！」母親看著女兒這種情況不停哭著：「我的女兒呀，爲什麼變成鳥？我可憐的女兒呀，今後要吃什麼東西？」

35 Iya sato ira, "Manikaw o riri' sa ina? manikaw o pelaloho' sa ina ko kakaen ako? caayay kako kamaomah ina!" sato ko sowal. Ira sa, "Kato ka mangic, maedeng a malatamdaw kako?" hanto ni Falahan. "Tengilen ko radiw ako ina" sato. Sa ko sowal no mato'asay haw. Ra, radiw sato riy, "here here wa::w-waw:, wa:: waw::" sato ko radiw. Ira sa, maefer to tayraan to i fangas iray, "Ina!" sato "Maan?" sato riy, "Ano paso'ayaw kako ano matini iriy ira, o no mita a ngangasawan haw nengneng han to kako.

「媽媽，你不要擔心，我不怕沒有東西吃。你看 riri'（蝨斯）、pelaloho'（飛蛾）等都是我的食物，我不用工作就有東西吃。」Falahan 如此安慰著母親。「媽媽，我這麼做眞的不得已。我不能再恢復人形，請不要再哭！」又說：「我要唱歌！請妳聽著！」古人是這麼說的。她唱著：「喔哇…喔…哇…喔…，喔哇…喔…哇…喔…」然後飛到外面的苦棟樹梢上說：「媽媽！」「什麼事？」母親答。「媽媽你要記住，若是我正對着人看，那表示我對他們友善。因爲他們是我的親族。

36 Ano pasorikor a matini ira, 'angtol to ko tawo a ngangasawan haw. Ano ca hani kako a matiya i, mima:an aca a malaponay? Sa kako iro matini kako iray ira, nengneng han haw no pasawali kako? Ano pasatimol kako iray ira ko takelang ako ira pasa'amis ko para' ako. Iray, ira, iraan kiraan haw.

若是我用屁股朝向他們，即表示我對他們不友善。因爲他們的緣故，我變成綠鶯。所以你要注意我面對的方向？或東方？若我的胸部面向南方，我的屁股就朝向北方。

37 Iraan sato riy ira, tinian ko katar ako haw, to nanomihaenay takowan haw. Saan ko faloco' ira 'angtol kira sa pasipara' han ako!" han ni Falahan a madiw i tira i fangas. Sanay kira ko sowal. Iyaan ko saka, sowa:l sato to ro:ma tora iray. madakaw to tira:to i tira, yaan sa fangas naira.

我對加害者的怒恨尚未平息，他們實在太可惡，所以我用尾巴指着他們以代表詛咒！」Falahan 在苦楝樹梢上唱歌給母親聽。然後飛走不知去向。這是古人所講的故事。又過了不知多少日子，有一天忽然出現在庭院外，原來的苦楝樹上。

38 Iray pasawali; "o:: owaw:: o:: owaw::" sato "A nengnengen!" sa ko ina nira. "Ari, pasayni to pasietip to ina ko takelang" hanto no peton nira ni iya ira Nakaw. "I pasacowa ko para'?" "Pasawali" sato. "Tapalaw ita" sato.

唱着歌：「喔…喔哇…喔…喔哇…」「啊！你們出去看看！」「它朝向這裡，又朝向西方。」「再看看，它的尾巴指向哪裡？」「指向東方！」他們回答。「啊，等着瞧吧！」母親自言自語地說著。

39 Adada to kiyaan o cifa'inayay ira, sakasepasepat a romi'ad mapatay to, sa madaponoh to. Ira, makihitira haw a misatar kiro o ponay haw, cito kono tamdaw ko ngangan sa ko sowal no mato'asay tahamatini. Hatira kiraan.

這一天看到綠鶿的那些人的丈夫都生病了。約過三，四天，就都死亡了。因此她們不得不過著守寡的生活。從此以後，綠鶿成為人類忌諱的凶兆（misataray）。為此，人人不再以 ponay 為名，直到今天。這是古人的傳說。

40 Iray, ya sato a waco ci Oliyong, ci Kedaw, iray, nangra a waco kira howa, iray, sowal sa tiraan iray ira, keton palit han

ko ngapa. Safafangaen tora i, keton hanto ko sema. Makihitiyatiya to
ko waco a cika cimglaw tahamatini haw. Hae:n han ako ko sowal.
Nikasaan ako kira, matiranay kira. Iray hatira kiraan. Iray, sato a
masoni kiraan iray ira, ano pasa'amisen nira ko para' iray,
nengnengen o roma to a fangas no tawo to. Oya to peton no ina
nira.

此外，那些狗 Oliyong、Kedaw 等，由於愛講話而惹事生非，因此被
抓住後，綁緊其嘴巴，並把舌頭割掉以示懲罰。從此以後，狗無法再
說話。某日，忽然聽到綠鷺的啼聲，原來牠停駐在一棵苦棟樹上，尾
巴指向北方。

41 "Owa::w wa w::.'fangcal to ko radiw niran a ponay. "Neng-
nengneng nengnengneng!" sato nengneng sa "A pasatimol."
"Pasacowa ko para'?" "Pasa'amis." "Hanamay ta!" sato. Ira natolo a
madiw; "o wa::: o waw:::::::o,wa:::o waw:::::::o" sato hatira. Iray, ya
sato mafana' iray, poleti han no mafana'ay efer sato. Sanay kira ko
sowal tiraan haw. Nikasaan ako tiraan ira, mati:ra kono Fata'an ira,
ko nika daponoh. Hanaw ko sowal sa kako sa, ra sato ira matiraay sa
tahamatini to i matini masoni ko ponay.

「喔哇…喔…哇喔…」它的啼聲眞悅耳。「去看看！」說道。「啊，朝
向南方。」「它的尾巴指向哪裡？」「指着北方。」又唱着三次：「喔哇…
喔…哇喔…哇喔…哇喔…」。後來人人都知道這個綠鷺是不祥之鳥，
看到了就投擲石頭把牠趕走。此後，馬太安部落有了守寡之習慣。然
而綠鷺今天仍在啼叫著。

42 Ira sa, "A nengnengen!" sanay kora sa, "Aya pasa'amis ko
para'!" sato. "A hamay ta cima ko. mapatayay?" So'elinay
pasipara'an nira ko mapatayay. Haen han ako ko sowal. Nikasaan
ako kira matiraay kira sa, sowa:l sa tora ira, hae:n (paysomadaw to)
ko hiya ko dapanoh sato. Iray, ra sato kiraan iray, away ho ko
sapalengaw. Hanaw ko sowal. Cinglaw ho ko waco i, hanaw ko

sowal.

「啊，看看吧！」「啊，尾巴指向北。」「啊，等着瞧吧，某一個人即將死亡？」大家說著。確實，無論是誰，凡被牠用尾巴指着的人一定會死亡。也因此，古人開始有了守寡的習慣。此時，部落內尚未有 sapalengaw。那時狗還能說話。

43 Iyaan ko saka, rasa tora ira, kato hanta ko daponoh (limaaw ita, moetepaw ita a) faloaw ta ko nika rohef i paladah sato. Hatira: saan. Iray, sowal sa tora ira, kato hatiraaw ita hana ko daponoh.sato. Limaay to a miheca sato. Yasa lima: saan. Hay, Payo mama kiraan.

關於守寡服喪時間，原來是十年，因有人嫌太長而改為八年。後來年限又改為五年。這個五年守寡的年限是在Payo擔任大頭目時制定的。

44 Ira sowal sato ko ni Keda 'Olam iray ira, sepat a hiya a miheca, hatira to koni Keda 'olam. Hanaw ko sowal tiraan sa, mati:ra haw ko paini ako i matini. Hanaw ko sowal. Hatira ko sowal ako.

後來，Keda 'Olam 擔任大頭目時，又改為四年，一直到現在。以上是我所知道的傳說，照實講述給你們。我講到這裡。

第十四章
Misacidal
祈晴祭

1 Iraan sato hay ray, ira iraan ko dado^doen haw a midaponoh haw tahamatini. Hatira kiraan. Iray, patay sato ko fafahi iray, teli sato ko sapalengaw iray, "Aka palakaw haw ma'orada. Hanaw ko sowal tiraan. Iray, ra sato kiraan. Iray ira, sa'edeme:n ho kinian o pisepat a mihecaan. Ta masadak kiso" hanto ko sowal ni Keda 'Olam. Hanaw ko sowal.

關於守寡的由來是這樣傳下來的。若妻子死亡,丈夫應該怎樣過生活?sapalengaw 說:「鰥夫不得出門進行 palakaw(捕魚方法之一),[1] 以免觸怒雨神而造成豪雨成災。Keda 'Olam 叮嚀必須嚴守四個年頭後,才可外出。」

2 Ano fayfahi to, ano fa'ina'inay ira, sa'edeme:n to kiraan haw. Ra sato kiraan iray ira, "Aka kasadak a mifonga a maomah!" hato kira sa, caay kasadak. Ira sakalima ira sadak sato a maomah. Hanaw ko sowal. Sadak sato ko fa'inay mikafos, hanaw ko sowal toraan sa, maedeng to kiraan o misepat, o mipalakalakaw to hatira

---

1 palakaw 是阿美族傳統捕魚蝦方法,原指「營造讓魚棲息的池塘」;lakaw 指「魚蝦棲息的池塘」。lakaw 主要採用一些自然素材如竹枝、九芎樹枝等,共同建構三層立體結構的魚之家,供魚族棲息繁衍;最底層是讓無鱗類的魚、鰻、鱔、土虱等棲息;中層是方便小魚小蝦出入;最上層供一般表層性魚棲息。每個魚塘都與主要溪流有相通進出水口,好讓魚蝦自由出入其間。

kiraan.

妻子或丈夫都要遵守這個規律。也就是說：「服喪期間不得外出採甘藷或做工！」第五年服喪期滿，才可外出做工。例如，鰥夫滿四年才外出捕小蝦（kafos）或進行 palakaw 捕魚活動。

3 Ya sato caay pi'enoc to sowal iray mikafos iray, palakaw sato. Iray, ma'orad. Ira sanaw? saan. Iyaan ko saka, iraan sato tiraan iray, "aka hiya han tora ira, oli! patefoc iray, sepaten a celed!" sato, ira sa sepat han a celed. Matira ko demak kira sa, i tira san tiraan iray, cika talatalaw kira howa, maletep ko roma a romi'ad kira i, to 'orad to fereng. Ira sa, paperok sato a misa'orad kira ira, pakaen to to folad ato cidal ato fo'is. Hanaw ko sowal. Ira sa, misa'adi to.

不遵守規律外出捕小蝦及進行 palakaw 捕撈者，將招來大雨之災。因此受到大眾的懲罰。違反者必須提出四個 celed（糯米或小米穗一捆）做爲贖罪。有些人眞的明知故犯，不畏禁忌。到了某些時侯，大雨成災，才來進行祈晴祭，以鍋巴（'adi）供祭月亮神、太陽神、星辰神。

4 Ara, i loma' no kakitaan, han a cifafoy to to fo^kan hatini:ay malosikaen no sapalengaw ato kalas. Fetik sato to taha:f han ko pisalamal nira to hafay, pasa'olam han to kaladi. Ira o folad, o cidal kiyo o panay, o folad, hay o folad kiyo o panay. Iray, ira sa o fafoy kira 'ere'era, o fo'is sanay kira.

這是在祭司家舉行的祭儀。同時宰殺小豬供族長和耆老食用。又將小米和稻米混煮，供祭月亮神、太陽神、星辰神。

5 Iriy, fetik sa tora ira, o 'atay to cika 'oled fetik sato iya. "Matini sato i matini Makotem i matini i, ira, aci Pakiseran, ci Lalominan, ci Hapoyong, ci Masefoy, ci Malalitok (matiraay kiraan) ci Harengheng. Ini to ko titi namo haw. Toron namo haw i nito. Akatoka:to pa'orad kamo." Hanaw ko sowal. Iray, ira sa tiraan iray, fetik sa to roma iray, "Yo matini sato kamo o cidal matini i, ato folad kamo tiraan ira, cito kasadak ko kapah a mikasoy haw. Iray, misocsoc to ko ina to sapisalafi to sapisaranam to peton a manikar

然後以肝臟和生米糰供祭神，祈禱：「諸神啊！Makotem 神、Paki-seran 神、Lalominan 神、Hapoyong 神、Masefoy 神、Malalitok 神、Harengheng 神！這裡有糍粑和肉，請接納！祈求諸神，平息強風，停止下雨！」又禱：「諸神！太陽神、月亮神，祢們看！因下雨年輕人不能外出撿柴！爲了煮早飯和晚飯，婦女們不得不拆卸屋壁當柴火使用。

6 Malahol to ko pakodihan, malahol to ko karahay. Saan kora sa, raan sato tiraan ira, nini:an haw ko sapipakaen tamowan o cidal haw ato folad ato fo'is. Kiso o karayan haw i sapasafohecalen haw, iray, ci maleco haw waniki kiraan. Kiso o Walaciwac kira waciwaci ko ci Masefoy, ci Lalominan, ira ci Hapoyong, ira ci Harengheng aci, Harorong han i tini:anto i papotal haw.

祢們看！他們的雨衣（pakodihan）和雨具（karahay）都快破爛得不能使用。太陽神、月亮神、星辰神！我們求祢們接納我們的祭品。祈求 Karayan 神，遮蔽天空的那些雲海。Walaciwac 神啊！請求祢將 Masefoy 神、Lalominan 神、Hapoyong 神、Harengheng 神等諸神趕到天界之外！

7 Iray, raan sato kiraan ira, comekel to ko fayfahi cito kasadak. Hanaw ko sowal tiraan sa, comekel to ko roma to kilomalo:ma', cito kamaen to sakalafi. Hanaw ko sowal tiraan ira, pakafitela:ken ko sa'owac no lidaw haw. Hanaw ko sowal. Sakasaan i matini ira, kiso o folad matira kiraan iray ira, cikanga'ay ko mihecaan no niyaro' ato kapah no niyaro'.

祢看，婦女們因不能出門垂頭喪氣。又因不能吃晚飯，各家的人們坐在屋裡垂頭喪氣。懇求神靈打開谷口（sawac no lidaw）讓水能夠流出。月亮神呀！祢看下雨天候不佳，部落的人們和青年都困在屋裡。

8 Ira cima to ko mi'aniningay toni pala'edan? mikoliniway to fafoy ato 'ayam ira to hafay, to panay, to fonga? saan. Iyaan sa tora i, kiso to matini ira era, o cidal ato folad parikor ako i matini iray, mitepoh to matini to sera, pakahaci:den ko korot ni odoy.

因爲下雨，青年們不能執行他們的監視崗位。萬一豬、雞、小米、稻米和甘藷等遭壞人偷盜怎麼辦呢？太陽神、月亮神，祈求祢們，將地面恢復原狀，好讓我們能夠生活下去。

9 Ira, pakafitelaken haw ko falo no lidaw hapot no lidaw haw." Saan ira hatira kiraan i, dafak macidal. Haaaw ako kiraan a misacidal. Nikasaan ako kinian sa, i tira i kakitaan haw a moko haw. Hanaw ko sowal kiraan. Hatira to ko sowal ako.

讓地面的野花（萬物）重新盛開！」族長就這樣進行著獻酒禮。第二天，天空放晴，這就是祈晴祭。祭儀在祭司家舉行。講述到此結束。

第十五章

O Sapisacidal ato Sapisa'orad
祈晴祭和祈雨祭

1 Ono Kiwit sato a kongko iray, ra sato tiraan iray, awaay ko mama, awaay to ko ina, awaayay to ko peton. Ora sato iray, ca:cay to, iraan sato tiraan iray, Malaponay kako haw saan kono Kiwit. Ira matira ko demak, raan sato iray, cifanoh to iray, cisapikpik to, ira saan to maefer to ko Ponay. Ira matira: ko demak tiraan, sato kosowal no Kiwit haw. Hanaw ko sowal kiraan.

關於某位婦女變成綠鷺的故事，奇密部落的說法是這樣說的，某一位沒有父母和兄弟姊妹的孤女。她自己說：「我要變成ponay（綠鷺）。」於是，身上就長出了翅膀和羽毛，可以自由飛上天去。孤女就是這樣變成 ponay 鳥的。這就是奇密部落的傳說。

2 Ira sa tiraan awa ko pinang tono Kiwit. Mamaan ano ira ko sadak no sadak mamana dipot han kono Kiwit? Ira matira ko demak tiraan. Hanaw ako tiraan haw. Iyaan ko saka, cika matini no Fata'an. Iray, awaay ko ina awaay ko mama, iray ra, dipo:t hanto, awaay ko peton dipot hato nonini o peton no ina. Ano awaay ko peton no ina iray, ira o pakamamaay, oya, ko dipoten.

但我很懷疑奇密部落的這個說法。這個人，因是孤兒而變成 ponay 鳥，難道沒有親戚或朋友可以照顧她嗎？部落居民們忍心不看顧她嗎？我們馬太安部落對於孤兒或孤女的看法跟奇密部落不一樣。如果有孤兒或孤女，由母方的親戚，或由父方的親戚來照顧他們。

3 Ono tawo sato no Pa'ilasen, no Kiwit iray, ira, ka o toron ko tafo, ka o titi o siraw ko tafo. Tahira sato "tatatatatata" saan, malakapikepiked sato to papah no lengac. Tahira sato i cikaw no nanom iray, safel sa to titi. Macacak to kira ira, sakilac hanto lahok sato. Ira matira kono kiwit.

接著要講述的是祈晴祭和祈雨祭，跟 Pa'ilasan〔富源〕和奇密部落的祭儀不同。所有參加者帶着糍粑和醃肉便當集合一處。抵達現場，各自拿著折好的月桃葉朝水面拍打，並說：「走！走！走」來到水邊，把豬肉放入水中烹煮，然後分給大家當午飯。這是奇密部落的方式。

4 Iray, sowal sa tora ira, maherek a malahok kira ira, "Ato awita kina lalidec papah no lalidec" sato i cikaw no nanom. Tira sato "wa:w ka'orad wa:w ka'orad!" saan ko pisa'orad no hiya ira tono 'orad. Matira ko demak tiraan. Caay pifetik. Iray, sacidal kita sato, i tira i cikaw no nanom, ka o toron, ka o titi ko sakalahok. Maherek a malahok tora ira, malakapiawia:wit toyo lalidec.

吃飽飯後，大家拿着九芎樹的枝葉到水邊開始舉行祭儀。「哇喔！雨呀，下來吧！哇喔！雨呀，下來吧！」就這樣喊著舉行祈雨祭。但沒有獻酒禮。祈晴祭和祈雨祭大致相同。各自帶著糍粑和肉到現場，午飯後，拿着九芎樹的枝葉到水邊行祭。

5 Cirep a matini to lalidec "wa:w kacidal, wa:w kacidal" saan, han kono Kiwit pisacidal. Iyaan macidal? caay kacidal. Hanaw ko sowal tiraan sa, matini sato kiraan iray ira, matira kono Kiwit. Iyaan sato ono Fata'an iray, misa'orad ko Fata'an iraan i, ira lafin saan, ala sa to koliya', o falo no semot no kilang o falet, i tira i lokot, ira matiya o salipata', iyaan o sapahiya to dadinas.

以九芎樹的枝葉打著水高聲呼喊：「哇喔！天啊，放晴吧！」「哇喔！天呀，放晴吧！」這麼一來，真能放晴嗎？不一定。這是奇密部落的祈晴方法。至於馬太安部落的祈雨祭呢？年輕人，前一天先夜宿儀式

現場。翌日，上山採馬齒莧（koliya'）以及在樹上與山蘇（lokot）共
生的 falet 草（花形似繫牛草），[1] 進行祈雨祭。

6 Matira ko demak ira sa, ira sa tora herek no lafi iray, papelo to, "Ira kiso ha Makotem matini sato ira, kiso i, alasalasa:law ko 'orad kiraan iray ira, o hemay kiraan ira ini to. O 'oled kira ini to haw. Hanaw ko sowal tiraan. Ira ya Sa'opiran, ya Masefoy, ya o 'Aponang, ya Maredok, ya Maseriw, mipalatapoday to sakelit (o maan ko maseriw sa o fali) hanaw ko sowal.

就這樣，晚飯之後，長老祈禱（papelo）：「Makotem 神啊！懇求祢
將雨一陣一陣地降下來。我們供獻糯米飯（hemay）和生米糰（'oled），
請祢接納吧！還有 Sa'opiran 神、Masefoy 神、'Aponang 神、Mare-
dok 神、Maseriw 神，各位諸神呀！（maseriw 就是指風。）

7 Ya Harengheng, ya Sawerwer, ya sa kiraan saka, kiso saan tiraan o Cidal tiraan iray, a maci:dal to ano dafak haw. Kamo o 'Orad ato o Hapoyong Marepok iray, pakapapo:tal to no karayan kamo haw! makaydiidih to kamo!" haen han ni Lafin to dadaya i tini i pala.

Harengheng 神、Sawerwer 神，還有祢 Cidal 神，明天請讓天空放晴
吧！祢們 'Orad 神、Hapoynog 神、Marepok 神，請祢們一起移到天
界之外吧！」以上是 Lafin 晚間在野外誦唸的禱詞。

8 Dafak sa toraan ira, papelo haca.Awaay to ko 'orad. Ira pakaenan to 'oled , hanaw ko sowal. Matira:ay kono Fata'an. Hanaw ko sowal cika matira o no Kiwit, nikasaan ako. Hatira ko sowal.

次日，又再度祈禱。雨勢完全停止。又使用生米糰獻祭諸眾神，以表

---

[1] 古時阿美人進行祈雨祭時，會前往深山採集與青苔共生的馬齒莧（koliya'）當祭品。

謝恩。這是馬太安部落的祈晴祭。實在與奇密部落的方式大不相同。

第十六章
O niyaro' no Faliyasan
女人國

1 Mafana' a somowal to ci Makaciw sa ko 'Amis, "mafana' kako" han ako i honi, iraan kina sowal haw. Hanaw ko sowal. Iyaan ko saka, saciwawa saan kira ira, ono 'Amis to ko wawa fana'inay ci Fonga. Hanaw ko sowal haw. Mafokil to fafahi a peton nira. Nika saan ako kinian.

有一天，南勢阿美人問我是否會講Makaciw的故事。我回答：「會。」南勢阿美人又說Makaciw那裡有個男孩叫Fonga。但我不知道他有幾位姊妹。

2 Iray, sowal sa tiraan iray, patiked pakayra sa i 'aol dadangoyan nira. Talawili: i terong no riyar ira, sowal sato ira, "O faniyot kini howa? Malahokaw ho." sa ci Makaciw ira sa, tayra han nira i cikaw i faniyot kiyana dadangoyan nira to 'aol. Iray, takod sato, raan sato riy, paseteng han nira ko dadangoyan nira to 'oway to nialaan nira. Hanaw ko sowal haw.

Makaciw的故事是這樣的。有一天，Makaciw搭乘竹筏出海釣魚。因直往東方前進而發現了陸地，他心想：「哦！這是陸地吧？好，那就登岸吃午飯、休息。」於是把竹筏靠岸。登上陸地之後，利用籐條拴住竹筏。

3 Iyaan ko saka, dopoh sa mikasoy, Adihay to ko Kasoy nira. San ko mato'asay. Milikat to iray, mikifodet iray ira, dopoh a miteking i, o marad ko sapiteking kira howa to pohed, ira ko teking no mato'asay. Na citeking to howa tono Taywan. Hanaw ko sowal. Ira malaflaf to malang to tora i, "O maan kinian?" sa kira 'iso fetir han nira i, ono kawas to tora tangasa i tira i niyaro' no Faliyasan. Sanay kira.

接著，撿拾些木柴，起火準備燒烤魚吃。從前的生活方式是用鐵器敲打石頭產生火花取火種，尚未有像現在漢人使用的火柴可供使用。沒想到原來登陸的不是真正的陸地，只是鯨魚的背部。由於熱火燃燒，鯨魚心想：「這是怎麼回事？」進而跳躍起來。結果，把 Makaciw 拋送到了女人島（Faliyasan）。因為這是神話故事，所以有這種怪異的事情。

4 Iya sa, tanotangic sato ci Makaciw "Pakacowa kako?" sato. "O maan a loma'an kirawan?" sato. O niyaro' kira sa, rawod han nira o Faliyasan. "O maan a tamdawan ko matiniay o cilokicay? O maan o fafoy?" sa ko Faliyasan, sanay kira. Iyaan ko saka, pakaen han naira ira komaen. "Aya o fafoy aca kini!" ya no cika cifanoh kina fafoy? cifodoy?" sa ko sowal no Faliyasan. Sanay kira.

Makaciw 倒在地上痛苦哭喊著：「要怎麼回去？」不久看到屋舍，往前走去，原來是 Faliyasan 部落。Faliyasan 都是女性，看到 Makaciw 感到很奇怪，她們說：「這是哪種人？為什麼有陰莖？莫非是豬？」她們拿飯給 Makaciw 吃，Makaciw 就吃了。她們驚奇地說：「沒錯，的確是豬。但為何沒長體毛，而且穿著衣服呢？」

5 Sa:an tora ira, o sapiro'ec sato to hiya iray, kananiten to ira a miro'en kiyo o tartar taka:raw. Ya tangi:c sato. Sanay kira. Iray, maedeng to koyo hiya iray, haconged han i tiraw, haen han mitahpo to nikanita:n to sinolot. Sa ko sowal no mato'asay. Iray, sa citefo:d sa tora i, o hemay. Ira matira ko demak tiraan. Hanaw ko sowal.

她們把 Makaciw 當成豬關在又大又高的籠子。Makaciw 只能痛哭。再說，她們把 Makaciw 關起來之後，又用鐵絲把門拴緊，Makaciw 根本無法逃出去。這個島上的人不吃米飯，只賴吸取蒸氣過活。

6 Iyaan ko saka, hata soesoaw ita sato. Hanatoloan a palahok to romi'ad sakatolo ko lafi. Dafak sato ray mitefod to hemay. Ira matira ko demak tiraan. Hatoloan a palahok, sakatolo ko lafi. Iray, sowal sato ray, dafak sato iray, haene:n to a paranam hatolo:to cecay romi'ad. Hanaw ko sowal haw.

因爲她們把 Makaciw 視同豬，一日餵三餐，以便養肥時可以宰殺。也就是說，每天分早中晚三餐，給他飯吃。次日，照樣餵三頓飯。

7 Sakasepat tora i, ira mahofikod kiyaan o dayot. (o dayot han no mato'asay ko mapetekay a po'ot.) Hanaw ko sowal tiraan. Iyaan ko saka, ya sato ci Makaciw ira, "Ya o po'ot kini, o dayot?" sato. Iraan sa 'ira'i:r hanto nira to dadayadaya. Ira sa maketon to ko sinolot sanay kira.

第四天時，他發現送來的飯食裡有一把小刀。像這樣尖端可以折收的小刀，昔人稱爲 dayot，一般小刀叫 po'ot。Makaciw 發現小刀，非常高興，「哇！這不是小刀嗎？好極了！」他拿起刀趁著夜色拼命摩擦檻門的鐵絲，終於把它磨斷了。

8 Ira, 'ira'i:r hanto nira i, maedeng kini sato iray, ira, han hanto nira maedeng to masadak to. Sa ko sowal no mato'asay. Iyaan ko saka, lili:s sato to pariyar, pakacowa kako? sato. Sanay kira. Iyaan ko saka, milafin i tira i hiya i pariyar a milimek, hanto do^do: tiya niyaro' saan.

他很快地從牢裡逃出來。昔人如此傳說著。之後，雖然失去方向，還是沿著海邊拼命奔跑。又害怕被她們跟蹤，因此在海邊過夜躲避。

9 Ira ko tapelik iray, liyasan nira, matalaw kapido^doan no Fali-yasan, iya sa pakacikacika:w sa no riyar no tapelik. Sanay kira, ca katata'ak ko tapelik. Sanay kira. Hanaw ko sowal. Hatira kiraan. Ira sa dafak sa tora mililis to pakacikaw no riyar, ira sa, matalaw to ripa'. Sanay kira. Iyaan ko saka, ma:tepa mahapopoan no fafoy no riyar.

在海邊時，他一面避免被浪潮沖走，一面朝水邊前進。這樣做是爲了避免跟蹤的人在沙灘發現他的足印。第二天早上，Makaciw 幸運地遇見海豚（fafoy no riyar），並要求海豚幫忙載他到對岸，以便離開這個島嶼。

10 "Cima kiso?" hanto naira, "Kako ci Makaciw." hato. Sanay kira. Iray "I cowa ko niyaro' namo?" han, "I:raw!" sato pasaetip. Sanay kira. Iyaan ko saka, sowala sato, fafai! fafai! ako kiso haw. Ano mada'at ira, kalaten ko tangila ako" saan. Ira sa, mada'at i, kalaten ko tangila sanay kira sa, da'at sa 'efet 'efet samatini sa, misahaehaen ci Makaciw.

「你是誰？」「我是 Makaciw。」「那麼你的部落在哪裡？」Makaciw 指著西方說：「就在那一邊。」海豚答應並說：「好吧！我背你游過去。潛水時，若感到呼吸困難，咬我的耳朵一下，我就會浮上海面。」於是海豚潛水游了過去。不久，Makaciw 感到呼吸困難，咬一下海豚，果眞浮上了海面。

11 Sakanasepat ira repet sa, pakalaloma' to a makat. Ira sa, mada'at tora i, kalaten ni Makaciw ko tangila iray, masadak to, miefer to. Ira matira ko demak sa, pakalaloma' to. Sa ko sowal. Sowal sato ray, mada'at to kalaten to ni Makaciw ko tangila, iray masadak to miefer to nasepat caay to pahanhan ci Makaciw, sanay kira.

如此這樣第四次海豚潛水下去時，Makaciw 再度感到呼吸困難，咬了
牠的耳朵，海豚就浮上海面。海豚又繼續潛水游行，當 Makaciw 快
斷氣時，同樣再咬海豚的耳朵。牠又浮了上來。

12 Sakalima ray, molecep to ira kalaten to iray, masadak to, ira mada'at ci Makeciw iray, kalaten to. O niyam kinian o 'Amis sa ko 'Amis, hilam han i, nanofata'an to ci Makaciw haw. Hanaw ko sowal tiraan sa, pakongko ko 'Amis kira. Nikasaan ako mafana' to kira cifafahi kira to 'Amis, Hanaw ko sowal. Iyaan ko saka, nainian sa ci ina sa ko tato'asan nika ciina iray, ni Makaciw iray, maramod a malekaka.

海豚第五次潛水游過去，不久 Makaciw 又感到呼吸困難，就咬了牠
的耳朵而浮上海面。就這樣終於回到 Makaciw 家鄉的岸邊。根據南
勢阿美人的傳說，故事中的 Makaciw 是他們部落的人。其實不然。
Makaciw 明明是我們馬太安的人，只是 Makaciw 的妻子是南勢阿美
人罷了。據說 Makaciw 的祖先，即其母親是跟她的兄弟結為夫妻的。

13 Ci Iyong ko ina ni Pongal hay ira ko teloc matini ci Conol. Sowal sa ci Iyong iray, "ci Makaciw ako" saan. Ira matira ko demak tiraan haw. nikasaan ako kinian. Ira saka, hatira kiraan. Saciwawa sa ci Iyong kira iray, "Ci Pongal ako" saan. Saciwawa sa ci Pongal ira mapatay to ci Makaciw iray, " Ci Makaciw ako" saan.

Pongal 的母親名叫 Iyong。如今 Iyong 的後代名叫 Conol。Iyong 在
世時，對 Makaciw 很疼愛，常說：「我的 Makaciw 啊！」Iyong 疼愛
自己的孩子常說：「我的 Pongal！」有一天 Makaciw 死了，Pongal 說：
「我的 Makaciw！」

14 Ira matira ci Iyong o peton ako ci Iyong ira sa, pangangan ci Pongal ci Makaciwan. Iyaan haw kiya o pitanaman haw, kakitaan haw,hanaw ko sowal. Matini ira saka, matira:ay ko sapaini no mako i matini ato no Singsi ako ni Fasa'. Hanaw ko sowal kiraan.

關於這個名字，因爲 Iyong 的孩子 Pongal 是我的姊妹，所以爲他的孩子取名爲 Makaciw。如今，繼承當司祭者的名字都如此而來的。以上這個故事即爲各位（旁聽者）和 Fasa' 先生（採訪者）專訪而講述的。

15 Matiraay sa, inian kinian sa, ano caay ka tayraan ci Pongal haw aci Makaciw ta caayay ka dahco no 'Amis haw. Hae:n han ako ko sowal. Nano Fata' an to, tayraan a mafolaw. Nikasaan ako kinian, hanaw ko sowal. Hatira ko sowal ako.

再說，如果 Pongal 和 Makaciw 不移往此地，也許南勢阿美人不認識 Makaciw。也就是說，如果他們沒有從馬太安來到這裡生活的話，就沒人會知道這個故事。

第十七章

Ciwadis ko poki ni Alofay
阿璐筱愛的陰部長齒

1 O sowal no 'Amis to pakayniay ci Alofayan matini. Sowa:l sa tiraan iray, "Kami ko toked haw ni Alofay." san. "Naw? kamiay ko toked saan i, caay kamian kiyo o pakatafokay? iriy fata:d nohan ko sowal?

關於 Alofay 的故事，南勢阿美人是這樣相傳的。他們說：「Alofay 的故事，真正起源是在我們南勢阿美族。」對於他們的主張，我們馬太安部落是不承認的。他們不知道 Alofay 跟馬太安部落有血緣關係，他們憑什麼講古呢？

2 "Naw o telote:loc ko alaen? cika alaen ko lamit?" hanto no Fata'an, ira sa tere:p saan. O wawa ni Maliwaliw Tofa i, ira ci Unak Ripay maramod. Saci wawa san i, efer tayra i Cepo' ci Cihek. Saci wawa san tora ci Dongi, saci wawa san tora i, ci Amid Toro.

據說昔人曾為此故事而爭辯。馬太安人說：「你們只知旁枝末節，不知根源。」南勢阿美人無話可說。Unak Ripay 夫婦是 Maliwaliw Tofa 的孩子。移往大港口時生了 Cihek。又生了 Dongi 和 Amid Toro 兩人。

3 Yasa tiraan o Fata'an ko fa'inay ni Dongi. Ira ko peton nira ira sa tayra sa i Fata'an. Ira ci Usay ko mapatayay, ci Fadah no Iwatan, sa malatamdaw. Saci peton san. ci Cihek i, ci Fadah Ripay, cifa'inay san i, ci Calaw Ripay.

Dongi 的丈夫是馬太安人，他在馬太安還有兄弟（姊妹）。他的兄弟之中，Usay 死了，還有 Fadah no Iwatan。Cihek 的姊（或妹）名叫 Fadah Ripay，丈夫名叫 Calaw Ripay。

4 Haen han namo ko demak haw i tiya cika saan kami? Saci wawa sato i, Calaw Ripay ci Fadah Ripay iray, ci Alofay ira, matira ko demak kiraan. Haen han ako ko sowal haw. Iyaan ko saka, sa cifa'inay sato i, ci Mayaw. Ketonen ni Alofay ko lokic nira i, mapatay.

Fadah Ripay 和 Calaw Ripay 的孩子就是 Alofay。Alofay 長大之後，招 Mayaw 為丈夫。Mayaw 的陰莖被 Alofay 的陰戶咬斷而死亡。

5 Saci fa'inay sa tora i, ci Looh. Misakemotaw ho kako sa ci Looh iray, mapatay. maketon ko lokic. Iray pa'iloen ko tosa a laloma'an haw, ci Fadah Ripay aci Calaw Ripay. Hanaw ko sowal. Ira sato kacacoroco:rok haw nano kawas,ira matira ko demak cai kasawad. Yosanay kinian sa matira ko demak. Haen han no mato'asay kira sa terep sa ko 'Amis.

之後，又招 Looh 為夫。Looh 與 Alofay 做愛時，命根子也被咬斷，因而死亡。所以，Fadah 和 Calaw 家連帶的遭受害的兩家處罰。這故事在馬太安世代相傳，如今仍未失傳，所以我照樣講述。關於這樣的傳說，南勢阿美人沒有異議。

6 Ira ini hanto no Sapalengaw ko sowal. Ira sa, sowal sato ray, tokoh hanto to kafang i, feng hanto i tira i riyar ta ma'alol to talatimol to hacera sa i, i Folalac. Matira, nikasaan ako kinian matira ko demak haw. Hanaw ko sowal. Yasato ci Tartar tiraan ira, ano mamaa:nay mielih i tira i pariyar tahaco'co'. ci Tartar o fana'inay kiya ci Tartar. Hanaw ko sowal haw. Caay ko cima o Piyoma to. Nikasaan ako hinian. Matira ko mako a sowal.

sapalengaw 也這麼說。Alofay 的父母氣得用長袍（kafang）把她包起來丟到海裡。隨著海流飄往南方，直到 Folalac 海岸，才擱淺在那裡。當時，有位卑南族的男子 Tartar，不知爲何正好行經此處，並發現了 Alofay。

7 Iray, "Cima kiso?" hanto ni Tartar, "Kako ci Alofay" saan. Tadama:an ci Alofay kangalayan no fana'inay. Hanaw ko sowal, sa ko mato'asay. Iyaan ko saka, "Namamaanay kiso?" han nira, "Caay ka matira!" ray, "Cima ko ina iso?" "Ci Fadah Lokaya." "Cima ko mama iso?" "Ci Calaw Ripay." saan.

「你是誰？」Tartar 問，「我叫 Alofay。」回答。據說 Alofay 的容貌秀麗，是男子們見了會愛慕的女子。「妳怎麼了？」「實在一言難盡！」「妳的母親是誰？」「名叫 Fadah Lokaya。」「妳的父親呢？」「我的父親名叫 Calaw Ripay。」如此回答。

8 "Ira na mamaan kiso a matiya? Ci ina iso ci Fadah Lokaya aci mama iso ci Calaw Ripay ko mifalahay i tira i riyar?" "Hay" hanto ni Alofay. "I, namamaan?" "Cifa'inay kako ray, ketonen no poki ako ko lokic mapatay. Iray, saci fa'inay sa ci Loohan maketon no poki ako ko lokic ni Looh i, mapatay. Ira sa, pa'iloan to kako sa popot to kafang feng han ni ina no mako i riyar." hanto ni Alofay ko sowal haw. Hanaw ko sowal.

「妳怎麼會這個樣子呢？難道是你的母親 Fadah Lokaya 和父親 Calaw Ripay 把妳丟到海裡的？」「是的！」Alofay 回答。「那是爲什麼呢？」「我第一次結婚時，丈夫的陰莖被我的陰戶咬斷而亡。後來我又跟 Looh 結婚，同樣地，他的陰莖也被我的陰戶咬斷而死了。我的父母爲處死我，用長袍包覆著我並把我丟到海裡。如今被你救起來。」Alofay 如此告訴 Tartar。

9 Iyaan ko saka, "Hanta ko poki iso?" hanto piyak han nira congdis sato, mato wadis no efa a matatapal kina poki ni Alofay. Sa ko mato'asay. (Han namo ko kongko namo 'Amis saw? i tiya? cikasaan kako? Hanto no mato'asay kira matira ko 'Amis.) Iyaan ko saka, 'ira'i:r han kiraan ono Pariyar a fokeloh haw, ira kono hadhad sato, kilim hanto kono hadhad inowalian a lotok kirai, karafeker iyaan sapi'ira'ir.

「那麼妳的陰戶讓我瞧瞧。」於是她張開大腿給他看。原來陰唇的兩邊露出好像馬齒般的牙齒。古人是這麼說的。你們南勢阿美人是這麼講的嗎？我們馬太安可不認為是這麼說的。昔人就這麼對南勢阿美人說。然後先用海岸的石頭磨那牙齒，之後又使用了陸地的石頭。

10 'ira'i:r tora a, toriri' han to lawoc tolo, sakatolo kiya o lawoc, toro' han a matini pacocok han i poki iray, macapo'. "Hay so'elinay kinian" sato sa, 'ira'i:r hanto ni Tartar ko poki ni Alofay. Ira matira ko Demak. Cako hanen namo ko kongko namo o 'Amis saw tiya fangcal? hanto no mato'asay.

陰齒被磨得差不多時，拿了五節芒芽心（laoc）插入陰戶，檢視會不會被咬斷。「啊！是真的！」Tartar 嚇了一跳，又繼續磨了一下。昔人問南勢阿美人說：「你們講古時難道不是這麼說嗎？」

11 Ira sa, ya sato tora i, pacocok hanto nira i, mama:gto ko pawadisan. Ira "Kawawen hana!" hanto ni Alofay. Liyawen to a mihaen a matini a mi'ira'ir, cocok hanto matini iray ira, peni hanto kiyaan a penen, ray, matiya no sakatosa, pacocok han kiraan iray, macapo'

又磨了一段時間，再度插入陰戶嘗試一下，還是有點咬痕。Alofay 說：「多用點力氣磨吧！」之後，又用菅蓁莖（penen）插入陰戶檢視，但卻很快地被壓扁。再插入一次，還是被咬斷。

12 ko masakofelay ko rarikor howa. Han sa ko sowal no mato'asay. Ira sa 'ira'i:ren to a matini ira, pacocok hanto iray, peni sato. "Maramod kita ha Tartar?" hanto ni Alofay. Sanay kira. Nikasaan ako kinian, hanto to mato'asay ko sowal to 'Amis.

也許是裡面有筋肉的關係吧！古人是這麼說的。磨了很久後，又插入陰戶，這一回只是被壓扁而已。Alofay 向 Tartar 說：「我們結婚好嗎？」昔人是這樣向南勢阿美人講解的。

13 Iyaan ko saka, iray, 'ira'iren haca a mihaen, haen hanto matini iray, tadaawaawaayto. Ira sa "Sakemoti to kako!" hanto ni Alofay ci Tartar iray matalaw. Sa ko sowal no mato'asay. Iray, liyaw sa pacocok han ira kira i, macapo'. "Macapo: ho kini hani?" han ni Tartar, "Ira halafilafi:nen a mihaen hana! maramod kita han kiya!" hanto ni Alofay a cinglaw:to. Sa ko mato'asay.

Tartar 不斷地磨擦，終於把牙磨平了。Alofay 向 Tartar 說：「你來吧！跟我做愛！」但 Tartar 害怕不敢。話題倒回前段，把東西插入後，立刻被咬斷。「奇怪！還是會被咬斷？」Tartar 似乎很失望。「可不是嗎？慢慢地繼續磨擦吧！Tartar 我跟你說，我們結婚好嗎？」Alofay 如此與 Tartar 談情。這是先人所說的。

14 Ira maherek sato matini ira awaay to ko kapenian, "sakemoten to kako" hanto ni Alofay ari paska. Ira ra, hanto nira ira pacocok hanto iray, awaay. Matira ko demak haw, hanaw ko sowal. Ira sa sakemot hanto ni Tartar haw. Ira sa ta, "maramod kita i matini ha Tartar haw?" hanto iray, "Icowa ko loma' iso?" "I:raw i satimol" sa, folod a tayraan haw. Nikasaan ako kinian.

這一回再插試，已不見咬痕，表示牙已磨光。「來跟我做愛吧！」Alofay 說，但 Tartar 仍然不敢。為防萬一，Tartar 再試插一次，這回真的一點咬痕也沒有。Tartar 這才安心與 Alofay 發生關係。Alofay 說：「Tartar 我們結婚好嗎？」又問道：「你家住在哪裡？」「在南邊。」

於是他們倆一塊走回去。

15 Iray, saci mama sa ci Tartar ira ci Arik. Saci ina sa tora i, ci Poraw, matira o ina ni Tartar haw. Iray, raramod sa tona mihecaan. Yana mihecaan iray, saci wawa sa ci Unak Ripay pangangan to mama no ina. Hanaw ko sowal. Iyaan ko saka, roma miheca ira masofoc, ci Calaw Ripay pangangan to mama nira. Ira sasafaay sato ira ci Fadah, "Fadah raricayan ako!" saan, ira pangangan to ina ci Alofayan. Hanaw ko sowal.

他們就這樣結爲夫妻。而且這一年，Alofay 生了孩子，名叫 Unak Ripay。這個名字是取自她母親的父親的名字。隔了一年，又生了第二個孩子，名叫 Calaw Ripay，這名字是取自她父親的名字。最年幼的孩子名做 Fadah。她最疼愛這個孩子，說：「我的雲雀 Fadah！」因爲這個名字是沿用她母親的名字。

16 Ira mato'as to ci Unak aci Calaw iray, "Calaw!" hanto ni Alofay ko wawa nira, "Maan ina?" hanto iray, "Ano dafak maratar a manikar ray, alaen ko tokod ako haw! Ira i cofok patelian ako. O tokod, o falinah, o kamahay, o serser, o nanokaan ako haw." hanto ni Alofay ko wawa nira ci Unak aci Calaw. Ira sa tora "kacihawan haw" hanto ni Alofay ko wawa nira. Ira sa dafak sato iray, maratar to a maranam, iray, maranam to.sowal sato ci ina nira ci Alofay iray, "cecay ko sawal no loma' haw" saan, i tira i Cepo'. Hanaw ko sowal.

不知過了多少年後，Unak 和 Calaw 長大了。有一天 Alofay 將 Calaw 找來說：「Calaw！」「什麼事？媽！」「明天早點燒飯，我要你們去拿回一樣東西。那是紡機軸（tokod），我放在房間角落（cofok）那裡。」Alaofay 又對她的孩子說：「除紡機軸之外，還有編織用刀具（falinah）、織布梭（kamahay serser）和我的女紅用品（nanokaan）。」又叮嚀孩子：「不要忘了，隨身攜帶工作刀（hawan）。」次日，他們很早用過早飯。Alofay 還仔細地向孩子們說明了她母親大港口住家處的位置。

17 Iyaan ko saka, "ano tangasa kamo iray, i cowa ko loma' ni ina ako? ni Fadah Raripayan? han haw." han ni Alofay ko wawa nira. Ira sa tiraan maherek to, "aka ka toka 'inay, iray, ka citafo, hanaw ko sowal" hanto ni Alofay. Hanto no Fata'an ko 'Amis, ira matira ko demak. Haen han ako ko sowal haw. Tangasa to nikasaan ako kinian.

又說：「你們到達後問人：『我祖母 Fadah Ripay 的家在哪裡？也就是我們母親 Alofay 的母親的家在哪兒？』記得要這樣說。」Alofay 又對孩子說：「不要忘記攜帶便當！希望你們不會覺得麻煩！」她如此叮嚀即將上路的孩子。孩子總算到達。馬太安人如此講給南勢阿美的人聽。

18 Iyaan ko saka, tahira sato kiraan iray ira, "Cima ko i loma'ay?" hanto "O:y!" sato O mato'asay ci Fadah Ripah. Mapatay to ko fa'inay nira ci Calaw Ripay, cacay to. Matira ko demak haw, han ako ko sowal. Iray, "Cima kiso?" hanto ni Fadah Ripay, "Kako ci Unak Ripay, kako ci Calaw Ripay" hanto naira malekaka tatosa.

他們到達之後問：「有人在家嗎？」「喂！」有人回應。那是 Fadah Ripay，當時，她的丈夫 Calaw 已去世，她已是個寡婦。「你是誰？」Fadah Ripay 問。「我們是 Unak Ripay 和 Calaw Ripay。」兄弟倆回答。

19 "Cima ko ina namo?" han iray, "Ci Alofay" "'I? naw? pi:na to a miheca i, ira ho ci Alofay? mikoliniway kamo kini!" hanto ni Fadah Ripay. Sa ko sowal no mato'asay. Iyaan ko saka, "Caay ina o wawa ni Alofay kako" han kiyami a tatosa. Hanto ni Unak Ripay sakakaay.

「你們的母親叫什麼名字？」「叫 Alofay。」「咦？什麼？Alofay 早已死了，怎麼說還活著？你們一定是小偷。」Fadah Ripay 如此指責他們。古人們如此傳說。「奶奶！我們眞的是 Alofay 的孩子。我們絕不會騙你！」哥哥 Unak 盡力向奶奶說明。

20 Iyaan ko saka, "Caay mikoliniway kamo!" Hanto ni Fadah Ripay. "Caay" sa comod sato tangsolsol sato i tiraw i cofok. Ira kilim ira, ala hanto nira. "Maan kinian ko tokod ni ina ako, "maan kinian ko kamahay ni ina ako? "maan kinian ko falinah ni ina ato hiya serser? Cika saan kako? I cowa ko nanokaan ni ina ako?" hanto naira.

「不對！你們是騙子！」Fadah Ripay 不相信他們的話。於是，「不是啦！」他們說著並快速闖入屋內。找到了那些東西，拿來跟奶奶說：「你看！這不是我媽媽的紡織軸嗎？這不是我媽媽的織布梭嗎？這不是我媽媽的 falinah 嗎？這不是我媽媽的 serser 嗎？還有女紅用品放在哪裡？」

21 "Aya ko wawa ako ya nanokaan" ako saan. Ya mato'as to ko wawa ako, hilamhan ma'ori:p to ci Alofay. Ya i, cima sa kiya?" "Ci Unak Ripay kako ina" han nira i, "Aya pangangan to mama ako, cima ko cecay?" "Ci Calaw Ripay!" "Aya, pangangan ko wawa ako ci Alofay to fa'inay ako ci Calawan Ripay. Ira talaen kako Calaw aci Unak!" saan. "Mihakelong aca kako!" sato ko sowal ni Fadah Ripay.

老太太看了之後，「啊！你們說『nanokaan 放在哪裡？』我有點相信了。孩子們啊！你們都這麼大了？原來你們的母親 Alofay 還活著？對了，剛才你說你叫什麼名字？」Fadah 高興地說著。「奶奶，我叫Unak Ripay！」「哦！你是取用我父親的名字耶！你呢？」「他叫Calaw Ripay！」「啊呀！我們的孩子 Alofay 用我丈夫的名字來替你取名字。Calaw、Unak！等等我吧！」又說：「我要跟你們一起去。」
Fadah 這樣地叫著他們。

22 Iya sa, "talaen kako 'inay" sato, mafafodofodoy, masadak tora i, mafekac to. Tahira i notimolan i, o sanasay ko sapakawal sanay kira. Tahira, mamang hatini inian kiya no matiya to o rawan ko kararaya' iray, taraya' ko sa'amis ira sa, efek efek tolo efek cecay to ko fatac tatihi to ira sanay kira, ira sa maselic matefad ci Fadah Rapay i nanom, sanay kira.

然後他們急急忙忙地走出去了。「孩子們！等等我呀！」老祖母一邊
穿衣服，一邊喊著。出門後加快腳步，一會兒就到了溪的南岸。溪中
有三支細長的竹子編成的竹橋。不知怎麼搞的，倆兄弟走過之後，把
兩支竹子折斷了。這時，竹橋只剩下一支竹子。老祖母來到後再度喊
著：「Calaw、Unak，等等我。」「奶奶啊，快來吧！」由於只剩一支
竹子不好走，老祖母不慎腳滑而掉落水中。

23 Ira sa, ma'alol to ci Fadah a Ripayan. Ira sa, ra sato mala'arongay sa ko sowal no niyam o Fata'an haw. (Hanto no Fata'an ko 'Amis. Awaay to ko sapainiini no 'Amis. Hanaw ko sowal tiraan.) Iyaan ko saka, herek sa toraan iray ira, o foting to ko kaenen ni hiya haw niya arongay yano tireng ni Fadah Ripayan. sa ko sowal no mato'asay.

Fadah Ripay 被水沖走。據馬太安部落的傳說，Fadah Ripay 後來變
成一隻海鷗（arongay）。以上是馬太安人向南勢阿美人說的故事內
容。南勢阿美人聽了實在無話可說。又，根據昔人說，Fadah Ripay
變成海鷗之後，以魚類爲主食。

24 Iraan sato tiraan iray, mala'ayam kiraan han ci singsi. Nikasaan ako kinian. Feka:c sato. Matira ko demak niraan sa tahira i Pakara'ac iray, malahok i tira saan. Maherek a malahok

feka:c tahira matatodong kafelecan. "Inito kamo Unak aci Calaw?"
"Hay ina" sato. "Iraan to ci Tatiihan hani?" saan ci ina nira ci Alofay.
Sanay kira.

（請轉告老師，那位老祖母後來變成了海鷗。）然後兄弟倆繼續踏上
歸途。來到 Pakara'aca［竹湖］時，休息吃午飯。回到家時，正好是
日落做工的人回家的時候。「Unak、Calaw 你們回來了？」母親問。
「是的！媽媽！」「那個壞傢伙在家嗎？」她指的是她母親 Fadah
Ripay。

25 Iray, iraan sato o ina iray, "Cima loma'ay?" Han to no niyam
ina iray, kako saan iray "Cima kamo?" sa tora i, kako ci Unak
Ripay han ako "papina kamo?" "Safa:to ci Calaw hanto no mako
ina. Aya mikoliniway kamo! iray ci Alofay ta o wawa ni Alofay kami
haan no pina:ay to a miheca?" saan ina. Iraan sa comod sato kako.

兄弟倆開始述說：「我們到達那裡時，我問：『有人在嗎？』『在！』
又問：『你們是誰？』『我是 Unak。』『你們有幾位？』『我跟弟弟
Calaw。』我這麼回答。『你們胡說八道！Alofay 早就死了，你們怎麼
說是她的孩子呢？』她不相信我們說的話，所以我們硬闖進去屋內。

26 "Aya mikoliniway kamo! iray ci Alofay ta o wawa ni Alofay
kami han no pina:ay to a mihca?" saan ina. Iraan sa comod
sato kako. Yano nisowalan to iso tahira han ako, tomire:ng to ira: ko
kamahay ato falinah, tokod, ira sa tamorong han to ako patayra i
tatakel.

然後我們依照妳吩咐找到那些織布梭、編織刀具、紡識軸等物品，然
後扛到床邊。於是，喊著：『奶奶，你看！這是什麼東西？還有我媽
媽的女紅用品是放在哪裡呢？』

27 "Ira ina o maan kinian? I cowa ko nanokaan ni ina ako?" hanto ray. "Aya ko nanokaan ako?" saan. Ira sa, haen hanto ni Unak ko sowal. to ina nira ci Alofayan. Sanay kira ko sowal no mato'asay. Haen han ako ko sowal. Iyaan ko saka. "Ira koti' tatiihen! Cira:to ko tadamolefotay mapatay." sato to wawa nira. Hanaw ko sowal. Hanto no mato'asay ko 'Amis.

我說到這裡，她說：『哦，你們說女紅用品？』就這樣，她終於承認了。」Unak 如此仔細地向 Alofay 報告事情的經過。這是昔人所說的。Alofay 回答說：「活該！壞人先死是應該的。」這是昔人向南勢阿美人所說的。

28 Sa:an tora iray, sakatolo a miheca ray, mapatay ci Alofay. Hanaw ko sowal. Iray, tangasa sa tira i, namaherek to a mihafay iray, tahira i mapatay ci Alofay. Tangasa sato pi'arawan iray, mapatay to ci Tartar. Hanaw ko sowal.

約三年之後，Alofay 過世了。又說，她是割完小米之後往生的。接著豐年祭後，Tartar 也過世了。

第十八章

Solol 'Alimolo
所羅魯阿利摩洛的故事

1 I teka no sasowalen iray, ci Lopalangaw ko teka no sapalengaw. Iray, saci wawa sa cira iray, ci Honahonaw Sapaterok. Iray cima ko mafana'ay to mihecaan nira haw i tira i 'a'ayaw no riyar. Hanaw ko sowal. Iray, saci wawa saan kiraan iray, ci Tema'o'ol. Pa'o'olen ho ko nikaomahan no kapah to hafay, to panay, to fonga, to tali, to 'osal, to edid iray ra to polo' iray, to keliw iry, 'oladip ira to tali haw pa'o'oli ko nikaomahan no kapah no niyaro'! sa ko 'ayaw no riyar.

開天闢地之後，部落首位 sapalengaw 名叫 Lopalangaw，他的兒子名叫 Honahonaw Sapaterok，這是發生在洪水時代以前的事，年代不詳。他的下一代名叫 Tema'o'ol。他懇求神靈爲部落年輕人降露水在他們種植的小米、稻、地瓜、芋頭、蔬菜、小麥、黃麻等農作物上，以便作物能夠豐收，這是洪水時代以前的事。

2 Saci wawa sato kiraan ira, ci Afedo'an Sapaterok. Patafedo' to losay maemin haw! Iray, o karo', o mami', o kamaya iray, o facidol, o kiyafes iray, o minowad, o lopas. Matini sato ko sowal ira sa i, i tini sato ira, patafedo'i ko hafay, ko panay, ko tamorak, ko 'okoy, ko fidawol, ko sinar, ko 'osal, ko faliyasan iray, ko 'ariray iray, ko komoh iray, o folo' iray, ko keliw. Saci wawa sa toraan iray, ci Calipacip Sapaterok. Hanaw kiraan sa, ira sato kira ira. Palacipa-cipen ho ko tamdaw maemin nga'ay mafana' ko finawlan maemin sa ci Calipacip Sapaterok.

再下一代，名叫 Afedo'an Sapaterok。他使柚子、柑橘、毛柿、麵包樹、蕃石榴、李子、桃子等果樹生長茂盛。此外，也讓小米、稻、南瓜、葫蘆、黃瓜、西瓜、蔬菜、高粱、玉米、蠶豆、箭竹、黃麻等不斷發芽生長。他的兒子名叫 Calipacip，爲一善辯者。他使人人能夠相互溝通，和睦相處。

3 Hanaw ko sowal. Saci wawa sato toraan ira ci Tatakosan Sapaterok haw. Hanaw ko sowal. Iray, mapawan kako ma to fafahi hanaw ko sowal. No Lopalangaw sato ray, ci Lopadayo ko fafahi ni Lopalengaw. Oni Honahonaw Sapaterok to rira ci Saysayaw. Oni Tema'o'ol kiraan iray ira, ci Sapeti'aw. Ni Afedo'ay toraan iray ira, ci Ma'o'ol Sakadat.

他的兒子名叫 Tatakosan Sapaterok。剛才我忘了提到他們的妻子，Lopalangaw 的妻子名叫 Lopadayo；Honahonaw Sapaterok 的妻子名叫 Saysayaw；Tema'o'ol 的妻子名叫 Sapeti'aw；Afedo'ay 的妻子名叫 Ma'o'ol Sakadat。

4 Iray, ci Tatakosan iray, ci Cingacingaw o fafahi ni Tatakosan. Hanaw ko sowal haw. Palacinganging aca to Losay aemin sa kiraan fafahi ni Tatakosan. Hatira kiraan. Iray, ra sa tora iray, yo sowal tora iray, awaay ho ko sapalengaw haw, hanaw ko sowal tiraan. Yasato tiraan ira, tatiih ko nikaomahan iray, maepod ci Tatakosan. Hanaw ko sowal. Iray, ci Calipacip ira (ci Salikoto) aci Sakadat ko fafahi ni Tatakosan Cingacingaw iyaan ko maepoday haw madakaway i toked haw. Hanaw ko sowal.

Tatakosan Sapaterok 的妻子名叫 Cingacingaw。她使穀物、果樹結實纍纍，人人擁有食用不盡的食物，這是洪水時代以前的事情。這個時代 sapalengaw 尚未存在這個世界，而且人們所種植的作物，收成

均不理想。Tatakosan 看到人間如此貧困就從天界降臨人間。Tatako-
san Sapaterok 與妻子 Cingacingaw，Calipacip 與妻子 Salikoto，四
人一起搭坐橫樑（toked）來到人間。

5 Sa, "cima loma'ay?" sa tora i, sato'aya'aya sa ci Lapac Ngocih wawa ni Cihek aci Mayaw, hanaw ko sowal. Saci safa sa ci Lapac Ngocih ira ci Emi haw. iray, saci safa sa haca tora i, ci Safak. Hanaw ko sowal. Iyaan ko saka, "mimaan ci ina iso?" hato i, "talaomahi!" han ni Lapac Ngocih. Iyaan ko saka, "takosen ari!" han to ni Tatakosan. Iyaan ko saka, "Mafana' kako to pala saw?" hato ni Emi aci Lapac Ngocih. Ali i, "a nengnengay haca ako" sato. "Kakoay to ko minengnengay!" sato.

神仙們問道：「有人在嗎？」Cihek 與 Mayaw 的孩子 Lapac Ngocih
一聽就像看見鬼似的，害怕得不敢回答。Lapac Ngocih 有兩位妹
妹，Emi 和 Safak。神仙又問：「你們的母親在哪裡？」Lapac Ngocih
回答：「在田裡工作。」「請她回來好嗎？」但 Lapac Ngocih 回答：「我
來找找看究竟在哪裡。」Tatakosan 說：「那讓我看看在哪裡。」

6 Makitira i sa'amisan no niyaro' no Fata'an, nengneng sa i tira i toked. Iray i, pasatimol sato, "A! i:raw haw, tolo ka'apolod iray, inian sato ira Cifodofodo' i tini i sawali haw. Iraan sa tora ira ta'akay ira a nanom a fodofodo' ira i ka'amis kiraan." han to ni Tatakosan ci Lapac Ngocih.

首先，先從馬太安社開始，再往南望去：「啊！看到了！穿過田裡的
三堆草向東越過一條小溪，再往前走就到了大溪，在那附近可找到你
的父母。」

7 Ira "ari safa!" han to ira sa caay ka halafin a tayra i hiya i 'ayawen nira ci Lapac Ngocih. Ono Kawas ira sa fahal i tira i rorang. Hanaw ko sowal. Ira sa patayra han to nira ni Lapac mi'owic ci Safak. Iraan to "oli" han to nira paroyroyan ni hiya haw ni Tatakosan kira ci Lapac Ngocih ira cika moraraw. Tangasa sato i tira i pala ira tolo ko 'apolod. Ira matira ko sowal no mato'asay. O niimahan o sapalengaw to haw. O sapalengaw haw kiraan haw ci Tatakosan. Hanaw ko sowal. Hatira kiraan.

說完 Tatakosan 就將 Lapac Ngocih 的兩位妹妹放在屋頂，然後出發，因有神仙作伴，不會迷路。照著 Tatakosan 的指引，經過田裡燃燒過的草堆，果然看到了父母。這些事是古人說的。

8 Iyaan ko saka, tahira i Co'ongan i, liloc saan ci Mayaw fa'inay nira aci Cihek ato wawa nira ci Lapac Ngocih. Maherek a mililoc tora ta saci hetaw saci kopal sato ci Lapac Ngocih. Maherek i. "Tatatata ano cima kiyaan a tamdaw?" "Tatosa ko fayfahi i, tatosa ko fana'inay, ira tatatata" sato, ira sa too:r sato ko fa'inay nira ato wawa nira.

Mayaw 和妻子 Cihek，孩子 Lapac Ngocih 回家途中順便到 Co'ongan 溪洗澡並更換衣服。Mayaw 說：「哪來的客人？」Lapac Ngocih 說：「不知哪裡來的，共有兩個男的，兩個女的。」

9 Tahira i loma' iray, "Awaay kini!" han, "oy ina!" sato. Iray, "malahok to!" han nira i, "caay ho kami ina kalahok" sato. "A likaten ko lamal" han to ni Cihek "A, aka ah pilikat to falatefat! o lamal ko namo o no niyam, o malataw ray, o falatfat han ko niyam haw" han to ni Tatakosan. Matira ko demak kiraan, haen han ako ko sowal. Sowal sato nengneng sa to pafelacan iray, "o maan kirawan a talomal?" talomal han kono malataw. "Iray, o pafelacan han namo iray, talomal han, ko no niyam o Malataw haw" saan, Hanaw ko sowal.

抵達家，「人在哪裡？」「喂！媽媽！」Cihek 問：「吃午飯了嗎？」Tatakosan 回答：「還沒有。」Cihek 對 Mayaw 說：「快升火煮飯吧！」

Tatakosan 接著說：「不不不，不要升火。你們稱火爲 lamal，我們則稱 falatfat。你們不必燒飯。」然後指著籐簍（pafelacan）說：「那是 talomal（籐簍）喔？」神仙稱 pafelacan 爲 talomal。

10 Hay i, cepo'en ari!" sato cepo' han to ni Cihek "Ari haen han matini kakoyen haen han" sato "A o hiya haw sarokireng" sato hafay. "O rawan a talomal ina i? alaen epoden ari!" han to ni Tatakosan, ira epod han to, haen han matini ira "A o carekcek kira !" sato panay. Iyaan ko saka, sowal sa tora i, "Ari ina rawan a kato" sato hatini kiya na kato nika takaraw, sa ko sowal no mato'asay. Hanaw ko sowal.

「拿下來看看，裡面裝些什麼東西？」Cihek 拿給他看，裡面裝著小米（hafay）。他一看說：「哦！原來是 sarokireng。」神仙稱呼 hafay 爲 sarokireng。又問另一個裝什麼？Cihek 把它打開，神仙說：「是 carekcek。」神仙稱呼 panay（糯米）爲 carekcek。又說：「伯母，那邊的木桶（kato）拿過來。」那木桶約有一米高，七十公分寬。

11 Iyaan ko saka, sowal sato tiraan iray, "ari i, ko carekcek ko 'ayaw, ra sato ra ira, limaen a paepa" sato, tifek hato. 'Atal han teli han, 'atal han teli han, atal han matini telihan latek sato lima a ficing. Hatira kira "alaen kira ina" sato iray, patayra sa tora i, "a, toloen ta (ficing) a pa^pa" sato. Ira sa maherek sato ray, hae:n han to nira a pacacamol a matini. Macacamol tora "ayi o fodofodo' ina" sato. "O maan a fodofodo'an ?" sato i, "ira:wan" mitoro' to iya to kato. Ci koreng howa ko (i 'aya'ayayaw?) mukasi? hanaw ko sowal, o kato ko pananoman, hatini ko kato ira hatini kato ira hatini katakaraw. Hanaw ko sowal.

神仙繼續說：「先將五瓢的糯米倒進木桶。」舂打片刻之後，又說：「再把約三瓢子的小米放進去。」神仙將之與木桶的米混合後說：「伯母，把 fodofodo' 拿來。」Cihek 不知道什麼是 fodofodo'，神仙指著另一

個木桶，原來是指木桶的水（nanom），古時候沒有陶器，故以木桶
裝水。

12 Yaan ko saka, "ira cerongen i tira ina ko carekcek" sa haen han to matini, pacacamolen to matini. Macacamol sato ray, "ayi rawan a ina talomal" sato, hatini kina pafelacan, hatini, sa ko sowal no mato'asaay, pacena'aw hako. Icowa a mahatefo a mihiya asa ray, i tira to tapang ni Talacay haw, hanaw ko sowal. Awaay to ci Talacay matini mapatay. Nikasaan ako kinian, hatira kinian, pacena' ako haw.

神仙說：「把水倒進去。」然後又說：「伯母，把那個籐簍拿給我。」
以上這些都是古人傳承下來的。這個故事附加說明一下，神仙降臨在
Talacay 本家，但 Talacay 死了，而且沒有後代。

13 Yaan ko saka, paro han to ni Cihek i tira i pafelacan. Ira maherek a miparo ira, "ayi ina ra:wan matonik" sa to papah no rorang. Hanaw ko sowal. Iyaan ko saka, ala han to nira ira sa, "ari ina tahpoen to a matini" sato. Iray, "o maan a tahpoen?" sa, "maan han ko namo saw?" "tahafen han kono niyam" han ni Cihek. Iyaan ko saka, "tahafen han ko namo iray ira tahpoen han kono niyam o malataw" saan, hanaw ko sowal.

Cihek 把混合好的米又倒回籐簍，神仙說：「把那邊的楮樹的 matonik
（葉子）拿過來。」matonik 在人間稱為 papah。又說：「伯母，把籐
簍 tahpoen（蓋上）。」Cihek 不知 tahpoen 是什麼意思，神仙說：
「tahpoen 即人間所說的 tahafen（蓋住）。」

14 Iyaan ko saka, maherek a mitahaf ira sa, "ayi ko rawan tomirmir" sato, "o maan a tomirmiran?" sa i, "O maan han namo kira:wan saw?" sato. "o 'oway" han nira "'oway han ko namo ira tomirmir han ko niyam haw o malataw" sato, ala han to ni Mayaw fa'inay nira.

籐簍蓋上之後，「伯母，把 tomirmir 拿來。」Cihek 又聽不懂，就問：
「tomirmir 是什麼？」「那麼你叫它什麼？（用手指著物品）」「我們叫
'oway（籐）。」於是她丈夫就拿給他。

15 "Ari ina fawoten" hato, "o maan ko fawot?" "Haenen a mifawot!" "Maanen ko namo o serer saw?" "Lo'ecen han kono niyam." "A lo'ecen ko namo iray, fawoten no Malataw han kono niyam" sato tora sa so'ele:t han to ni iya ni Cihek.

神仙說：「可以 fawoten（打結）了吧。」Cihek 打完結後問：「像這樣，
你們怎麼說？」「我們稱爲 fawoten。」Cihek 打了一個很緊的結。

16 Maherek a milo'ec tora i, "oli! patayraen i paiyal" sato. "O maan a paiyalan?" sato "maan han ko namo saw?" "o potal han kono niyam!" "o potal han ko namo o paiyal han kono niyam" saan. Iyaan ko saka, caay pakaemiemin to kinafakan tamako iray, "alaen to ina" sato. Ono kawas ira sa ala han to ira moloso' to kiyo salang no epah, "alaen ina o kato" sato.

神仙又說：「拿到 paiyal 去。」Cihek 又聽不懂。「paiyal 是什麼？」「那
裡，你們怎麼說呢？」「我們稱之 potal（庭院）。」Cihek 說。神仙
又說：「你們稱之 potal，我們則叫 paiyal。」很快地不到一支香菸的
時間，Tatakosan 就說：「伯母，拿出來吧。」因爲這是神的奇蹟，
籐簍裡的米全變成了酒（epah），而且開始流出酒汁。Tatakosan 叫
他們快點倒入木桶。

17 Ala han to yaan pihiyaan to patelian, matini ira sa ala han to iray, patayra han to i tira i lapal ira:to ko cara. Ira sa, patayra han to i kato matomes to kina kato. "Alaen ina a caong a kato" sato to malecad kina kato, ira sa patayra hato. Sa, ko sowal no mato'asay, hanaw ko sowal. "Matomes to alaen to kiya o "eraw" sato. Yaan ko saka, "o maan a erawan?" "o eraw" "a?" sato. Misaepah howa i ko caacaay pakafana' i honi Tatakosan Calipacip howa, hanaw ko sowal. Mafokil kora to maen to epah.

籐簍裡的酒倒入木桶尚有剩餘，又拿了一個木桶來裝。這是古人說的。Tatakosan 說：「eraw（酒糟）全部都裝滿了嗎？」Cihek 又聽不懂，就問：「eraw 是什麼？」因爲 Tatakosan 未曾教人造酒及酒糟。人們不知 eraw 是什麼，也不知怎麼吃。

18 Iyaan ko saka, sowal sa tora ira, "Inian sato i matini iray, o namo kinian o hiya haw, o eraw." Iray, ra sato o miki'araway mafowalay ko finawlan, "hakowaay aca ko kawas!" sa ko finawlan. Iyaan ko saka, tepak matomes ko potal. Yasa o sasingaran no moco' iray, maporarac no finawlan halo fayfahi. Matira ko demak kiraan haw, han ako ko sowal. riy, demak kiraan haw, han ako ko sowal.

Tatakosan 又說：「這個 eraw 給你們吃。」看熱鬧的群眾越來越多。「到底神仙是怎樣的一個人？」他們好奇地看著神仙顯現的奇蹟。一群人擠滿了庭院，有的還得爬上窗口，結果整片牆壁都倒塌了，婦女也爭先恐後地跑來看熱鬧。

19 Yaan ko saka, "i matini sato iyaan nanihiyaan i matini haw ray, ira mafana' kano a matiya? A mihiya sa, pa'pa' han a matiya, laloen haw a matiya ko calekcek. Iray, malalo kira i, pa'pa' han namo matiya haw. Ya, iyaan sato ira pawali han namo i tira i tapila'. Ira herek sa pawali tiraan ira, alaen to namo tahaf han to namo haw. Ira popot han to kafang haw" han to ni Tatakosan pakafana' ci Lapac Ngocih aci Mayaw han ako ko sowal.

Tatakosan 對眾人說：「剛才你們所見的造酒方法，現在我再教一次，你們就可照這方法造酒，首先將所需的小米泡在水中，膨脹後從水中取出，然後咀嚼咬碎。嚼碎之後，放在籐簍曬乾。曬乾後用長外衣

（kafang）包覆起來即可。」

20 Iyaan ko saka, "a matira kiraan iray i koreng han namo a matiya haw, ira malosapifetik namo ano paterak ano paloma to calekcek; irawan matito mahoiyong ira iray, iyaan ko 'ayaw to caferen a paloma haw sa to fangas. Irawan na kafesawan o palang ira iray, iraan ko ikoray a matiya a paloma to carekcek haw" sanay kira ko pakafana' ci Tatakosan, hanaw ko sowal.

Tatakosan 說：「完成之後，就封存於陶罐（koreng），如此一來，當你們播種時，就有東西做獻禮（mifetik）。苦楝樹（mahoiyong）發芽時，[1] 播種小米，之後，於楠樹發芽時，再種稻。」

21 Iyaan ko saka, "nga'ay haenen a matiya haw, nengneng han to ko potapol no hiya ray, hatini ray, (salamal sato kamo to kawpiren haw)" han to ni Tatakosan, "hay hay" sato. Iyaan ko saka, raan sato ray, "(calipacip han ko pisa'ma' namo haw) hanaw ko sowal." han to ni Tatakosan. Hae:n han ako ko nipaini tisowan haw, han ako ko sowal, hatira kiraan.

又說：「這些經咀嚼（nipa'pa'an）發酵（pocapoc），約至三米厘長，你們就照著我說的這樣做就好。」Tatakosan 如此叮嚀著。他們回答：「是！是！知道了。」

22 Iyaan ko saka, "ano taneng han to namo to sepat a romi'ad ano kaeso' to matira i, patala koreng han haw!" han to ni Tatakosan. "i, awaay ko koreng niyam i" sato ira sa, "awaay ko koreng?" sato "nanicowaay a koreng?" sato.

Tatakosan 說：「四天之後取出嚐嚐看，若是甜的就倒進陶罐。」但

---

1 mahoiyong 是祭詞，意指 fangas（苦楝樹）。

是 Lapac Ngocih 說：「我們沒有陶罐了。」「沒了嗎？」「哪來的陶罐？」

23 Iyaan ko saka, "masai Calipacip i alaen ta kina koreng haw? iray, o karot iray, alaen. O faka to pikarotan nira alaen. O tawidwid alaen, ira 'atipal ira alaen. Dawasan iray alaen haw, iray, o tafolakay ira alaen haw!" sato ko sowal ni Tatakosan. Mati:ra haw.

Tatakosan 對 Calipacip 說：「你去幫他們拿取陶罐、梳子（karot）、束腰帶（faka）、腰鈴（tawidwid）、頸飾（'atipal）、頭冠（tafolakay）等物品。」

24 Iyaan ko saka, colal sato matira ko demak tiraan. "O roma han kiraan i tiraan matiya kina sowal ako haw. Ira mangata to kamo a mihiya ray, maemin ko tatafak tora ira 'ayaw no koko' manikar kamo. Sakinatosa aira (maranam) talaomah to kamo haw.

不久後，Calipacip 從天界帶回這些物品給人們使用。Tatakosan 說：「現在告訴你們每天播種時該做的事。雞啼前起床燒飯（manikar），並且在第二次雞啼時，用過早飯上田去工作。

25 Ira, maha:en kamo to pipateraterak to kawpireng, hanaw malasarakat kamo. Tahira sato i tira i talo'an ira. Fetik asa kamo haw. O fetik namo ira, "Ya Lopalangaw ira ci Tema'o'ol ini ko eraw, ini ko titi, ini ko toron. Ira tahini ci Honahonaw Sapaterok aci Tema'o'ol ira ci Afedo'aw Sapaterok ira Tartar Sapaterok, ira ci Tatakosan Sapaterok.

每到播種季節，你們就照著做，帶酒到田中小屋進行 mifetik，這是首先要做的事。」「你們向諸神獻祭時，要這樣說：『啊！Lopalangaw、Tema'o'ol、Honahonaw Sapaterok、Afedo'aw Sapateok、Tartar Sapaterok、Tatakosan Sapaterok，現在向祢們獻上酒、肉、糬粑，請接受吧！

26 Iraan tora ira, kiso Aropayan, romatini kiso a Talacay, kiso Losisidaw, pasisi:di ko taloma' haw no kapah ira mi'adop, ira a mi'oway." sa ko fetik namo haw. Hanaw ko sowal. Iyaan ko saka, inian ko sapifetik namo haw a tahira i pala kamo!" sa ci Tatakosan. Hanaw ko sowal. Iyaan sato "Ayi ina ra:wan kelikeli'" sato. "O maan a kelikeli'an?" sato, "O rarar han kira haw? " han no fa'inay, "Aya rarar han ko namo ira, o kelikeli' han no malataw, han ko no niyam" saan, hanaw ko sowal.

Aropayan、Talacay、Losisidaw，惠賜年輕人打獵時好運，保祐他們採籐時不受傷。』」Tatakosan 如此教他們行獻祭。又說：「你們到山上的時，也須照著這樣做。」Tatakosan 又說：「伯母將我放在那兒的 kelikli'（小鋤頭）拿給我。」[2]「什麼是 kelikli'？那不是 rarar 嗎？」「哦！你們叫 rarar。」

27 Iyaan ko saka, pasawalien ko patek, pasaetipen ko patek ira pasawalien falo. Iyaan ko saka, "Ari ina, (kolasiho tora no paiyal) " sato i tira ho i ti:raw. "Alai to ko hiya" sato. Ira sa, soperar han ni Cihek "Ayi kira o 'arikarik!" sato soperar han to nira sa epod sato a sasepat. Hae:n han ako ko sowal haw.

又說：「將八支小鋤頭放在庭院，並將每支小鋤頭的柄朝東、南、西不同方向擺。」再說：「在院中噴灑。」然後繼續說：「把 'arikarik（草蓆）拿過來。」[3] Cihek 把草蓆攤在地上後，四位神就降到地面上來。

28 Iyaan. ko saka, ya sato ray, "Namo kinian o eraw ato finawlan haw. Alacecay kamo to kaliling, mimaanay?!" han to ni Tatakosan kira sa, "inian ira i matini iray, cika maen kami tiraan. Ira o salang ko kaenen niya:m, no salang no eraw" han to ni Tatakosan, ira sa sangataa' sato ko finawlan.

---

2 kelikeli' 是祭詞，意指 rarar（小鋤頭）。

3 'arikarik 是祭詞，意指 sikal（草蓆）。

Tatakosan 說：「這些酒糟你們拿去吃，每人分一支湯匙，我們神仙只喝酒糟汁。」眾人聽了這些話只發呆地注視著神。

29 Ira o kawas ray, tadamaan ko tireng,hanaw ko sowal. Cingisngis i tini, cifanoh tinian, fae:cal ko tireng ni Tatakosan aci Cingacingaw, ira ci Calipacip aci Sakadat. Hanaw ko sowal. Iyaan ko saka, saan iray, misa'afa'afang ci Tatakosan, ci Safak iray, ma'asiway ko takod, cokilang sato a mapatay. Ira, "Ari hiya mapatay kini?" saan, pohpoh han ni mama nira ni Mayaw ray, cika hanhan. Adada ray, cacalicaliw san ko mato'asay ray, cika hanhan.

因爲他們是神仙，所以容貌與人不同。像 Tatakosan、Cingacingaw、Calipacip、Sakadat 儀態高雅，有鬍鬚，體毛，帥極了。這時，Safak 跟 Tatakosan 頑皮，不小心碰到 Tatakosan 的手杖，立刻倒在地上死去。Mayaw 進行了 mipohpon（以芭蕉葉拂拭治療）也無法救治。部落的老人輪流替他施行 pohpoh（撫摸治療）也無效。

30 "Masa i, takosen aca ci Cingacingaw Sapatrok haw! iray, ci Macowang Sapaterok ato wawa nira ci Paelih no Cidal. Iray, aci Angahiyaw iray, ci Lamih no Cidal Nakaw Lamih." han to ni Tatakosan ci Calipacip ira sa, ira 'araw to cayra i, awaay a ma'araw i faled, hala:fin colal sato, iray i, sasepat.

Tatakosan 急忙把 Calipacip 招喚過來說：「快去天界！請 Cingacingaw Sapaterok、Macowang Sapaterok 和其子 Paelih no Cidal 和 Angahiyaw、Lamih no Cidal、Nakaw Lamih 過來。」不久他們全來到人世。

31 Iray, i tira i loma' ko fa'inay ni Cingacingaw Sapatrok, hay ci Macowang Sapaterok rok fa'inay. Iyaan sa nipalihikedan nira ira ci Angahiyaw. Ira matira ko demak haw, nika saan ako kinian. Ira tahira sa tora i, "I cowaay wawa iso ko mipohpohay?" han to ni Tatakosan hanaw ko sowal. Iyaan ko saka, "A inian to sasafaay ako kirami ci Nakaw Lamih" sato.

原來 Cingacingaw Sapaterok 的丈夫 Macowang Sapaterok 及 Anga-hiyaw 也受差遣與 Macowang 結伴從天界下凡。Tatakosan 問：「哪一個孩子要進行 pohpoh 治療？」「最小的 Nakaw Lamih。」

32 Iyaan ko saka, "Olili alaen ko palih oli!" sa to looh, irato. Iray, "maanen ako ina?" sa tora i, radiw saan nira ira, "han ko radiw haw" sato. "Yo: fafang yo fafang ka cikafang ha nima? Ira to cikaroropen han nima? ira kacitalip han nima!" sato. Hanhan sato, "nanom ako ina" sato ci Safak.

於是，Nakaw Lamih 說：「將 palih（芭蕉葉，人間稱 looh）拿給我。」拿來後又問：「我該如何進行 pohpoh？」Tatakosan 教他唱歌。「孩子呀！誰叫你穿上長衣，戴上頭巾，繫上腰帶？」唱完，Safak 醒過來說：「媽！我要喝水。」

33 "Ari pakanatosa i!" sato; "Yo: fafang yo fafang ka cikafang han nima? ira cikaroropen han nima? kacitalip han nima?" sato ray, aro' sato. "Ayi hemay ako ina" sato. Pakaen han to. O samamaan mama:an haca, o caay to ka adada. Sa ko sowal no mato'asay.

再進行一次 pohpoh。「孩子呀！誰叫你穿上長衣，戴上頭巾，繫上腰帶？」唱完後，Safak 坐起來說：「媽！給我飯吃。」如此一來，身體完全康復了。

34 Iyaan ko saka, "matini sato i, ma'orip aca ko wawa matira ari, patakiden kini kamo o finawlani" sato. Raan maepod to ca Tatakosan a sasepat, matipelas to ko i 'ayaway ko tatakel i, sanay kira. Hanaw ko sowal na Makaciw aci Singsi. Hanaw ko sowal. Iyaan ko saka, ra sato "matini ha nina ko cinglaway?" sato tere:p sa ko finawlan. "Sakilacan to koyo tafolak!" sato, tosa polo' kina tafolak.

Ira sa, ko sowal no mato'asay tahamatini. Hanaw ko sowal.

Tatakosan 說：「現在孩子救活了，你們喝酒吧！」神仙們也坐下來。但眾人不斷地擠上來，把前段的床台都擠歪了。Tatakosan 問道：「你們當中哪幾位擅於言詞的？」眾人不出聲。「那麼把頭飾（tafolak）分給大家吧！」頭飾共有二十個。

35 "Inian haw ira, nina takos i matini ni iray, no i tiniay kina takos ako haw, ni mama ni Mayaw, ira malosaka'ilol no wawa matini" hato. Masaay kiyo takos? han tora i, ira hatini ko hiya ira malikakong a matini ray, pamaray han i tini, tahini i sera ray, o fafakelo. Iray, raan sato iray, paongiyol han to ira paopih, yo han to ira paopih han to.

Tatakosan 說：「這裡還有我的頭冠（takos），爲了留當紀念（ka'ilolan）留給 Mayaw 和他的孩子們。」這個頭冠像頂帽子。帽頂呈彎曲狀，帽緣插有長短不同的羽毛，還有各式各樣的裝飾及絲帶等。

36 Matira ko demak nira sa, "Haenen ko pisanga' namo o finawlan haw, malo saka'iray a talaomah, a mipaterak iray, saka'iray no wawa a mitatala to kafelecan. Ano miala to kalacikac malosapihiya no wawa." sanay ko sowal haw. Hae:n han ako ko sowal. Iyaan ko saka, malo ko cifa^lohay tosa a polo' ko citafolakay. Hanaw ko sowal tiraan. Iyaan ko saka, sowa:l sato to demak kiraan iray ira, "I matini kiraan iray, i, pacefa aka kasaan haw a mihiya haw! o hatiyaay a folad kiya ira, i tiya kamo a matiya haw.

就這樣，Tatakosan 說：「你們大家要照這個方法製作頭冠。」讓上田工作的人以這頭冠爲榮耀，孩子們在家等著父母從田裡回來，也以這頭冠爲榮耀。」因此二十餘位戴著嶄新頭冠者必須重視聚會時間。不能隨心所欲違反戴頭冠必須遵守的習慣。

37 Ta, maherek a mipaloma iray, "o:y mawoc kita to sapihiya sapisatamod!" sato. Iyaan ko saka, a, pisatamodaw sato. Midayoan ho kiya no tamod. "Satamodaw kamo ato misama'ma' haw! kemkemen namo ko nilaloan, han to namo ko sapisaepah!" sa tora sa hatira kiraan. Iray, halafin to o maan sa tora i, "o:y palomaen to ko hafay!" sato. Matira ko demak tiraan sa, ira ko pakafana' haw to sapisaloma' iray, to saka mawoc sapisatamod, mawoc to saka sapipahko, yosanay kinian haw.

播種儀式結束，頭目召集部落住民商議製造酵母事宜，並指示開始釀酒。不久又下達播種小米、修建房子、製作酵母之聚會、禁食等事宜，準備進行一系列的祭祀活動。

38 Iyaan ko saka, ra sato tiraan, ira, dadaya a mihiya a mawoc tora i, mirarar ko kapah to lalan no niyaro'. Hanaw ko sowal. Dafak sa tora i, mipahko haw, maen a mico'ol to kalang, to foting a maen. Fayfahi sa tora, maen to mico'ol to yasay. Hanaw ko sowal. Iyaan ko saka, dafak sa tora ira, mifetik to. Hanaw ko sowal. O sata:pang no kapah a mikiepah. O sapalengaw sa ray, tira sa i kakitaan iray ato kalas ato papikedan.

晚上，青年組集體進行修路工程。次日即是準備日（mipahko），此日是最後一次可以吃螃蟹和魚類的日子。翌晨，滴酒祭結束，青年組開始飲酒活動。大頭目和老人組及青年幹部們，則在祭司（kakitaan）那裡行滴酒祭。

39 Iyaan ko saka, fetik sato ko paiyar no kakitaan iray ra, sapa-lengaw to. "Kamo o mapatayay a kakitaan iray ira, ano maomah ko wawa tiraan iray ra, sapi'en ko lalan sakatalaomah haw. Matokinilay a fokeloh, malacakaway a masay to kapot, ano malifok kiranan a matiya kiyaan salongan matira hakiya?" sa, ko fetik no sapalengaw to patay no parod no kakitaan.

祭司即 sapalengaw，祈禱：「諸位，仙逝長輩，求祢們讓山路直平。

若是有阻礙的石頭，把它挪開；若是有雜亂的葛藤及樹葉等，把它撇開，好使孩子們前往山上工作時，無礙好走。還有，諸位仙逝的祭司也一樣祈求祢們賜福給孩子們。」

40 Roma sa tora ira, "ya kamo o malokomokomod; ira ci Honahonaw Sapaterok, ira ci Lopalangaw Sapaterok, ira ci Ma'o'ol Sapaterok, ci Afedo'ay Sapaterok, ira ci Calipacip Sapaterok, ira ci Tatakosan Sapaterok, ira ci Raropayan Sapatrok.

又祈禱：「諸位領導者（komokomod）：Honahonow Sapaterok、Lopalagaw Sapaterok、Ma'o'ol Sapaterok、Afedo'ay Sapaterok、Calipacip Sapaterok、Tatakosan Sapaterok、Raropayan Sapaterok。

41 Ira ci Asalaay Sapaterok, ira ci Losidaw Sapaterok, ira ci Matonton Sapaterok. Ira ci Kelikeli' Sapaterok, ira ci Lopakacaw Sapaterok." Ira matira ko pifetik haw to komod haw, i faleday a komod. Hanaw ko sowal tiraan sa, dafak sa kiraan iray, maherek a malahok kira i, mimalikoda to ko kapah, ira, 'ayaw no koko' riy mapaherek to. Ira dafak sa tora ira, mimalikoda saromi'ad sa malikoda, tangasa sa 'ayaw no koko' a malikoda ko kapah haw. Hanaw ko sowal.

Asala'ay Sapaterok、Losidaw Sapaterok、Matonton Sapaterok、Kelikli' Sapaterok、Cilopakacaw Sapaterok，祈求祢們惠賜我們人們一切的福樂。」這些領導者（komod）都是在天界的祖先。次日下午，青年組開始歌舞，一直到翌日雞啼之前才結束。即當日白天整日歌舞，至翌日雞啼之前才停止活動。

42 Iyaan ko saka, sacisaka'iray sa ko kapah ira, o dadinas Pacora' hatini ko cora' lima i tini, pahaen han i tini to mamang poeneray a opih no 'ayam i tini. Haenen ko hiya, maherek i tini i tini i, o no tenga'an a cora' haw, hatini tini ko hiya. Iray, pamiramir han a matini ira to padohapoh no fitonay. Hanaw ko sowal. Iyaan ko saka, sowa:l sa tora ira sa, cipaliyoken ko kapah, ci fakih sato ko kapah. Hanaw ko sowal tiraan.

這一天，青年組在頭上及頸上掛著許多裝飾品，唱歌、跳舞。男青年的頭冠是 dadinas，[4] 插上五根長的山雞羽毛及搭配短的家雞羽毛，再貼上大竹（fitonay）的白皮膜裝飾，閃閃發亮眞是好看，又穿著paliyoken（上衣）及 fakih（上衣），熱鬧無比。

43 Yo fafahi sa tora ira, cisafinalan to cisalilit to, hatira kono fayfahi miki'araw to malikodaay. Hanaw ako. Iyaan ko saka, iyaan sakatosa tina romi'ad iray, kamae:nan to 'ayam haw. O dafak ko sakamaen sapalisomad to tireng no mita sato. Maraeked a mihaen yo o wawa. Hanaw ko sowal.

婦女們也戴著頭飾（safinalan）、頭巾（salilit）等飾品，觀看男人們跳舞。第二天早餐，男女老幼飽食雞肉，以促進身心健康。

44 Matiniay ako kiraan iray, patayra sa i tini i sapalengaw. Iyan ko saka, "pohpohen kami mama" saan a emin. Hanaw ko sowal. Ira sa, i pifetikan hanaw ko sowal tiraan haw. "I: makakapalisomad no wawa ako i matini!" (ano tosa polo' haen han ko kamay matini.) iyaan ko saka, "kamato lalidec, kamato 'amedac aca, kamato kiyafes aca.

此日，拜訪 sapalengaw 的人很多，主要是請求 sapalengaw 進行撫摸治療（pohpoh），而且此地是滴酒祭（fetik）之處。sapalengaw 祈禱：「祈求神靈賜孩子們日日安康！」（也許有二十多個人），sapalengaw 的手不斷地在孩子的頭上揮舞著，口中唸著：「祈望孩子們長得像九芎樹（lalidec）、蛇（'amedac）及蕃石榴（kiyafes）脫皮般煥然一新。」

---

4 dadinas 是豐年祭時青年男子戴的頭冠，太巴塱稱 potay，南勢阿美稱 tingpi'。

45 Ano la'eto to ira, ano lalisan ira, ano faedet ira, ano tangal iray ira, ano doka' tora, paterasay a dokadoka'. Hanaw ko kiraan sa, ka i papo:tal to no karayan!" tirotirok sa a matini to nanom ko lalidec. Iyaan ko saka, "Ari pasa'amisen" sato. Ira, ya sato matini haw ray ira, ano sawni kiraan iray, (namahaen kira ira, haen sato) "kao tengtengay ko cilipasay, sakalakowaw, sakalapalang no wawa ako!" han to no sapalengaw. Mahaen kako to ilisin.

祈求這些孩子們不致於遭逢逆境、發燒、頭痛、生瘡、受傷等。假如不幸遇到這種不順遂的事，懇請把這一切災難都趕往九霄雲外。」一邊祈禱，一邊拿著九芎樹的樹枝沾點水揮灑在孩子的頭上。最後，叫他們轉身向北方，sapalengaw 又祈求：「讓這些孩子們如同天空飛翔的鷹鷲（kowaw）、烏鴉（palang）般活潑快樂。」

46 Maherek tora ira ho ko tosa a polo'. Iyaan ko saka, "Tangsolen kami mama a miphpoh" saan, ira ari talapotal sato. (Ira pangatif to raritingan no mira i,) "I: matini a palisomad. to mihecaan kira iray, ano paloma ko wawa ako to hafay, to panay, to fonga, to tali iraan ira, pa'o'o:len haw!, palamiti a matiya, patafedo' a matiya haw!" sa kira. Mido^do kako to pipohpoh no mato'asay. Hanaw ko sowal.

一批人走了，又有二十位青年來懇求大頭目為他們祝福。大頭目滴酒禱告：「天上的諸神啊！在季節轉換之際，懇請為孩子們種植的小米（hafay）、稻子（panay）、芋頭（tali）等作物，降下甘霖滋潤它們，並且風調雨順使其豐收。我每年於豐年祭（ilisin）時，就是這樣進行 mipohpoh。

47 Iraan ko saka, o roma naikoran iray, ira ko tolo a polo', ira matira ko demak tiraan ira sa, "ari mama pohpohen kako" sato. "I: ano o calak no wawa ako kiraan ira, ano o kemi no wawa ako kiraan iray, papotal to no karayan haw. Ira ano da'ecel a matira iran ra, i papotal to no karayan. Ano o faedet to no wawa ako kiraan iray, papotal to no karayan!" han ako.

豐年祭時，超過三十人前來請求進行 mipohpoh。我還是同樣祈禱：「諸神啊！請把這些孩子們的一切病害，如肝炎、肺癆、瀉肚、發燒等，趕到天界外。

48 Iyaan sa tora i, "Tadapaliso:mad no kapah no niyaro', (teka no niyaro') ira sakatamelac ho. Hanaw ko sowal, anini sato ray, (caay ka matira saka) pakafofod han matiya haw. Ira ko cifingtingay ko ci'o'olay, sakalakowaw, sakalapalang no wawa ako!" han to no mako. Nanosowal alae:n ako ko no 'a'ayaw a sapipohpoh. Hanaw kiraan, hatira kiraan.

並讓青年們日日平安，前途光明，如霧水，亦像鷺、烏鴉般活潑快樂。」這個 sapipohpoh 的方式，是我照古人的方法進行的。

49 Ira sato kiraan ira, maherek a mipohpoh iray, malikoda to ko kapah matira. Matira ko demak tiraan sa, dadoydoydoy saan a malafi. Maherek a malafi iray, tayra i kalikodaan, maherek a malafi i, tayra i kalikodaan saedeng sato ko caay kalafi. Ira matira ko demak ira sa, tahadafak sa malikoda. Hanaw ako kiraan haw. O sakatolo a romi'ad kiraan ilisin.

pohpoh 禮畢，青年們進行歌舞。再依長幼順序前來用晚餐。晚飯後，眾人一起歌舞，直到天亮。這是豐年祭的第三天。

50 Dafak sa i, o Pihololan kiraan to mapatayay. Hanaw ko sowal. Ya sa i, sakatosa o kalaholahokan no awid, o matiraay ca Nofu mifetik. Ira fetik sato ko parocekan; "Ira matini sato iray ira, i: hadimelen ko lalan haw, ira aka melien ko kawal haw, ini o lalan no niyaro' nga'ay awaay ko congras!" sa ko fetik no papikedan. Haen han ako ko sowal, ira hatira ko sowal.

次日，稱 pihololan（慰安），即祭拜亡靈之日。再說，第二天為各年齡組的聚會。例如 Nofu 組，這個時候他們會舉行滴酒祭。被指定的青年領導階層獻酒祈禱：「天上的老族家啊！懇求清除道路的障礙，扶住梯子不要滑落，以免部落大眾往來受到障礙絆腳。」

51 Palo han no kaka ci'aresing ko pacacoy no mato'asay, ma'opic ko hetaw no fayfahi sa tora sa, iraan sapipalo haw no kaka. Haen han ako ko sowal. Iyaan ko saka, macangal ko kaka to saka masa ko cisemotay toyo o lalan a maemin i tini i kasaciwaciwa' no pala howa. Hanaw ko sowal sa, ngodo sa ko no 'aya'ayaw haw. Fayfahi sa tora i, mihaen a mitahpo to pising ato mata, a mita'elif to hiya mitatala. Hanaw ako kiraan sa, inian ko sapaini haw. Hae:n han ako ko sowal.

古時，老人們的下身只穿著遮陰布，婦女們也只用腰巾遮蓋下身，走山路時，容易被露水濡濕。因此，青年幹部命青年組先清除淋濕遮陰布和腰巾的露水。此時若有人偷懶，就會受上級挨打處分。各家田地邊界道路雜草叢生，當大家經過此路時，男子們的遮陰布容易被雜草掀開暴露下體，跟在其後的人見狀會感到害羞。婦女們，看見這種尷尬的場面時，常遮面蒙眼不敢看。

52 O roma to kina sowal ako haw. Iray, tangasa sato i sakalima iray, malitafad to ko kakitaan, ira pakaen to ko cilipacay citafaday, ira to 'oled, ira to (a, malawa aca ako ma!) i pifetikan nira ira, pakaranam to mipatayay to citafaday. Hanaw ko sowal. (Iray, ya sowal ako i honiay iray, ma'efat ako) Ira sa, patahefod sato i sakalima iray, malitakar micapo' to folo'. Iyaan awaay ko fidfid. kiraan iray, cecay fafolo'an ari tomiyac ko hawan. (Yaan citafaday i, fek han nira sefoy saan matakop.) Hanaw ko sowal. Maherek a mihaen iray ira, fetik han to no sapalengaw haw. Iray, "Ini to ko hemay, ini to ko 'oled, ini to ko titi, ini to ko toron.

第五天，祭司舉行獻首祭，獵首者也來祭拜。他們手拿著生米糰向獵首進行 fetik。此日，獵首者受邀招待吃飯。年輕人舉行採砍箭竹的比賽。比賽的方法，每人手持一支箭竹，只揮動一次蕃刀，把竹砍掉即可。但那些未獵到人頭的，還是失手未砍掉竹。輪到經常獵到人頭的勇士，只見蕃刀一到手即刻砍斷。比賽結束，sapalengaw 為參賽者祈禱：「天界的老祖宗，這裡有飯生米糰、豬肉、糍粑等食品，請祢們接受吧！」

53 Ci kaka tora i, ira pakicomocomod haca i tini i rarengrengan. Ira ci ina iso, ci mama iso, ira o peton ta maemin. Hanaw ko sowal, han to no sapalengaw a pakaen kiro o rarengrengan. Haen han ako ko sowal. Dafak sato riy, mali'alac ko Paiparoparod. Ira komaen to to foting to sakalafi. Hanaw ko sowal.

於是，又叫勇士們的父母，親戚在 sapalengaw 帶領下進入頭骨架前祭拜。次日是返俗的漁撈日，部落各家下水進行漁撈（mali'alac），[5] 晚飯時可食用魚類。

54 Ira, herek a malafi kiraan ira ira, mi'adop ko kapah iray, masapatona to kalas ato sapalengaw. Matomes ko titi (kala'aca kaka'acaay). Hanaw ko sowal saka, patona han kiraan to sapakaranam to dafak. Hanaw ko sowal. Iyaan ko saka, ya sato kiraan iray ra, o sapalengaw a cacay ato kalas ko maranamay. ya sa toraan o yo mama hananay iray, mafelec to. Hanaw ko sowal.

吃飽飯後，青年組為了翌日孝敬耆老和 sapalengaw 的早餐，上山打獵。青年組回來時獵物多，耆老和 sapalengaw 看了非常滿意。孝敬

---

5 阿美族婚喪喜慶之後必舉行漁撈抓魚活動，稱 mali'alac 或 pakelang，有脫聖入俗之意。依照萬物有靈論（animism）的信仰，婚喪喜慶是入聖的情境，之前必須節食，不能吃魚或有腥味食物。事後抓魚來吃，表示脫聖入俗，恢復正常生活。

耆老和 sapalengaw 的早餐稱 patona。而且參加早餐聚會者，只有耆老和 sapalengaw，其他父執輩各自返家用餐。

55 Maherk a maranam iray, sowalen to ko mato'asay, kotay han to no kapah. Iray tolon sato ko papikedan ira. tolo aawidan kamo mikalangay haw. Iray ra sato o teloc matini ira, Mitaro to 'osaw a mikafos i nacila sato, sacicering sato. Hanaw ko sowal. O cering no sapalengaw haw, o cering no kalas, iraan ko alaen. Hanaw ko sowal. Iyaan saka irato. Iray, tahira sa tora i, misafel to ira macacak to. Sowal sa tora i, mikipapah no looh haw, ira mikipalo' o podac no safiki malo no kalas kiraan. Ano tosa a polo' ko kalas, ano tatolo ko sapalengaw. Hanaw ko sowal.

吃完飯後，青年幹部報告說：「三個組的成員都去捉螃蟹。最下級的組員去捉小蝦。昨天未捉到的，今天全部捉回來！」於是，青年組用 sapalengaw 和老人組的漁籣（cering）去漁撈。捕獲回來的魚、小蝦很多。全部下鍋煮食當菜餚。因此，年輕人也忙著爲耆老找芭蕉葉和檳榔（safiki）莖來充當菜碗。[6] 參加餐會的耆老（kalas）約有二、三十位，sapalengaw 約有三位。

56 Iyaan ko saka, maherek a malahok kira ira, "Oli kapah alaen to ko losid namo anini ta cecay a lisin a malikoda kamo. Ano dafak i, mapapisorarat ko teloc." sato. Hanaw ko sowal, hatira kiraan. Lowad sato ko kapah. Ya sato o kalas (ari o faled, o siringan) (mafaha kini howa) hanaw ko sowal. Ira ki'eciw sa tora i; "o ho hiya heyehoy, he ye heya heyehoy!" saan. Mato'asay tora i, "ha he ha: he: he: hay, ha: he: hay" sa ko pilecad no mato'asay. Matira ko demak haw.

吃飽飯，老人組說：「青年們！今天是最後一天，明天還要修茸集會

---

6 safiki 是檳榔的別稱。

所，去！跳舞吧！」於是青年們全體出動參加跳舞活動。耆老組則有人領唱：「o ho-hi-ya he-he-hoy, he he ha-he-ya he-he-hoy」。其他耆老應唱：「ha he ha-he-hay ha-he-hay」。

57 Iray iraan sato o kapah tiraan iray; "Talacay ciwirokay, cihedadanga no wawa ni inaaw. Hey hey." sa ko kapah. Matira ko ki'eciw no miki'eciway. Hanaw ko sowal tiraan. "Oni o dongafol, hay hay" saan, hanaw ko sowal. Matira ko demak kiraan ira, ano eminen ako kiraan o likoda kiraan away to. Hanaw ko sowal kiraan.

青年組唱著：「talacay 鳳梨呀！ciwirokay 文旦呀！媽媽來吧！孩子們在這裡！」如此歡呼高聲唱歌。又唱：「山鹿啊！hay hay」唱著不停。要是叫我在這裡唱的話，唱不完。

58 Sa, rasa toraan papisorarat sato, saci fafoy sato. Pafafoyan ko misakopangay tatosa. Hay raan sato misakopangay o pakahong kiraan haw. O caay ka maen to sinafel. Hanaw ko sowal, ano tolo a miheca ira saci safa sato. Menac sato ko misakopangay maen to to sinafel, maen to to tefos, maen to to kodasing, maen to to rara', ira o fihon, ira to naniwac, haen han ako ko sowal haw. Hatira kiraan.

這一天，大家都要參加。尤其是要為 misakopangay 殺豬。這時，把豬一隻前腿分給 misakopangay 以示酬勞。因為這個 misakopangay 即是負有特殊任務的祭司團，不吃蔬菜。任期三年，由較資淺者接任。在任期內禁吃蔬菜，期滿後可以吃蔬菜。例如，甘蔗、花生、豆湯、米粉、綠豆等。

59 Yo saka, sowal sa tora i, dafak sa tora i, makisorarat ko kapah timolay ca soraratan. Iyaan ko saka, raan sa toraan iray, ano i tira a micomod to pisoraratan i, tira micomod ko awaay ko fafahi.

Hanaw ko sowal. Hatira kiraan. Dafak sa toraan ira, masasi'adopen haw. Hanaw ko sowal. Iray tiya sato ray, fetik to no sapalengaw. Sapi'adopan sapalengaw ko mifetikay. Hanaw ko sowal.

次日，青年組在南邊的集會所舉行新會員入會儀禮。這些新入會的未婚青年照慣例屬於集會所會員。次日，青年組全體入山打獵。出發打獵之前由 sapalengaw 主持滴酒祈禱。

60 Fetik saan kiraan iray; "Malafolad kamo o malataw haw! ira, kao wangawangay a waa', paroceken tamatiya haw. Ira ko tama' no kapah" han to no sapalengaw ira comod sato. Comod sato ko kapah tiraan iray, "patama'en ko kapah ako" saan. Matira ko sapalengaw haw. Ira hatira ko sapacomod. Hanaw ko sowal.

sapalengaw 獻酒祈禱：「天界的神啊！祈求祢們，護祐青年們能夠獵到頭角大又長的山鹿！」青年們出發後，sapalengaw 再祈禱：「請賜給青年們（kapah）很多的獵物吧！」加入階級的傳統過程就是這樣。

61 Ira sa, maherek a pacomod iray, tayra sato i cito'elay. Iyaan ko saka, ira misararong to. Ano tolo a polo' ko kasaawiawid iray, na caay kaherek mafekac ko cecay aawidan. Hanaw ko sowal tiraan.

入級儀式完畢，集體到種有許多茄苳樹的 Cito'elay 處集合，在那兒設置簡單的工寮。若青年有三階級，每一階級成員有三十多人，搭寮工作未完成時，僅派一階級上山打獵。

62 Iyaan ko saka, corok sa i sararem. Nika saan ako matiraay sa, i tira a milikaf ko papikdan haw; "Ira, i cowa ko mafetalay a mama? iray, iraan a masakohkoh, ira masafetaay a masay haw, ato kilang haw? iray, o kilang to katop, o kilang to dopai'aw kirami ira to kowacing kirami!" sa ko likaf no papikedan. Hatira kiraan haw.

青年組聚集時，青年領導階層趁機向青年們訓話：「各位組員，注意
聆聽，我們平常上山打野豬，在途中看到老人走不動，或是被路邊的
雜木、雜草絆倒時，應該扶持他們平安回家。」像這樣的行為就是對
長者的尊敬及服從。

63 Iyaan ko saka, sowal sa to roma mihehca ray ira, (o roma kona sowal ako) iray, malomawoc ko finawlan. Iyaan ko saka, sowal sa tora i, malekapapakay, kafit han ray. "Ako!" saan, "Cima kina i tiniay i laloma' no kilang sapapapakay?" hanaw ko sowal.

有一年，部落的老年組正在集會所開會，孩子們在路邊的大樹下遊
玩，其中一人碰到樹幹，聽到裡面有人喊：「痛呀（anako'）！」孩子
們聽到，驚訝地說：「是誰在樹幹裡面？」

64 Iyaan ko saka, felec sa ci Mayaw, mama ni Lapac Ngocih, iray, "kafiten ho mama ira kina kilang i 'ayaway iso ira kafiten ari! cinglaw!" ira kafit han matini iriy "ako'!" sato. "I? awaay ko pikeraan no fali i, na pakacowa kina tamdaw?" sato. Kafit han "ako'!" sato. Micongrar aca tayra i soraratan.

Mayaw（Lapac Ngocih 之父）回家途中經過此處。孩子們找他訴說：
「伯父，前面那棵樹會講話，你去碰它看看。」Mayaw 一碰樹幹，聽
到痛呀喊聲，納悶地說著：「奇怪！樹幹又不通風，怎麼會有人在裡
面？」於是跑到集會所告訴老人們。

65 Sowal sato to mato'asay ci Mayaw iray: ya han a kilang a mama kiyaan a 'araway i cikaw no lalan iray, o sakapapakay ko sakafana' ako. Kafiten mama kiyaan a kilang, "anako'!" saan sa kafit han ako "ako'!" saan, awaay to ma'araw ko cimacima kini a makat. Hanaw ko sowal sato.

Mayaw 跟老人們說：「剛才我路經一棵楠樹（'araway）時，孩子們

說觸碰那棵樹，樹就會講話，於是要我嘗試碰碰看。果眞有聽到『痛呀！』的回應，眞的有人的聲音，但卻不知人在哪裡？」

66 Ira sa, "olili Papay" han to no mato'asay saka. hakelong sa ci Mayawan ci Papay. Tahira sa tora i, kafit han, "anako'!" sato. "I？ninian sa cinglaway a kilang?" sa ci Papay. Hanaw ko sowal. Iyaan ko saka, kinatosa tora "ako'!" sato." Han ko miso Mayaw mangata ko miso a loma', ini ko mako i Malifoh a loma'" sato, ira fekac sa ci Mayaw.

老人們說：「Papay 你們去看看吧！」於是 Papay 和 Mayaw 一起去查看。到了那裡，Papay 一碰大樹，「痛呀！」喊叫著，Papay 聽聞，驚訝地說：「這棵樹怎麼會說話？」第二次聽到「痛呀！」叫聲之後，Papay 對 Mayaw 說：「Mayaw 你回家拿取砍樹的工具，我家住在 Malifoh 比較遠，不方便。」Mayaw 就跑回去拿砍樹的工具。

67 Halafin tora i. fek han ni Mayaw ira, "anako' a'ilocan ako!" sato. Ira fek han i, "ako o tatelecan ako!" sato, fek han to iray, "ako o tosor ako!" sato. Ira fek han to ira awa to ko cinglaw. Sa, opoh sa a miletek. Taliyoken tora ira, padamaan to ni Solol 'Alimolo ira sa, ngeloh sato. Sadak sa. tora ira, tadama:an ci Solol 'Alimolo haw, Takaraw saan, nika cingisngis nira sasalongan ko ngisngis. Cifanoh ko takelang.

不久之後，Mayaw 砍到上段，裡面說：「好痛啊！我的脖子。」砍到中段時，說：「好痛啊！那是我的腰部。」砍到下段時，說：「好痛啊！那是我的膝蓋（tosor）。」最後從底部砍下，就沒再聽到裡面的回應，於是加速砍伐下去。最後，出現 Solol 'Alimolo，他是一個美男子，高大、健壯，還留著俊秀鬍子、艷麗胸毛，眞是帥極了。

68 Ira sa, "cima kiso?" han to ni Mayaw ira, "kako ci Solol 'Alimolo mama" "Namimaan kiso pakayni i kongkong?" han ni Mayaw. O sowal ni mama ako ci Tatakosan aci ina ako ci Cingacingaw iray, "Nengneng sa kako i matini ira, masolepmasolep ko serer, sanay sa, matini sato ira, pakakongkong han no Kakacawan no pala haw, san ci mama ako saka, pakakongkong sa kako."

Mayaw 問：「你是誰？」「我叫 Solol 'Alimolo。」「你爲何在樹洞裡？」我父親 Tatakosan 和我媽媽 Cingacingaw 說：「人間越來越窮困，於是命我從楠樹到人間來，所以我通過楠樹的樹幹來到這裡。」

69 Iyaan ko saka, o sowal ni mama ako kiraan iray, ira. "Ano masacengo' kiraan o kakohiya iray, o mahoiyong ira mato iro fangas; mahoiyong han no Malataw ko fangas. Irawan mama ko kakacawan no palang iray ira, ano samatengo' kinana kakacawan no palang kira i tiya kamo paloma to carekcek haw!" sato ko sowal no mama ako. Hatiira kiraan.

Solol 'Alimolo 繼續說：「我雙親說也許你們已忘了他們曾經告訴過你們的話，苦楝樹發芽時，即開始種小米。楠樹發芽時，開始種稻米。」

70 Iray, kaitira i kahiceraan ako, no niyam haw, mato'as to kira ci Lapac Ngocih ko wawa, ci Cihek ko ina ci Mayaw ko mama. O sasafaay sa tora i, ci Mi'aot, sasafaay ci Safak, sa ci mama ako ci Tatakosan" sa tora i, ira, sowal sa tora i, caayho pakafana'en ni Mayaw.

我的父親說：「你到人間時，一定要先去父親住過的那一家，即 Lapac Ngocih 家，也許她已經長大，她的母親名叫 Cihek，父親名叫 Mayaw，兩個妹妹叫 Mi'aot 及 Safak。」此時，Mayaw 沒告訴 Solol 'Alimolo 他就是 Mayaw。

71 Iray, iraan sato riy, "tatatatata mawoc ko finawlan tata" han nira "matalaw kako mama to kalalikid, matalaw kako to fodofodo'" saan. "Mafokil kako a makat" sato. Ira sa, fafa han ni

Papay. Haen han ako ko sowal haw. Ira sa, tangasa i soratan iray, "yo makaditay a toko tira to a moko." Cima kiso 'inay?" han to ira, "kako ci Solol 'Alimolo" sato. "Da, wawa ako" han to no mato'asay.

這時，部落大眾正在集會所開會，Mayaw 對他說：「走！走！我們去參加在集會所的大眾聚會！」但 Solol 'Alimolo 卻說：「我怕牽手跳舞，也怕灰塵，又不會走路。」因而由 Papay 背著他到集會所。抵達集會所，先讓他坐在屋內大柱旁邊。老人問：「你是誰？」「我的名字叫 Solol 'Alimolo。」「好！我的孩子。」老人們這樣歡迎他。

72 Iray, o sowal ni mama ako tiraan iray, "cecor han i matini ko serer i, masolepmasolep iray, pakayra han to i kakacawan no palang haw, pakakongkong no kakacawan no palang haw" sa, ci mama ako. Sanay sa, i ti:ra kahiceraan, talingasaan ko kami haw. Mato'as to ci Lapi kira saci ina sa, ci Cihek, saci mama sa ci Mayaw, saci safa sa tora ira, ci Mi'aot ira, o safa sato ira, ci Safak o sasafaay sa, ci mama ako sa kaitira a mifafahi haw nga'ay i tira to kiso a mihiya.

Solol 'Alimolo 對老人說：「我是奉父命來到人間。父親從天上往下界看望，發現人間的生活越來越不理想，因此我藉由苦棟樹洞來到人間。父親又吩咐，先到父親曾住過的那戶人家，即 Lapac Ngocih 的家，也許她已長大，她的母親叫 Cihek，父親叫 Mayaw，一個妹妹叫 Mi'aot，最小的叫 Safak，同時告訴我，要跟 Lapac Ngocih 結婚，因爲我要做很多事。

73 Ira a, matini sato i, mapawan to to sakangayaw, mapawan to to sapisakopang, sapisaawid, sa ci mama ako" sato. "A, fana'inay" sato, "Oli Mayaw! Pa'ayawi ko fafahi iso ato wawa iso, saan ko faloco' ako. Olilili!" han to no mato'asay. Ira doedoen to ni Papay ko mato'asay a mirierid. Tahira sato ci Mayaw iray, "Na'ay mama! Na'ay mama! o kawas. Ira aka i, o kawas, matalaw kako. Sa, o kawas hani na'ay kako, na'ay kako mama, aka pataynien, milaliw kako!" han to ni hiya ko sowal ira ni Lapac Ngocih. Hanaw fio sowal.

父親又吩咐我，看來世間的人們都忘記要舉行出草、祭祀、年齡組編成等儀式，實在無法再容忍，因此命令我下來指導你們。」Solol 'Alimolo 說完，老人們很高興地說：「好孩子！我們為你高興，我們去 Mayaw 家吧！」同時對 Mayaw 說：「走！去告訴你的妻子和女兒吧！」於是，Papay 陪同老人們一起去 Mayaw 家。Mayaw 回家告訴了 Lapac Ngocih，她哀求說：「爸爸，我不要跟他結婚，他是妖怪，我怕，要是爸爸把他帶來，我就逃走。」Lapac Ngocih 非常不願意。

74 Iyaan ko saka, lima ko dadaya no kalas a misimaw. Ira ci Solol 'Alimolo iray, katimol no parod (ka'amisay a parod) a sariri. Toko: sa misakadafa mafokot ko kamay. Tahadafa:k saan a mi'iwa'iw ci Lapac Ngocih sowal ni 'Alimolo. Ira, saromi':ad saan, sadadaya: saan. Ira matira ko demak. O inget ni Lapac ngocih to wawa ni 'Alimolo. Iyaan ko saka, "Naw? ira matira sato ci Solol 'Alimolo ko kapah? sasalongan ko ngisngis ni 'Alimolo? Iyaan ko saka, matini sato tora i, aka ka saan 'inay haliwawa kako" han to ni ina nira ni Cihek aci Mayaw.

討論了五天，雖然老人們盡力說服，但無法打動她的心，堅持不答應，這時，Solol 'Alimolo 坐在北側的火池旁，非常失魂落魄。父母說：「你看，他哪裡不好？他的鬍子不是美極了嗎？這麼帥的青年誰比得上呢？我們很喜歡 Solol 'Alimolo，你快答應吧！」

75 Ira sa, sowal sato ray ira, o kalas to, "wawaaw a engo:y, yamafana'ay to sakaomah kira ci Solol 'Alimolo na'ay aka ka saan. Namaco:wa ko tireng a matiya ira, pakakawase:n pakakawasen aca sapikasoy, kamaomah ni Solol 'Alimolo!" han no mato'asay "hay mamaan to saw, mafana' ko kawas a maomah? Mafana' a mikasoy ko kawas?" han ni Lapac Ngocih ko mato'asay.

老人們也說：「孩子，你聽著，這是位能幹的青年，難得的美男子，會做所有的事。例如，砍柴、種田等，沒有一樣不會做的。因爲他是 kawas（神之子），所以，你就答應吧！」Lapac Ngocih 回答：「是嗎？誰說妖怪能做工？能砍柴？我不要！我不要！」

76 Ira sa, dadaya ri sowalan no mato'asay, romi'ad sowalan. Letep sato roma dafakan ira, "Mayaw, aci Cihek wawa!, ira taloma' to kami i tira i loma' a 'ina:y engoy, iraan sato kiraan iray, aka tata'angen ko sowal to wawa haw! aka pipalo ci Lapacan na'o:n han ko sowal." sato.

老人們雖日以繼夜地說服著，仍是白費口舌。最後老人們對 Mayaw 及 Cihek 說：「孩子，我們到此爲止，回去了。你們不可對 Lapac Ngocih 魯莽，也不要打人，要親切地慢慢說。」

77 Ira sa, "Na'ay mama mido^do to 'iwa'iwen ako" sato. "A, na'onen ha engoy ko demak kiraan haw. Cima ko 'a'ayaw ni Solol 'Alimolo anini? Awawa:ay ko matiniay i tiniay a kapah, saan ko faloco' matiraay kira." han to no kalas ira sa piyoc sato. Iray, tangasa i kaherek no lahok iray, milaliw ci Solol 'Alimolo. Tokok sato iray, pisoraratan no mato'asay haw. Hanaw ko sowal ira sa, itira to a moko.

Lapac Ngocih 說：「無論如何，我絕不答應。」老人們說：「孩子，妳靜一靜，不要激動！好好想一想，這是爲妳好，我們保證這位 Solol 'Alimolo 一表人才，這裡找不到比他更好的青年，妳放心。」說完就走了。大約午飯結束之後，Solol 'Alimolo 跑到老年組集會所，而且在那裡住下。

78 Caay hanima ka i fale:d to to dadaya, dafak makataengad ray, malaenoan ira mamoko to romi'ad (dafak sato i, a,) dadaya sato i, to'eman to i, talafaled to, dafak sato i, malaenoan to ci Solol

'Alimolo. Sa ko sowal no mato'asay haw. Iray, ya sato sakatolo a dafak iray; "Ina i" sato "Icowa ko tamako?" sato, "Ira: i dofot ako kiyami saw!" sato. Ira sa, ala sato to kaci i dofot ni ina. "Icowa ko kopang?" sato. "Alaen!" han ni ina ci Cihek ato ci Mayaw o mama nira.

因為他是神仙的孩子，所以晚上天黑就回到天上休息，次日早晨，再下來坐在集會所。傳說是這樣的。第三天早上，Lapac Ngocih 忽然向母親詢問：「媽媽啊！香菸（tamoko）放在哪裡？」「放在我的袋子（dofot）。」母親回答。她就去拿香菸與打火石（kaci），又說：「媽！我的 kopang（香菸之一）呢？」母親就給了她。

79　Iyaan saka lipot sato ci Lapac Ngocih. Maherek a milipot iray ira; "O 'icep ina i?" sato. Ray, "Ira: i dofot kiyami saw, i henakalang ato fila'." han to ni ina nira ni Cihek. Sanay kira. Iyaan ko saka, ti'enec i fodoy kiyaan a 'icep. Ya sato a lipot i, palamal han to nira. Ira tangasa sato i tira i soraratan no mato'asay, ra ira; "Solol!" caay paca'ofen ni Solol. "Solol!" caay paca'ofen ni Solol. Ira sakatolo iray; "Solol!" "oy" sato.

Lapac Ngocih 把菸葉包捲後又向母親說：「媽！檳榔放在哪裡？」母親告訴他檳榔和荖葉都放在檳榔簍（henakalang），她就自己去拿。然後，Lapac Ngocih 把檳榔放入口袋，香菸點上火，就跑到老人組會所去找 Solol 'Alimolo。「Solol！」她叫。又叫「Solol！」但未得到回答，第三次叫時，他才回答：「我在這裡。」

80　"Ini:to i, no cika taloma'? o maan ko kaen iso Solol?" sato. "O maan ko kaen ako? i tini kako!" han to ni Solol 'Alimolo. Sanga'an to ni Solol 'Alimolo ko faloco ni Lapac Ngocih. Sa ko mato'asay. Ira sa, halifa'inay to. Hanaw ko sowal. Iyaan ko saka, "Iya, ka o tamako ho ko 'ayaw iray, maherek a mitamako ray, 'icep han haw, mihacola ho kako to nanom. Talaen kako no honi!" sato.

「哦，你在這裡？怎麼不到家裡玩呢？你在這裡吃什麼東西？」「我不吃東西沒關係。」Solol 'Alimolo 回答。因為 Solol 'Alimolo 改變了她的心，所以她愛上了他。這是古人說的。Lapac Ngocih 親切地說：「你先抽香菸，再吃檳榔，我去取水，你在這裡等我回來。」

81　Ira sa, hala:fin tora ira to ci La|pac Ngocih, "ta ta ta ta ta!" iray, "tata tala 'a'ayaw" "ta ta hani!" "ta ta tala'a'ayaw" "ta ta! micofaya kiso!" han to ni Lapac Ngocih, ira sa, epod sato ira sa, i 'ayaw sato. Tahira sato i loma' iray, comod sato i fawahan iray. "Eda ci 'inay ako," sapohpohpohen to ni Cihek ina ni Lapac ira ci Mayaw. "Na o maan ko kaenen iso. Solol? Ira tolo ko dadaya no wawa ako caay ka nga'ay ko faloco' ako a 'inay, ira sacikelal sato eda ko wawa ako!" han to no ina no to'as to ni Solol 'Aalimolo. Hanaw ko sowal.

不久，Lapac 回來，對著 Solol 說：「來，走吧！你走在前面，否則你會跑掉的。」Solol 'Alimolo 就走在前面，一起到 Lapac 家去。到了家，Mayaw 和 Cihek 很高興地說：「我的孩子，這三天我們實在為你擔心，你不吃飯怎麼可以呢？」邊說邊撫摸 Solol 'Alimolo 的頭。

82　Iyaan ko saka. ra saan tora ira, yano cieraway kira ira, caay ho ka cacak ko eraw, patayra han no papikedan ko eraw ira matomes ko kato. Iya sa iya ko kaenen ni Solol 'Alimolo haw caay ho ka maen to hemay. Hanaw ko sowal sa, o eraw to ko kaenen ni Solol 'Alimolo. Nikasaan ako sa, mahaki tiniti:ni aca halifa'inay ci Lapac Ngocih haw. Hanaw ko sowal.

Solol 'Alimolo 還不能吃飯，只能喝酒，但此家的酒釀尚未做好，於是青年幹部去收取各家的酒釀，裝在木盤，帶來給 Solol 'Alimolo。Solol 'Alimolo 不吃飯，只吃酒釀。從此之後，Lapac 對 Solol 的愛不再改變。

83 Iyaan ko saka, sowal sato ray; "Misorarat sa, caho pisorarat kako mama maomah kako" sato. Maomah sato caira mararamod ira, pakakawasen to ni Solol 'Alimolo a maomah matira, dadahal ko nikaomahan naira tatosa. Sa ko mato'asay. O kasoy ni Solol 'Aalimolo iray ira, lima a 'inorong. Pakakawasen to ni Solol 'Alimolo. Ngalef sato ko halifa'inay ni Lapac Ngocih ato ina ato sa'ali ci Mi'awot. Mifafafafa to ci Solol 'Alimolo ci Safakan aci Mi'awotan. Ira matira ko demak haw. Hanaw ko sowal.

Lapac 和 Solol 結婚之後，Solol 暫時不參加年齡組的召集工作，Solol 在家專心工作，跟妻子一起做。因 Solol 'Alimolo 爲神仙之子，施用神力，工作做得很快。另外，Solol 'Alimolo 採集木柴時，能比別人多背負五倍的柴回來，這都因他是神仙之子的緣故。所以，Lapac 的家人更加喜歡他，尤其是最小的 Safak 最喜歡跟 Solol 調皮搗蛋。總之，大家相處得很融洽。

84 Iray, marepet kiya namihecaan kiraan iray, "Mama!" sato "Maan?" han no mato'asay a mawoc, iray, "Ano cila han mama i, katayra:an ha mama haw. Misafelac ko fafahi ako ano cila. Iray, malasapalengaw kako ha mama, nano sowal no mama ako i takowanan.

過了一年，Solol 向老人們說：「長老們！」老人回答：「什麼？」「明天我的妻子要準備飲食，請大家務必到我家賞臉，因爲明天起我要擔任 sapalengaw，這是我父親吩咐的。

85 Yo sanay kinian sa, yaan a mihecaan namo ray, mimasapalengaw to sato sa, ci mama ako sa, inian kinian sa ra sato kiraan iray ira, kamo o kalas tiraan iray, ato papikedan iray, kanafoy ha mama haw katayraan takowan. Ira maan ko sakacing law ni mama ako" han to ni Solol 'Alimolo. "Hay!" sato. Iray, dafak sato ira to ko kalas ato papikedan. Haen han ako ko sowal.

我父親說：『你在人間一年後，務必當他們的 sapalengaw！』所以，明天長老和耆老們都來我家，舉行任命儀式。」長老們異口同聲說：「好極了！」次日，他們均來赴約。

86 Iyaan ko saka, sowal sato ray, "So'elinay to, aka ka raan o kohetingay ko fodoy haw, kairaan o fohecalay a 'atelac ko fodoy. Ira nawhan tiraan iray, ciso'emeta ko hafay, ko panay, ko fonga, ko tali." sa ko tolon ni Solol 'Alimolo. Hanaw ko sowal haw, Hatira kiraan. Iray, ya sato kiraan iray ira, nengneng sato tiya, o misafelay tiyan to ko wawa to sinafel, "a, namisafel ko wawa iso to sinafel kira? iray, ira, kafelec ko miso haw, ano dafak ray, taynian to, han ako sowal" han to ni Solol 'Alimolo cofay sato kiyo o tatolo a kalas. Hanaw ko sowa.

Solol 又說：「你們到我家時，脫下黑色的衣服，換上白色的衣服，同時，早飯不可以食用青菜。如果不遵守的話，農作物如小米、稻米、甘藷、芋頭等都將被雜草所困。」第二天，Solol 發現有三位老人吃了青菜，於是命令他們回家，明天再來。

87 Iyaan ko saka, sowal sato maherek malahok kira i, "Mama!" sato "Iray, mifetik kako ha mama haw!" sato. Iyaan ko saka, "Ayi a Lapac ko eraw." sato i tira i kato. Iray, fetik sato ray "Ya! mama ira ci Lopalagaw, ira, ci Honohonan Sapatrok, ira ci Tema'o'ol Sapaterok, ira ci Afedo'ay Sapaterok, ira ci Calipacip Saparok, ira ci Tatakosan Sapatrok,

下午吃過飯，他告訴老人們進行 mifetik（滴酒祭）的方式。首先是讓 Lapac 取來酒釀，接著開始進行 mifetik。Solol 'Alimolo 祈禱誦唸：「老祖宗 Lopalagaw、Honohonan Sapaterok、Tema'o'ol Sapaterok、Afedo'ay Sapaterok、Calipacip Saparok、Tatakosan Sapaterok，請聽我們的祈求！

88 ira ci Cingacingaw ha ina. Palacingacingen ko losay matiya, (saficihen) ko karo'kirami, kamaya kirami, facidol kirami, ira to kiyafes kirami, ira ko minowad kirami, ira ko lopas kirami, palacingacingen ko 'okoy haw. Ira o tamaorak ha mama, ira sinar kirami, o fidawol kirami. Iraan sato ray, haen han, pa'o'olen han mama haw, ira ko hafay haw, o panay haw, ira patafedo' ha mama haw.

Cingacingaw 母神，請求祢讓柚子、麵包樹、蕃石榴、李、桃、葫蘆等農作物，皆能像鈴鐺（cingacing）般有結不完的果實。同時賜給南瓜、西瓜、苦瓜露水，好讓它們能很快發芽結實。

89 Ira ko hafay to panay, ira patafedo' ko papah kirami, ira to (lisian) no niyaro' kirami, ira pa'o'oli ha mama ko kapah no niyaro', no maharakatay a wawa, makihecocoay a wawa. Pa'o'li ha mama, patafedo' ha mama haw!" sato ko pihetatanam ni Solol 'Alimolo a mifetik to pisafelacan. Hanaw ko sowal. Iyaan ko saka, cila sato ray ira, o mowad kina sakatosa. Yaan ko saka, "a, Looh" sato ci Solol 'Alimolo iray, "kakoyen ko fafoy" sato. Iyaan ko saka, sowal sa tora iray, kakoyen to na Karo ato sa'ali nira ci Looh.

多施露水給小米、稻米、蔬果等，使它們能夠發芽、迅速成長。祈求照顧部落中的嬰兒、幼童、青年們，使他們能夠身體健康、發育良好、生活快樂。」以上是 Solol 'Alimolo 教導老人們如何進行 mifetik 的方法。次日，Solol 'Alimolo 親自指揮 Looh 和 Karo：「把豬扛到屋簷下！」於是他們就把牠搬過去。

90 Iray, "pasatimolen ko tangal i potal, i tatoro'an a mipacok haw" saan. Hatira ko demak ko sowal ni Solol 'Alimolo. Saan ko sowal no mato'asay. Hanaw ko sowal ira sa, pacok han iray ira, tengi:l han ko sowal ni 'Alimolo, iray, kinasepat a maymoyi'. Matira ko demak tiraan. "Mama!" sato "Maan!" "Ano nasepat a moyi' iray hanento mama, ano mo^tep a moyi' haw, ira tapal han to a matiya."

losimeten :ni 'Alimolo ko sapaterep. Matira ko demak, han ako ko sowal.

Solol 又說：「你們將把豬放在屋簷下時，要把牠的頭部朝向南方！」這是昔人的傳說。他們依照 'Alimolo 吩咐開始殺豬，豬鳴四次時，「父老！」「什麼？」「豬已叫四次了，也許還要十次。你們瞧一瞧！」老人們不了解這些話是何意思，但沒人提問。

91 Iyaan ko saka, maherek a mipacok kiraan ira, "kakoyen i tini i laloma' i paenan a mitokad i tatakel" sato. Tokad sato ray, alaen to ko tinayi'. Iray, ra sato haw ra ira, (ra kaho pafelian) tora haw, haen han ako kosowal. Ra sato ra iray, "keton hanen!" sato, keton hanen i tini i telecan no fafoy ira mipalatosa. Haen han ako ko sowal. Iray, ala sato to 'atay ira, "a, Cihek!" sato, "macacak to ko hakhak?" han i, "ha:ni aca i." sato, iray, "hatiyaen o ta'akay 'alangad" sato. Ira sa sato 'ali ira kiraan iray, "tafoen to looh haw, polongen a mitafo!" sato, ko sowal. Ira maherek a mitafo toraan iray, "tiraen ho mifetika ho kako" sato.

豬宰殺之後，把牠移到屋內床緣剖開。先取出內臟，再從腰部切成兩半。Solol 'Alimolo 問 Cihek：「糯米飯煮好了嗎？」「早就煮好了。」「那麼包起來。」Safak 把肝臟和糯米飯（約飯糰大）和在一起，用香蕉葉包起來交給 Solol 'Alimolo。

92 Iray, fetik sa tora i, "Ano pateras kako a mama kiraan iray, (tiko:len) ano patelac ko kapah matiya haw. Hanaw ko sowal kiraan. Iray, pakacongangarasen aca , ira cikawpiren kirami, ano mahera kirami, ira safelen a matiya, ira o carekcek kirami, iray, ra sato pakacongangarasen a matiya haw. Ira kiso i matini Lopalangaw i matini, iray, kiso Honahonaw Sapaterok, kiso Tema'o'ol i matini, ira pa'o'olen ha matiya haw, to hafay, to panay, to konga haw.

Solol 'Alimolo 繼續禱告：「天上的父啊！假使青年們犯了過錯，請寬恕他們吧！Lopalagaw Sapaterok、Honahonaw Sapaterok、Tema'o'ol Sapaterok 請賜露水，好讓小米、稻米、甘藷能夠生長。

93 Kiso Afedo'ay patafedo'ay a matiya ko hafay, to panay, to tamorak kirami, to 'okoy kirami, to panay kirami, to karadiw kirami, ira ko kingliw kirami. Yo:! O fetik! Kiso o Calipacip, palacipacipen ko kapah nira a matiya haw, hanaw kiso! Kiso o Tatakosan a matiya ira, ano o takos a matiya no panay iriy ira, patahiceraen ko takos no panay haw" sato.

Afedo'ay，祈求這些南瓜、葫蘆、karadiw、kingliw 等，很快長大結實。眾神啊！請接納我的獻供，Calipacip！請賜青年們口才，使他們能言善道，Tatakosan Sapaterok，請讓稻米結出豐穗！」以上是 Solol 'Alimolo 的禱告。

94 Iyaan ko saka, yaan sato ra ira, "Ano onih kiraan ira, poledeten a matiya haw. Iray, ano o rarikah matiya poledeten haw. Ano 'oner ray, keteden tararaning haw. Hanaw ko sowal mama. Kiraan saka, hati:ra ko loko ako, ara kiso i matini ha Laropayan iray, sapatrok (olofacalay) a matiya, iray, talaen ho ko talaomah no kapah. Ari kiso i matini haw, (paisidi ho ko) talaomah no kapah. Yo sanay kinian.

又繼續說：「那些田裡的病蟲害，祈求祢能將之驅走。蜈蚣、蛇等也通通消滅！天上的老祖先啊！青年們上田做工時，請照顧他們，保祐他們。」

95 Iyaan ko saka,kiso Dateng kiraan ira, pafololo haw, ira kiso i matini, ira to paen ato hinalongay toraan, o a i pala to mama ato ina, matongi' ko kawanan a ngawi'" ita, ko fetik ni Solol 'Alimolo. Hanaw ko sowal. Iyaan ko saka, o maan ko lawa ni hiya nira ni Solol 'Alimolo a mifetik? hanaw ko sowal.

「Dateng 神！請賜給我們 paen（山龍葵）和 hilolongay，這是老人們最喜歡吃的菜。老人們就是頭昏了，下顎脫掉了，還是想吃。」如此一來，Solol 'Alimolo 的禱告就無所不包了。

96 Iyaan ko saka, roma a fetik ni Solol 'Alimolo iray ira, "Kiso Matonton, kiso o Pakacawan kiraan iray, tala'ayawi ko kapah no niyaro' a mitonton to kilang haw! Ira kiso Kakacaw iray, pa'ayawi a mifariw ko kapah haw! ta ranikay a mifariw a matiya. Kiso Koytoy ha ira, pa'ayawi a mitafed a matiya haw." saan ko fetik ni Solol 'Alimolo. Hanaw ko sowal.

Solol 又禱告：「Matonton！祈求祢協助青年們砍木柴時，不要受傷。Pakacawan，祈求祢協助青年們砍伐草木時，能夠順利完成。」

97 Iray, roma a fetik ni Solol 'Alimolo kiraan iray, "Ano mimolo a matiya to hafay, ato panay, to fonga, to tali a matiya kiraan iray ira, pakacopelaken, paka'angreren a matiya haw, iray, pisofayen a matiya. Ano o sanga' no kapah no niyaro' tora, sapirecong tini i karayan ko sanga', nga'ay ca kaefer no mitangalay to fafoy iray, ira, o kararayan, o ngafol. Inian kinian a fetik ako haw. Hanaw ko kiraan. Matira:ay kira!" sato ko fetik ni Solol 'Alimolo hanaw a papelo.

又禱告：「那些對田中小米、稻米、甘藷和芋頭有害的野獸，請打退牠們，以澀還澀，以苦還苦，制止牠們進犯。請把圍籬頂到天界，好讓山豬、山鹿等無法進入田園。」

98 Sacipakowawan saan, i tira a mido^do tahamatini haw ira cipakowawan, hanaw ko sowal. Iyaan ko saka, i tira ko teka a sapalengaw, hanaw ko sowal. Iray, sowal sato to wawa nira ira, mato'as to. Iyaan saka, i pala to kiya ci Mayaw, iray, mitidas a maonah, tayra ci Lapac Ngocih fafahi nira. Ta'elif saan kina lida, "ko^koaw ako ha mama" sato. Ko^ko hah nira ira, malepel no wawa nira ni Mayaw. "Mama mama!" sato. "Oy!" han "Malepel tako kina ngafol mama." sato, fekad sato ko wawa nira. Setek han to ko tangal nina ngafol sa, mapatay to tamorong hanto no mama nira patalatalo'an. Hae:n han ako ko sowal.

這時，Solol 'Alimolo 頭上佩戴著羽毛冠（pakowawan）舉行滴酒祭。Solol 'Alimolo 就這樣擔當了首任 sapalengaw。因此，至今擔任此職者一定有羽毛冠。過了幾年，Solol 'Alimolo 和 Lapac Ngocih 的孩子長大了。孩子名叫 Mayaw Solol。有一天，他們去山田做工。正在工作時，突然從草叢中跑出來一隻野獸，Mayaw 看見，馬上喊叫：「爸爸，我過去捉！」不久之後，Mayaw 抬著一隻花鹿回來。他的父親前來幫忙把花鹿的頭部砍掉，分別搬到田中的茅屋。

99 Iyaan ko saka, tahira i talo'an ira, opoh sa mitokad ci Solol 'Alimolo a mihiya to sikal. Maherek a palasikal ira, tokad han nira a miala to tinayi' ira, matira ko demak. Hanaw ko sowal. Alaen to ko 'ata'atay , alaen to ko faloco'. Iyaan ko saka, raan sato o 'atay ato faloco' iray, tira han i fodata, 'anang han to i fodata a mica'it. Hanaw ko sowal.

回到茅屋，Solol 'Alimolo 開始處理花鹿。首先把花鹿外皮剝掉，然後解剖，把腸子、肝臟、心臟等全部拿出來。那些肝臟和心臟取出之後，放在筐子，掛在樹枝上。

100 Ira sa, nialaan to to 'ilif iray, maherek a miala to 'ilif alaan to to cepi' a tosa. Ira ya sato fadowac iray ira, cikcik han iray ira tosa ira, solsolen to nira. Ya sato o wikol kiraan ira, keton han to nira ira, solsolen to nira. Ya sato o tokos palatosa han to nira, ya herek tora i, ca'it han to nira. Hatira kiraan.

前腿和後腿各別支解下來。肋骨切割後串起來，尾巴也切割後串起，脊骨也分割兩半，掛在樹枝上。

101 Sa:an to ko wawa nira i, ira, "Adada kako mama" sato. "Ira kafoti' kafoti'." sato ira sa, foti' sa pasikal ci Lapac Ngocih to tofil nira to Siyam, ira saka, pakafang han to fodoy ni Lapac, pakafangan to to fodoy ni Solol 'Alimolo, o fodoy nira a maramod. Ira sa, raan sa tora ira, pasafel sato ci Solol 'Alimolo to saled tosa. Hanaw ko sowal tiraan. O maan a saledan sa tora, i tini i laloma' no hiya i tokos. Hanaw ko sowal, hatira kiraan.

這個時候，Mayaw 突然說：「我覺得身體不太舒服。」「那麼躺著休息吧！」父親回答。於是父親拿來遮陽具（tofil）擺在地上，叫 Mayaw 躺下來。Solol 和 Lapac 把自己的大衣拿來給 Mayaw 穿上。這時，Lapac 一直在田裡工作。Solol 把 saled（附在脊骨的肉）等拿下來烹煮，準備吃午飯。

102 Iray, toror han to ni Solol 'Alimolo. Iray, sowal sa tora i, maomah ci Lapac Ngocih ray, macacak tora i, "Da, Lapac malahok kita!" sato. Talatalo'an ci Lapac iray, "I cowa ko tama'no wawa ita?" sa tora i, "Ira safela Lapac!" sato. Ira sa epod han to, Ira sa, palatosa hato kina hiya misilsil mikalisepat. "Tiniaw kinian a tosa haw?" han to ni hiya. "Fangcal to" sato.

燒煮好，喊叫：「喂！Lapac！回來吃午飯了！」Lapac 回到茅屋問：「我們的孩子的獵物在哪裡？」「在上面。」Solol 指著掛在樹枝的山鹿。準備吃飯時，煮好的鹿肉分開兩半後，Solol 向 Lapac 說：「我們只吃一半好嗎？」「好！」Lapac 很高興回答。於是把鹿肉分成兩半，另一半擱在一邊。

103 Ira sa, "Mayaw" han to iray, "Malahok kita 'inay" han to ray, "Na'ay ina, adada ko tangal ako, awa ko angil ako" sato. Matira ko demak. Iyaan ko saka, herek no lahok iray ra, sanangatoan ci Solol 'Alimolo, ira caay ka nga'ay ko faloco' ni Solol 'Alimolo iray, talatalo'an nira, "Mayaw" sa tora "maan?" "Kalahok ha 'inay!" han nira, "Na'ay mama adada ko tangal ako" sato. "Tata mafekac aca" sato. Hanaw ko sowal.

吃午飯時，Lapac 對 Mayaw 說：「Mayaw 來吃飯吧！」「媽媽，我頭痛，我不想吃飯！」Mayaw 回答。吃午飯後，Solol 也去田野工作。但想到在茅屋裡休息的 Mayaw，就跑回來看看。即說：「Mayaw！」「什麼？」「來吃飯吧！」「爸爸，我頭痛不想吃飯。」「那麼，我們回家吧！」這樣地，Solol 準備帶 Mayaw 回家。這是我所說的話。

104 Iyaan ko saka, sowa:l sato kiraan iray, "ira matini mafekac aca iray, matini haw ray, 'orongen kiraan o 'atay ato faloco' ato tinayi' pasaksaki to kowa', ira malaciremesa ko tangal iso ato fodoy, mifafa kako ci Mayawan" sato ko sowal ni 'Alimolo. Iyaan ko saka, ya sato nica'itan kiyo o titi iray, "i tinien to alaen no 'ali ako anohoni" hato ni Solol 'Alimolo ko sowal nira.

Solol 對 Lapac 說：「Mayaw 生病了，我們得早點回家。爲避免鹿血沾污你的頭，先把蓮草葉擺在頭頂，再把這些鹿肉抬回家，我必須揹著 Mayaw 回家。」又說：「其他的鹿肉暫擱這裡，等會兒叫 'ali（妻子的兄弟姊妹）來拿取！」於是他們踏上歸途。

105 Ira sa, raka:t sato. Tangasa sato i loma', "Cima kora fafaananay iso solol?" han to ni ina nira ni Cihek. "Adada ci Mayaw a ina" sato ko sowal ni Solol 'Alimolo. Hacowa malingato?" "Iray, cika matira. Nainia:n ko tama' ni Mayaw. O 'atay, o falocco', o tinayi', saan ko faloco' ako matiraay kira.

他們慢慢地走回家。到了家，他的母親 Cihek 問：「你背上的人是誰？」「媽媽！是 Mayaw，他生病了。」「什麼時候開始生病的？」Cihek 又問。於是 Solol 'Alimolo 詳細回答：「媽媽，你看這裡有獵物，肝臟、心臟、腸子等，這是 Mayaw 捉獲的花鹿肉。今天早上，我們正在工作的時候，

106 Ira, mita'elif kina ngafol kira, ko^koaw hako mama saan, hayda hayda han ako iray ira, mitahidang aca, "mama! mama! marepet to ako kinian a ngafol!" sato ko sowal nira sa, rawod han ako o mama. Tahira setek han to ako o Lidah sa, tamorong han to ako. Ira sa, tahira talo'an tokad han to ako a miala ko sikal. Iray, maherek a miala i, tokad han to a miala ko tinayi' ato fitoka, o 'atay, o faloco'.

突然一隻花鹿奔過來，Mayaw 就追過去捉捕。不久，他喊叫，我即過去看，原來是一隻公鹿（lidah），把牠殺死後搬到茅屋。剝掉外皮後剖開取出其腸子、胃臟、肝臟和心臟等。

107 Ira sa:an tora i, adada kako mama sato. A, kafoti' kafoti' han to ako ira pakafoti' han to ako. Iyaan ko saka. Herek mitokad tora i, pakafang han to ako tinia:n to. Cika lahola:hok a maherek to kami a malahok aci Lapac." Hatira kiraan. "Iyaan ko saka, da da iyaw! da da iyaw!" han no niyam aci Lapic tora, "Na'ay mama ina, adada ko tangal ako" sato.

這個時候 Mayaw 突然說：『爸爸，我感到不舒服。』於是我叫他躺著休息。並拿來我和 Lapac 的外衣給他穿上。到了中午時，我和 Lapac 吃飯時，叫著：『Mayaw，起來吃飯！』但他說：『爸爸、媽媽，我不想吃飯，頭痛得很！』

108 Iyaan ko saka, herek no lahok, cedeng sa kami. Iray, caay ka nga'ay kira ha masamaan to sa kami tora i, a Mayaw han to ako tora i. "Maan sa kalahok ho ha 'inay" han ako. "'Na'ay mama caay ka nga'ay ko tangal ako, awa ko angil ako" sato. Ira, safaloco:' sato kako ray, "ta ta ta ta talatalo'an seraen ako kiso!" han ako. Ira, maherek tora ira, "tiraen i fodata ko tinayi' ato 'atay haw! kako sa mifafa kako ci Mayawan" han to ako.

吃飽後，我去做工，但後來因不放心而回來看他並說：『孩子來吧，

吃飯。』他回答：『我頭痛，不想吃。』我考慮後決定提早回家。於
是叫 Lapac 抬著鹿肉，我揹著 Mayaw，就這樣回來了。

109 Ya sato sema'ayaw ato inian o fadowac ato tokos iray, ca'iten ako ko wikowikol mama" sato ko sowal ni hiya ni Solol 'Alimolo. Hanaw ko sowal. Iyaan ko saka, aya sato "a, datoi, safel 'angongoren a misafel a maemaen ho no honi tiro 'atay. Ira hatira ko demak tiraan oraan wawa namo" sato ra tora sa. pacamol han to to 'angereray a 'angereray a tinayi.

還有一些鹿肉吊掛在山裡的樹枝上沒帶回來。」Solol 這樣告訴老
人。老 Mayaw 說：「先把你們午飯剩餘的鹿肉和小腸一塊烹煮。

110 Ira sa, sowal sa ci Looh; "a, Mayaw!" han to ni mama nira. "Alaen kina mangta'ay nica'itan ni Solol 'Alimolo to cepi', to kahong, to tokotokos, to fadowadowac" sato. Ala to 'onoc feka:c sa ci Looh sa'ali ni Solol 'Alimolo. Hanaw ko sowal. Iyaan ko saka, tangasa sato iray, kakawa to ci Mayaw, maherek mikakawa felec sato. Sa:an ira ci Mayaw, Hanaw ko sowal.

於是 Looh 開口：「Mayaw！去把吊掛在那兒的新鮮大腿、肩胛骨、
肉，以及那些脊椎骨和一些肋骨都去拿回來。」於是 Looh、Solol
'Alimolo 的小舅皆拿扁擔過來，Mayaw 接手後開始整理打包，準備
好後就回家。Mayaw 就是這樣做。

111 Tangasa i loma' ira sa, tangsol to a mitohtoh ci Solol 'Alimolo. Ira sa, "patahekaen to ni Lapac, pakaen to nano Solep ni Mayaw" sato. Ira sa, 'pataheka han to yo tapila', ira patipid patipidan to ni Solol 'Alimolo. "Namo kinian ha ina haw! O niyam aci Lapac kinian aci Iyaw. Ni Looh kinian aci Karo ni 'ali ako" han to ni Solol 'Alimolo.

返家後，Solol 'Alimolo 把拿回的鹿肉倒出來，挑了一些下鍋燒煮，

準備晚飯時烹煮。囑咐 Lapac 端菜飯出來，以解 Mayaw 的飢餓。於是 Lapac 把飯倒在藤籩，菜餚則放在木碗。然後 Solol 'Alimolo 說：「這個是老人們（父母）的，這是我們夫妻的，另外這是給 Looh 和 Karo 你們倆的。」這樣安排之後，大家就開始吃飯了。

112 Patahekaan to ko mama ato ina ato sa'ali nira. Iray, "Mayaw" han to ni Lapac, "A Mayaw malafi" han to "Na'ay ina" sato. "Palowaden mama ari!" sato. "Aka palowad takowan mama, adada ko tangal ako" sato, ira sa caay kalafi. Hanaw ko sowal. Terong no dadaya iray, "Kalafi ha 'inay!" "Na'ay mama" saan.

這時，Lapac 對 Mayaw 說：「Mayaw，來吃飯吧！」「媽媽，我不要吃。」Lapac 對著他的父親說：「爸爸，扶 Mayaw 起來吃飯。」但 Mayaw 說：「不必扶我！我的頭好痛，不要吃飯。」到了三更半夜又叫 Mayaw 吃飯，他還是不吃。

113 Iray, dafak sato iray, "Lapac" sato. "Maan?" sato. "Matini hacidoy ko wawa ita ray, ano ako ko mialaay matiya cihacol kako howa? kiso ko mialaay. O sowal iso tora ira, ati Mayaw, ati mama, ati ati! aka kaitira i kalacikas, aka kaitira i dopai'aw. Aka kaitira i sadiksik, ira aka kaitira i 'adiyoc, i fodawan, kasiyoran, dapi'aw ako 'inay, ta ta ta ta ta ta ta ta aka to ka i tini."

次日，「Lapac！」Solol 叫喚著妻子。Lapac 回答：「什麼事啊？」Solol 繼續說：「我想，Mayaw 這個孩子一定是因迷魂（hacidoy）而生病，要進行招魂祭（miala），因爲你是 Mayaw 的奶媽，必須由你來施行招魂祭。你施行招魂祭時，我教你怎麼誦唸咒語：『迷失的靈魂！Mayaw 來來來！回來吧！那邊是很危險（dopa'i'aw），那邊是黑暗的（sadiksik），很可怕的地方。

114　Ira aka kaitira i 'adiyoc, i fodawan, kasiyoran, dapi'aw ako 'inay, ta ta ta ta ta ta ta ta aka to ka i tini." Ira hatira, haen han nira a paterok a matini ko wa'ay, "ta ta iyaw!" sato.

Mayaw 來吧！那邊是旋風，害你的地方。來！我扶你，走到這平安光明（fodawan，原意是黃金）的路吧！孩子 Mayaw 來，來來來吧！這裡有你的家，有你的奶水吃，來來來，回家吧！』如此唸完了，你的右腳用力地踩踏地面。」Lapac 依照 Solol 的話進行。

115　Ira sa, tere:p sato. Ira malitemoh ko miradomay iray, "namimaan kiso 'emic?" han tere:p han to, "namimaan kiso？" han tere:p han ni 'emic cietah kiyo o papah no looh. Ira matira ko demak. Ya iraan o mafokilay tiraan iray ira, "aya o mialaay to edoy kira" han no mafana'ay. Ira matira ko demak. Tangasa sato i loma' pahatefo han to ni Solol 'Alimolo matira.

Lapac 這時候開始靜語不說話，途中有人遇見她問：「你去哪裡？」Lapac 也不回答，因為招魂時不得與人交談。但有的人知道她現在在做什麼，因為藏在懷裡的芭蕉葉露出來被人看到。Mayaw 的靈魂招回後，由 Solol 打進 Mayaw 身上。

116　"Tini to i sakacai ho ka ala no falifali, no 'adiyodiyoc, saki tini i kalapangiay, i saki tini i safikfik, saki tini i kaladikad, i tini i dopa'aw, iray, papah no 'awol. Hanaw ko sowal. Sapi'ay konini ko nono ini ni ina, ini dawan i matini, i tini ko nono ni ina!" han to ni Solol 'Alimolo.

Solol 進行歸魂禮時，禱唸咒語：「Mayaw 的靈魂呀！你的歸處就在這裡（指 Mayaw 的身體），進去吧！這裡沒有颱風，也沒有旋風傷害你。竹葉、樹葉可以保護你，這是最安全的地方。你看，媽媽的奶水也在這裡。那是你最喜歡的，你不要再離開這裡！」

117 Ira matira ko demak. Sa ya sa tora i, misanga' to ci Looh to titi sakaranam. Maranam to. Palalen nira, na'ay mama sato. Yaan ko saka, lahok sato ray, na'ay mama sato. Lafi sa tora i, na'ay mama sato. Dafak sa tora i, na'ay mama sato a hiyaen, lahok sa tora i, cato kafana'. Maherek a malahok mapatay kiya wawa nira. Haen han ako ko sowal haw.

早上由 Looh 準備早飯給大家吃。這時雖叫 Mayaw 起來吃飯，但他說不要。到了中午及晚飯時叫他吃飯，還是說不要。次日早晨叫他吃飯，還是說不要。到了中午，Mayaw 已經呈現昏迷狀態。不久後就死亡了。

118 Yaan ko saka, ya o ngasaw iray, pakainaay pakamamaay ira ira, ira to a maemin a misalafii. Hanaw ko sowal. Takosen to ni Karo ira o ngangasawan pakainaay. Hanaw ko sowal haw. Nikasaan ako kinian sa, 'ayaw no koko' kiraan iray, talafaeden ni Solol 'Alimolo ko wava nira.

當晚，Karo 聯絡所有的親戚前來通霄守夜（salafii）。到了半夜（公雞啼叫之前），Solol 'Alimolo 便把 Mayaw 屍體送到父親（天界）那邊去。

119 Iray, ra sa tora ti'esim sa, matiyaay o siyam ko ti'esim, o pedoh niraan ko ti'esim. Hanaw ko sowal haw, hatira kiraan. Iyaan ko saka, sowal sa tora i, "Talacowa ko wawa ita?" sato ci Lapac Ngocih, tere:p sa ci Solol 'Alimolo. Caay to kamagic ko ngasaw. Hanaw ko sowal. Iyaan ko saka, so'elinay iray, masa'opo to, ira matira sararawraw sato ko ngangasawan. Ira dadaya sato kiraan iray, mafelec ko ngangasawan a malafi.

燈芯是用草作的，屋內還是很暗，故大家都沒發覺 Mayaw 的屍體已不在裡面。次晨，大家發現屍體不見，「我們的孩子往哪裡去了？」Lapac Ngocih 著急地說著。但是 Solol 'Alimolo 仍舊坐著不出聲。親戚們不再哭泣。這樣突然的奇妙情況，大家都不知如何是好，議論紛紛。晚飯時，親戚們共餐一處。

120 Iray, ra sa tora ira, "Mimaan kita ano dafak?" han to ni hiya. "Mimaan?" han to ni mama nira ni Mayaw. "Caay mama, pakelang kita ano cila, iray, miso'ac to losa', iray, miso'ac to losa'. O sanay kinian sa pakelang kita, kami ancila." sato. "Ano saan kiso, kamo ato 'ali i, kapah to a pakelang kamo" han to ni Mayaw.

老人們問：「明日我們還要做什麼？」「做什麼？」Mayaw 的父親反問。「那還要說嗎？爲了洗淨我們的眼淚，我們要進行漁撈活動！」「好吧！你們和親戚們（'ali）都去捕魚吧！」老人說道。

121 Iray, sa tora ira, maherek a maranam iray, "Mama!" sato. "Maan?" han ni mama nira ni Mayaw, "Ci ina ray, mihakelong kako i tamowanan a pakelang" saan, hatira kiraan. Iyaan ko saka, sowa:l sa tiraan, iray, hina:m hani tayraan i ci inaan nira ci Cingacingaw Sapaterok aci mama nira ci Tatakosan. "Inian ha ina kiraan iray ira, sowal ako i dadaya kiyami iray, ira takosen ci Cingacingaw haw, iray, to wawa nira, ci Cingacingaw Sapaterok hanenen ako kiyami no awa i matimi?"

次日早晨，用餐之後，Solol 向老 Mayaw 說：「爸爸！」「什麼？」「媽媽說她要跟著大家去捕魚。」原來 Mayaw 昨夜前往天界的祖父母 Cingacingaw 和 Tatakosan 那裡去。早晨 Solol 'Alimolo 說：「媽，昨晚我不是說過了嗎？爲了治好孩子的病況，必須聯絡 Cingacingaw Sapaterok，但如今未見到人。」

122 Saan ko faloco' ako sa, fekac sa ko wawa ci Solol 'Aimolo a mitakos, ira ci Cingacingaw Sapatrok aci Palih no cidal. Ira cifa'inay ci Palih no cidal ira, ci Langahiyan no cidal. Saci peton sa tora ira, ci Lamih no cidal, Nakaw Lamih ira matira ko demak tiraan haw. Nikasaan ako kinian ira mati:ra kiraan a sowal ako i matini. Iyaan saka, yaan ina ira, "ano caay ka kiemel ko wawa ako iray, aka ho ka tarasereren haw" han to ni Solol 'Alimolo, piyoc sato.

於是 Solol 'Aimolo 跑去召集他們的親戚 Cingacingaw Sapaterok 和 Palih no cidal，Palih 的丈夫 Langahiyan no cidal，以及 Palih 之弟妹 Lamih no cidal 和 Nakaw Lamih 等。為此，Solol 'Alimolo 對母親說：「如果我的孩子未完全康復，不要叫他下來人間！」說完就返家了。

123 Ya saka, tahira sato i loma' iray, "Ira talacowaan ko 'ali ako mama?" saan. "Piyoc saheng" sato. Yaan ko saka, "Na'ay a mihiya matayal aca kako" sa ciira, "Inian kinian ha mama, ira sa tatosaay aca kami aci 'ali ako ci Mayaw" sato. Ono kawas a rakat howa i,ferek saan sa, ko sowal no mato'asay. Hanaw ako ko sowal.

回到家時，問：「爸！他們在哪裡？」「走了！」「那我不去捕魚了，我打雜工吧！」又說：「我和 'ali Mayaw 兩人就夠了吧！」因為他是神仙，動作迅速。這是昔人說的故事。

124 Iyaan ko saka, cila haw ta mafelec to, malafi to kalang. Hatira kiraan. O edeng kiraan ako a sowal. Sa, sakatosa a mihecaan kiraan, toya namihecaan iray ira, papelo to ciira. Ari i, masakapo. Ari i, felec ko nira a nika sapalengaw alato:sa 'ariyanan, hanaw ko sowal.

次日，他們大家一起食用螃蟹。第二年，Solol 'Alimolo 當 sapalengaw。一切部落的行事，都由他親自領導，家家莊稼豐收，戶戶都有兩個穀倉（'ariyanan）的糧食。

125 Iray, roma miheca ray, masatalik alatosa ariyanan ko kilomaloma'. Iray, roma a miheca ray, makakohkoh. Iray, alacecay ariyanan ko kiparoparod haw. Hanaw ko sowal tiraan. Talo ho a miheca ciira. Iyaan ko saka, iray, Masakidohay Malatapa, iray, oni Cipelaway, o Ci'etoay, iray, o Laso'ay, ko to roma miheca.

Solol 'Alimolo 當 sapalengaw 第三年，各家的糧食量增加到三個穀倉，但年底時，卻因為遭受災害，結果只剩餘一個穀倉。次年增加開墾了 Masakidahay、Malatapa、Cipirawan、Ci'etoay、Laso'ay 等五個山田耕地。

126 Iray, sakasepat nira iray, alasepat aririanan haw ko kiyo lomaloma' kini Solol 'Alimolo kalasapalengaw. Hanaw ko sowal. Iyaan ko saka, sowa:l sa toraan iraan ira, olah sato ko finawlan to sowal ni 'Alimolo. "wa:w, kitapod ko 'inay! hanaw ko sowal kiraan, ora sa, kiraan ea tora, "sakiemelen ko tireng iso haw! cidoka'aw kiso, adadaaw kiso!" han to no mato'asay ci Solol 'Alimolo haw i tira a maoc haw. Nikasaan ako kinian haw. Matira ko paini ako tamowanan i matini, nikasaan ako kinian.

Solol 'Alimolo 擔任 sapalengaw 第四年時，每戶都擁有四個穀倉的糧食，部落居民都很開心滿意，希望 Solol 'Alimolo 能夠永遠當他們的 sapalengaw，長老們向 Solol 'Alimolo 祝福：「你是個偉大的人物！我們歡呼讚揚你，希望你長生不老，長治久安！」我如此地告訴你們。

127 Tangasa i tira i kamawocan kapipahkoan iray, colal sa ko wawa nira a maepod, ira matira ko demak. Iray, sowal sa tora i, o fafahi nira tora i, to maherek a malahok i tira i kamawocan sa, ko sowal no mato'asay. Hanaw ako ko sowal. Iyaan ko saka, sowal sa tora i, "Awaay ci mama ako ci Mayaw i tini?" "Oy!" han no mama nira ni Mayaw. "Kiso 'Alimolo i?" "Oy?" hato. "O maan ko takosen?" han to ni Solol 'Alimolo iray, "Ci fa^lohay a tamdaw o kapah!" sato. "Cima a kapah?" sato koya malemama.

有一天，即 kapipahkoan（豐年祭之準備日）時，年齡階級組聚集在集會所開會，他的孩子突然從天上降下來。吃完午飯，Solol 'Alimolo 妻子來問：「我的父親 Mayaw 在嗎？」「什麼事？」父親回答。又詢問：「那！'Alimolo 呢？」「什麼事？」「妳叫我有什麼事？」Solol 'Alimolo 這樣反問。Solol 'Alimolo 的妻子說：「家裡來了一位年輕人」「哪一位年輕人？」父子異口同聲問道。

128 Tahira sato iray, matawa ci Solol 'Alimolo, cika sadaken nira ko cinglaw. Milicay ho ci inaan to fafahi nira, "Ina mafana' kiso ina?" han nira i, "Mafokil kako a Solol." "Mafana' kiso a Lapac? ira ini?" "Mafokil kako" han to no fafahi nira. "Aya ci Mayaw!" han to, "'Da ci 'inaay ako! da ci 'inay ako! maepod mato'as to!" sato. Hatira kiraan haw.

回到了家，Solol 'Alimolo 一看就知道是誰，但他只是微笑而不說。他先問母親：「媽媽，你不認識他是誰嗎？」「我不認識他是誰。」母親回答。又問妻子說：「那麼 Lapac 妳呢？」「我也不認識他。」妻子回答。於是 Solol 'Alimolo 說：「我告訴你們，他就是我們的孩子Mayaw！」「哇！我的寶貝，我的孩子！你這麼大了！」Mayaw 的祖母高興地擁抱 Mayaw。

129 Iyaan ko saka, sowa:l sato tira soraratan ira i, ira somowal to, "mama?" sato. "maan!" han to ray, "Misafelac ano cila pipahkoan ha mama. Iya o maan ko pinang takowanan" han to ni Solol 'Alimolo ira sa, "Kapah to ira sowalen ako ko wawa ako" sato. Iyaan ko saka, safelac sato to pipahkoan. Iray, fetik sato fana'en ni Sololo 'Alimolo ko wawa ci Mayaw solol. Hanaw ko sowal.

有一天，Solol 'Alimolo 在集會所向長老們說：「我想向長老們報告一件事，看來，我本人也年紀大了，所以明日 pipahkoan 之日，把我 sapalengaw 之職權傳給 Mayaw。因為 Mayaw 也長大了，繼承我的治權無所謂。」於是次日舉行了傳授 sapalengaw 之禮。之後，Solol 'Alimolo 交給其子 Mayaw 的第一件事，就是獻酒（fetik）的方法。

130 Dafak sato ray, o lowad to a papelo haw. Ira fana'an to nira, pa'atayan to ko saripa' ni Mayaw to wawa nira. Hanaw ko sowal. Yaan ko saka, tomireng to, patamohong han to no mama nira to pakowawan ni Solol 'Alimolo. "Do^do: han ko sowal ako haw!" han to ni mama nira ni Solol 'Alimolo.

翌日，Mayaw 首次在集會所進行訓話演講（papelo）。同時舉行授權禮儀（以足踩踩豬肝）。行踩腳禮結束，又叫 Mayaw 過來站好，為他戴上鷹羽毛帽（pakowawan），並說：「孩子，我們教給你的一切，務必遵守實行。」

131 Iyaan ko saka, doedoen to nira pafetik, doedoen to nira ko mipapelo. Hanaw ko sowal, hatira kiraan. Iyaan ko saka, sowal sa tora ira, herek no ilisin, masakarowah to. Iray, tangasa i tira i sapi'araw i papikedan ira, papelo to i tira. Fana'an ni mama nira.

於是，Mayaw Solol 此後遵照父親所說的方法進行訓話演講，滴酒祭（mifetik）。有一天，青年組在 sapi'araw 集合時，為了 sakarowah（始工祭），Mayaw Solol 發表演講。

132 Iray, sowal sa tora i, "Ao!" sato. Iray, sowal sa tora ira, cika papelo. Hanaw ko sowal. Mawoc ko finawlan iray ira, mawoc to saka, maemin to ko sapifariw, ko sapi'enaf tora ira, rawod sato. "Matini sato malingato to ira, moetep to a romi'ad ko cidal ira, dafak na mawoc tiraan iri, lafin sa ko finawlan, kamo o kapah haw!" haen han to ni Solol 'Alimolo ko sowal.

其後，為了耕地和種植的方法，全體年齡階組集合。這時，Solol 'Alimolo 親自訓話：「現在開始砍木伐草。過了十天，青年組再來此地，全體在山田裡野宿一夜。」

133 Iyaan ko saka, dafak sato riy, 'enafan to, hanaw ko sowal. Yaan ko saka, nama'enaf toraan ta lawoc sato. Ira sowal

sato ira, "Mitafed kamo haw (a caho sa ko sowal) caay ho pitafed
kamo han to ni Solol 'alimolo (masiwala ako i honi.) "Iray, kamo sa
tora i, mawoc sato sapalosimet haw" sato, lawoc sato. O kapah
toraan ira i, mieli' to sapisatalo'an ira to kilang. Iyaan ko saka,
maherek to kiyaan o kapah, maherek to kiyaan o tatolotoloay a
malekakakaay a misatalo'an. Hanaw ko sowal. Hatira kiraan.

又說：「翌日，那些砍伐的草木要全部燒掉。這些草木整理完畢，可
開始耕地。」於是青年組（kapah）依照 Solol 'Alimolo 命令執行。
田野的工作做好，又採集茅草和木材等建造小茅屋。有的兄弟多的就
彼此相助，搭蓋速度因此很快。

134 Dafak sa tora i, sakapot sato. Iyaan ko saka, citama' tora i,
o sakalahok a miherek to talo'an sakakaay. Hanaw ko
sowal. Dafak sato ray, o pausa to ano dafak haw, i loma' to a maen
to toron, ira to titi. Iray, raan sato, saci'oled sa ko sakakaay
saawiawid. Hanaw ko sowal.

次日，各組員去打獵，所獲的獵物就當午餐。同時，老年組在小屋作
樂。次日，全體組員回到集會所，食用糯米糕和肉。這時，各組的年
長者（sakakaay）用生米糲進行獻供祭。

135 Nikasaan ako kinian sa, fetik sa toraan i, inia:n to haw ira ci
Sapalegaw,midoedoay a mama ko fetik, ira no kaka no
kasakakakaka no kasaawiawid. Hanaw ko sowal ya sato sasafaay a
Yofayof kira ira, pausa to talatalo'an haw han i pafelacan han ko
hakhak, awit han ko cepi' no mangcel ta tahira sato matira i, safel
han haw.

再說，進行滴酒祭者，必須是受指定的人員，即 sapalengaw 最高年
齡（mama）各階級的幹部。最下級 Yofayof 的任務，即是狩獵期間，
老人組在山中小屋集合時，專門為他們送飯菜。例如，米簍盛滿糯米
糕和羌仔後腿，然後送到小屋老人組那邊，並於屋內烹煮。

136 Palieson kiraan ira ira, maepod toraan. "Kati! Kaepod to! maranam kita! Ini ko toron, ini ko titi!" han to no sasafaay i talo'an. Matira ko sowal ni Solol 'Alimolo a pakawanan to niyaro'. Hanaw ko sosowal. Iyaan ko saka, herek sato a malahok tora ira, tamita mafekac to sato. "Wa:w, paefengaw toni kami faki: ano mitafed ko kapah kiraan ira ira, ka tomaliwen to rarar haw, ano mitapa' ko kapah i, ka tomaliwen ko hawan haw.

飯煮好，準備開飯時，就向全體年齡階級組或老人組喊叫：「請注意！請來吃早飯！這裡有糯米糕（toron）和肉（titi），請大家來吃吧！」這些都是 Solol 'Alimolo 教導的。Solol 'Alimolo 向各級最高齡幹部指導說：「你們吃飯時，滴酒祭的進行方式是，wa-w 眾神啊！青年們做工時，教他們如何使用小鍬，免得徒勞無功。使用蕃刀砍伐草木時，請保護他們免於失手受傷。

137 Kiso o Walaciwac ira, waciwacen kini ci Walawalaw, ci Siwalaaw!" han to no kakikakakaka to nisowalan ni Solol 'Aalimolo. Nikasaan ako kira. Matira ko demak haw. Ira sa, cinisawawaan to wawa to. Hatira kiraan. Roma a miheca ray, a canglah i, mapatay to ci Solol 'Alimolo. Hanaw ko sowal. I faled to ci Solol 'Alimolo. Nikasaan ako kinian haw.

Walaciwac 神！特地祈求祢，時時刻刻保佑著他們的安全，免得遭到 Walawalaw 和 Siwalaaw 二位惡神的加害！」Solol 'Alimolo 如此把自己的兒子當做徒弟。Solol 'Alimolo 把 sapalengaw 地位傳給自己的兒子。翌年夏天，Solol 'Alimolo 去世，返回天界。

138 Yaan ko saka, roma miheca kiraan iray, misawawa ci Unak Solol, Ira o peton ni Cihek kiyaan ci 'Emi ya saka, ci Unak solo hanen. Ira pacimil to ci Solol 'Alimolo. Nikasaan ako kinian, ci Calaw Salawit ko mama ni Unak. Hanaw ko sowal. Ira roma miheca kiraan ira ira, sowal sa tora ira, micawaw heca ci Ma'eraw Solol

次年，Unak Solol 成爲 Mayaw Solol 的徒弟。（因爲這是神仙，所以經過十二年之後，Mayaw Solol 才把 sapalengaw 傳給他的表舅 Unak Solol，Unak Solol 是 Cihek 妹妹 'Emi 的兒子，他的父親就是 Calaw Solawit，因爲是親戚關係，因此以 Solol 'Alimolo 爲綽號。有一年，Ma'eraw Solol 兼差幫忙協助部落事務。

139 Iray, sowal sa (a masiwala tako) felec sato koni hiya ray,ira Unak Solol 'Alimolo tora ira, alato:lo 'aririanan haw, pangkiw sakasepat 'aririanan, tatihi paenan sakasepat. Iray, ni Unak Solol tora i, masatohoy, alatosa to 'ariyanan ko finawlan haw. Ira masa i caay padamai no mama nira howa. O caay ko o wa:wa howa ira sa alace:cay to a 'ariyanan ko finawlan. Hatira kiraan.

在 Solol 'Alimolo 及 Mayaw Solol 任職期間，每家都有三個半穀倉的收成。後來，Unak Solol 擔任 sapalengaw 時，部落居民收成不滿兩個穀倉。這是因爲他不是神的兒子，所以得不到神的幫助。

140 Roma miheca kiraan, sawawa sa ci (Mayaw) Solol iray ci 'Alimolo. Yaan ko saka, raan sa tora ira, masatohoy, alacecay 'ariyanan ko finawlan haw. Hanaw ko sowal, mahatifod ko i Ci'okakay. Roma a mihecaan kira ta sawawa sato ko ci Mayaw haca Solol ci, 'Okak iray, masanocaw tatihi paenan sakatosa.

Mayaw Solol 擔任 sapalengaw 時，莊稼受到病蟲害的波及，使得收成不滿一個穀倉。而且 Ci'okakay［岡界］受到旱災的影響毫無收成。次年，由 'Okak 擔任 sapalengaw 時，收成照樣不理想，每家的收成不滿兩個穀倉。

141 Roma miheca kiraan iray ira, ci Tanam Lifoh iray, masasingayan. Iray, alatatihi paenan sakatosa ko finawlan. Hanaw ko sowal. Roma miheca kira ira ira, ci Looh Teneng. Iray, asafahol iray, asalatapa asana'odo'an. Iray, iraan sa tora ira, cecay a 'ariyanan ko finawlan haw. Hanaw ko sowal. Roma miheca.kiraan ta sawawa saan tora ira, ci Saloenef, iray, cecay 'ariyanan haw, o felec no miheca.

次年，Tanam Lifoh 擔任大頭目，部落居民的收成也僅有一個半的穀倉多。隔年，由 Looh Teneng 擔任大頭目，農作物亦遭受到種種的災害，收成就更少了，每家收成只有一個穀倉。次年，Saloenef 擔任大頭目，每家的收成只有一個穀倉。

142 Ira sawawa sa kiraan iray, ci Mokisay, iray, Asatono', iray, Asacikilawan. Hanaw ko sowal. (Misopa' kako kini howa) hanaw ko sowal. Iray, roma miheca kiraan iray, ci Foting mama, o niyam a parod Iray, makatayi', alasepat 'ariyanan. Roma a sawawa, sawawaan to ni Foting mama iray, ci Saway Foting. Iriy, a sakohkoh iray, tosa 'ariyanan.

這一年的大頭目名叫 Mokisay，部落莊稼還是遭受各種災害。次年，Foting mama 擔任大頭目，他是我家的先祖。這一年農作豐收，每家獲得四個穀倉的收成。次年，由 Saway Foting 擔任大頭目，收成減少為兩個穀倉。

143 Ira sowal sa ko nisawawaan nira ni Saway Foting iray, ci Okong. Iray, awaay ko lengaw iray, no hafay, ari i, masowal ko finawlan. Saci wawa, sawawaen haca ni Foting ira, saci wawa kiraan ci Mayaw o Ngangay, iray, masasingayaw, masasingetol kiro Laso'ay tatihi paenan haw. Yasato ray, matoled ko finawlan. Hatira kiraan.

次年的大頭目由 Okong 擔任。種下的小米發不出芽來，部落居民因此議論紛紛。後來，由 Foting 及 Mayaw Ngangay 擔任大頭目，但作物依然遭逢災害，收成不到一個穀倉，部落居民非常失望。

144 Sawawa haca ira o mama niyam ci Foting, sawawa sato kiraan ira, mama ci Hanang. Iray, masarocay cecay 'aririanan haw. Iray, sawawa sato ci mama ci Haman iray, ci Mayaw Angay i awaay ko lengaw. Hanaw ko sowal. Iray, masa Ci'okakay ira ca Tohay. Yaan ko saka, sawawa sa ci mama. Ci Tamahaca, ci , 'Olam o faki niyam a parod masakarowa', iray, alasepat a 'ariyanan.

有一年，由我們 mama Foting 擔任 sapalengaw，接下來是由 Hanang 擔任 sapalengaw，但是，部落居民的收成僅有一個穀倉。次年，由 Haman 及 Mayaw 擔任 sapalengaw，作物完全無法成長。又次年由 Tamahaca 及 'Olam 擔任 sapalengaw，開發 Karowa' 區域，這一年的收成有四個穀倉那麼多。

145 Iray, sowal to pisawawa ni 'Olam faki i, ya ci 'Owang Falat, malaci'arayan tatihi paenan. Hanaw ko sowal. Roma ko nisawawa iray, ci hiyato ci Miadal iray, masasiyor to, iray, tinian to Na'odo'an i fahol. Iray, sowa:l sato kiraan iray, i tatihi paenan. Ira sowal sa ko nisawawaan ni Miyadal iray, ci Marakat Kakelang iray, maemin no kodiwis ko panay ato hafay, macorok ko niyaro'.

這次由 'Owang Falat 擔任 sapalengaw，部落居民收成不滿半個穀倉。接著，由 Miadal 擔任 sapalengaw 時，輪到在 Naodo'an 處耕種，但收成依然不到半個穀倉。而由 Marakat Kakelang 擔任 sapalengaw 時，部落居民的稻米和小米全被兔子吃了。

146 Sowa:l sa ko ni Panong mama iray, masatohoy, iray, masaricay,iray, alatolo 'aririanan ray, kapi tatihi paenan sakaspat. Sowa:l sato ko ni Arat iray, malasi'alian iray, mafereng ko mihecaan. Iray, maemin to ko pala. Iray, tatihi paenan. Sowa:l sato ko nihiya Calaw Pacakoy a ci Tono' Omeng ira makedal, awaay ko aalaen no hafay ato panay. Hanaw ko sowal.

在 Panong mama 擔任 sapalengaw 時，開發了 Tohoy，每家收成有

四個半穀倉。輪到 Arat 擔任 sapalengaw，又受到旱災之害，每家只得半個穀倉的收成。在 Tono' Omeng 任職時，同樣遭逢旱災之苦，小米及稻米完全未結實。

147 Sowa:l sa tora ira, ni Calaw Pacakoy iray, mafereng maemin ko pala,ira matoled ko niyaro' awaay ko lengaw. Hanaw ko sowal. Sowa:l sa ko niyam a parod ci 'Owal mama iray, masakawas to, alasepat a 'ariyanan ko finawlan. Hanaw ko sowal. Sowal sato koni Raw Tayi' iray, misapeti' kita sato iray, mifafaliyos.

據說 Calaw Pacakoy 任職時，因病蟲害侵襲，作物毫無收成，部落住民因而失望喪志。我們家系的先祖 'Owal mama 擔任 sapalengaw 時，很幸運地，家家戶戶各有四個倉庫的收成。Raw Tayi' 任職時則遇到大颱風。

148 Ira miteka to dafak, o fali iray, mafaliyos to, awaay to ko sasapeti'en kira, awaay ko safak, alaen to no kawas. Awaay ko cacaca:cay i lotok a hano mahiyaay i tira i lotok nipacpacan tora i, awaay. Ira matira ko tatiihay a malakomod haw. Hanaw ko sowal. Yaan ko saka, "Patayaw ita aca hana! mipatayay aca ko kawas i titaan! han to no finawlan kiya no

一大早，颱風入侵，所有的稻子被吹走，各地山田不見一粒稻米。其實這等於是被神奪走的。惡質的領袖（malakomod）導致整個部落的不幸。因此，部落居民大聲喊叫：「先殺他吧！不然的話，神靈會遷怒到我們身上，甚至毀滅我們。」

149 Tangasa i tira i hiya iray, kaherekan a mipanay iray, to Cilipeday iray, mapatay aca kiya ci Raw Tayi' iriy tawa sa ko niyam a mama ci Da'olam iray, ca 'Afo Aliyan, ira masatayi' awa madaydam ko hafay. Hanaw ko sowal. Sowal sa ko ni Tenged a nikalasawawa ci 'Afo iray, ci Tenged iray, awaay mafereng. Hilam han ko 'atikak iray, katalawan to no Tayring.

在 Cilipeday（田地名稱）收割之後，Raw Tayi' 終於死了，我們的先輩 mama Da'olam 和 'Afo Aliyan 對此笑而不語。'Afo 之後由 Tenged 擔任 sapalengaw，雖然沒有災害，但是蚯蚓遍佈，在田裡四處流竄，連警察都害怕。

150 Mati:ni sa ma:mang ko sera, ira matalaw haw ko Tayring haw, ira ko (sapapakay) matalaw ko wawa, ira koni Tenged a nikalasapelengaw. Hanaw ko sowal, hatira kiraan. Sowal sa ko mako a peton ci Panong iray, ira fangcal ko nikaomahan. Hanaw ko sowal. Sa, mapatay ci Panog kiraan iray. Hatatad han ako haw.

Tenged 表示，大蚯蚓出現讓官吏感到害怕；小蚯蚓流竄，則讓孩子們驚慌。據說我的兄弟 Panong 任職時，部落居民的莊稼收成很理想。Panong 死後，由我繼承 sapalengaw 職位。

151 Ira, iraan iray, maemin ko kawakawas a papelo no mako. Hanaw ko sowal awa to ko lawalawa. Iyaan ko saka, sowal sato, fangcal ko fangcalay to ko 'onip. Felec sa kiraan, ira faangcal to haw, alamoeteetep ko limaay a pawti ko pala. Ya sato o salili'an iray, ci camahaw, cecay 1i'an ko pawti iray, ci camahaw ko pawti, ci sakatosa a li'an ko pawti a haen han ko sowal.

我任職之後，所有神靈我都供奉。因此，農作收成逐漸好轉，例如一片土地原本收成只有五袋稻穀，我上任之後，收成增加一倍，有十袋稻穀。

152 Ira sowal sa tora i, nacila sato "Aala han kono mukasi kato hiya i!" sato ko Ciwlo. Hanaw ko sowal. Iyaan ko saka, so'elinay, (ya mapoton ako i honi han ako sowal) sowa:l sato ko Ciwlo tiraan iray, "kalimaan kono mukasi a hiya" sa ko Ciwlo, ya sa tora ira, "Mamaan saw" sato kako. Adada ko faloco' ako ira sa, nacila sa a mihecaan caay pitawos kako, ira kami mato'asay lawac han to ako.

但前些日子，長老教會有人這樣批評：「他是老古板（舊式人物）。」又說：「凡舊式習慣都應該廢除。」像這樣的批評，我只能在心中說：「等著瞧吧！」實在氣不過去，上一次老年組開會，我就沒去參加。

153 Iyaan ko saka, so'elinay mafaliyos i nacila. Nikasaan ako kinian, "Iray mafana'? a mafi'owad ko totatotang, ira ko fadahodahong to eli', maloyoloyoh ko loma'." sato kako haw. Yosanay kinian sa, matini sato kiraan iray, ira caay kasawad ko kako i matini haw. Iray, Ciafedo'ay han no Cingaloan no Tafalong, Fata'an kira. Hanaw ako kiraan matiranay haw sa, matini sato i, caay katatiih ko faloco' ako. Hanaw ko sowal.

去年，如我所料，上天帶來了嚴重的颱風，部落內的房屋不是屋頂被吹走，就是被吹倒了。瞧，這就是給忘本者的懲罰。我現在還在擔任 sapalengaw，他們不敢任意罷免我的職務。現在我的心情很快活，因為 Cingaloan〔鳳信〕、Tafalong〔太巴塱〕、Fata'an〔馬太安〕這三個部落仍然稱呼我為 'afedo'ay。

154 Ano ira ko tayraay, a matiya ano o sito, kiraan o Ciwciw aci Makalaciw, hani Makaciwciw iray, caay kako pifalah. Hanaw ko sowal tiraan haw, nikasaan ako kinian Ano roma a singsi kiraan a matiya, i tiniay a Payrang a matiya i, caay kako pifalah. Halimama sa kiraan iray, ma'orip kako i, ira matini matini sasaa:n kako.

如今我擔任大頭目，凡是來到本部落的人，我都非常歡迎且熱誠招待。如，學生、地方首長、官吏、各界人士等，我都不會拒絕。不管是從何處來的學者或者是附近的老師，我不會刻意區別，一視同仁。他們親近我，讓我感到榮幸。

155 Hanaw ko sowal kiraan sa, matira:ay ko sowal haw. Nikasaan ako maan saan ko sowal no sakakaay? ira to ni Liwsang a matiya? naoeanay no faloco' ako ira caay pisawad kako haw to matiniay a kongko. Ira matira ko demak tiraan. Nikasaan ako kinian sa, inian ko sowal ako. wahatiraay ko sowal ako.

藉著劉先生的到來，為了感謝他的美意，我在此鄭重的表示我永遠不會遺棄阿美族這樣的傳說故事。我的話到此結束。

第十九章

O lisin no Fata'an to cecay miheca

馬太安部落的歲時祭儀與生命禮俗

1 Sakasaan no mako haw ray, ira, i tira a masaringring ko loma', ano aenem kasaringring. Saci wawa sa tora i, ano tatolo, sasepat sakafiyaw kiraan. Hanaw ko sowal. Iyaan ko saka, lahanghanghang saan makiemel to a makat. Ya mahekamakatay i, ri^rid han no kaka. Hanaw ko sowal.

我要提的事情是這樣的。如果有六棟房屋比鄰而居,而各家有三、四個孩子,他們彼此就會在嬉戲中健康成長,剛學會走路的,就由哥哥姊姊帶大。

2 Iray, sa:an tora i, palo sa ko mari'ari'angay aca tiyo safa to caay ka haenay a mahemamakat. Hanaw ko sowal. Iyaan ko saka, raan san toraan i, ira, nanosowal to no sapalengaw haw. Cima ko sarakat sa iray, mapatay to ci 'Alimolo, mapatay to ci Mayaw aci Unak, mapatay to ci Mayaw Solol 'Alimolo. Hanaw ko sowal haw.

小孩子們聚在一起遊玩時,會有年長的欺負年幼的情況,這是從古至今常有的事。像這類的事情也是由代代的 sapalengaw（大頭目）口傳下來的。'Alimolo 往生之後,sapalengaw 職務就相繼由 Mayaw、Unak、Mayaw Solol 'Alimolo 等人繼承。

3 Teli sato ci Unak toraan iray, pakomod i tini i lalawcan. "Tiri' sa kako i matini, malapalo ko wawa pamama kamo. Mimaan a pawina kamo? Yosanay kinian sa, ca pakolahod kamo to saringring? Iray, aka:to ka matira haw! falahi kiraan! Ira, hani mapolong kamo a mipakamamaay, pakainaay.

有一天 Unak 在集會所內訓話。說道：「我在平日生活中，時常看到兩兄妹（或姊弟）吵架時，父系和母系的親戚就會加入，讓事件更加擴大，這樣是不妥的。難道你們不珍惜與鄰居之間的關係嗎？你們不論是父方或母方，都有難以分割的親族關係。

4 Matira ko demak namo i, salongan a matira? Sa kako tiraan saka, raan sato iray ira, aka pipa:lo to mipaloay. Hanaw ko sowal, do^do han kina sowal ako. Sa kako tiraan, hatira kiraan. Iyaan ko saka, nga'ay awaay ko ngangasawan haw, maroray. Ira, ni 'Alimolo saan ira, hani ira mapolong, hani mapolong.

你們做這樣的事情行得通嗎？因此，我告訴大家絕對不可出手打先出手的孩子。希望大家務必接受我說的話。或許有人認爲沒有親戚比較好，省得麻煩。但是 'Alimolo 並不認同，他經常召集親族們聚會。

5 Yosanay no mako kinian sa, palisomad han ta ko niyaro' matini haw. Haen han ako ko sowal i matini a maoc matini, nga'ay mafana' kamo o kapah, nga'ay mafana' kamo o mato'asay, nga'ay mafana' kamo o kalas tina sowal ako." han to ni Unak.

爲此我必須改變我們的部落。我在集會所講這些話，希望年輕人、耆老能夠瞭解，並且明白我的意思。」Unak 這樣說。

6 Hanaw ko sowal kiraan iya sa, pakayra:ay haw. Hatira kiraan. Iyaan ko saka, mato'as tora i, mahapikasoy. Ano o fodofodo:y to ko kasoy mafokil ho a mikasoy. Hanaw ko sowal tiraan. To'a:s sa tora i, mafana' to a mikasoy. Ano o kilang to, ano o 'ara'arar to no talod ko kasoy. Hanaw ko sowal.

故事是這樣流傳下來的，所以我這麼說。雖然孩子們長大了，但無法馬上做事，撿木柴時僅能撿起小小的木柴。孩子越大就越懂事，撿柴時，可清楚區別大小木頭、樹枝或雜草。

7 Ira sa, kaso:y sato paci'inorongan to, adihay to, adihay i moco' iray, patirengan to i potal. Mati:ra haw, hatira kiraan. Iyaan ko saka, ano hacowa a misorarat? Hanaw ako kiraan no mukasi a kahiy pisorarat? Sa, maedeng to kako kini misorarat kini sato. Tosa a polo' ko mihecaan iray, ira ko sepat, sorarat sa i tira haw. Hanaw ko sowal tiraan.

孩子隨著成長，做事經驗也隨之增加，採集的木柴日增，高高地堆放在房屋側邊。也許你想這麼大的男孩，何時開始參加年齡階級的活動？昔日的方式是如何？事實上，那並非難事，當事人屆時自然就會知道。男子約二十歲（或二十四歲）就應參與集會所的一切義務活動。

8 Iyaan ko saka, raan sato tora iray,omaan kiyo o sorarat sa iray, o katapa, ira misowac to i sorarat. Ira matira kodemak, hanaw ko sowal. Sakasaan a misowac kiraan iray, samaanen kini o Congaw? samaanen kini o Taloko? samanen kini o Iwatan? sa, matira sa, sowal sa i sorarat. Matira ko mato'asay. Hanaw ko katapa han to no teloc. Iyaan ko saka, pakayniay i hiya ira pakayniay i Latiyol iray, ko misowacay, ato Lafangas ira to Latiyam (Ma'oway, Lasana') iray, ato Ma'orad tahini i Kalafi. Ira haw ko mihiyaay haw ko misowacay.

所謂 sorarat 是什麼意思呢？那就是男子們到集會所（soraratan）聆聽領導人的訓導。在集會所集會時，主要的話題是如何防衛泰雅、太魯閣、布農等異族來獵取人頭的干擾，這是古人的主要活動之一。上行下效，上級怎麼做下級跟著怎麼做。平日擔負這種任務的年齡階級有：Latiyol、Lafangas、Latiyam（包含 Ma'oway 和 Lasana'）以及 Ma'orad 到 Kalafi 等不同階級。

9 O kalalikeli:kel no soraratan. Ira, raan sato o ta'angay a soraratan kira ira, mo^tep ko soraratan haw, hatira kiraan. Iray, kapolongan a mawoc kiraan. Inian ono Malifoh a soraratan iray, ka'amis sakatayra i Tafalong iray, tolo ko Malifoh.

當時集會所的分佈情況是這樣的。大型集會所共有十個。這是大眾集會的總會所。Malifoh 區的集會所，設在北邊往太巴塱部落的出口處，共有三處。

10 Ono Cacifong sato a soraratan i tini i sa'amisan no niyaro' (no loma') ira, tolo ko soraratan haw no Cacifong. Iray, no Penoan sato iray ira,i tini i sa^tipan iray, tosa kono Penoan a Soraratan. Ira matira ko nipisowac patapo' no teloc. Hanaw ko sowal. Tangasa sato i tini i Makereng iray, ira, matira: to koni pisowac haw, ira patapo'an to no teloc. Hanaw ko sowal. Tangasa sa i tini hiya iray, Taporo iray ira, misepat i tira haw ko soraratan tono Taporo. Nawhan kiraan iray, pisowacan no i tira ano pakayra ko Iwatan saan.

Cacifong 區（馬太安部落分區之一）的集會所設在部落的北邊共有三處。Penoan 區（馬太安部落分區之一）的集會所設在西邊，共有二處。以上各集會所，各自有下級的年齡階級成員在那兒守著崗位。在 Makereng 區（馬太安部落分區之一）集會所也有下級人員負責看守任務。在 Taporo 區（馬太安部落分區之一）集會所內也有看守人員。這都是爲了防備異族布農族（Iwatan）的突然攻擊。

11 Iyaan ko saka, iraan sato iray, inian o no Malifoh, o maan ko pinang ano pakayni: to kino o Congaw? saan. Ira matira ko demak ira sa, cinifowas i tira, tatapal no mato'asay. Hanaw ko sowal. Ra sato no Cacifong iray ira, matira to a misowac. Iraan sa tora i, o maan ko pinang to Congaw ira, ca 'ang'angi to sa, kono i tiyaay ho misowac haw. Sowal sato tono o hiya o no Penoan iray, isoa:n to patapal to ko teloc.

Malifoh 設置集會所，主要是爲防患異族趁機出沒。老人配合青年階級在這兒負責看守勤務。Cacifong 區也一樣派遣守衛擔任警備工作。昔日由於泰雅族人（Congaw）的行蹤神出鬼沒讓人提心吊膽，故派人駐守。至於 Penoan 區的集會所也同樣派駐看守人員。

12　Matira to ko no Makereng. Ano tayni a matiya ko Iwatan a matiya iray, sato ko sowal no sapalengaw, ira sa, tisowan to, patapo'an to. Hanaw ko sowal kiraan haw. Nikasaan ako sa, macowa ko saka, pisorarat? ira nano mamang? sa tora, i tini i sorarat ko nipitongal. Hanaw ko sowal. Iyaan ko saka, mihaen to dadayada:ya haw, ci ka kakotay, kiteme:k sa ko faloco' no hiya no kilomaloma' a misowac. "Kiso ha iray kiso, kiso iray kiso," ci ka saan haw. Ira, matira ko demak kiraan. Ci ka cinglaw kiyo "mafelec kako ma" sanay ray ci ka cinglaw.

Makereng 區也不例外。如果布農族眞的來侵襲，由 sapalengaw 發令全體動員應敵。所以說，男子由小到大都在集會所接受訓練成長。每晚執行任務，不是輪流制，而是每個人都有責任。不必發號命令說：「現在輪到你了，是你的時間了。」也不必詢問他人：「我可以回去了嗎？」皆是主動執行任務。

13　Iyaan ko saka, matira ko pisaniyaro' no mato'asay haw ira sa, 'ereng sa ko niyaro'. Hanaw ko sowal. Hatira kiraan. Sa, sowa:l sa kira no pisoraratan kira ira, no tosa polo' a miheca iray ira, cisafa to. Hanaw ko sowal.

可見，昔日的先祖以這種措施建設部落，部落才能夠屹立不搖。另依照集會所（pisoraratan）的規定，青年約二十歲就可以晉級。

14　Ira, i tini: i tini haw, ira no kaherek a ilisin, mikisoraratan a teloc, ta pafafoyan to. Ta ira to ko misakopangay, ta ira to ko kakisowal o papikedan. Hanaw ko sowal. Hatira kiraan. Sowal sa to roma maheca iray ira, maherek tangasa i tira i kahetafariwan iray, dafak mahekasorarat. Iyaan ko saka, i tira haw ko demak kiraan. Hae:n han ako ko sowal. Iyaan ko saka, sowal sato iray ira, roma maheca iray, "O:y, iray, ini sa tora iray, maherekay to a misailoh kita iray, mawoc kita to sapisatamod sapipa'pa' to kita." sato ci Hopak.

通常，是在 ilisin 的最後一天才舉行最下級（teloc）成員的入會儀式。依照集會所的規定，這些新加入者要服從祭祀團（misakopangay）、級長（kakisowal）以及青年領導階層（papikedan）。次年，山田砍草伐木之後，初入級青年開始參加集會所活動（maheca）。燒田之後 Hopak 發令道：「喔伊！如今我們焚燒作業已經完畢，我們家家戶戶可以開始進行製作酵母（tamod）及 mipa'pa' 等作業。[1]

15 Iraan sa. pa'pa' hanen. Iyaan ko saka, ra sa tora ira, ano lima a hiya iray, a sepat a romi'ad iray, nengnengen to ko hiya haw ko pocapoc haw, han to. Iyaau ko saka, heked sato a minengneng. Matira ko demak tiraan. Haen han ako ko sowal haw. Iyaan ko saka, sowal sato a maoc iray, "ira? macowa to? maraeked to a misaepah? a mipa'pa'?" han to ni Hopak, "hay, maraeked to" sato ko 'a'isidan ni Hopak i soraratan.

於是家家開始忙著 mipa'pa'（發酵）作業。因此，四、五天之後，有些正好發酵呈起泡狀態，然後抽離出來分別觀察發酵的狀況。不久後 Hopak 在集會中向青年們詢問：「你們查看各家的酒發酵完成了沒有？」青年們在集會所內回答：「是的！一切狀況都很正常！」

16 Ko po:long haloinian o Malifoh, halonian o Cacifong, halonian, o Penoan, ira o Makereng, yo o Taporo. Iya o kapolopolongan no fata'an haw, mo^tep a polong ko soraratan i

---

1 mipa'pa' 是咬碎之意。阿美族釀酒時，用嘴巴咬碎酵母（tamod）混合糯米飯或釀酒材料使其發酵。

tira. Malapotapota:l to, mararaod. ko potal no soraratan. Hanaw ko sowal. Hatira kiraan. Iyaan ko saka, haw hay, sowalen ko fafahi namo ira, salamal han ko hafay haw. Hanaw ko sowal tiraan. "Aka safangti a matiya, ira dodoa:w to ko no kawas ano pipakafana' to hatiniay ira, ci ka siwala," han to ni Hopak.

這次的集會，各地區的人都來了。如 Malifoh、Cacifong、Penoan、Makereng、Taporo 等。由於各地十個分會所的人都前來馬太安本會所集合，所以本會所內外坐無虛席。Hopak 又發令佈達：「你們告訴家裡的妻子，可以開始煮小米準備造酒。煮好的小米飯，不要把它製成糍粑，只要依照古老的方式進行工作，切記。」

17 Ira sa, iya nakamaoc toraan ira, dafakira misalamal ko emin a malafel to hafay. Iyaan ko saka, mafasaw tora ira, patayra han to ko mipa'pa'an haw. O sanay kinian. Ra sa oranan kira ira, kiyo epah kiraan iray, ira, nisama'ma'an, han to ko sowal tiraan. Hanaw ko sowal ira sa, pacacamol han to i satapes. Matira ko demak, lima a ficin ko no 'alomanay a loma', iray, ya no papinaay iray, lima a ficin, ira, ya papinaay a loma' iray, sepat a ficin.

會議後次日，各家開始煮小米造酒。煮好的小米飯，就先放置著，等冷卻後準備好，再將咬碎的酵母倒進小米飯，混合均勻等待酒成，這叫做 nisama'ma'an（用手攪拌）。大約等待五、六天之後便可變成酒（epah）。進行混合的時候，先將小米飯倒在大藤籃，比較方便作業。造酒的小米量，視家裡人數多寡來決定。例如，人數多的，可製作約五公升；人數少的，大約四公升就可以了。

18 Ira, yaan sato o toloay a polo' iray, a limaan. A malinaina iray, tosa a ficin, hatira sa ko makarikor a misama'ma' haw. Haen nan ako ko sowal. Iyaan ko saka, sowal sato iray ira, halafin to kini sato. Ira sa, sowal sa, "matini maherek to ira, maoc to haw anocila, lomaoc to sapipahko" sato. Iyaan ko saka, marocek kina sowal kira iray, oyoy han to. "O:y maoc kita to sapipahko" sato. Iyaan ko saka, sowal sato iray, iya na maoc tora, rara sa to dadaya. "Iray, kamo tiraan haw ray, katafed kamo haw. Iray, o Malataw," hanaw ko sowal tiraan.

造酒時，可與親戚五、六家合作，或各家出二升，也可造出三十多升的酒。釀造之後，還得等待一段時間才可成酒。家家造酒完成，領導人下達命令：「部落的人啊！明天集合，準備祭祀！」Hopak 又派人通報：「喔伊！今日我們舉行豐年祭的準備祭儀（sapipahko），大家快來集會所集合！」於是眾人聚集集會所，夜間長老舉行 pahko 祭。由長老進行滴酒祭，並禱告：「乞求天上諸神，Malataw 神降臨。」

19 Iray ci Lopalangaw, ira ci Honahonaw Sapaterok, ira ci Toma'o'ol Sapaterok, ira ci Afedo'ay Sapaterok, ira ci Caripacip Sapaterok, ira ci Tatakosan Sapaterok, ira ci Cingacingaw Sapaterok, palacingacingen ko losay haw!" sato ci Hopak a papelo. Ira matira ko demak kira sa, dafak sato kiraan iray, pahko saan. Cico'el a maen to foting ko finawlan haw. O fayfahi sa tora iray, mawmah. ira cico'el a maen to datedateng, ira to hinalomay, ira to fa'ta'an.

「Lopalangaw 神、Honahonaw Sapaterok 神、Toma'o'ol Sapaterok 神、Afedo'ay Sapaterok 神、Caripacip Sapaterok 神、Tatakosan Sapaterok 神、Cingacingaw Sapaterok 神，懇求眾神降福，好讓我們的農作物產量豐富！」Hopak 如此祈禱著。次日，正式進行 pahko 祭日。行祭期間，禁食魚類；女性在工作時也禁止食用一般蔬菜，像 hinalomay（蔬菜之一）、fa'ta'an（樹豆）等食物。

20 Hatira ko palikakawa no sapalengaw haw. Hanaw ako kiraan. Hatira kiraan. Ira, dafak sato kiraan iray, mifetik to. Matira ko demak tiraan. Iray, cecay romi'ad ko kapah halomato'asay haw. Hanaw ko sowal.

大頭目這樣向眾人下達準備祭祀的命令。次日正式開始行祭。青年和
老人們展開一整天的祭祀活動。

21 O kalas, o sapalengaw, o papikedan, i tira i kakitaan a mapo-
long kiraan haw. Hanaw ako kiraan. Kapa:h to ko pakayniay
i Mahowan ira tangasa i teloc. Hanaw ko sowal tiraan. Iyaan ko saka,
iray, fetik, pasadak to ko wawa no kakitaan iray,tini: to i kato haw,
ta'akay a kato, yosanay o salang no eraw. Hanaw ko sowal tiraan.

耆老、大頭目、青年領導階層、祭司等全部在宗家（kakitaan）集合
參與祭神。由 Mahowan 階級以下至末級青年執行此祭典。開始獻酒
時，宗家的子女把甜酒放置在特大木盤，接著，由大祭司家族獻祭。

22 Fetik sa tora iray, iyaan ho ko 'ayaw no patay no kakitaan.
"Iray, ya: kamo o mama, iray, kiso matini ha mapatay to ci
Kayting Falong, mapatay to ci hiya ira ci Fata'an Celad. Kiso ha
Fata'an Celad, Kayting Falong ira saka,safangcalen ko Fafoy ato
'Ayam haw.

首先要獻祭的是大祭司家的祖靈。獻祭道：「諸靈們！現在有我們的
長輩，已經過世了的 mama Kayting Falong、Fata'an Celad，祈求賜
福我們的豬和雞多多生產。Fata'an Celad、Kayting Falong 啊！請聽
我們的乞求！

23 Iray, o panay, o hafay, o losay maemin iray, pa'o'oli to haw.
Nga'ay kihpic ko fitoka ira no finawlan," sa ko pifetik no
loma', to patay no loma'. Hanaw ko sowal. Ira sowal sa tora iray, "Ya:
kamo ko 'ayaw ha mama haw, iray i kodolay a komod. Iray, ci
Lopalangaw katefad kamo!

還有為我們的農產品稻米、小米、蔬菜等灌注充足的露水，讓眾人有
富足的糧食糊口。」大祭司家如此祭祀自家的祖靈。又禱告：「祖靈

啊！請祢們先享用吧！而在天界的 komod 們，請你們也降臨吧！Lopalagaw 神，現在請降臨吧！

24 Iray, ano cirikor kamo a matini. Ira, payongto: nga'ay aca kamo o malataw haw. Ira, kiso o Cingacigaw Sapatero, kiso o Masowang Sapatero, iray kiso o Lafanay, iray, kiso o Angahiwan,

一切之事都在祢們諸神的權威之下。祈求 Cingacigaw Sapaterok 神、Masowang Sapatero 神、Lafanay 神、Angahiwan 神，

25 ira o wawa iso o Panay no Cidal, ira ci Lami' no Cidal. Yosanay kinian sa, aci Nakaw Lamit. Iya sa toraan ira saka, i tini to mahicera haw. Hanaw ko sowal Ira, hatini ko Fidangal i matini iray, a alaen namo o Sapalacing haw. Hanaw ko sowal.

還有 Panay no Cidal 神、Lami' no Cidal 神、Nakaw Lamit 神，一起降臨在我們這裡！」以上的禱告方式，Fidangal 和 Sapalacing 還是照樣這麼做。

26 Iyaan ko saka, raan sato kiraan iray, kiso o Losisidaw, palosiden ko talomah no kapah haw, ira ko sapi'adop no kapah iray, patama' a matiya haw. Kiso Atalaay, waciwaci ko lalan no ano o poko no lalan, ira ano matokinilay a fokeloh, ira ano masakaly a masay to lapot,

於是又繼續禱告：「Losisidaw 神，祈求保佑青年們狩獵過程平安，並且賜給他們豐富的獵物。Atalaay 神，祢看他走的路非常險峻，有彎曲、有石凸、側歪，使人有跌倒危險，有時路上狗藤茂盛雜亂擾人。」

27 Iyaan ko saka, raan sato kiraan iray, "Kiso o Losisidaw, palosiden ko talomah no kapah haw, ira ko sapi'adop no kapah iray, patama' a matiya haw. Kiso Atalaay, waciwaci ko lalan no ano o poko no lalan, ira ano matokinilay a fokeloh, ira ano masakaly a masay to lapot, ano malifok kiraan kirami, o sanay kira salonganay a matira hakira?" haen han to no sapalengaw ni Hopak.

又繼續禱告：「Losisidaw 神，祈求保佑青年們狩獵過程平安，賜給他們豐富的獵物。Atalaay 神，祢看他走的路非常險峻，有彎曲、有石凸、側歪，使人有跌倒危險，有時路上狗藤茂盛雜亂擾人，容易綁纏人腳，使人跌倒。因此，乞求諸神保佑他們。」大頭目 Hopak 這麼禱告著。

28 Ira matira ko demak sa, "Kiso o Walaciwac waciwacen ko lalan no sakatalaomah haw no sapiladom." han ni Hopak ko tolon. Iraan iray, tahematini: to ko nipifetik to matiranay. Hanaw ko sowal. Iyaan ko saka, dafak sa tora iray, ano sakatosa hiya iray, a romi'ad, iray, makalaholahok satoko mato'asay to sa'eteng, tiro o lakaw, tiro o Lilek,

有時是這麼短的禱詞，「Walaciwac 神，祈求除去路上的障礙物好使取水的人平安走過去！」這是 Hopak 常用的禱詞之一。現在行 mifetik 時，同樣也是這麼做。次日，全體集合，為提供老人午餐，年輕人全體下溪捕魚，他們用堵水（sa'eteng）及設置陷阱誘魚（lakaw）等方法來捕魚。

29 tini to tangasa i tini i Fahol iray, tangasa i tini Lesadan. ato Tafalong Co'ongan. Yosanay kinian. sa, a i tira haw ko kalaholahok no mato'asay haw. Hanaw ko sowal. Iyaan sato o tosa a aawidan iray, kakalaholahok saan, ira ci kaka a mapolong, iyaan ko saka, ato teloc.

他們捕魚的地方在從 Fahol［馬彿部落］開始一直到 Tafalong［太巴塱］近邊的 Co'ongan［嘉農溪］。這裡就是耆老們吃午餐的地方。換言之，青年們各上下級二個組合併在一處一起吃午飯。

30 Hanaw ko sowal ira sa, fetik sa tiraan. Iray, maleca:d to tono mato'asay a pifetik. Hanaw ko sowal tiraan sa, fetik sa kiraan o mato'asay iray, i naniraremay tini cepo' Coyoan kiraan saka, piso'edacen ko naniriyaray haw. Tangasaen i tini i kacaciwaciwa' no fahol ato i tini i Tipelakay, ato i tini Ci'etoyan, ira tini i hiya ira no Cifaliyosan tangasa i Moco'an haw.

青年們吃午飯時，也行 mifetik（滴酒祭）。mifetik 的方式如同老人組般，獻酒祈禱說：「懇求神靈，讓海中的魚群從 Co'ongan［嘉農溪］出海口逆流而上。到馬富溪的分义口（kacaciwaciwa' no fahol）、Tipelakay、Ci'etoyan、Cifaliyosan 以及 Moco'an 等處。

31 Ira tora iray, citefos i tira, ciwaneng i tira, citefotefos i tira, tangasa i cepo' no Fedeng, iray, kiloma'ay i tangal no sa'eteng. Tadamaan ko teos, tadamaan ko waneng i tira haw. Ira sato tangasa:en i tira haw. san ko no mato'asay a etik. Ora cepo' no Satefo ira ko da'eci i tira haw, tangasa i tini i ca'akolawan ciwaneng, citefos i tira haw.

那兒有甘蔗、甜糖、甘蔗園，一直到 Fedeng 的下游出海口。甘蔗和蔗糖，懇求神靈讓魚群游到那兒。Satefo［馬太安溪］的下游還有多種水果，懇求神靈讓魚群都能游到那兒。

32 Ka i tira to a mahacera, iray, to nanitini i riyar. Yosanay kinian, hatira kiraan. O cepo' no Kaladiw no kacaciwa' no nanom saka, tangasa kamo i tini i 'Apol haw. Iyaan ko saka, citefo' i tira ciwaneng i tira. Ira i tira to kamo a masa'opo haw" han ni Hopak pifetik.

游到這裡悠遊棲息。Kaladiw 溪分义口水域下游出海口，希望魚群能游到 'Apol 這裡來。那兒有豐富的竹筍和甜蔗，是你們棲息的好地方。」大頭目 Hopak 如此禱告著。

33 "Han ha kapah, haw," han tora sa, sowal sato ko hiya iray, "ci Idek fetiken to haw, ci Taremon iray fetiken to haw, ci Wawa Lada' iray fetiken to haw." sato. "Kiso Idek tiraan iray, o lata' tora iray, pakicomoco:mod aca haw, Ha naw ko sowal matini to Taremon ato wawa Lada', ira tolimeden i tini pilakaw no finawlan, ira to iyo no finawlan." sa ko sowal no mato'asay to kalaholahok no kapah.

「你們青年們這麼做吧！」又說：「施行 mifetik（滴酒祭）的對象，是 Idek、Taremon、Wawa Lada' 等神，千萬不要忘記。」又行 mifetik 時道：「Idek 神，祢是捕魚之神。求祢如同曾經把木塊變成魚群的奇蹟一樣，現在也爲我們顯現這奇蹟。

34 Hanaw ko sowal matini to Taremon ato Wawa Lada', ira tolimeden i tini pilakaw no finawlan, ira to iyo no finawlan. Sa ko sowal no mato'asay to kalaholahok no kapah. Roma caay to pifetik ko mato'asay ci Koraran. Sa, kiso ha matini a, kamo o mapatayay a papikedan, ira toni mapatayay a kaka holol, ira sato kiraan iray, aka pakamelien. Ko kawal haw.

Taremon 神、Wawa Lada' 神，多多保護我們的捕魚活動！」以上是每次眾人在午餐時，老人向年輕人教授的滴酒禮之內容和方法。當然是由老人行滴酒禮。年輕人行滴酒祭說：「祖靈的青年領導階層，以及祖靈同級的長老輩（kaka holol），[2] 乞求祢們讓青年們的梯子穩固安全，別讓他們倒下受傷。

35 Ira sato iray, saka cika'opic ko pacacoy no mato'asay. Iray, nikacaciwaciwa' nonini sapiraod to pala. Sakacai ka tapic ko cacidayan no fayfahi. Na o sanay kiraan sa, raan sato iray, tatingen

---

2 kaka holol 是同齡階級稍年輕者對年長者的稱呼，以表示同年齡階級亦有長幼有序的觀念。

to kirami, malifoka o sanay no niyaro'. Iray, malifok no fokeloh fangcal a matira? han no kapah no teloc matiyaay ca Ifo. Iyaan ko saka, cena' sato i tira i sarareman, palo han no kaka. "Ira citoka! ira ma'opic ko pacacoy no mato'asay, ira matapic ko hetaw no limecedan no niyaro', o cekaceka to cika palalan ko cowa'."

老人們在田裡工作，走在道路上時，保護他們的兜襠布免受淋濕。婦女們工作時，避免她們的裙子脫落受辱。此外，不管是哪部落的人，一切都要保護以免他們叫苦！」以上是年輕人行 mifetik（滴酒祭）的基本認識與初步方式。上級利用休息時間訓練下級。上級嚴格訓誡：「你們這些懶惰鬼，看看老人們的兜襠布都被淋濕了？少女們的裙子也被捲開了？小徑滿地都是荊棘？」如此這般教訓青年階層。

36 Sa ko pipalo nira ta, kakangodongodongodo sato ko mato'asay. Ta, mihaen ko fayfahi a matini to pising nira mitapalay i tira i tini taporoay a soraratan, hay a mi'ading to mata. Hanaw ko kiraan sa, i tira ko ngodo haw, hanaw ko sowal. Inian sato o kapah iray, tadamangodo to haw. Hanaw ko kiraan sa, matira ko demak to kakawa no mukasi to lalan. Hanaw ko sowal, hatira kiraan.

老人組在旁聽得都感到不好意思。在旁的少女們觀看到此情形也感到害羞，用雙手遮住雙眼趕緊走開。這些都在集會所的活動。為了訓練青年組何謂「謙恭」，也就是「敬老之道」。當然青年組受了訓導之後，可體會到什麼是「謙恭」。這是昔日青年組修整道路作業時的規範。

37 Iyaan ko saka, sowal sa tora iray, tahesafariw. Iray, comod. sa i tira, mifariw i tapang no fa'inay ko 'ayaw micomod. Iray lafi sa tora o toron to o titi to. Herek sato a malafi kiraan, "Olililili! mitala ko kaepaepakay. Leteken to ko olit." sato. Letek sato kiyo o fa'inay, malota to 'engoy ira sa, liloc sato.

到了田地的砍伐季，新婚夫妻先來幫忙男方家的田裡工作。晚飯，有糍粑和肉。晚飯之後，說：「去吧，孩子們等著你，去去去，快些砍取木材！」於是由男子負責砍伐的工作。（完成之後，就去洗澡。）

38 Tahira sato i hiya ray, (aya, mapawan) comod sato tiraan iray, "i, malafiyaw ho ina i?" sa ko fafahi i tapang no fa'inay. Iya ko saka raan sato iray, yaan a sowal ako i hani, ta mafetek ko longlong ta malikat to. Tahira sato i tira i hiya iray, i tapang no fafani iray, ira ano ira ko pa'alian, ano tatolo, iyaan ko saka,

結婚的時期到了。妻子在男方家工作時說：「媽媽吃晚飯吧！」如剛才我說的，老人們上床後就走了。到了妻子的娘家，也許屋內有二、三位 'aliali（妻子姊妹之夫）在場。

39 iyaan sa tora i, o peton no ina nira ato pakamamaay matira. Sowal sato iray, o faki: to he:da pilicay haw, sato ko sowal tira. Ira sa, ano ira i, "ini to mama, ini to kaka, ini to kiyo safa. Sa ko sowal no fayfahi namo haw ano micomod. Han to no faki. Ira sa, hatira kiraan.

妻母的同胞及親族也在場等候二人回來。此時，當然是由 faki（族舅）先開口教導。當你跟夫婿進屋時，該說：「mama（父親或父執輩）、kaka（兄姊）、safa（弟妹），我們回來了。」這樣的話語說完，才可坐下來。

40 Ira, aro 'sa tora iray, i tira: to i tira i hiya haw tira satimolay a parod, i 'amisay a parod iray, misakadafo i tira. Haen han ako ko sowsl. Iyaan ko saka, "tayraan to oli!" sato to fana'inay a wawa nira.

一進門後，女的坐在南邊的爐灶邊，北邊的爐灶是女婿的座位。到了吃飯的時候，對其他的男孩子說：「去吧！」

41 "Sanga'ay to ko sikaen iray, patahekai to!" sato tiyo fafahi, hanaw ko sowal tiraan. sa, patahka sato. Ira sa, "namo ha ina kinian haw, iray, tatolo kamo ato wawa" ra sa torai, "namo ko namo ha 'ali iray, ano sasepat kamo, iray, a sepat to iray, namo

然後對準妻子說：「準備好菜，把飯菜擺好！」就這樣準備飯菜給大家吃。到了吃飯的時候，由他來分配各位的位置並說：「老母你們在這裡跟小孩三個人！」又說：「'ali 這裡是你們的位置，可坐四個人。」

42 Iray, "kamo romatini yo mato'asay a wawa ano sasepat namo kinian haw" sa, sasepa:t ko silsil. "Iyaan sato ray, o namo kinian a maramod haw," saan, tatosa ko mararamoday. Hanaw ko sowal tiraan sa, ira sa tora i, malikat ko simal iray, patay sa a mi'ading to fayfahi, matiya ko no fa'inay a koti i tapang sa iray, matira: to.

又說：「這裡也是成人和孩子坐位，四個人份。」所以排四個位置。「這裡是你們夫妻的座位。」分配有夫妻二人的座位。如果點了燈，女婿盡量掩蔽妻子以避人目光，男子不論在贅家或生家都有這種動作。

43 O sapi'ading sa, mangodoa ko fa'inay ako iray, mangodoa ko fafahi ako sa, matira. Hatira kiraan. Iray, teli sato ko faki, iray, ano caay ho ka tatolo ko maherekay iray, aka ho ka herek haw, mangodo, sa matira. Sakasaan, ano malasarakat a maherek iray, ano mananam to iray, ano taharikor to iray? ira a maemin? sa ko faki.

這樣的動作主要是丈夫或妻子對大家表示矜持和客氣的態度。faki 又曉諭，吃飯時，要等到有三個人吃飽才可離坐。吃飯若離坐太早，或因大家已熟悉不在乎小節而最後離席，就會被認為是飯桶，這樣不是很丟臉嗎？faki 如此說道。

44 Alaen ko hiya haw, a mikadafo hanaw ko sowal, herek to a malafi kiraan to iray, nanom ako! sa lowad sa ko kakadafo.

Hanaw ko sowal. Ayi ra kasoy iro sa haw, lowad sa a miala to kasoy haw. Hanaw ko sowal. Ira matira ko pikadafo no mukasi nikasaan ako kinian. Hatira kiraan.

所以，當女婿的青年應該謹記。吃飽後，若有人叫：「把水拿來！」女婿得立即遞水。或老人抽菸要柴火時，當女婿的，動作應該敏捷迅速立刻遞火給老人用。昔日，入贅當女婿的都是這樣做。

45 Maherek to a mitamoko iray, "mafoti'aw to ina i!" "mimaan a talasoraratan saw?" "mi'ang'ang ho kako to taoan" sa ko licay no kadafo. Iray, dafak sa tora iray, pakasoyaw sato a mikasoy, ira tanolakelaw saan. Matira ko demak, nano setek to no faki. Iray, i tira to i timolay a taporo no soraratan a mitala, a pasadak to cidal.

抽完了菸之後，向老人說：「老媽，該休息了」老人說：「你也是。還要去集會所嗎？」「是的，我還有事找組友談一談！」這樣才可離開。次日天未明拿火炬去山上撿柴。這是長者對女婿的要求。男子，太陽未升起時，已從山上拾柴回來，在南邊的集會所坐著等候天亮。

46 Iray, awaay ho ko fafahi iray, caho ka itoan, menad sato ko fafahi nira iray, 'iraw to kema" sato maherek a maherek a mihacol? do^do hato. Iyaan ko saka, o 'al'al ko kasoy ira ano o mangta'ay iray, "Aya, i cai ka ngodongodo kini masai to?" asa, matira. Mado^do ko nio faki a sowal haw. Hanaw ko sowal.

當妻子取水尚未回來時，男子不回家。等妻子出現在前面時，心想：「她回來了。」等舀完水，才跟其後面返家。若撿回的柴火是尚未乾燥的，「哎噢！一點羞恥心都沒有，到底怎樣？」一定受到別人的惡評。所以入贅的女婿必須隨時順從 faki 的訓勉。

47 Iyaan ko saka, tahira sato iray, mitala to ko mato'asay, matira. Ini to sa sato riy, mitohtoh to to hmay, mitolitoh to to rara', ira matira ko hemay tiraan. Hanaw ko sowal.

因此，把木柴送到之前，老人已等候在那裡準備查看木柴。放置木柴之後，妻家準備飯（hemay）及豆湯（rara'）當早餐來招待。

48 Caay ko fohecalay ko fodoy haw, o korit. Ano fohecalay ko fodoy riy, "a matalaw ko talod" asa ko pikadafoan. Sa, ko sowal no faki. Ira saka do^doe:n to no wawa a mikadafo. Hanaw ko sowal. Iyaan ko saka, mati:ra ko demak. Hanaw ko sowal.

這個時候不要穿著白色衣服。若穿白色衣服，入贅的妻家可能會批評說：「這個人怕髒！」faki 是這樣提醒的。事情就是這樣，我如此說。

49 Ano cai ho ka falo a 'inorong ko kasoy iray, caay ho ka 'anofi no to'as. Hanaw ko sowal tiranan sa, maletep to ko sakafalo iray, i loma' saan. Iraan sato haw iray, aka pitefing sarakat a mafoti' haw, mipafotinga kamo, iray, talahelonga kamo, tahepoaw no satahepo to makorahay. Sa, ko mama ato ina, tiyo o wawa to fa'inay. Maleca:d to a tono pikadafoan a mama ato ina. Matira ko demak haw, matira ko sowal. Koko' ko 'ayam iray, toan to mikasoy. Iyaan ko saka, ahekasadak ko cidal iray, taloma' to. Nawhan kiraan iray, mitala ho kira. Ano ca:ay ho kala'edef kira howa i, a mihiya howa i, ira ko dokdok sanay maranam?

照昔日的習慣，撿柴火（mikasoy）的禮節至少得反覆八次，老人家才會滿意。就是說，撿了八次柴火才可回家。但，初夜同房時，雙方不得接觸，否則，恐怕犯了 pafoting 和 laholang 的禁忌。蓋被該取淡黃色的被布。夫家父母和女方的父母對婚姻前後的禮節都有同樣的看法。當女婿凌晨一聽到公雞鳴聲，就必須立刻起身上山撿集木柴，但太陽升起前一定得回到家。因為大家在等人回來。回來之後，大家才一起吃早飯。若沒有這麼做，對女婿是不禮貌的。

50 Hanaw ko sowal tiraan sa, matira ko demak haw to ngodo no mukasi. Hanaw ko sowal, hatira kiraan. Iyaan ko saka, sowal sato tiraan iray, i sakatolo no ilisin, o pihololan to mapatayay awid. Iray, o hakhak, ira ano awaay ko titi o rara'. I ray, tahira sa tora iray, tomangic kiyaan awidan nira micomod i potal ho. Matira ko demak.

昔時的習慣，對女婿的要求就是這樣。每年舉行 ilisin 的第三天，各年齡階級爲已故組友舉行慰靈祭。在行慰靈祭之時，家家所供給的食物是糯米飯及豬肉。若沒有豬肉可用豆湯取代。慰靈祭以巡訪的方式舉行，全體到故友家門外痛哭一場。

51 "Aya, nahanima han matofafoy ci dokaka'ay a fafoy a micidek kiso?" sa ko tangic no mihololay to mapatayay to awid. Ta, "engang engang" sato ko ina ato mama ato peton no mapatayay. Hanaw ko sowal tiraan. Herek ko tangic iray, "kato kato kato kato" sato hakhak haw. Ano 'alomanay awid iray sepat ko tapila'. Yosanay kinian.

「呀啊！誰叫你這麼倒楣？如同受傷的山豬一樣，迷失方向，而離開我們……」如此這般表示哀悼。父母和哀家的兄弟姊妹們亦 engang engang 地嚎啕大哭。過了一會兒，有人叫：「好了！請大家節哀！」慰靈祭至此完成。儀式完畢，大家在故友家吃飯。若組友人數較多，可圍著四個藤邊吃飯。

52 Iyaan ko saka, sowa:l sato ko paherek tora palatolon nira no kaka no matiniay o papikedan iray, hanacecay mikimit iray, ano maherek ko hiya iray, aka ka kinatosa a mikaliling haw, ano o rara', ano o titi kinacecay mitongih han no papikedain kiyo o misakopangay. Iyaan ko saka, i tira caay to ka sawasawad kira tahematini haw a miholol to mapatayay. Iyaan ko saka, hanaw ko sowal tiraan.

吃飯時。每位要遵守上級幹部的訓示，抓飯以一次爲限，喝豆湯不得超過二次，豬肉只許咬一口，不得吃兩口。這樣的慰靈祭習慣，至今繼續進行尚未廢棄。

53 Sa, herek no lahok kira i. "Tengilen to ha ina ko sowal ako haw, no sanay kinian. Ira ina no mama i, ina ni ina iray, nao hakelong i cowa a misawad, ira kahetapalaw misorarat, iray, ano milafin kami iray, a palalan.

午飯之後，青年幹部慰問故友的家屬：「可敬的伯母，請側耳細聽我的話；其他的家人們，亦請側耳傾聽我說。回憶故友生前，不管在任何集會、工作，如修繕道路、野宿等活動，我們都是相處在一起。

54 Ira aya mato'orad no salakec, iray, ko tangic na namoo, iray, ko radiw no mama no ina no sanay kinian. Iyaan ko saka, mati::ra ha ina haw, iray, o roma ako a sosowal. Iray, i nian sato iray, kafit han a matiya ko dofot haw iray, mangodoa kamo, hanaw ko sowal. Iyaan sa tiraan, yaan ci'icelay kinian kami, iraan awid no mitoanay." Yosanay kinian sa, mati:ra ko paini no papikedan.

如今，故友走了，可以瞭解父母長輩的心情是多麼痛苦。就好比走路時，如臨深淵、如履薄冰般。伯母，你看我們在這裡的組友，正以同樣的心情面對伯母心中的痛苦。但人死不能復生，祈望大家節哀，保重才是上智。今後，我們將如同你的兒子般關懷你、愛護你，直到永遠！」以上是青年幹部的慰唁詞。

55 Iary, sowa:l sa, "Ano milido kamo ha mama, iray, ano kafakifaki mimaan kiso? han iray, milido kako sa to malitemohay tahira i saetipan iray, micofay, ciripa', ira karihkih saan. Ira matira ha mama ko demak. Ano alaen kira mama micofay i, fangcal a matira? patinako sa o awid haw kiraan. Yosanay ha ina mama. Hatira kiraan."

又繼續說：「各位長輩老伯，日後你們前往山上狩獵或做其他事時，若遇到我們，不要客氣請儘量找我們幫忙。如要到西邊那麼遠的地方，我們也會跑去爲你辦事。長輩大人事情就是這樣，你的孩子在世時，對別人的父母也是這樣的。這是我要對長輩父母們所表示的意見。

56 Sowal sato kiyaan o cacayay a tamdaw, "mimaan kiso?" han iray, "milido kako" saan "a, ciripa'" saan, iray, "ano ciripa' matiya i, cofay han ako i?" sato. Iyaan ya iray, tahira sato iray, nengneng sato riy, kafakifaki:to. Oya o malo ko'aya'ayam maemin mikilingih i tira i do'ec, ira sa matira,tefos san.

若有一個人說：「你做什麼？」「我去巡視設下的陷阱。」「或許有獵獲？」「若有，馬上回來通報。」於是前往那裡一看，各種鳥類吱吱喳喳地，而且都躲在草叢或甘蔗園裡。

57 "Hae:n han a matiya haw. Aka pisoray ano malitemoh ko kami ha mama ha ina. Yosanay kinian sa, inian ko sapaloko ako tamowan haw. Naosanay kinian sa, mati:ra kina sapaini no mako." sa a pararikor ko papikedan. Hanaw ko sowal kiraan sa, kipatapa:tay haw to fatad no mihecaan ano kailisinan a miholol. Hanaw ko sowal.

「所以，若在途中遇到我們時不必驚慌出聲。mama、ina 知道了吧，這就是我想跟你們報告的事。我的吩咐到此爲止。」青年幹部這樣對眾人訓話。而這樣的狀況，大都發生在每次辦喪事或豐年祭期間。

58 Iyaan ko saka, i sakatolo kira iray, i tira ko poo' to mapatayay tina radiw ako nikasaan ako kinian. Yo sakaspat iray, mieli' ko Cilipacay iray, o sapi'oledip to rarengrengan. Iyaan ko saka, cila sato patahefod i sakalima iray, malitakar to i tira, i tira to a mihoredip. Ta, pakaen to ko sapalengaw ano yato o kakitaan. O 'ored iray, o 'atay iray, o toron. Matira ko sapifetik no sapalengaw.

第三天爲死者行祭時才可唱剛才我唱的歌。第四天由 Cilipacay 負塡割茅草用來修建安置頭顱的棚架。次日第五天蓋好屋頂，裝上床台，才舉行落成典禮。落成典禮由 sapalengaw（大頭目）或 kakitaan（宗家）負責。sapalengaw 行滴酒祭時，主要的祭品（sapifetik）是生碎米糰、豬肝、糍粑等。

59 Iray, cikaka tora riy, cipeton a maemin ira, alapicomocomod to i tira sa, Ira ci mama tora iray, kalapicomocomod i tini haw sa, ko sowal. Iyosanay kiraan sa, i tira haw, (matawal kini o pifetikan kini) pakaranam sa i tira. (ano ikoikor kira mapawan kako howa i) Nikasaan ako kinian. Tahira sato i Cilipacay iray, "wa:w kamatini to dafadafak," sato ko lekal.

舉行新居入屋儀式時，儀式更加隆重，所有親屬及長老們一定親自前來參加。耆老也都來參加。儀式完成，當家者提供酒飯，請參加者一起吃早飯。（我忘了說明有關滴酒祭的方法）。到 Cilipacay 宣布：「喔伊！每天早晨要這樣舉行儀式！」

60 Matiya haen han ko 'atay a matini cidek han to palo' a mihiya a tayra i kakitaan. I tira haw ko no sakipatay. No citafaday sato a fetik kiraan iray, han ko fetik. "Iray, ano mi'adop ko wawa tiraan iray, pakasinawaren, pakaapiyanen, pakafayo'en haw! do^doen ko awid ako a matiya!" sa ko laeno no sapalengaw ira ko kapah. Saan, hatira kiraan haw.

使用 palo'（檳榔葉柄製作的容器）放置豬肝，提到 kakitaan 行祭。行祭方式與喪禮或獵頭祭是一樣的。滴酒祭時說：「諸靈啊！希望我們年輕人打獵時，使那些獵物暈頭（sinawar）、四肢無力（apiyan）、如吃檳榔頭暈（fayo'）般無力脫逃，如同眼花迷失方向，如同中毒瀕臨死亡無法抵抗，這樣組友們即可輕易捕獲獵物。」這些祈禱方式是 sapalengaw 之下的各級助理青年幹部都可做的。

61 Ta dafak sato kiraan iriy ira, li'alac sa ko finawlan. (Mapawan kako to kanaen to 'ayam i tira i pifetikan) Hanaw ko sowal. Iray, sato kiraan iray ira,marekrek to ko finawlan haw, ko kiparopa:rod,

次日，全體年齡階級召集舉行捕魚活動。(我剛才忘了講述滴酒祭時，吃雞肉的狀況)。舉行捕魚祭時，每戶人家的男子都必須參加。

62 Tatoloay fana'inay iray, tatolo to a mikafos tina lakaw. Sasepat iray,saka sasepa:t a mikafos ano tolotolo ko lakaw ano sepasepat ko lakaw. Matira ko pikafos no finawlan haw. Hatira kiraan. Sowal sato tiraan iray, inian to ira maherek ko lafi iray, mi'edef ko kapah malosapatona to sapalengaw ato kalas.

一家有三人，三個人都在一處 lakaw 捕魚區。若是四人參加則分給四個人份的捕魚區。男子組的捕魚活動就是這麼做。晚飯後，青年階層以堵水改道方式捕魚（mi'edef），[3] 為頭目和耆老準備食物。

63 Ira o hatini:ay o palo' no safiki. Iraan sa, cipacefai hatinitinia:y to o kawil, ira cipasalangi. Ira matira ko patona haw. Hanow ko sowal. Cimisafelay sa tora, ca:cay. Matira ko demak iray, i nian o matiniay o Lafangas ko misafelay cipatedo toni rarikor. Hanaw ko sowal.

提供給老人組的裝魚容器（palo'）都像這般大。孝敬頭目和耆老的魚不能隨便，挑選差不多有手腕（kawil）般粗大的。這就是宴請老人（patona）的活動。負責炊事的是 Lafangas 階級組，並非隨便讓下級的成員來處理。

---

3 mi'edef是指關閉。但在此是表示夜間將溪水截流改道，趁水退河乾之際捕魚之方法。

64 O papikedan to haw ko mamafana' a pakaranam, a pakaranam to kalas. Haen han ako ko sowal. Iyaan ko saka, herek no ranam kiraan iray, tolon sato ko papikedan. Iray, ano honi iray, maemin to ko tolo aawidan ko mikalangay haw, iray, tosa aawidan kira ko mi'orong to tafoday, mi'orong kamo to cering no kalas." saan.

負責安排耆老階層的早餐是由 papikedan（領導階層）。早餐完畢，papikedan 下達命令：「早飯後，三個青年階級成員去捕螃蟹。其餘的二個級員負責協助扛著耆老的漁網（tafoday）和漁籬（cering）。

65 Sa i kalas a miala to sapikarot to lakaw haw. Ira maherek a mi'ad'ad kiraan iray ira, karot haenen. Iray, yaan sato, iray ira, pa'owal a mihiya iray, a mihaen a misopsop ray, maherek tora i, haen han ko tapang a mikakoy a matini ta masopsop ko foting. Palowad han to ko rakar ira, fatad sa ko rakar cicepo'ay a tangalan a tosa iray, wata fatad hanen. Mati:ra ko nika kahetatafariw haw. Hanaw ko sowal.

捕魚的工具由耆老提供。清除原有的雜木石頭之後，收集殘留雜物，準備收拾魚具，然後視適當時刻，把魚具底部撈起來看是否魚全部集中該處。然後才把整個魚筌（rakar）拿起來，每次捕捉的魚量，差不多兩個大型魚筌，這就是捕魚的狀況。

66 Iyaan ko saka, maherek to tahira sato ira tangsol a misafel. O sawara'an to ko sapisafel yosanay kinian a hay. Nikasaan ako kira, matira:ay kini ko sowal haw. Hanaw ko sowal. Herek sato irayi, mafelec ko tosa aawidan haw i loma' a malahok kiyo o teloc ato o kaka. O matiniay o Lafokah ato Latoron, ira pakayni to o kalafi ko malahokay i soraratan, mamalahokay to foting. Hanaw ko sowal tiraan.

捕魚後，所有的魚獲馬上運送到午餐中心燒煮準備午飯。還是原來的領導層（sawara'an）來料理這個午餐會。有時候集會，只許二個組隊在家裡吃午飯，如最後一級和上一級，就是 Lafokah 和 Latoron 等階級。但 Kalafi 以上的老人可在集會所吃魚午餐。

67 Ira, sowal sa tora iray, patolon satoko sapalengaw iray, "Matini sa kapah haw ray, kita o kalas iray, ketosen ko herek no mita haw, iray, ko tamohong namo to kafong." sato ko sowal ni Hopak. Ni Hopak sa a tamohong iray, o pakorohan. Hanaw ko sowal.

午餐時，sapalengaw 報告：「你們青年組及老人組吃飽後，不要忘了戴上自己的大禮帽，去參加跳舞活動。」[4] 這是 Hopak 說的。Hopak 戴的大禮帽稱 pakorohan。

68 Ira to ko miceritay a kapah iray to kalas iray, raalikoda to kira ko kapah makacilosid to. Fayfahi sa tiraan iray, cika talaomah. matira ko demak haw, hanaw ko sowal. Ki'eciw sato ko no mato'asay a radiw kahetafariwan.
"Ha:: hiy: : : ha: : : y, ha:: hiy: : : ha: : : y" san ko no mato'say.

青年們回去拿老人們的禮服之後，換上盛裝以便進行歌舞禮。女子們也休息，不工作。老人組所領唱的歌曲是有關砍伐草木之歌，內容大體如下：

哈～嘿～嗨～、哈～嘿～嗨～

69 O no kanah san tiraan iry, "Cikahengangan no wawa ako, wawa ni inaaw ako. Ya'afinong ako o witawit no minowad malocapa' no lalidec yo masay ni ina ako!" sa, ko 'olic no kapah. Yo sanay kinian sa, matira ko demak.

---

4 阿美語此舞蹈爲 likoda。

青年階層領唱的歌曲大體是：「我紅潤的寶貝兒子，是媽媽的孩子。
我的椰子，如同提拎的李子般，變成了九芎樹枝，是我媽媽的狗藤。」

70 "Yo::: iy::: ha::: hiy::: :iy::: hiy::::." han no ki'eciw no
papikedan.

Yo~~ iy~~ ha~~ hiy~~ iy~~ hiy~~ ，這是青年領導階層領唱的歌。

71 "Ha:::y ha:::y" sato ko radiw no kapah.Yo sanay kinian sa,
matira ko no kapah a radiw haw. Nikasaan ako kinian.
To'eman to i toan to ko kapah ko malikodaay. Ira sato iraan o teloc
iray, la awidan ira, mapolong ho tararikor. "Iray, kamo sa tiraan iray
ira," (a, ma'efat ako) hilam han to ko epah i tira i, oni Piciya a
minowa kiraan iray, lima a ladaw, ira o ni hiya sa tora hay ira ni
Piciya ira, sepat a ladaw. Iray,

青年們應和唱著 ha~~y ha~~y。青年組也是這樣熱鬧地唱著。天黑
了，要求青年組那些下級的青年們繼續歌舞到更晚。老人組大叫：
「你們年輕人加油！繼續歌舞吧！」（啊！對了，我剛才講忘了，又講
到前面）。看到酒還夠用。由 Piciya 送來的酒有五大桶（ladaw）。另
一位 Piciya 送來了四大桶。

72 Lawtang sato kiraan iray, lima a ladaw. Ira iraan ko
sakaliepah haw. Ira matira ko demak. Hanaw ko kiraan sa,
inian ko sapaini i matini sa, yaan a sowal ako i hani kirami iray,
"Haenen ta ano dafak ko demak haw, 'ayaw no koko' iray, mitartar
to kita to hiya tira to i soraratan." sato.

Lawtang 也送來五大桶。這些酒量可以讓眾人喝得過癮。我現在講
的，與剛才所講的大有關係。又說：「明日同樣在公雞鳴叫前，男子
組全體人員在集會所集合。」

73 Ira sa, pakomoda:n to no papikedan. Painian no papikedan kini o sakopangay kakaholol hananay. Ira sakatosa a koko' irato ko teloc micarcar to. Yaan sa misakopangay kiraan iray, haen sato taymangan a matini. ira a miholol tiya o 'ayaw sakopang ca pafelian to epah. Ira matira ko demak.

這些事情還是由 papikedan（領導階級層）來發佈，即由 sakopangay（祭司）kakaholol（主祭階層的領袖）發起的事務。公雞第二次鳴叫時，最下級組員方可出來協助祭祀活動。misakopangay（祭祀圈）開始行祭，首先遞給祭司老前輩（sakopangay）祭酒。

74 Iray, matomes to kora o taymangan tiyo lopitiwan, iray, pakaen to sapalengaw, iray, pakaen to kalas, ira pakaen to papikedan no mato'asay a papikedan. Hae:n han ako ko sowal haw. "Ya awaayay to mama, a kapah." sato fetika:n to no sapalengaw. Inia:n to o Malataw ko fetiken. Hanaw ko sowal, to pisaroroma to pifetik.

先把祭酒裝滿四方形酒桶(taymangan)，送 給 sapalengaw（大頭目）及 kalas（老年組）飲用，最後才分給老人組的主要幹部。頭目說道：「青年幹部！你們安排好各組進行 mifetik 了嗎？」mifetik 對象還是以 Malataw 神爲主，而且 mifetik 的方式有好多種。

75 Nikasaan ako kinian. Hatira kiraan, ira piyoc sato ray, mikiepah haca, inian o caay ko misakopangay iyaan o finawlan, iray, mirocek. Iray, matomes to iray sa, pausa to awid a pakaen. Matira ko demak haw no micarcaray i soraratan. Iray, matomes to asa tora iray, ira pakaen to kaka no misakopangay to epah. Mati:ra ko likakawa no Fata'an haw, hanaw ko sowal.

mifetik 祭完畢，各組主要幹部之外的組友，開始起身巡訪部落的每一家，進行飲酒禮（mikiepah）。首先巡訪行飲酒禮的一組，結束後回到集會所，攜回一些酒送給集會所等候的主要幹部飲用。尚有剩餘的再遞給 misakopangay 上級飲用。這就是馬太安部落的風俗習慣。

76 Iray, i toan to iray, mikiepah haca. Iray, matomes to ma sato, iray, pakaen to to pakaynian i hiya i Ma'oway, ira tini i Lafolo', tahini i Lakeling tahini i Latoron, ira tahini i Lafangas. Matira ko nipakaen haw nira misakopangay. Awaay to ma sa tora mitongal to, "Patayraen to 'inay!" han to no misakopangay. Ira tayraen to ira matomes to ira tayraen to i Ma'oway, ira taynien to i Lafolo' ira to Lakeling to Latiyol, tahini i Lafangas,

再來，部份的階級組員巡禮回來，換另外的階級成員接著去。換言之，就是各階級組輪流。即照著 Ma'oway、Lafolo'、Lakeling、Latoron、Lafangas 等階級次序來進行。以上活動全由 misakopangay（祭祀團）負責安排。也就是說，這個巡訪禮活動完全由 misakopangay 安排。「去吧！孩子們！」不斷地鼓勵他們。先去的階級回來，下級階級接著去。例如，輪完了 Ma'oway，接著是 Lafolo'。Lakeling 結束之後，Latiyol 前往。Lafangas 之後，

77 Tahini i Lasana' ira tahini to i hiya i Ma'orad, tahini i Latiyam. Mati:ra ko parasit no misakopangay haw ira todong no kakaholol o teloc no safaholol. Hanaw ko sowal tiranan sa, itoan haca. Ra sato kiraan iray, rakarak han to iray, matomes to, ira sa, pakaen sato maherek to ko soraratan. Hanaw ko sowal tiraan. Sa, sowal sato tiraan iray,o sowal ni Hopak tiraan iray, matini matini haw, ira o fafoy iray, ira o misakopangay ko cifafoyay sato, patayra han to i tira i kalingadan i tira ko pipatay tina fafoy.

Lasana' 接著。Ma'orad 之後，緊接著由 Latiyam 前往。這就是 misakopangay 的任務及責任。他們就是所謂的 kaka holol（同階級的年長者）。各階級成員如此這般樂意聽命上級前輩的使喚來行事，並對他們的行事感到滿意。這個活動始終都是以集會所爲中心來進行著。

78 Iray, tahira sa tora i, pacok han to. Iray, mapatay to masa iray, todoh han to. Iyaan ko saka, i tira haw ko malosikaen no kalas ato sapalengaw, papikedan ato tini o pakayniay o Ma'oway. Hanaw ko sowal. Ira sa, cikci:k han to. Ira sowal sa tora i, pakilac sa tora caka cecay ko 'a'ayaw no sapalengaw ta tayraan ci Hopakan ta taynian to i dado^doen no sapalengaw. Ira ano tatolo ira kira ira, tolo ko pakilac ta tayni sa i kalas, ta taynian to i tini i papikedan.

把豬宰殺之後，以烘燒方式料理豬肉。這些猪肉主要分給 kalas、sapalengaw、papikedan 的 Ma'oway 階級等當午餐食用。他們忙於料理豬肉。分配豬肉時，依照慣例分給每人一份，首先第一位分得肉品者是 sapalengaw 的主席 Hopak。接著是他的同僚。若有三位，也比照數人數分給三位豬肉的分量。再依 kalas、papikedan 的順序來分配。

79 Ira matira ko demak haw. Yosanay kinian saka, ya sato kira ta tayraan to tini i Ma'oway. Maherek tora mafelec to kini o rarikor haw a malahok. Hae;n han ako ko sowal. Iyaan ko saka, herek sato, o kapah sa tiraan iray, ira kiyo o teloc iray, mipananom, "nanom ako!" sato. Ira sa, "nanom ako!" matiniay ca Ifo, "nanom ako Latoron!" saan ano Latoron ko teloc fekac sa miradom i tini i Co'ongan sawalian no niyaro' no Fata'an.

為此，分配豬肉的規矩是不得馬虎的。這樣分配一直到 Ma'oway 組。這樣地全部豬肉分配好後由下級組友來準備午餐才大家來進食。我就這麼說吧。這些長輩們吃飽之後，青年組的最底級的組友忙於遞給長輩們清水喝。因為剛吃飽的老人們分別在那裡喊叫：「青年呀！水拿來！」、「Latoron 給我水！」等。他們跑去 Co'ongan 取水。Co'ongan 的泉水在馬太安部落的東方。

80 O Siwalaan kiya pananom, "nanomay! nanom mama!" saan, "ayi ayi ayi ayi" saan. Matira ko pananom no teloc. Ira sa, i herek no lahok ira, "olililili, alaen to ko losid namo!" sato, ala sa to to losid, likoda sato.Matira ko demak tiraan haw. hae:n han ako ko sowal. Iyaan ko saka, sowal sato, dafak sato iray, o no kapah to haw a sorarat, hanaw ko sowal. Iyaan ko saka, sorarat sato i timolay soraratan Taporo tira ko no kapah. Iray, o titi to ko sakalahok, o toron to, matira.

Siwalaan 組友來了說道：「mama（長輩）水來了！」老人喊叫「好，拿來，拿來給我喝！」最下級的組友負責供應清水。午飯之後，有報告說道：「你們回去拿來自己的禮服！」於是他們穿著禮服後舉行歌舞（likoda）。次日，由青年組負責召集活動。青年組召集的地點就在南邊的 Taporo 集會所那裡。青年組的午餐也是豬肉和糍粑。

81 Ira dafak sato iray, o kapah to, matira. Matiraay o kapah no matiniay o Kalafi, a, o Lafokah, iray, o Kalafi to ko misoraratay. Tini: to soraratan no Taporo tira a 'ema ko sorarat. Dado^do^do sa a misorarat haw. Hanaw ko sowal. Ano ca:ay ho kaemin kiraan iray,mae:min to malecad kira iray, sani'adopan sato ko hiya haw ko no mukasi.

次日，青年組繼續集合，如 Kalafi 組、Lafokah 組。這一次的活動由 Kalafi 組主持。集會的地點在 Taporo 那裡的集會所。但是，依照順序輪班作業。事實上，昔日的集會沒有特別要做的事情，主要的作業就是狩獵工作頗多而已。

82 Iyaan ko saka, sacifafelacan sato ko sapalengaw haw. Fetik sato kiraan iray, "Kiso Sasololan kira ira, ini ko titi, ini ko hemay, ini ko epah. Ira kiso ha Waledek aci Kosiya, iray, ci Sasololan aci Laleda'an, iray, ano panonong ko kapah matira iray, katatiih sa i 'aremaremay iray, ci Matiko." sa ko fetik no sapalengaw to pakicoan to 'ayam. Hanaw ko sowal tiraan.

為此，每次去打獵時由 sapalengaw 來行 fetik（祈神祭），並且祈禱：「Sasololan 神，這裡有肉、飯、酒等，請接納！我們以此謝謝祢的保佑！諸神啊！Waledek 神、Kosiya 神、Laleda'an 神，保佑我們的青年免於 'Aremaremay 及 Matiko 惡魔的陷害！」這是由 sapalengaw 以雞肉當祭品的儀式。

83 O ni Tenged sa tiraan iray, i tira a mihiya, mafokil kiraan o pihiya; "Kamo pifetikan, kamaenan to 'ayam, sapalisomad to mihecaan. Nga'ay fangcal, nga'ay cikakedal, nga'ay cika adada, nga'ay cika cidoka'" sa i tira pifetikan a maen to 'ayam. O ranam a cacay, o lahok sa i, caay to. Hanaw ko sowal. Maranam to tiraan iray, ma'osi kako haw ci Unak Tafong to matiranay a kongko, hanaw kira sa, "naw no o te:loc pakayso:an to 'ayam ira to pi'adopan i, no haenen ko demak?" saan ira sa, i tira ko demak tiraan, sato kako.

Tenged 的 mifetik 不太高明，但他教導青年們說：「你們在行雞肉祭時，必須好好地向祖靈祈求賜福，整年不見旱災、不生病、不受傷！」這是行吃雞祭時（不一致）所作的 mifetik。此事只在早晨舉行，中午不舉行，如此說。據說這是早晨要進行的行祭儀式。我 Unak Tafong 不喜歡這個故事。既然是狩獵活動，為什麼還以吃雞祭做結束？我覺得不太對。

84 Iyaan ko saka, ano a i tira no kalafian a micomod iray, i tira a icomod. Han matiya ya sowal ako i haniay. I tapang no fa'inay a miteka a micomod, "malafiaw ho ina i!" saan i tira, "i saetip!" saan. Ira matira ko demak tiraan haw. Ira matira to herek to sowal malafi tora i, malafi sato 'ading han no fa'inay matalaw kangodoan no fafahi. Hanaw ko sowal.

照昔日的習慣，男女結婚的時間是在黃昏。如同剛才我說的。結婚之後，親家要互相往來，首先要去丈夫的家向婆家的人說：「伯母，請來吃飯！」「哦！在那裡嗎!?」家人回答。新婚夫妻吃飯時，丈夫坐著掩護妻子，因為妻子還不習慣，怕人家看到，很害羞。

85 Ira matira ko demak ira sa, maherek malafi iray, mipetek to roniron. Ira mamatira ko demak tiraan, matira ko demak tiraan. Ira tahira sa tiraan i, "ini ci mama, ini ci ina, ini ci kaka." sa ko licay no yo fa'inay kira. Ira rnatira ko demak. Matiya ko pikasoy haw, falo a dadafakan. Hanaw ko sowal. Ira pala'eden han tina falo a tina riyanan, hena falo to ronong. Hae:n han ako ko sowal. Iyaan ko saka, sowal sa tiraan iray, caay picomod i tira i hiya haw ira i fatad haw .

吃飽飯後，二人出去把 roniron（刺桐）折斷。這是一種禮節。回來後，丈夫開口說：「這位是我的父親，這位是我的母親，這位是我的兄（姊）！」一個一個介紹。男子剛結婚當女婿時，每天一大早上山砍柴火回來，連續八天。連續八天砍回來的柴火共有八捆，要給妻家的人看看。昔日的習慣，男女舉行結婚時期是固定的，不能自己隨便決定結婚日期。

86 Ano cai: ho ka papelo ko sapalengaw iray, caay ho ka picomod. Hanaw ko sowal. Ira sowal sato iray, pasapi'adopan to, iray, maherek to ko no pisorarat. Sapi'adopan kina sowal ako i hani. Sa cirarong sa tora i tira Cito'elay.

同時，sapalengaw 未說話以前是不能隨便結婚的。這裡講到年中狩獵活動季節都是在義務勞動作業之休閒期才開始舉行。剛才我已講過了，平常狩獵活動的集合地點是建有工寮（rarong），而且有茄苳樹的 Cito'elay 處。

87 Ira ano cecay li'an ko rarong, ira matira ko demak tiraan. O salong a:wid a tahini i tini i Ma'oway. O madikoay sa tiraan. ira, o Laowaw, ira ko Kalacing, o Lasana' iray, o Laceles, o Lakoyo, iray, o Latiked, o Ma'orad ira, hatira ko mokoay i tira i soraratan, patala to mi'adopay.

即使有一百個狩獵區工寮範圍他們還是一樣這麼做。但，老人組不必

參與狩獵活動，這些老人組是 Ma'oway，此外，還有 Laowaw、
Kalacing、Lasena'、Catelec、Lakoyo、Latiked、Ma'orad 等階級組。
他們留在集會所等候青年組狩獵回來。

88 Hatira kiraan. I tira haw, iray, ya sato misakopangay iray, o 'oled ko no sakangayaw, ira o celed ko no sapi'adop. Hatira kiraan, i tira a milecad ko papikedan. Iray, likaf sa tiraan iray, "Matini mama, i cowa ko hiya ko katihemokan no rara no limecedan no niyaro'? I cowa ko kafelinan no pater no kapah? iray, i cowaay ko malefekay a kilang? I cowa ko malefekay a talod? I cowa ko malefekay a papah no Masay ato lapot?" sa ko papikedan i rarong haw.

每當 misakopangay（祭祀團）執行任務時，隨身攜帶的物品分別爲
mangayaw（出草）時是生米糰（'oled），狩臘時攜帶小米穗絪（cled）。
青年幹部說：「長老，平常部落的少女們在哪裡集合進行團康活動？」
同樣青年們（男子）的社交活動在那裡？倒在地上的木頭怎麼不見？
拋在路邊的芒草也不見，到底在那裡？蔓藤和蕃薯的藤蔓在那裡？

89 "Ira haw hay, a masakohkoh: to, kita o finawlan i! Yo sanay kinian!" han to no mido^doay tinian o papikedan hay tinian o sapalengaw, tiyaan o sasafaay a sapalengaw, i loma' kiyo tatosa. Hanaw ko sowal. Iyaan ko saka, mati:ra haw, ta, herek tiraan iray, lowad sato a mi'adop. Paiteme:k sato ko misakopangay ira, cemok sa ko tolo aawidan ira, "patama'i ho!" saan tini o 'oled. Paitemek sato ko awid tora, "patama'i ho!" saan. Nani tiraay micomod iray tayraan i nicerosan a micomod macacofelis, "patama'i ko awid ako." sato iray, tayraan.

「我們全體男子組團結一致，切勿擔憂！」跟隨頭目的領導階層如此
回答，因另二位頭目在家沒來參加。訓話結束全體開始出發打獵去，
同時 misakopangay 持著生米糰分別爲出現的三個階級的青年祝福：

「祝你們滿載而歸！」之後各階級自行祈禱：「懇求滿載而歸。」只要有另一階級進入獵區，即不斷地祝福：「懇求祝福我的階級滿載而歸。」

90 I sakangayaw, "patafadi ho ko awid ako!" saan. Ira matira haw ko picemot haw no misakopangay. Nikasaan ako kinian, matira ko demak. No mato'asay sato a pacemot iray, "Mawangawangay a waa', ira matira haw ko patama'i kami. haw to Raraw!" saan.

有的小組從獵人首區進入獵區，也受祝福：「祝你們滿載而歸！」就這樣 misakopangay 非常忙碌。昔人的祝福禮都是這樣說道：「Raraw 神，祈求讓我們的青年捕獲角很多的獵物！」

91 "Atama'i kami haw Waledek, ira ci Kosiya, ira ci Ngaday, ira ci Hawaledek ira ci Sasololan, ci Laleda'an." saan. Ira matira ko no sapalengaw a pipacemot. Hae:n han ako ko sowal. Ira sa, sowal sa tora iray, kawmasaheng. Lima ko kaomah kira ira, "o::y maoc kita to sapi'araw!" sato, iyaan ko saka, maoc to.

或者祈禱著：「Waledek 神、Kosiya 神、Ngaday 神、Hawaledek 神、Sasololan 神、Laleda'an 神！保佑我們捕到許多獵物。」sapalengaw 的祝福禮也是這樣。部落人開始耕作。耕地約有五區，於是通報眾人：「喔伊！我們為 sopi'araw 集會！」於是男子組又集合在集會所。

92 Iray, patolon sa ci Hopak tiraan iriy ira, "a i ti:ra i Kohkoh ko nika folina no hawa no kapah haw. iray, katihemokan no rara no Limecedan no niyaro'" sa ko tolon i tira. Iray sato kiraaan iray, ya sato kinian o pipahafayan iray, pahafay saan i tira i tapang haw sa tiya mikadafoay a wawa. Nikasasowalan ato pikadafoan ato tapang no fana'inay ato tapang no fafahi ira pahafay saan.

Hopak 頭目吩咐：「青年男子們與少女們，你們在 Kohkoh[瑞穗]相會！」待 papihafayan（慶祝女婿節）來臨時，[5] 妻方家家把小米送到女婿的娘家那裡。這是由丈夫的娘家和妻子的娘家雙方商量後才舉行的。

93 "Pa'o'oli kako a cipala!" sa kiyo tapang a fana'inay sa ko ina ato mama ira sa pahafay sa i tira. Matira ko demak kira iray, ya sato kira iray, "o:y mi'araw ano dafak." sa tiraan sa polong sato tona maratar ira to a emin. Iray, ya sato papikedan saka, i tira i cikaci:kan no kalingadan, misanengnengne:ng to ko kapah. Iya sa, maherek a mihiya ko sapalengan iray, "wa:w!" sato miowaowaw. Ira o maan ko owaowaw sa iray, midongec i tini i saetipan, ira i tini saetipan no Fedeng, ira i tini saetipan no Pingting, ira hatinitini ko nifalodan.

「懇請為我的田地降下甘霖！」男方的父母樂意合作行事。有號令說：「喔伊！明天進行 mi'araw！」於是大家次日趁早集合。到了作業活動時，各青年領導階層坐在耕作區每個角落監視每位青年的工作表現。之後，頭目又噢唉地喊叫著。為什麼喊叫？那是叫喚青年組全體入山採取藤心，地點在 Fedeng 及 Pingting 西邊。待回來時，大部份的人都帶回很多的藤心。

94 Ira matira ko demak tiraan haw. Ya sa tiraan iray, maolalofongen no sapalengaw ato kalas a emin. Ira matira, tangasa i papikedan ato kiraan o mato'asay ira, karne:l hato, tangasa i tini i Alafangas ko nipikamel. Ya o rarikor iray ira, mafelec a malahok. Hanaw ko sowal.

這些青年組所採集的藤心是為讓頭目和耆老行祭時使用。當然吃飯時，這些藤心可作為 papikedan 和老人組以及 Alafangas 組豐富的佳

---

5 pipahafayan 係昔日歲時節慶的習俗之一。為祝賀 kadafo（女婿），妻方把舂好的小米（現在以稻米取代）送到女婿生家。重量六十公斤左右，時間大約是九月。

餚。其餘的人則回家午餐。

95 Yaan sato matiyaay ca Ifo kiraan iray, ci ka felec. "ya, nanom ako kapah!" saan. Mafekac,kereng sa mafekac, hanaw ko sowal, halafin ira to. Ya pakafekacay iray, irato. Da^do^do^do: saan, tahira sa tiraan iray, "nanoma:y nanomay kiya!" saan, "ayi a 'inay, ayi 'inay!" saan pahacocop tiyo cecay a dadongecan. Hae:n han haw. "Nanomay kapah!" saan "cima kita?" saan ira sa, "a, kako 'inay!" sato, pananom sato.

但像 Ifo 那樣的階級不回家吃飯，留下服事老人。因著老們吃飽後開始叫：「青年們，給我水喝！」青年們一聽就立刻跑去取水。跑得很快的青年很快地送水過去。「水來了！是哪一位長輩要水！」喊叫著。「小伙子，拿給我！小伙子，拿給我！」老人喝完水，馬上取來一支煮熟藤心送到青年的嘴裡。

96 Ira, ya sato iray, "nanomay, nanomay mama!" sato, "ayi, inay!" sato, pafelien haca no mato'asay to dongec haw ano cecay. Iyaan sa matira ko hiya ko pasacocop no mato'asay. Hae:n han ako ko sowal. Iyaan ko saka, sowal sa tiraan iray, caay pakamay. Iray, dafak san tiraan i, o 'a:raw to.

另一邊的老人也喊叫：「青年們，水呀！水呀！」「來了！哪一位長輩？」「好孩子，在這裡！」青年們忙個不停。「水來了！哪位長輩還要？」「好孩子在這裡！」同樣地喝完水後拿起藤心送到提水人的嘴裡，因此不必休息。次日正式進行 mi 'a:raw 祭。

97 Iraan sato micomoday tiraan iray, "komaanen faki, mati:ni mana, iray, micomod kako." sato, "cimaanan?" "ci iraan" "ano mafokil kiso a misatalo'an? ano mafokil kiso a misanga'? Ira, ano mafokil kiso a dademak? ira i loma' no fafahi iso?" han to no faki.

部落的結婚時期到了。某一家的青年向自家的族舅請求說道:「舅父我想要結婚(入贅)!」「對方是哪家的姑娘?」「是某某家的姑娘!」「如果在妻家不會蓋房子、不會製作工具、不會工作,怎麼辦?」

98 "Ira ko maanen mama, ira fokil to a misanga' iray, fokil to satalo'an satalokalokan, iray, faloco'i " sato. "Haw hay tiraan i, aka ka patedo haw!" han to no faki. Ira sa, sowal sa tiraan iray, alaen to no saringring ko tafo, ko picomod hay. Iray, felec sa tiraan iray, ci'orong to 'arar ta sama:dah han pateli i tira i moco'. Matira kira pi'arawan a micomod haw. Hanaw ko sowal.

「是的,我雖然不會工作,不會蓋房子,連雞舍也不會搭。但我已決定和她結婚。」「我了解你的情感,但切記,將來入贅後絕對不可發生差錯。」舅父如此訓示。結婚之日,由組友帶著準新郎的私物,並由全體組友作新郎的婚禮儀式的陪伴。準新郎帶酒瓶進入妻家,進屋時小心地把它靠放在牆壁邊。昔日的婚禮就是這個樣子。

99 Iray, tahira sato iray, i "hacowaay ka 'aloman kini?" sato midipdip i la'ed no cafeng. Hanaw ko sowal kinian o micomoday. Iray, sowal sa tiraan iray, "inito mama, iray, inito ina, inito kaka ira hay to?" saan. Herek san tiraan iray, ci'idoc iray, tira han satimol no moco' pateli, cipica'it i tira i pakowangan. Hanaw ko sowal tiraan. Nawhan iray, "tado mica'it i, taro i sakasak saan! masaay to a maan sato a mananam?" asa ko to'as, han to no faki. Ira sa, do^doen kira haw. Hanaw ko sowal.

這個時候,好奇的鄰居們前來從牆壁的隙縫間窺視熱鬧的屋內。新郎開口說:「親愛的岳父,岳母大人以及諸位長輩,我來了!」等致意的話語。然後把自已的槍放在牆壁的那一邊,不掛在原有長輩放槍的地方。為什麼不放在原處呢?那是為了避免長輩們批評:「這位新來的人這麼大膽?日子久了,可能更瞧不起人了!」這些是舅父大人訓示,並且應該遵守的事項。

100 Iray, aro' sato iray, ano 'aloman ano maro' i tira haw iray satimol no paenan hamay to kadafo nira saan iray, tira: to i satimol no parod haw ira a maro', no awaay ko parod i satimol. Hanaw ko sowal. Hatira ko sowal ako tiraan.

至於新人女婿的坐位，若家人很多，照例應該坐在土間的南邊與眾人相對。要是屋內設有爐灶，還是坐在它的南邊為原則。如此說。我就說這件事。

101 Iray, maopoh to a misanga' to ano awaay ko rara' o titi iray, patahekaen to,o hakha:k to ko sakalafi o hemay, hanaw sa, patipid sato to nisaga'an no 'ali nira, i nian a 'ali, i raan iray, "ni mama kinian haw iray, to ina iray, o wawa tatolo." saan to o mamangay a wawa no sa'ali, hanaw koya mahemakatay.

煮好的菜餚已從鍋中取出。若沒有豆湯，就拿出肉，晚飯是糯米飯。端出 'ali 煮好的飯菜放在木盤時說：「這是父、母、小孩，三個人的份量。」若是指剛學會走步、未斷奶的小孩。

102 Yaan sato yasato iray, mipa'pa' hanaw ko sowal. Ira sa i tira sa i ina. Hanaw ko sowal. "Ini ko no miso 'ali! ini ko no namo haw, iray, tatolo kamo i tini." saan kiyo o sa'ali. Ira matira ko pataheka. Hae:n han ako ko sowal. Yaan to ko sowal ako i hani. Ritoaw ano han kiraan ano hani,ira, masa'osi to ako i honi kiyami to kaherek a malafi, to pitamako ta tayra i soraratan. "Mafoti'a to ina i." han ako i hani kiya matira ko demak kira iray, matira:

未斷奶的小孩，仍然屬於奶母，分不到菜飯。分配時，很親切清楚地說：「'ali 這是你們三個人的份！」擺餐（patahka）的動作就是這個樣子。如剛才說的，晚飯後坐一會兒或抽個菸才能去集會所參加集會，不要匆匆忙忙出門。出去之前說一聲：「媽！先休息吧！」這麼做才是乖女婿，老人家會喜歡這樣的人。這個是不能改變，從古老流傳下來的為人女婿的言行規矩。

103 to ca kasaromaroma a mipalicay to ina haw, to katalasoraratan to kaherek, hanaw ko sowal, ira cipisaromaa ko sowal Ano i terong a "o nanom ako" asa kiyaan o wawa haw lowad, sa ko kadafo. Matira ko demak tiraan. Hanaw ko tiraan sa, hae:n han ko demak. Han kira sa, do^do han to. I tira haw, hatira ko picomodan, kailisinan a cecay ato pi'arawan. Hatira kiraan.

尤其是出去前往集會所時，絕對得向母親大人通報一聲。正在吃飯時，小孩忽然大叫：「我要喝水！」第一個站起來拿水的人就是女婿。所以當人家女婿的應該明白這個道理。而昔日所謂的結婚季，是配合 kailisinan 期（豐年祭）和 pi'arawan 日來舉行婚禮。

104 Sowal, o fatad no mihecaan iray, awaay ko micomoday i tira, o madapononohay howa? sa ko mato'asay. Sapalenga:w to kini ko pido^doan tiraan. Hanaw ko sowal. Ira sa, Fari:w sato. Matira ko demak tiraan ira sa, maherek a mifariw kiraan iray, i maoc to to sapihiya to sapipalosimet to eli', to kilang. Ira, fafok sa tora tiraen i pala ko eli', o 'aol to ko hiyaen. Ira, ala sa to rarar o 'oway sakamaomah to patalo'anan haw. Hanaw ko tiraan ira sa, maherek aca ko niya iray, kiyaan o 'alomanay a misatalo'an.

年中不可隨便舉行婚禮，不像寡婦或鰥夫可隨時結婚。以上是古人傳下來的話。同時，也是各時代 sapalengaw 傳下來的話。接著是進入山田砍伐季節。過了砍伐期，集體為清理雜草及雜木等忙個不停。這個作業結束，又採集茅草、竹子等搭建山中小屋。小屋搭建作業是藉由集體活動來完成。

105 Ira ya sato cecayay, ira tatosaay, ira cikaherek. Matira ta milidafak a misanga' to talo'an. Ira dafak sato misakapot to, tiyoyofayof to nipisaawiawid malosikaen to cila. Citama' milido. Ira, ano tolo a polo' ko mangcel, iray, ko kisaawiawid. O waco saan kira i, ano citama' kina ko awid iray, to ngafol, to fafoy, to kararayan ko kasaawiawid. Iyaan ko saka, hatira kiraan.

若有一、二個老人做不完的工作，次日一大早，青年組最下一級的就前來支援完成。隔日，在各組幹部的指揮下，各階級成員配合參與狩獵活動。一次狩獵約可獵獲三十隻左右的山羌，為準備日後集體取餐之用。有的組友帶著獵狗作業，可捕獲小鹿、山豬、雄鹿等。

106 Iray, dafak saan tiraan. iray, satalo'an sa ono mama ko sakakaay. Iyaan ko saka, matira ko demak haw, hanaw ko sowal. Nikasaan ako kinian. Maherek a misafel iray, malahok to. Tolon sato ko sakakaay iray, "ano dafak tiraan, iray, hatini to ko kailoma' ita a malahok haw." sato. Iyaan ko saka, matira haw ko likakawa no Fata'an haw. Hanaw ko sowal.

次日，早上先搭建的是老人階級的小屋。煮好午餐，馬上吃飯。吃飯時，高階級幹部報告：「明日作業時，我們照樣集體吃午飯。」由此得知，馬太安的風俗習慣就是這個樣子。

107 Iyaan ko saka, sowal sato tiraan iray, "Tacowa masa'osi i nacila ray, cika sa'osi ko kailisinan kira howa to picomodan, hanaw ko no kapah. Hanaw ko sowal. Iyaan ko saka, dafak sato kiraan iray, ira ko sakakaay no yofayof. Ira, sowal sato to sasafaay iray, "pausai ko talo'an haw. Hanaw ko sowal." sato.

昨天雖然我說過，入贅時間，沒有計入在豐年祭期內結婚者。次日，yofayof（農耕集團）的幹部對其部下說：「你們送飯去給留在山中小屋的老人！」

108 Ira pafelian to cepi' no mangcel, i fafelacan han kohakhak. Tahira sato ira, pali^son tirai, milikat ko lamal, iray, "wa:w! ka hani haw, ati faki: katefad kiso raki maranam kita, han to ko pitahidang. Ini ko titi, ini ko hakhak!" sato. Matira ko demak sa, lahok, ranam sato.

供應的有山羌後腿及裝滿飯盒的糯米飯。到了那裡，馬上燃火燒煮料理一番。開飯時喊叫：「長輩們，請快來吃早餐！這裡有熟肉、糯米飯！」早飯的狀況就是這樣。

109 Maherek a maranan toranan sa "tata faki mapolong kita!" saan. "Mapolong tira soraratan no yofayof han haw!" sa ira sa, haenen to no sasafaay a mafelec. Tahira sa i soraratan, ira:to ko yofayof, "ira matini sato oli alaen ko tafo!" sato iray, hani ira to. Kitemek sato a miala ano cacilafay cilafay to titi. Hanaw kiteme:k sato, ano mahekatatosatosa masararimoan, a mahekatatolo. Hanaw ko sowal, ano tatolo ko sakakaay ira, tatolo a malataheka. Ira ano sasepat ko iraay, sepat a malataheka. Hanen ko demak to matiranay.

吃飽飯後，青年們說：「長輩、伯父們請到 yofayof 的集會所集合！」所有的部下也在那裡集合。到齊了 yofayof 下令：「你們現在去拿老人們的便當！」於是他們很快地回來了。開飯時，每個人分得自己的熟肉，自行分組吃飯，有的二人一組；有的三人一組。老人偏愛三人一組，四人一組。反正自己喜歡跟誰坐一處就跟誰同坐一組。

110 Ira, matira ko demak haw, pakilacan ha:ca kiyaan o cilafayay, nikasaan kinian. Hanaw ko sowal tiraan sa, mati:ra ko demak haw. Ira sato iray, cipakilac to hiya citafo to howa o titi a cecay ko pakilacan. A han ko sowal matini. Hanaw ko sowal ira sa, hay ono pelicowa micomod？saan haw ira sa, i tini ko piteka to ilisin hae:n han ako ko sowal.

當然分得熟肉最多的還是帶有容器者（cilafayay）。再說，在這裡所分配的只限豬肉，便當（飯）則是自己準備。而到底什麼時候開始所謂的結婚時期？就在豐年祭的時候吧。

111 Iyaan ko saka, sowal sato iray, dafak tora ira, mitafed to haw. Kitemek saan a mitafed. Ira sa o talo'an kamokoan a, pisalahokan a ma'orad, ira kalahokan a macidal. Sa, ko sowal no sapalengaw tahematini: to ko no mukasi. Awaay to ko matanengay ira sa, o fonon to a ce:cay i matini, alaca:cay to a lako ko pala i matini. Ira sa maserer ko Fata'an i matini haw. Hanaw ko sowal i matini saka, matira:ay kira sa, kaoma:h sato. Ira maemin ko sata'ef laoc sato.

次日要進行 mitafed（採集搭建小屋的材料）。mitafed 可自由自己來作。爲何要建造山中小屋？是作爲休息、料理午餐的地方，同時可遮擋陽光、或躲雨的地方。這些古人的事，由代代頭目口傳留下。現在這種事情已經沒有了，而且現在改爲水田，每家所擁有的土地也不算多。因此，馬太安部落居民的生活水準落後。

112 Ira maemin kiyo tolotolo a ngangan kiya tatoloay a cipala, sasepatay a cipala. Matira ko demak tiraan, hanaw ako kiraan sa, sowal sato riy ira, a patahad to ano cila haw sato iray, "o:y, patahad ano dafak" sato, ira sa, ci'alesadan to hanaw ko sowal. Iray, tahira sato i sakakaay, patayra to 'alesadan fetiken no sakakaay. Fetik sa ko sakakaay ira, tono yofayof hay tinian o parod no yofayof iraan iray, ca'aresadananay a tayraan.

昔時耕作的土地很廣，不怕沒飯吃。工作完了又集合，昔日的生活。再說，這裡的三、四個地方的田地作完了，又到另一個地方耕作，田地的工作實在忙不完。到了 patahad（春耕）時，「喔伊！明天全社進行春耕！」又來報訊。事情眞的多得做不完。把食物送到高級幹部之後，他們自行作滴酒祭。到了田裡，首先由最高階級的長老來行祭，同時由 yafayof 集團負責帶來小米的種子。

113 Tayra sato fetik han. Iray, "kiso haw matini haw ray, aka congerangerasen aca, pakafolo'en ko ano patelac ko yafayof ako, kora sasafaay ako" saan. Ira "oli kapah a sasafaay!" sato ira metmet sato to safak to hafay fekac a miliyok a matini, seday han ko fokes nga'ay matini o fokes a raraya' ko heci no hafay ira sa, liyo:k sa misidsid to iyaan o hafay a misaliyok.

長老祈禱：「祖靈啊，祈求青年們播撒的小米種子，能很快地生長繁茂，收割豐富，年年有餘！」之後向年輕人說：「請開始工作吧！」年輕人拿著小米種子繞著田邊播撒種子。青年們撒種時，把頭髮垂下來，象徵將來小米的結穗也如同頭髮般，那麼長，並且豐收。

114 Ira sa, maemin to sela' sato. Ira sa matini sato ha ira ra sato hawra iray, kitemek to a misaomah sato. Ano dafak kira ira, patatodong han. A misanga' haw. Ira sato o kapolongan a misanga' kira ira, maherek to tatodong to to pala nira saka, kapolongan ita kinian haw, kino fatii'an sato.

完成始播祭，就休息一陣子，各家再分別在自家的田地播種小米。次日，共同設立小米田四處的圍牆，因爲這是屬於公共設施，此工作不得馬虎。

115 Ira misaomah ko fafahi iray, misanga' ko fana'inay. Hanaw ko kiraan sa, mati:ra ko sowal ako tiraan haw. Nikasaan ako kinian sa, sowal sa tiraan iray, maemin to ko nisaomah kira ira, emaoc to "o:y maoc kita!" sato.

播種由女子負責，搭建圍牆由男子來做，採分工合作方式。播種工作完畢，又男子組照例集合喊著：「喔～我們有共同作業，集會了！」等號令。

116 Dafak kira iray, patahad kita to panay haw sato, o toron to ko hiya o titi to ko sakalahok. Iraan sato iray, kitemek to i talo'an mifetik. Hanaw ko sowal. Cito kapolong i talo'an ko sakakaay. Hanaw ko sowal toraan sa, ira sa toraan ira, kiteme:k sato a mi'odac ko fafahi. Do^doen to a misapanay a mitad a mitadina' miselen tiyan o dafak. Hanaw ako kiraan, matiraay haw ko sowal haw, ko likakawa ni Solol 'Alimolo

次日就是 patahad（春耕）。午飯有肉類、糯米飯。吃飯時，各家在小屋內自行行滴酒祭。此時男子組不必集體行動。女子們為整理自家田裡的小米很忙。這是由 Solol 'Alimolo 神親自囑咐的事。

117 O kawas, hanaw mifafahiay i tira ci Lapacan Ngocih, ta ci teloc ci fasa'an o Talacay, ta ci teloc i matini mapatay sa riy, o peton sa iray, ci Calaw Kapiras, ci Onak 'Olam, hatira to ko teloc, ci Kawah ira ko teloc no malataw ci Solol 'Alimolo.Matira ko no Tafalolng? I cowa ko teloc no hiya kahitefoan no kawas? Nikasaan no faloco' ako matini ko kongko san ko Tafalolng. tiraan iray, awa sasifo:d saan. No sanay no faloco' ako matini kiraan sa, mati: ra haw, hanaw ko sowal.

祂是神人，他與 Lapacan Ngocih 結婚，祂的後代 Faca' 和 Talacay。他們已過世。祂的親族有 Calaw Kapiras、Unak 'Olam、Kawah。以上就是 Malataw 主神、Solol 'Alimolo 的後代。但，太巴塱部落的和這個說法不一樣呢？主神降臨的地方，誰是祂的後代？太巴塱部落的傳說故事，好像毫無根據、混亂不清。

118 Tangasa tora ira macacak masala'ed to ko hafay. Iray "maecak to ko papah no fafay? han a masanareno to mama!" sa ko kapah misanga'. Hanaw ko sowal. Misanga' to nicomodan no 'a'adopen san misanga'. Iray maherek to a misanga'ko kipalapa: la kiyo yofayof, hanaw ko sowal. "Ano micidek kira iray, micomod ko 'a'adopen i hafay." sa ko sowal no sapalengaw, hanaw ko sowal. Ira mapatay to ci hiya ira ci Hopak kira i, o mako to a tato'asan. Ira matira ko demak tiraan.

過了一段時期，小米快要成熟時，有人說：「小米快成熟了，每株都長得很優美！」有的青年說：「父親大人，小米成熟了。」於是 yafayof 集團動員作業，在田地的各角落設置陷阱，以防止野獸侵害小米。古人訓示：「若是你家的田地和部落居民的田地相隔太遠，野獸就容易來侵害小米。」據說頭目 Hopak 往生之後，即由我母家的親族老人繼承本部落的頭目職位。

119 Iray, liyaw a misanga' kiraan iray, matini sato kiraan iray, tahaloma' sato "macowa to" han tiraan iray, "masadak to mama" sato. Matira ko demak tiraan. Iray, roma nipisanga' iray ra, "'adawasen to mama ko hafay." sato. Iray, cila iray, hadongdong sato. Fetik san ciira iray, "kiso i matini ha Dayo, ira ci Dadepangan Dayo, iray, ci Mawday, iray, ci Tadosimal, iray, Tartar no Cifelacan, iray ci Ma'id'id, iray, ci ma'odetang, iray, ci Cacorisan, iray ci Makodefet, iray, matini sato iray" han to to pihedodolan, rahker sato ko hafay.

過了幾天之後，老人問道：「小米的狀況怎麼樣？」「小米已開始開穗了。」如此回答。又經過了幾天，家人從田地回來說：「小米的穗子都往下垂了。」於是舅父行滴酒祭（mifetik）說道：「諸神！Dayo、Dadepangan Dayo、Mawday、Tadosimal、Tartar no Cifelacan、Ma'id'id、Ma'odetag、Cacorisan、Makodefet，請接納我們的祈求！」此時差不多是小米可收割的時候。

120 Tatosa a pakamay ira, "o: y misarengad kita!" sato. Hanaw ko sowal i matini. Nikasaan ako kinian. Matira ko demak haw. Haen han ako ko sowal. Iyaan ko saka, dimata'en to ko sarengad. Ano tosa ko tatihi a falod, ano sepat a mapolong, hatini ko nifalodan kira, howa matira, litemoh han to no kapah ko mato'asay to 'ironong to sarengad. Hae:nen ko no mato'asay haw. Ira sowal sa tora iray, "i, tosaaw to ko pakamay, ka oli pisarengad," sato. Iyaan ko saka, lawoc sato, "o: y mitoo' to kita ano cila," sato.

約休息二天之後，青年們又來報告，喊叫著：「喔伊！我們要去山上摘取山棕葉！」不久之後，把山棕葉捆好搬送到田裡，搬運棕葉時，都是扛運著一、二捆以上。青年們幫忙老人送到田裡。昔日的事情就是這樣。喊著：「還有二天休息，去吧！再採山棕葉來！」「喔伊！明天我們才動手吧！」又喊叫。

121 Iyaan ko saka, dafak tora iray, awit to cering o rakar to, ira a lalimaay a malamamamama, ira sepatay a mala-mamamama, tatoloay ira matira ko demak emin sa a mikafos. Ira sa, tata'angay eminen to hiya ano sepat a rarakaran haw ko foting, hanaw ko sowal. Matira ko sapaini ako i matini tisowan haw.

次日，家家的父子（男子）們，不論五人或四人，或三人組成隊，拿著魚具到溪裡捕小蝦。有的回來時，裝滿了四個大型的魚筌。

122 Nikasaan ako sa, dafak sato riy, mahekiloma' to iray, maomah to ta, dadaya, herek a malafi micoo' tiyo 'osaw ira to foting. Hanaw ko sowal. Dafak sato ira mahekiloma' satopalalan to hafay a mipolong a matini a mihiya a matini. Tahira i tira kaomah han to ko hiya ko talo'an o liyok no talo'an. Ira matira misanga' to ngayangay i 'a'ayaw no talo'an. Dafak sato iray ira, miro'it haw cifafoy. Hanaw ko sowal.

次日，家家工作結束，晚飯時，把剩餘的魚吃光。次日，各家出動人員整修為收割小米時的道路。有些人整理田裡小屋的四周，並在小屋的前面加建遮陽物。次日，才行 miro'et（始割祭），家家殺豬供祭。

123 Iya sato a sowal ni hiya ray, ni Foting mama sa, "Kiso Losisidaw iray, pasisi:den ano dafak haw. Ira ci aropi to ko kapah, ci po'ot to ko kapah, ci'onoc to ko kapah, hano cifodata to ko limecedan no niyaro'. Pasisid kiso Losisidaw haw." saan. "Kiso a Calaw iray ira, talaen to ko kapah ano dafak haw," han to. Iyaan ko saka, "Kamato dita', kiso o ci Mawday, ira ci Dayo, ira ci Dadepangan Dayo, o sapiri'erir iso a matiya."

長老 Foting 祈禱：「吾神 Losisidaw，乞求守護明日青年大眾的活動。

因為明天青年男子們帶著繩子（'aropi）、刀子（po'ot）、扁擔（'onoc）
來集會。那時部落的少女們也會帶著籃子（fodata）、繩子來參加這
個盛會。吾神 Losisidaw，請俯聽我們的祈求！」又向 Calaw 說道：
「Calaw 啊！祢明天要等候青年們的集會！」再祈禱：「諸位祖靈！
Mawday、Dayo、Dadepangan，懇求保護青年們，一切平安！」

124 Saan. "Kiso o Saparasir rasilen kotalo'an haw no kapah,
saan kira sa, rasi:l han kiraan." Saan. Ira hatira sato ko
demak haw. Tangasa sato i pala kiraan iray, pacok sa to fafoy haw.
Hanaw ko sowal. Iray, herek a mipacok kiraan iray ira, solsol han to
to kakeciwan a fanges, patakec han i tira i ngapa no raro'itan, ira
hati:ni ko takid, ira matira ko demak. Ira sa, pasafel to, oli sato. Ira
sa, papatih han ko patelian to raro'itan, iray, cai alaen ko polol
hanaw maca'it

「吾神 Saparasir！祈求保佑青年們在小屋的一切活動。」抵達山田，
立即宰豬行祭。宰殺後，把切割下來的豬皮（kakeciwan）串起綁在
行祭架上，還有放置這麼大的酒杯。此外，烹煮部份的豬肉。行祭架
的竹籃就直接掛在側壁上。

125 I tini i sapararo'itan ko polol ira alaen to ko taymangan, ira
o raro'itan o taymangan ko alaen. Taos sa kira o miro'itay o
fafahi: to. Hanaw ko sowal. Hanaw ko sowal sa, kiraan ira, "i, iray ci
Mawday, ira ci Dayo, Depang Dayo" sato i tira. Ra sato ra ira, "ci
Ma'odetang, ci Mahodhod, iray, ci Ma'eng'eng, Tapay Tifelacan,
iray, ci Cacerisan, iray, ci Makodepet iray" sa ko sowal sa pifetik

再拿瓶放置在那裡。行祭時，請女子來主持 misaro'itay 祭。主祭者
祈禱：「啊！酒神 Maway、Dayo、Depang Dayo，俯聽我的祈求！」
接著繼續禱告：「諸神阿！Ma'odetang、Mahodhod、Ma'eng'eng、
Tapay Tifelacan、Cacerisan、Makodpet，俯聽我的祈求！」

126 toraan no panay, no panay ko no panay a nipifetik ano mipanay to. Hanaw ko sowal tiraan. Mati:ra ta, maherek kiraan iray, foles han to eraw, ira i tira i taymangan ko eraw. Ra sato ira, "kamato fonak, kamato dita' ira ko nangatoan no wawa ako," sato. Maherek to a miro'it Macacak kora iray, lahok sato, i tira to ranam no miro'itay haw. Hanaw ko sowal.

但此時不行滴酒祭，因此祭是爲了稻米豐收而行祭。做完這個祭儀，口中含著酒瓶的酒，噴灑行祭架，然後祈禱：「祈求賜福我的孩子的工作如同獲得 fonak 和 dita'（黏土）般，用之無盡。」豬肉煮好，祭司才可以吃飯。（早餐和午餐合併一次。）

127 Iray, iraan ko saka, a likakawa no Fata'an. Iray, tada adihay ko hafay. Iray maherek ko lahok iray, itoan iray, cecay to laya', ano tosa to laya' ko cidal. Tahira i loma' sa, cereng saan. Iray, o picecay kiyaan o pisalamalan o hafay to. Iray ra sato kiraan sa, macacak,

這個是馬太安部落的習慣。這麼做可使小米豐收。吃完午餐的時間，離夕陽落山，僅一、二尋那麼近。回到家再做一次 cereng，這是初煮新小米飯的祭儀。

128 kira i, tohtoh han to. Iya miro'itay cecay, ira, "Matini sato micereng kako haw i matiya ko kaen sa cika kiso a Ma'ing'ing ira ci Mahodhod, ci Ma'odetang, Tokacifelacan, iray tini a matiya ta cika misalamal ko wawa ako ira, kamato fonak kamato dita', kiso 'Alicoro coroi' ko

把煮好的新小米飯倒出來開始進行儀式。主持者禱告：「諸神啊！Ma'ing'ing、Mahodhod、Ma'odetang、Tokacifelacan、'Alicoro 等神，我代表一家人供獻新小米飯，表示謝恩，請諸神接納我的供獻！

129 nangatoan (ako) ko salamal no wawa ako." saan i tira a mifetik. Hanaw ko sowal sa, ya nifetikan. Iray ra, patayra sato i tira, i tira i hiya haw i pa'alopalan patakecan, hay iranan. a cecay, i pala ko raro'itan ato taymangan cika pakafiti. Hanaw ko sowal, ira sa, mati:ra ko likakawa no Fata'an haw. Nikasaan ako kinian sa, makiroma to tafalong. Nikasaan ako kinian.

祈求將來也如同今天般，不斷賜予我代代子孫富裕的小米。」同時配合著 fetik（滴酒祭）。凡 fetik 或 ro'it（始割祭）時所使用的祭器（酒杯等），於祭儀結束後，放置在特定的場所（pa'alopalan），不會任意掛於某處。馬太安部落的風俗習慣就是這樣的。所以我說，與太巴塑部落的完全不一樣。

130 Ira matira, nipakafana'an to ni Tatakosan. Matira ira ta maepod ko wawa nira ci Solol 'Alimolo. Nairaan ko nifana'ay haw. Hanaw ko kiraan sa, o hatiranay ko sowal ako i matini.

馬太安部落的事情由 Tatakosan 神所教導，所以不會有誤。之後，祂的兒子 Solo 'Alimolo 降臨於馬太安部落親自教導我們的祖先，進而傳留給我們後代，迄今從未改變。

第二十章

Tamih Yaya'
達彌雅亞傳

1 Ira ano cai, alai ko tatapangan no hiya i, no takod han i, ira tatiih kini saan kako haw. Iray, nanitiniay to i pakacafengay kiraan. Ira ci Cincih ko fafani nira, ci Fo'etongaw ko fa'inay. Iray, ci mama Calaw to aci Palikalaw aci Marokirok. Iyaan sato iray, sadak no malekakaay caira. Hanaw ko sowal.

每當我講故事時，一定從頭開始說起，這樣才不會忽略故事的每個環節。例如，講述有關祖先之事，必定說其起源（pakacafengay）。[1] 有一對夫妻，妻子名叫Cincih，丈夫名叫Fo'etongaw。長老們有Calaw、Palikalaw、Marokirok。他們都是表兄弟姊妹。

2 Ci Fo'ok ko ina ni tefi', iray, ni Pikaw iray, ci Rongac (wa cinamay). Hatira kiraan. Iray, tangasa i tira i saetip no Ci'okakay tiya takaraway, tina tilid no nanom ira, naitira mahitefo ci Pilikalaw aci Marokirok. Pakasatimol ko ni Cihcih aci Fo'etongaw. Hanaw ko sowal. Tefo ira malacinowas, tefo sa tora iray saetip no Moca'an yano li^tecay a nanom, iray, saetip niraan haw. Iray, ra sato tiraan iray, o Taporo han no mato'asay kiraan. O maan o kawas to ko panganganay tira o Taporo han kira.

---

1 馬太安的起源論。洪水時，姊姊 Cihcih 和弟弟 Fo'etongaw 依賴趴靠著牆壁漂流至 Cacora'an，之後二人打破禁忌結為夫妻，繁衍後代成為馬太安另一對祖先。

Tefi' 的母親叫 Fo'ok，Pikaw 的母親叫 Rongac（也許是 Namay）。以上。據傳說，在洪水時期 Pilikalawan 和 Marokirok 二位神靈曾經降臨在 Ci'okakay 西邊的高地那裡。Cihcih 和 Fo'etongaw 是從南方過來。另一位與他們分開之後，住在 Moca'an 的西邊。這個地方古人稱它 o Taporo〔丘陵地〕。這個名稱原來是由 kawas（神人）所命名的。

3 I ray, sa ciwawa sa ci Cihcih tiraan iray, ci Ongaraw iray, ci Sera ko fafahi. Sa cipeton sato kiraan iray ira, ci 'Adecaw iray, ci Felalacaw, fana'inay ci 'Adecaw. Hanaw ko sowal. Iray, tefo sa ci 'Adecaw aci Felalacaw iray ira, Kalafatiay saetipan no Kimsing, ira lotok takaraway. Hanaw ko sowal. Ira, sa ciwawa sato ci 'Adecaw aci Felalacaw iray, ci 'Alopal, ci Rowa ko fafahi maramod malekaka. Sa cipeton sato kiraan iray, ci Macik iray, maramod ato kaka ato safa. Ci 'Afes Soda ko fafahi ni Macik, hanaw ko sowal.

Cihcih 的孩子名叫 Ongaraw，他的妻子名叫 Sera。Ongaraw 的兄弟姊妹還有 'Adecaw 和 Felalacaw。'Adecaw 是個男子。後來，'Adecaw 和 Felalacaw 移住到 Kalafatiay，位於 Kimsing 的西邊，屬高山地帶。'Adecaw 和 Felalacaw 兄妹成為夫妻，孩子名叫 'Alopal，他的妻子名叫 Rowa。他們的弟弟有 Macik，其妻子名叫 'Afes Soda。據說他們是兄妹結成夫妻的。

4 Iray, iraan sa tora i, eminaw ko peton ni 'Alopal ano han awaay ko romi'ad nikasaan ako kinian. Iraan ko saka, tefo sato a maepod kiraan a tayni i ka'amis no Fanaw haw, i lotok to. Iyaan ko saka, i tira a pahecek , I tira ko loma' ni 'Alopal aci Rowa'. O no safa sa nira ni Macik aci 'Afes Soda tiraan iray, tefo sa ray, i tapang no Copo i saetipan no niyaro' no Fata'an. Hanaw ko sowal.

如果一一述說有關 'Alopal 的兄弟姊妹，恐怕沒有時間，所以以下簡略敘述。之後他們從高山那邊下來移到 Fanaw〔池上〕北邊，在山丘地帶，他們就在那裡住了下來。這一家是 'Alopal 和 Rowa'。另一方面，他弟弟Macik和Afes Soda（妻子），一直到馬太安部落的西側，是Copo［堤防］的上段那邊。

5 Iyaan ko saka, sowa:l sato ci 'Alopal i, "maepod to kita" sato, Tefo sa tira i lotok no Karowa' haw, sa "o lotok no Karowa'" sa han kiraan. Sa ciwawa sa kira ira, ci Koic 'Alopal, ci Fadah ko fafani, pahecek i Coledan i tira i Ci'okakay, hanaw ko sowal. Sa, sa cipeton sa ci 'Alopal ira, ci Rengos maramod ato safa nira ci Yaya', hanaw ko sowal. Sa ciwawa sato kiraan ira, ci Adafowang iray, maramod to ato wawa nira ci Iyong, hanaw ko sowal.

後來不知道爲什麼，'Alopal 說：「我們下山吧！」移住到 Karowa' 山那裡。所以現在的人還是以 Karowa' 稱呼這個山丘地帶。他的孩子名叫 Koic 'Alopal，妻子是 Fadah，他們移住到 Coledan，即 Ci'okakay 一帶。'Alopal 的妹妹 Rengos 和弟弟 Yaya' 成爲夫妻。他們的孩子 Adafowang 和女兒 Iyong 結爲夫妻。

6 Iyaan ko saka, sowal sato tiraan iray, malinah to ko niyaro' nira tefo sa i ti:raw i Rinahem haw, hanaw ko sowal. Yo safa nira ci Tamih Yaya' awaay ho ko fafahi i tiya. Iyaan ko saka, roma miheca kira i, "kaka, mi'ali kako" sato ko sowal ni Tamih ci kakaan nira ci Adafowang. "I cowa sa mi'ali?" ha nira, "ini i hiya haw i Ciwidian" sato, hanaw ko sowal. Iyaan ko saka, "Aka pi'ali i, mangodo taoan. Manika:w to i niyaro' no Fata'an saw?" han ni kaka nira.

之後據說，他們又移住到另一地叫 Rinahem［花蓮縣壽豐］部落。他的弟弟名叫 Tamih Yaya'，是尚未結婚的青年。次年某一天，Tamih Yaya' 向哥哥 Adafowang 開口說：「大哥，我想結婚，有何意見？」「你想到哪個部落？」哥哥反問，「我想入贅到 Ciwidian［壽豐水漣］部落。」Tamih Yaya' 回答。但哥哥反對地說著：「不要 mi'ali（跟別的部落女子結婚），會讓人家取笑的，絕對不行！在馬太安部落，女子多的是！」哥哥不同意。

7 Iraan ira, "Nacika o capa' to no parod? ira o cowat no mita i matini? O sanay kiraan iray, tinia;y to i tini i karangrang kira? Ira nanoteloc ni Arang aci Fadah. Iyaan ko saka, ta tayraan a mafolaw tosa miheca." han no safa nira ni Tamih Yaya' ci Adafowang. Iyaan ko saka, "Ano saan kiso iray, kaifafaw ko no miso haw. Ira a maoc a matiya no sinafel" han to ni kaka nira. Iyaan ko saka, sowal sato iray, Mi'ali to, sa cifafani sa ci Ohay. Sa ciwawa sa "ci Adafowang ako" sa, iray, o fayfahi sa tiraan i, pangangan to ina, "ci Rengos ako" saan. Matira ko wawa in Tamih Yaya' i tira i Ciwidian haw, hanaw ko sowal.

「我入贅的家庭雖然是水漣社，但該家是我們家族之一。他們原來住在 Karangrang［瑞穗紅葉溪］一帶，是 Arang 和 Fadah 的後代。只不過是兩年前移住到那裡的親戚不是嗎？」弟弟 Tamih Yaya' 對著兄長 Adafowang 辯解自己的立場。「假如你要入贅別的部落，加入那裡的年齡階級時，應該再晉升一級才對，好讓你分配食物時分量可多些！」長兄如此地祝福他。Tami Yaya' 終於入贅到水漣部落。他的妻子名叫 Ohay。後來有了孩子，名叫 Adafowang，是個男孩；女孩則叫 Rengos。這是 Tamih Yaya' 在水漣部落的孩子。

8 Iyaan ko saka, sowal sa tiraan iray, "o:y maoc kita!" han to ni Tomong Cacing, ira o kakisowal no Ciwidian, hanaw ko sowal. Pangaay sato ci Tamih Yaya' kira, "mimaan kita?" han nira ko Awid nira to Tarimadmad ato Warawot, hanaw ko sowal. "Misasinafel kita" han to ni Awid nira "hay" sato. Iyaan ko saka, lowad saan ko no awid nira iray, o sinafel ko no awid, o kalang ko ni Tamih Yaya', hanaw ko sowal.

有一天，「喔伊！我們集合囉！」這是年齡階級領導層級長（kakisowal）的通報，水漣部落領袖 Tomong Cacing 發佈的。Tamih Yaya' 問：「我們要幹什麼？」組友有 Tarimadmad 和 Warawot 二組。組友說：「我們今天要採集野菜。」「是嗎？」他聽了才明白。大家從山上回來時，僅採野菜，但 Tamih Yaya' 帶回來的卻是螃蟹等物品。

9 Iray, caay ka tala naira ci Tramih Yaya' ira sa, madokdok a malahok no finawlan. Ira sa, sowal sato "Ira, dimata'en ni Tamih kiyo kalang nira, cito ka tatalatala kita o finawlan" han to ni Tomong Cacing. Iraan matira ko demak nira sa, malahok to ci Tamih Yaya', to sinafelen no Awid. Ya sato sinafel nira, liyawen to no finawlan a misasacacak ta miliyaw a malahok. Hanaw ko sowal, matira kiraan.

中午時，大部分的人未等 Tamih Yaya' 回來，就已先吃飯。青年領袖 Tomong Cacing 一看到 Tamih Yaya' 挑回一擔的螃蟹說：「大家怎麼不等他的螃蟹才吃飯呢？」組友不得已只好煮螃蟹再吃一次。就是說，螃蟹很多，眾人又多吃一餐。

10 Iyaan ko saka, mafelec to talaomah ko finawlan. Iyaan ko saka, sowal sato tiraan,o roma laoc, "o:y lomaoc kita" sato. Pangaay han to ni Tamih Yaya' to Tarimadmad ato Warawot, hanaw ko sowal. Iyaan ko saka, o kalang ko no awid nira iray, o dongec ko ni Tamih Yaya', mataloc to a malahok, hanaw ko sowal. Iyaan ko saka, ro:ma to a laoc tiraan iray, "o:y lomaoc kita" han to ni Tomong Cacing.

不知道什麼時候，眾人又有共同作業的活動，通報說：「喔伊！今天我們要集合！」Tamih Yaya' 又到組友 Tarimadmad 和 Warawot 那裡詢問今天要做什麼。這次的作業活動，眾人捕回螃蟹。但是 Tamih Yaya' 卻和別人不同，他採回了許多藤心。有一天，Tamih Yaya' 又獲通報：「喔伊！今天我們要集合！」這是 Tomong Cacing 下達的。

11 Iyaan ko saka, "mimaan kita?" han to ni Tamih Yaya' ko Tarimadmad ato Warawot iray, "misinafel kita" han to no awid nira o Tarimadmad. Hanaw ko sowal. Iyaan saka, o dongec ko no awid nira, o foting ko ni Tamih Yaya'. Ya sa, matira ko demak, hatira kiraan. Sowal sato, tolo sepat to ko kaomah "o:y" han to ni Tomong Cacing kira ko Ciwidian. Hanaw ko sowal haw.

他又問組友：「我們幹什麼？」Tarimadmad 和 Warawot 的組員回答：「還是採集野食呀！」這次採集野食活動，眾人採回藤心，但 Tamih Yaya' 又與眾人不同，捕撈了許多魚回來。大約休息三、四天，「喔伊！」又來了，Tomong Cacing 向水漣部落通報。

12 Iyaan ko saka, "mimaan kita?" han to ni Tamih Yaya' ko awid nira ko Tarimadmad ato Warawot. Iyaan ko saka, "Aka ho, kahan ko no miso a demak, dokdok aka saan" han no awid iray, "manikaw saw to foting?" han ni Tamih Yaya'. O foting ko no Tarimadmad ato Warawot, o fokod no kararayan ko ni Tamih Yaya'. I fafaw i fafaw ko ni Tamih Yaya' a lowad. haen han ko sowal haw. Hatira kiraan. Iyaanko saka, sowal sato, taloma' namikasoy ko wawa nira ci Adafowang iray, tomangic.

Tamih Yaya' 又問組友：「我們做什麼？」還是 Tarimadmad 和 Warawot 兩年齡階級。組友向 Tamih Yaya' 警告說：「你做事不要這麼做，太獨斷了。」大家對 Tamih Yaya' 愛出風頭非常不滿意。「那有什麼了不起，魚多的是！」Tamih Yaya' 回答。之後有一天，Tarimadmad 和 Warawot 的組友取回很多溪魚，他卻捕捉一隻雄鹿回來。Tamih Yaya' 的行動和能力都在眾人之上，其他人根本趕不上。有一天 Tamih Yaya' 的大兒子 Adafowang 從山上撿柴回來，哭著不停。

13 "No mangic?" han to ni Tamih Yaya', "sakasoyen no finawlan ko kasoy ako" han to no wawa nira ci Adafowangan. "A, aka kamangic, kasoy sato irato ko kasoy" han ni Tamih Yaya' ko wawa. Iyaan ko saka, sowal sato to sakatosa a romi'ad iray miradom ci Rengos o wawa nira, iyaan ko saka, sapiradom sa, tanoman to "'okoy to." Tahaloma' sato iray, "naw mangic" han iray, "nanoman no tao ko nanom no mako mama, sa tomangic kako" han to ni Rengos wawa nira.

Tamih Yaya' 問：「你怎麼哭了？」「集會所的人用掉了我的柴火啊！」孩子說。「不要哭！我們再去撿柴火不就好了！」Tamih Yaya' 安慰著孩子。第二天，女兒 Rengos 拿著 tanoman 去取水，tanoman 是用葫蘆製作的盛水器皿。女孩哭著回家，父親問：「你怎麼哭了？」「我的水被人家喝光了，爸爸！」

14　"A, aka ka mangic engoy, ira, radom han to ira to ko nanom." Han to ni Tamih Yaya' ko wawa nira, hatira kiraan. Iyaan ko saka, sowal sato to roma, "pifonga ho hana Ohay." Han to ni Tamih Yaya' ko fafahi nira ci Ohay. Yaan ko saka, repet sa iray, tosa ko taring, 'orongananay ho i tini i tangal. Iyaan ko saka, nokay sato tahaloma', "no hatini ko fonga?" han to ni Tamih Yaya', "na caay ka tosa ko taring ako saw i tira, matakaw no awid namo o Tarimadmad ato Warawot i tira i cakar iray matira ko demak,"

「啊！我的孩子 Rengos 不要哭！水多得很，再去取就好了？」Tamih Yaya' 安慰孩子。不知過了多久，有一天 Tamih Yaya' 向妻子說：「今天去田裡採地瓜回來好嗎？」妻子 Ohay 就上山去了。Ohay 採好地瓜，頂在頭上帶回家。她回到家時，Tamih Yaya' 問：「Ohay 妳採的地瓜怎麼就這麼一點？」「本來我帶約兩堆（taring）回來，但經過集會所時，Tarimadmad 和 Warawot 的年齡階級組員搶走地瓜並踐踏毀壞，我有什麼辦法？」

15　"cefis cefis cefis cefis cefis cefis han, naira ta mahacol to ko fonga ako," han to ni Ohay ko sowal. "Ha, miliyaw kiso a mifonga a matiya, Ohay tiraan i, ano tolotolo to ko taring, hanaw Kiraan, kato ka cinglaw!" han ni Tamih Yaya' ko sowal to fafahi nira. Matira ko demak, hanaw ko sowal. Iray, pakama:y saheng ira, sakapito a romi'ad kira iray, "o::y, mikarkar to sasadim" sato.

Ohay 繼續說：「你的組友，一個人來了拿走一個，又來了一個人也拿走一個，他們就這樣陸續出來搶我的地瓜。」「那有什麼關係！地瓜多的是，再去拿不就得了，不要再說了！」Tamih Yaya' 知道了狀況就打斷妻子的報告。之後，休息好幾天，約過七天，有人通報說：「喔伊！今天要採掘魚藤（sasadim）！」

16 Pangaay sa ci Tamih Yaya', "Mimaan kita awid? mioy^oy ko mato'asay kiya?" han to, "mikarkar to sasadim kita" sato. Haen han ko sowal haw. Hatira kiraan. Iray, sowal sato tiraan iray, talaomah to ci Tamih Yaya' soraratan to. Iyaan ko saka, colal colal colal colal sato ko finawlan. Iray, "ini to kamo?" han to ni Tomong Cacing ko Ciwidian. Hanaw ko sowal toninian haw, hatira kiraan.

Tamih Yaya' 又出來問：「朋友！我們要幹什麼？不是老人組來的通報嗎？」這一天，部落的所有成員（finawlan）都來到集會所集合。Tamih Yaya' 也到了現場，人群一個接著一個陸續到來。Tomong Cacing 說：「Ciwidian 的眾人，你們都到了！」

17 "Iray, kamo sato o kapah tengilen ko sowal ako haw. Aka samisien ko pikarkar namo to sasadim a kapah. A caaw kapatay ko foting namo ano mifoting kamo" han to ni Tomong Cacing. Iyaan ko saka, toktok han to no finawlan halokalas a mitoktok. Hanaw ko sowal. Sowal san tiran iray, ko awiawid, porecen to, pakilac han to. Iyaan ko saka, maherek a pakilac tiraan ira, falod pa'onoc han to. Hanaw ko sowal sa, o sowal no mato'asay a tahamatini. Nikasasaan ako kinian sa, matini kina sowal ako haw. Iyaan ko saka, no 'Amis sa a kongko iray, i tiraw i satimolan ko naloma'an ni Tamih Yaya' saan.

Tomong Cacing 說：「我們要舉行毒魚（misasadim）活動，所以各位青年們採取魚藤時，盡量多採些回來。若沒有充足的魚藤是毒不死魚的，那我們吃什麼？」魚藤終於挖回來。於是耆老組動員眾人搗碎魚藤準備下水毒魚。搗好的魚藤分配給各組。各組的魚藤先綑起來，再用竹竿壓住。這是從古傳下來有關 Tamih Yaya' 的故事，據南勢阿美人的說法，Tamih Yaya' 的古址在南方，所以他是南部人。

18 I tira ko patelac no 'Amis, hilam hani i ti:iraw i Rinahem. No sanay no faloco' ako a pacamol. Nidkasaan ako kinian. Iyaan ko saka dafak sato ira, maratar a talaomah a mifoting. Tangasa caira i tira i saepod no Tarawadaw i tatangalan, hanaw ko sowal. Iyaan ko saka, tayra sato caira i tira i sawa' eran, ira midongec malosakaranam. Sa ko sowal no mato'asay haw. Haen han ako ko sowal.

其實這是錯誤的，Tamih Yaya' 的古址（Naloma'an）是在 Rinahem，在此補充說明。再回到先前的話題。一大早他們出發捕魚，漁撈起點是在 Tarawadaw 上游。[2] 因此他們就出發了，首先抵達指定的地方，進入山裡採取藤心當早餐。這是古人說的，我只是跟著描述。

19 Iyaan ko saka, iya saan toraan iray, iyan sa matengilay, kato wawa, adihay to kini o 'ariwar tara'aran, sapisararong namo o kapah" han to ni Tomong Cacing. I tira ko teka haw. Hanaw ko sowal. Iyaan ko saka, pasakod han to awid niya Tarimadmad ato Warawot. Maherek a palasapeng iray "maranam to" sato. Iyaan ko saka, pakilac han to ni Tamih Yaya' to dongec malosikaen a maranam.

事後，Tomong Cacing 向青年們說：「好吧！我們在此地設置休息站！因為這裡有許多可以提供製作小屋、食器，以及其他工具等的草木材料。」各組開始動手。早餐由 Tarimadmad 和 Warawot 組準備。準備完畢，有人喊：「開早飯囉！」開飯時，由 Tamih Yaya' 負責分配藤心給大家。

---

2 Tarawadaw 原意是大河，阿美族慣稱花蓮溪、秀姑巒溪、卑南溪等三大河流為 Tarawadaw。此處是指花蓮溪。

20 "Aka picarcar ano han ira, caay ka raricay kita kini, caay ka tanaway kita, yosanay kinian sa, matira ko demak. " han to ni Tomong Cacing ko sowol sa ranam sato. Matira ko demak tiraan. Maherek maranam kira ira, kemkemkem to 'icep toraan ira, "na ko no miso, na ko no miso" sato. Iyaan ko saka, "hacimaan ko no miso" han to feng han to ko cadiway. Ira naw no caka haenen nira, "No fa'singan no wawa ako, no loma' ako ira."

「請大家吃飽，以免肚子餓，無法做事。」Tomong Cacing 說。於是大家開始吃飯。早飯結束，「給你一個，給你一個！」分配檳榔給大家咀嚼。「輪到你！」立刻放下手網。同時叫：「來吧！我孩子的福神！來吧！我家的福神！」

21 Iyaan sato iray, fek sa matini, "tira to ko fa'esing ako!" sato, fetik sa tora ira, sowal sa, "kiso ha Idek kira ira, aci Taremon tora ira, pafotingen hani ko kapah no niyaro' haw". Iyaan ko saka, matira ko sowal. O fafahi saan i matini ira, patala saan misatoron. Hanaw ko sowal. Matira sa, ya: sa a mifetik to 'oled. Iyaan kiraan haw, hanaw ko sowal. Maherek a mihiya iray, lowad sato patayra i cikaw no nanom toya nitoktokan. Iyaan ko saka sowal sa tora, ala sato to tanod, ya sapipalo to nisa'opoan a sadim, hanaw ko sowal.

再打一次又叫：「去吧！厄運！」於是開始行滴酒祭。「祈求 Idek 神和 Taremon 神，讓部落青年們捕獲許多的魚。」這樣祈禱著。此時妻子們在家裡料理糬粑。祭祀時所用的祭品是生米糰。禮成，全部搗好的魚藤運到溪水上游。拿著杵棒（tanod）開始把一堆魚藤敲碎。

22 Iray, ya sato o sowal kira i, "Ano cimapoyapoyay ko loma' iray, aka pitoktok, hanaw ko sowal tiraan. Iray, ano mitaos a matiya ko mapoyapoyay ko loma' i, maadaha ko foting." han to ni Tomong Cacing ko Ciwidian. "Hayi" han ako ko sowal. Iyaan ko saka, sowal sa tiraan iray, maherek mitoktok tora ira, ce fos silsil sa tora i, palo han to no papikedan.

Tomong Cacing 訓示 Ciwidian 的青年們：「各位青年們注意！凡家中有人懷孕的，不得參與搗打魚藤的作業。不顧家中女子懷孕而參與的青年，是無法毒死魚的。」然後將需要搗打的魚藤集中起來，取水潑灑。接著，青年幹部拿著棍子敲打。

23 "Kamatini ha mapatay ko foting," han to a mipalo no papikedan. Ira sasepat ko mihaenay i tira i rarikor, ko micefosay i ricarit a miripa'. Haen han ako ko sowal, hatira kiraan. Finawlan sato iray, pararem to, awaay to ko hiya, o mato'asa:y sato a cecay i rarem misimaw to 'alofo no awiawidananay ko hiya. Ira sa, alacecay ko misimaway to rarem, hanaw ko sowal haw, hatira kiraan. Sowal sa tiraan iray, i i:kor ci Tamih Yaya' mido^do to sasadim. O finawlan sa i 'ayaw to.

敲打時，同時禱唸：「如同我打你，你要毒死魚！」然後四個人以腳踐踏方式把魚藤和水混合起來，接著，開始毒死溪流的魚。眾人開始捕魚，並依照青年幹部的指揮進行捕魚。因此，老年組先去下游休息站看守私物（佩袋等）並等候青年們作業完畢歸來。另一方面，在溪流下方各角落各派出一人看守捕魚狀況。捕魚時，大家都直接往下方捕魚，唯 Tamih Yaya' 在最後方跟著眾人往下游捕魚。

24 Iyaan ko saka, tangasa sato i fanaw iray, sopet sato i tira ko niyaro' na Tamih Yaya'. Haen han ako ko sowal. Iyaan ko saka, tahira sato ci Tamih Yaya' i tira iray, "naw moko kamo, kita o finawlan?" han to ni Tamih Yaya' ko finawlan, i tira. A, caay Tamih, hatini o Tamdaw kina foting iray, sadak saan cerep saan, kinatolo sadak saan cerep saan, ira sakinatolo i, awaay to a masadak. Talaaw ta ci Tamih Yaya' mafana'ay a micelem a midangoy.

溪流途中有個泊水處，水底太深無人敢下水捉魚，所以大家都停留在那裡，不知怎麼做。後來，Tamih Yaya' 也到了那裡，並對大家說：「怎麼了？為什麼休息呢？」「哦？不是我們休息，我們剛才看到了如

同人一樣大的魚，浮上來約三次，又沈下去，就不見蹤影了。」所以
我們只好等著你，由你去捕捉。因為我們知道你是游泳和潛水的能
手，大家如此說著。

25 Ira o niyaro' no Kapah ni Tomong Cacing ato Ciwidian.
Hanaw ko sowal. Ira sa, saseloselong sa to sofok ci
Adafowang ato wawa nira, tiraan nira ko foting nira, cedo' sato,
dangoy sato ci Tamih Yaya'. hanaw ko sowal. Iyaan ko saka, "i
cowa?" han nira i, "a, caay ka i tira Tamih, midangoy ho." "i cowa?"
han iray, "a, caay ka i tira Tamih" sato, Iyaan ko saka, "i cowa?"
han, "i ti:ra" sato efeng sato ci Tamilh Yaya'.

就這樣，Ciwidian 的人和 Tomong Cacing 一直催促 Tamih Yaya' 下
水。Tamih Yaya' 不得已把魚背帶卸下交給孩子，砰地跳下水泊，游
了過去。Tamih Yaya' 向岸上的人說：「魚在哪裡？」「不，Tamih 再
過去一點！」「在那裡？」「不是在那裡！」「到水底那裡？」「好！在
那裡！」大家喊叫，於是 Tamih 即刻沈下去。

26 Efeng efeng han to mitafokod. Iyaan ko saka, "aya,
tafokoden. aca ako kini" sa pakasera sato ci Tamih a
nolaenoan. Ira sadak sa tora iray, kararem, (Hatini o loma' ni
Liwsang ko sasadak, hanaw ko sowal. Iyaan ko saka, sadak sato
aro':sato i tira i noetipan no nanom no tarawadaw. Hae:n han ko
sowal. Iyaan ko saka hatira kiraan. Iyaan ko saka, halafi:n ka moko
iray, liyok sato. Hanaw ko sowal haw.

Tamih Yaya' 正潛入水中時，河岸上的那些人各持八卦網向水中的
Tamih Yaya' 投下去。「哇！他們投網想把我殺死？」Tamih Yaya' 發
現他們的詭計，立刻潛下水底往下方游去。終於在下游，從水中上來
了。（據說出口處大約像劉先生的個兒那麼大。）上岸之後，暫時靜
靜地坐在那裡，這個地方是 Tarawadaw［花蓮溪］的西邊。經過長久
的休息，動身繞了一圈才轉往眾人那兒去。

27 Tahira sato i foting iray, "naw?" sangataa' sato ko finawlan, "enaw? caay katafokod ita ci Tamih Yaya'?" sato ko sowal a ngataa' sanay kira. Iyaan ko saka, ya sowal ako i honi. Tangasa sato i tira i kamokoan no finawlan i ray, ira, "naw? no o tafokod ko mipatayay takowan? ca kako ka i kawas? Ini o nanom ko mipatayay takowan? ca ka hapa i kawas? awaay ko maan ko hawan ako? Yaan i, mamalohawan ako ko sapipatay takowan? ta awaay ko 'ilo no niyaro'?

不久之後Tamih Yaya' 來到眾人捕魚的地方，大家一看到他：「奇怪！他為什麼沒死？」驚嚇地幾乎失魂。這個事件，剛才我講過了。捕魚完畢，大家回到休息站，Tamih Yaya' 大聲向大家說：「你們為什麼故意投網謀殺我？不讓我自然死？你們想讓我死在水中嗎？我不配死在神的手裡嗎？為什麼不說要我死在我自己的腰刀，免得你們背罪呢？

28 Iyosanay kinian haw. Ora saka, hatira ko sowal ako." cefis sato to sofoc nira ala sa to foting. Caay to ka pahiya cira. "Ira ko miso Tamih" sato. "Adihay ko foting ako mama" han nira kiya i rarongay. Powapo' sato i loma'. Sanay kira. Hatira Kiraan. Iyaan ko saka, tangasa sato i loma' tiraan ira, "ini to kamo Tamih?" han to no kalas, "hay mama" han to ni Tamih Yaya', sanay kira.

我跟你們講，我的話到此為止，再見！」提起自己的背袋掉頭回家。因為老人組不知道發生什麼事，有人向 Tamih Yaya' 說：「慢著，還有你的魚，拿去吧！」「長輩，謝謝！我有很多魚！」說著急著回家去。昔人是這麼說的。原在集會所裡留守的老人看到他先回來問：「哦？你們捕魚回來了？」「是的，長老！」Tamih Yaya' 回答。

29 "I cowa ko finawlan?" han to iray,
"Ini ho i ikor mama." sato,
"O maan to ko folod iso?"
"Misakalafilafi kako mama. Talaomah ko fafahi ako" han to ni Tamih

ko Kalas i soraratan. "Ira macacak to ko sakalafi iray, kataynian to ha 'inay haw no hani haw" "Hay mama" han ni Tamih, sa ko sowal. Sowal sa tora ira, palieson to ci Tamih to hiya to satoronan o hakhak.

「那其他的人在哪裡呢？」

「還在後面。」

「那你跟誰一起來呢？」

「因爲我妻子上田裡工作，我替她做晚飯！」

「好吧！作完晚飯再來吧！孩子！」「是的，長老！」他就回家了。昔人是這麼說的。Tamih Yaya' 回到家，開始忙著燒飯，他準備的當然是將搗成糍粑的糯米飯。

30 Iyaan ko saka, sowal sato ko awid nira tatosa, "a, Tamih." han to no awid.

"Maan?"

"Rakosi ci Tamih saan sato ko mato'asay" sato.

"Aya, aya awid misakalafi kako. Iya cikapakaliyoh a laliwen no mako? caay kafana' ci Adafowang a misakalafi" han to ni Tamih Yaya' ko awid minokay to. Iyaan ko saka, roma sato a mitakos haca tatolo, oraan saka, tayni sa, takosa to ci Tamih sato ko sowal." Han to no awid nira o Tarimadmad ato Warawot. Hanaw ko sowal.

正在忙著燒飯時，組友二人來找他說：

「Tamih 我們來了！」

「什麼事？」

「老人組叫你快點回到集會所。」

「我正在燒飯，若離開這裡，恐怕有失火的危險？更何況我的孩子 Adafowang 又不會做炊事，怎麼辦？」Tamih Yaya' 拒絕，於是他們回去了。不久之後，又來了組友三個人說：「我們來通知你，老人組叫你趕快回到集會所裡。」

31 Iyaan ko saka, "Awaay ho ci Ohay, oni saan caay ho kafofafowak" han to ni Tamih ko awid nira micofay. Iray, sakinatolo tiraan kira iray, sakasepat ko mitakosay, hanaw ko sowal. Iyaan ko saka, "a, tata tamih" sato,
"a, awaay ci hiya caay ho ka cacak. Ira a mafana' mitoror? cika kerah? cika 'ari ko koreng?" han to ni Tamih Yaya'. Iyaan ko saka, "alaen ko foting sato ko mato'asay;"
"Maanen ko matiraan saw?" han to ni Tamih Yaya'.

為此，Tamih Yaya' 回答：「啊，怎麼辦？我的妻子還沒有回來，飯也還沒有燒好……」後來又來了，約有三次或四次催促他回到集會所。為此，組友又來了催促：「Tamih 走囉！走吧！」

Tamih 說：「不行，我妻子還沒有回來，飯還沒有煮熟，萬一打破了鍋子怎麼辦？」

「老年組要你取回你的魚呀！」

「我不要！」Tamih Yaya' 堅持不肯去。

32 Iyaan ko saka, hala:fin ira haca kiya patayraay to foting ni Tamih Yaya'. "I ? naicowaay to ko hatiniay a o ka'apa'apaay? hatinitiniay o cepi'? na hatini kiya no mako a foting? ira cikatatiih a haenen? "arawen no Kalas? ira o kalas aca kako?" han to ni Tamih Yaya'. Iyaan ko saka, sowal sato i rato ko fafahi nira, ira sa hakelong sato to awid nira.

不久之後，又來了人，但不是催促他去的，而是來送魚的人。Tamih Yaya' 看了一魚條說：「真妙！這麼大條的魚是哪來的呢？我沒抓過這樣像人的大腿一樣大的魚。我又不是老年組怎會分到大魚呢？不行我不能接受。」他不接受送來的魚。終於，他的妻子回來了，於是他跟著組友去集會所見老年組。

33 Tahira i soraratan iray, "maan han namo kako mato'asay ko patodong takowan? o mama kako? o kalas kako? cika coriang kako?" Hanaw ko aowal sa, cefis cefis cefis han nira ko nira a foting, hatira ko nira mo^tep mo^tep to. Hatinitini to o kawil, o kamay. Hanaw ko sowal. Saka, "ari mama mamokoan to kako, awaay ko fafahi ako" han to nira, "olililili" han to no kalas. Sanay kira, ora saka hatira kiraan haw.

回到集會所，向老年組說：「長輩們，你們是怎麼分配魚呢？我不是老年組怎麼給我這麼多魚呢？我不敢接受！」說完，自動前去選擇大約如刀柄或人手那麼大的魚，並按照組友的分量，同樣地，只挑取十條魚。然後向老年組說：「長輩們，我該回家休息，我的妻子還沒有回來」「好好！你走吧！」老年組允許他先走。

34 Ira, sowa:l sato iray, tolo ko kaomah kiraan iray ira, mioy^oy. Iray, tini sato kiraan iray, talasoratan to micekoh ci mama Cacingan. "Mama" ha to nira. "O maan Tamih?" han to nira. "Ma'araw ako ci kaka no mako. I nacila ma'araw no mako, i nacila ma'araw no mako, nacila ma'araw ako, nalima ma'araw ako iray, adadaay to ci kaka ako sa, saka hay han kako ari! Taloma'aw ho a milasong ci kakaan ako, sa kako matiranay kira." han to ni Tamih ci Tomong Cacing. "Ha, olili!" sato ci Tomong Cacing, taloma' sato ci Tamih Yaya' tala Fata'an.

之後，第三天又通報男子組集合。在集會所 Tamih Yaya' 找 Tomong Cacing 說：「長輩。」「什麼事？Tamih。」老人回答。「前幾天我在夢中見到我的哥哥五次，我感到不安，心想他一定生了重病，所以我求你允許我回去一趟，去看看我的哥哥。」Tomong Cacing 說：「是這樣啊，去吧！」於是 Tamih Yaya' 回到他的老故鄉馬太安。

35 "Iray, ano ca kahaenen iray, kamo o finawlan iray, ka pili'ayam haw. Ira kamo o Tarimadmad ato Warawot. Hanaw ko sowal" han to ni Tomong kacing. Maherek maliso^so' kira i, mifoting ho. Ira sa paka'awaay ho i rarem ko finawlan, sakira. Hatira kiraan. Iyaan ko saka, "i:ra to kira" saepod sato. Ira, maepod cira ray, alaen nira ko remes.

Tomong Cacing 向青年說：「若你們不爲難 Tamih Yaya' 也許不會發生這件事。我想你們男子組（finawlan）對他的退組處分暫時停止執行。尤其是你們 Tarimadmad 和 Warawot 特別告訴你們！」隨後開始捕魚，有些人在下方捕魚，順便拿著豬血下來。

36 Pacolokan to kina sao'o'an to kilang paterok paterok han to nira. Pikafitan sato nira, pasacawiten to nira a mihaen a matini. Ta comowah to to saripa' ni kanikar. Sanay kira. Tangasa sato i tira i rarem kira iray, saliyoliyoken to nira mani ko nihiyaan no safa nira ko nisaoo'an a matini ta seraen to ni Adafowang ko hiya ko remes a misaliyoliyok a matini, a mihiya to heteng, ira sa, fek han to ni Adafowang ci Kanikar. Ira sa pacodimok han nira i 'eteng haw.

後來把拿來準備好的木頭做成山鹿腳印，一一打在地上，像似山鹿走過的腳跡。做好的看來完全和 Kanikar（狗的名字）腳跡一模一樣，看不出那是假的腳跡。到了下游時，把鹿腳木印打在沙灘上，如同鹿走腳印一樣，轉來轉去的打印下去。然後 Adafowang 把豬血倒在腳印走上的方向。Adafowang 把狗打死後，藏在沙灘內。

37 Sa ko sowal no mato'asay. Iyaan ko saka, maherek a pacodimek kira iray, do^do han to ni Adafowang. "I! kamoko ho kamoko ho; ira talaen kako!" han to ni Adafowang. Yasa na mifotingay iray, mitala to. Iyaan ko saka, kaot han to ni Adafowang. Iray, "mifoting kamo?" han to nira, "hay paliw!" han to no finawlan. Sanay kira. Ira, "oli takosen kira:wan o finawlan oli! iray, katapakad a matini! hanaw ko sowal" sato.

昔人是這麼說的。把狗藏起來後，Adafowang 來到他們那裡。「喂！請你們休息一下好嗎？」Adafowang 喊著。於是他們一邊休息一邊等候著 Adafowang。「你們幫忙捕魚嗎？」Adafowang 問候，「是的朋友！」他們說。「我有事與你們商討，所以也請叫那邊的人過來一起討論。」Adafowang 說。

38 Iyaan ko saka, ira to iray, "Mimaan kamo a Adafowang?" sato. "Caay ka matira. Sakasaan ako matira kiraan i, caay ka tengil namo ko 'ocil niya o tafad. Namo?" han to ni Adafowang. "Matengil to!" "Halafin to?" "Caka:t saan, laeno: saan, caka:t saan" "laeno: saan" han to no Ciwidian ko sowal ci Adafowangan. Ira, "Hay, awaay ko kakaka:ka tata'akay kina fokod. Cikanikan. ako kira, awaay, awaay ko tanoetipan ko ripa' nira kararayan ato kikanikar.

為此，其他的人都來到了。「有什麼事？Adafowang！」眾人問。「沒什麼特別的事，不過請問你們有沒有看到山鹿和聽到狗的叫聲？」Adafowang 問。「有聽到！」「很久嗎？」「好像是一下往下去，一下往上去的樣子。」Ciwidian 的人回答。「對了！看起來那個山鹿很大，沒有比牠更大的山鹿了。既然你們看到了，為什麼你們藏起來呢？你們看！山鹿和狗的腳印全部往你們那裡跑。

39 Iray, ano kararayan aca ano ma'orip nikanikar aca a ira to ko fanoh ato riparipa' matira ko demak" sa, rorop sa tayraan i rarem, sanay kira. Tahira sato iray, "Hira o celok no Kanikar ako?! Han ni Tata'akay kina Kararayan? Pakasololay to masatifekanay a kidodong? ira o pohong? yano lokic? yano olat? yano sikal" sato. (Ira cikasaan ko sowal ako i hani.)

明明是我的山鹿和狗，你們搗鬼。山鹿不說，至少你們還給我的狗才對。有了狗，我還可以獵到其他山鹿。」他們否定做過壞事，於是大家來到下游繼續爭論。Adafowang 說：「你再看看！這裡不是有狗和山鹿的腳印嗎？尤其是我的獵狗非常能幹機敏，牠獵到鹿肉、鹿筋、鹿鞭、鹿皮等，所以牠是無比的重要。」（我剛剛忘了講這個事情。）

40 Nikasaan ako kinian sa, iraan sato haray, "Ano ira kira mikarkar haw, kalimelaan kina kararayan ano ira aca. Pakasoloay to pohong ira to sikal, ira to olat! ira to oo'. Ira sa kasololan ni Kanikar ira, ko masatifekanay, ira ko dangah? Cika saan kako? ira sa matira haw?" sato. "Tamih Tamih, ira wasoen kira o 'eteng!" han to nira sa senok sato ko safa ni Tamih Yaya' ira sa, kowaden to nira a mipekoh iray, makalatosa to a mapekoh.

Adafowang 重複地說著:「從此以後,我家少了牠(狗),等於我家少了山鹿的肉、角、皮、筋等,實在遺憾。也許你們想以臼、杵、鍋子等來補償。但是我不稀罕那些東西,一定要還給我,我的 Kanikar(狗)。」「Tamih Tamih 把堰堤翻一翻!」Adafowang 喊叫著。於是他立刻動手,翻找到一半時,

41 Iray, "Awaay kira hani!?" han no safa nira ci Tamih Yaya'. "Emin han to a mihiya a mipekoh!" han ni Adafowang ira sa, fawfaw sato ci Kanikar ira sa, sedok sa ci Adafowang taker han to ni Adafowang ci Kanikar a talahadhad. Ya sato ci Tamih iray, "karkaren 'inay, ha naw ko sowal, tadem han aca i tini ci Kanikar. Karakar sa tiraan iray, pakayni en i para ko karkar haw" han to ni kaka nira ci Adafowangan aci Tamih Yaya' ira sa opoh a mikarkar. Hanaw ko sowal haw.

「怎麼不見呢?」Tamih Yaya' 說。「把全部的砂石都翻過來找尋!」Adafowang 著急說著。不久後,終於把狗找到了。Adafowang 把狗的屍體收拾起來,放在草地那裡。Adafowang 命令弟弟 Tamih Yaya' 說:「你快挖地把 Kanikar 埋起來。但你挖地時,得挖到約人的腰部那麼深才對。」於是 Tamih Yaya' 準備把狗埋起來。

42 Nikasaan ako kini ira sa, maherek a mikarkar iray, kaka han to ci Adafowang iray, "akato" sato. Pasikal han to ni Adafowang to fa^lohay a falako a terek. Hanaw ko sowal. Iray, maherek sato iray, selong to fodoy ci Tamih Yaya' iray, pakafang han to ni Tamih Yaya' ci Kanikar. Iray, sowal sa tora ira, "Matini sato ha Kanikar, matini iray, fana'i: to ko sowal i matini haw?

之後，當 Tamih Yaya' 把地穴挖好時，Adafowang 說：「等一下！」Adafowang 前來把自己的皮衣鋪放在穴底，然後才把狗屍（Kanikar）放進去。接著 Tamih Yaya' 也脫下外衣蓋在上面才埋土。Adafowang 對著狗禱唸：「如今你死了，請讓我們後續都有狗。

43 A matini: to pakasolol ko pohong iray, to sikal ato olat iray, to lokic, hanaw ko sowal." han ni Adafowang a mitolon ci Kanikar nira, kotod sanay mi'olic. Hanaw ko sowal. Iyaan ko saka, selen han to ni Tamih Yaya'. Hadimelen! sa ira sa, maherek to, hadimelen nira. Pi^pien han, pi^pi han no safa nira ci Adafowang ko kamay ni Kanikar, hanaw ko sowal.

如同你一樣能幹的狗，可以獵到鹿角、鹿皮、鹿筋、鹿鞭等！」唸完禱詞，把地面的四周整理好。Tamih Yaya' 又把埋土壓緊，以免有人破壞埋土。

44 Iray, tolon sato a maherek kira. "Kamo o finawlan iray ira, inian nikapatay ni Kanikar, hami tatiih kami aci adafowang aka ka sa:an haw!" Ira, samaan to ko lalan sa pisakilang, caay ka ciceka no 'odidal? lifokan no cika no 'odidal? a matiya matokinihay a fokeloh matiya i, salongan a matira? Yosanay kinian sa, iraan sato iray, aka ka tatiih haw! hanaw ko sowal. Iray, kato saw ka tatiih ko foloco', ano mamapatay mapatay. Hanaw ko sowal. Haen han to ni Adafowang ko pisanga' tiya finawlan no Ciwidian. Ira hatira ko sowal ako.

Adafowang 向大家說：「請各位，不要爲了 Kanikar 的死，破壞彼此的感情！我這個 Adafowang 沒有一點惡意，請放心！我們好像是共同體，往來一條大馬路的一家人。若不幸彼此仇恨，就好像走在有石

頭，不平坦、會刺腳的危險路般，大家都沒有好路可走。希望大家千
萬不要介意。反正死者不能復生，一切都過去了。Adafowang 就是
以這樣和氣態度來結束這個事情。

45 Iyaan ko saka,
"Mimaanay kamo?" han iray,
"Matini ko sowal ni Tomong Cacing. Nano sina'eloy nira ci Kanikaran
nira, patayraen ko fasolan ato timpo, o fakar, o hawan" sato kina
sowal nira sa,
"patayen niyam ha mama!" sato ko sowal no kapah ni Adafowang, o
awid ni Tamih Yaya' o Tarimadmad. Hanaw ko sowal. "Ha, aka ho,
malahoka ho" han ni Adafowang. Saka, lahok sato. Aenem kiya
patayraay. Hanaw ko sowal.

為此 Adafowang 問：

「他們來幹什麼？」

「事情是這樣的。我們一大早奉 Tomong Cacing 的命令送給你藤蓆、
斧頭、藤筐、佩刀等用具。」青年們說。這些青年是 Tamih Yaya' 的
組友 Tarimadmad 組。「好吧！你們先吃午飯，再說吧！」Ada-
fowang 請他們吃午飯。他們一共六個人，一起吃了午飯。

46 Herek no lahok iray, "Maan sa ko sowal ni Tomong Cacing,
Iyaan a sowal yaan ca piratoh ano tahaloma' kamo?" han to
ni Adafowang kina patayraay to fasolan, to fakar, to timpo, to hawan.
"Aka ho sowalen kami, aka ho a Tamih malahokaho aci Adafowang,
adihay ko foting malahoka ho," han no finawlan, "Cai, o niyam ko
matopaay ko foting, o foting ko sikaaen niyam i dafak. Ira, ira: ho ko
sasafelen?"

吃飽飯後，Adafowang 詢問：「孩子們！Tomong Cacing 到底傳達什
麼話給我呢？」Adafowang 問送來這些藤席、藤筐、斧頭、佩刀等，
到底有什麼用意。「請等一下，我們有很多魚，你們二位 Adafowang

和 Tamih Yaya'，跟我們一起吃午飯吧！」眾人邀請他們。「不！我們早上吃魚，現在還有剩餘很多的魚。」

47 Hanaw ko kiraan, matiraay kira, iraan sato iray, "aka katatiih haw!" han to ni Adafowang, piyoc sato malekaka. Haen han ako ko sowal haw. Nikasaan ako kinian. Iyaan ko saka, sakatosa a romi'ad, iray, colal sato ko kapah ni Tomong Cacing, ira ho ko tempo, o fasolan, o hawan, o rarar. matiraay kira. Hanaw ko sowal. Iyaan ko saka, "Dato ha:n to iray, cika nga'ay ko faloco' ako to sina'eloy nira ci Kanikaran nira, sanay sa, patayraen oli saan mama sa pataynian no makokinian." han to no kapah ni Tomong Cacing.

他倆如此謝絕了午飯邀請，又說：「請大家不要介意，再見！」就返回了。過了兩天，Tomong Cacing 的青年送來藤筐、藤席、佩刀、小鋤鍬等用具給 Adafowang。青年們還說：「是的，剛才我已說過我們只是奉長老之命，送來這些東西。長老表示要以這些東西補償你損失的狗。」

48 "Ha, aka ka matira, ano mahaen ko demak namo matiya i, iray, citomeli'ay a fayfahi a matiya cima ko inien namo a matiya? a mi'ali? Matira ko demak haw? Ano citomeli'ay kira matiya iray, i tiniay a kapah ira, cika tayra a mi'ali? yo sanay kinian sa matira ko demak haw! Ciceka to ko lalan kini? a haenen a awitan kira sapatayni namo? o sanay kinian sa, mimaan kamo a patodo?

Adafowang 回答：「過去的事情不要再提！這麼做，難道你們年輕人將來不想跟這裡的美女結婚嗎？反過來說，難道我這裡的俊美青年將來不可以跟你們那裡的美女結婚嗎？如果你們硬要我接受這些東西，等於切斷我們的往來，如同在道路上布置刺一樣不好走。

49 O sanay kinian sa, maherek sa tiraan, alaen namo a minokay haw! han to ni Adafowang ira sa, ala han to no kapah ni

Tomong Cacing, a mafelec. Sakatolo a romi'ad, colal sato awa tangal ni Adafowang. Iray, iya to o fasolan, o 'apac, o timpo, o hawan, o rarar, o lipa, o rakar, ko mapatayraay.

因此，這些東西別留在這裡，務必拿回去。」於是青年們再度提起那些東西回去了。第三天，有人來到 Adafowang 那裡。這些人這次帶來了更多的東西，諸如佩刀、長凳、藤席、削刀、藤筐等物品，都送到 Adafowang 那裡。

50 Iyaan ko saka, sowal saan tiraan iray, "mimaan kamo kapah?" han to iray, "patayniay kami mama" "Enaw? macowa kiyana sowal? macowa ko sowal ni Tomong Cacing?" han to ni Adafowang kiyaan a kapah.

Adafowang 問：「青年們你們來幹什麼？」他們回答說：「我們送來這些東西，長輩。」「我們送東西來的！」「為什麼呢？這個話什麼意思？Tomong Cacing 怎麼說的呢？」Adafowang 問青年們。

51 Iyaan ko saka, mamo^tep to. Matira ko demak haw. Hanaw ko sowal. "Ha, kalahok ho kamo" han ni Adafowang. Iray, macacak to ko nisakalahokan iray ni Iyong. Hanaw ko sowal. Iyaan ko saka, herek no lahok iray, "aka to ka haenen haw, hanaw ko sowal, iray, tala: han to kako" han to ni Adafowang ko pitolon ira sa, "alaen kina hiya namo" sato ira sa, alae:n to pacofay. Haen han ako ko sowal.

運送東西來的青年共有十人。「那麼你們先吃午飯再說吧！」於是由 Iyong 準備午飯。吃完午飯後，Adafowang 說：「你們不要這麼做，我改天到你們那裡，請通知你們的長老等著吧！」又說：「這些東西請你們拿回去！」因此，他們不得不把那些禮物又帶回去。

52 Ira, hatira ko sowal ni Adafowang haw. Sakamo^tep a romi'ad kira iray, tayra sa ci Adafowang. Hanaw ko sowal. Iyaan ko saka, hacera saan iray, i ci Tomongan o Cacing, Iyaan ko saka milafin. Herek no lafi iray, salikaf to ci Adafowang. Telal sa ci Adafowang kira iray,ira, "sakataynian ako iray, namimaan kamo a mihaen? Tomong Cacing? Iyaan ko saka o sina'eloy nira ano hani awaay ko rarikor ni Kanikar a matiya?

Adafowang 把事情這麼處理。第十天後，Adafowang 到對方那裡去。Adafowang 抵達後，就在 Tomong Cacing 那裡過夜。吃完晚飯，Adafowang 向他們提出問題並開始討論。Adafowang 開口說：「我說啊，你們不要這個樣子，如果說只是為了狗的賠償，那樣值得嗎？Tomong Cacing 我告訴你不必要那麼做。Kanikar 的事情早就沒有什麼可介意的，請放心。

53 Ano i fafaw to ko niraan a hiya ira kakaha:d kira ko nira a olat, ira to ko pohong, o lokic ato sikal? cayay ka saan kako. Samaanen to ko lalan sapi'oway; samaanen to ko lalan to sapieli'? o sapikasoy? o sapisakilang? O sanay kako tiraan, inian kina sowal ako haw to kaah i tiniay a kapah. Hatira kiraan. Ira, sakasaan ako to roma kiraan iray, ninian to kina sowal ako haw. I tiniay a pala iray, kadomen ita. I tiraay i etip a matiya a pala matiya a saliyoh i, ira, polongen ita. Hanaw ko sowal.

再說，牠也不像山鹿一樣，有肉、角、鞭、皮等有值得可惜的東西。若你們主張要賠償我，那等於堵住我們採集山藤、芒草、柴火、房屋木材等道路一樣，增加我方的不方便和痛苦。這些事情是我為了年輕人考慮而說的。我這麼說沒有別的用意，只是為了這點，所以我這麼說。此外，我提議大家可否合作舉行火獵活動？地點在西方的火獵區，那個地方寬廣，最適合眾人一起活動。

54 Iyaan ko saka, sakasaan ako a somowal tiraan iray, tatiih aca a malacidek ko saliyoh. Hanaw ko sowal. Ira, iloh sa kami tiraan to i etipay a saliyoh tiro o telo', ira i tira Dadiwasen ira, awaay ko tama' kiraan iray, mo^tep ko pohong haw, i matatodongay a miiloh kami. Iloh sato cikawasay iray, tosa polo' ko pohong. Iyaan ko saka, hatira ko lokic. Tiyasa saliyoh toraan. Iray, latosa asa ta alatosa to a polo', ano tolo a polo' ira ko no enem a polo', ano lima a polo' ko pohong haw ira kokiparopa:rod.

打破過去單獨舉行的慣例，合併舉行打火獵活動，藉此增加年輕人往來的機會，實在非常有意義。我所知道的火獵區，就是在那個西方（etipay）。在那個地方獵物，我想不至於只有九、十隻山鹿吧！根據我們過去獵過的經驗！再說，若運氣好的話，二十隻山鹿也沒有問題，當然鹿鞭也是少不了的收獲。那個地方的獵區不僅限於西方處，還可以擴展到更廣大的區域。若大家運氣好，獵獲二、三十隻，甚至於四、五十隻都沒有問題。

55 Yosanay kinian sa, ira san tiraan ira, matira ko demak sa, nga'ay aca a foloden ita ko saliyoh ita, yo sanay kataynian no mako i matini haw." han to ni Adafowang ko sowal. "Ha, faecal aca a Adafowang saan ko faloco' ako sa kapah a matira." Han to ni Tomong Cacing. Ira matira. "Sakasaan a matiya, awaay kiso a taynian, ira sa kapah to.

所以我提出來這些事，相信對大家只有好處，不是放空話。因為那個地方相當廣大，大家合作火獵也才有意義。不知道大家意見如何？」Adafowang 講到這裡。「好極了！我非常同意 Adafowang 的提議。那我們就這麼做！」Tomong Cacing 回答。又說：「你現在親自發表你的意見，讓我非常感動。

56 Sa teli sa kiso ira, ano i cowaen kina patodong no kapah i, ira, macocoka no ceka no 'odidal haw, ko lalan sapisakilang, ko lalan to sapieli', ko lalan sapikasoy, ko lalan saka talaomah, ko lalan sapiradom no fayfahi,hatira a mi'oway, sato kiso i, kapah a matira haw. Iyosanay kinian sa, a mafolod a miiloh kirami." han to ni Tomong Cacing ko sowal. Hae:n han ako ko sowal. Iyaan ko saka, ya sato tiraan iray, laoc sato to cila. Hanaw ko sowal.

還有你特別顧慮兩部落的青年們的將來往來而做的比方，說路上如同佈置火刺木（'odidal）讓青年們採集木材、火柴、芒草、山藤等，及女子們取水等搬運很不方便，這些話我懂了。為此，我同意舉行聯合火獵行動。」Tomong Cacing 回覆 Adafowang 的提議，並同意舉行這個活動。為此，Adafowang 那裡的人集合開會。

57 Ta patolonan to ni Adafowang ko finawlan, ira olah sato ko finawlan. Hanaw ko sowal haw, hatira kiraan. Iyaan ko saka, matini sato tiraan iray, mikorah kira i matini i, a talaen, ano romaa a folad ira masa'aredo to ko hafay, roma a folad i, masadak to. Roma a folad i, masaposaposak to ko hafay. Ira roma a folad kiraan ira, macacak to. Hanaw ko sowal haw.

Adafowang 自己向族人報告，他們高興得不得了。Adafowang 說：「如今我們是農閑時期，青年們可以養精蓄銳等待即將來臨的燒獵活動。看！如今小米長大了，過了一個月小米出穗。再過一個月小米結實，又過了一個月小米成熟可以收割。」

58 Iyaan ko saka, "aka ho katayraan,ya maherek a mihafay iray, o hafay ko hiya ko tafo, o toro:n to no panay" han to ni Adafowang ko tolon i tira, a mapolong i tira i kapah to ni Tomong Cacing. Iyaan ko saka, "aka ho katayraan,ya maherek a mihafay iray, o hafay ko hiya ko tafo, o toro:n to no panay" han to ni Adafowang ko tolon i tira, a mapolong i tira i kapah to ni Tomong Cacing. Iyaan ko saka, matira ko demak haw. "Iyaan ko saka, tala han kako a matiya. Ira ano mipanay to i tini maleca:d to a mipanay.

「現在暫時不要前來，小米收割完成我們才進行打獵活動，因為那時我們帶著的飯包是小米的糬粑，很方便。」Adafowang 如此吩咐 Tomong Cacing 的青年。又說：「為此，請等候我的連絡。我想，我們這裡收割時，你們那裡也是收割的時候。

59 O maan ko tafo a matiya? Cika o toron? ko tafo? ya cacacofay sa kita? Ci pilafin? o sakalahok, o sakalafi,o sakaranam, o sakalahok ta felec saan. Hanaw ko sowal haw, i tiniay a kapah." Haen han to ni Adafowang ko sowal. "Ira kapah to mama." sato, ko kapah ni Tomong Cacing. Hanaw ko sowal. "A, Tomong." "A, i etip malahok kamo kirami?" hato, "A, malahok to i tini?" han to ni Cacing lahok sato. Iray, maherek a malahok, caay to kapapelo ci Adafowang, i toan to a mafelec.

所以用糬粑做飯包較為方便，為什麼方便？我們這一次出動打獵，無法當日往返，一定要在外夜宿，並且吃過午餐、晚餐，次日早餐才能回家。所以，用小米的糬粑做飯包很方便。」Adafowang 這樣向大家報告。「這樣實在太好了，長老！」Tomong Cacing 的青年回答。「Tomong Cacing 啊！」又說：「我想你們在這裡吃午飯吧！」「是在這裡吃午飯嗎？」Tomong Cacing 吃完午飯，Adafowang 再度講話，就送 Tomong Cacing 回家去。

60 Haen han ako ko sowal haw. Nikasaan ako kinian sa, iraan kiraan sa, sowal sa to pihafayan irai, ira a tayraan ko kapah ni Tomong Cacing. Iray, "Mimaan kamo?" han, "ira, katayraan ci Adafowangan han miiloh to kita, saan ko sowal." sato, o sowal ni Tomong Cacing. "A, matini: sato i, cai pihafahafay i, caak saho ko panay (hafay) i, sowalen kiya? iray, ano taterong a mipanay iray, i tiya to a tayraan haw, haen han ako i ,

終於到了小米收割的時候，於是 Tomong Cacing 的青年來了。「你們來幹嘛？」Adafowang 問。「我們的長老說去通知 Adafowang，告訴他我們要開始去打獵了！」青年們如此傳達 Tomong Cacing 的話。
Adafowang 說：「我知道了，但現在小米剛剛成熟未收割，我不是說
過，要收割時，親自到你們那裡聯絡嗎？

61 sa kako ira sa, kalahok ho, o sowal namo kiraan ira, mihafay to kira i, o hafay ko tafo iray, mipanay o toron ko tafo. Sa paterong no panay tayra saan. Ira matira ko demak." Han to ni Adafowang ko kapah ni Tomong Cacing. Maherek a malahok i toan to. "Matini ko sowal ni Adafowang haw ci Tomong Cacing!" han to nira. (Paterong a mihafay kiraan iray) a mihafay to, ira to.

你們吃過午飯才回家吧！記得當時說過，爲了方便可以做糍粑的飯
包，一定要割完小米，才能去打獵，不是嗎？所以我決定等這裡收割
時，我再去聯絡你們那裡好嗎？」Adafowang 如此吩咐 Tomong
Cacing 的青年們，吃完午飯後，打發人回去。「你們告訴 Tomong
Cacing，Adafowang 是如此……」Adafowang 說。（正在收割小米的
時候）不，收割小米的時候到了，他們又來了。

62 Iray, "ini to kamo?" han to ni Adafowang, "Hay mama" sato. "A, caay ho ka malekmek ko lakaw, caay ho ka 'okem ko fodet. Ira sato iray, i tini sato ira, kako sato ko iray, haw! Han no talaen to kako" han to ni Adafowang. Sanay kira. Hanaw ko sowal. Iyaan ko saka, maemin sato hafay, iray, matefad a mipanay ko finawlan, iya no kapah ni Tomong Cacing a, ni Adafowang, ato ni Tomong Cacing a mipanay. Hanaw ko sowal.

「你們又來了？」Adafowang 問。「是的，長老。」「眞遺憾啊！我們
這裡剛剛開始收割，一切莊稼未曬乾入倉，打獵之事，如何安排？到
時候再說吧！」由於大家的合作，小米收割終於完成。另一方面
Tomong Cacing 那裡也收割完畢。

63 Yaan ko saka, tayra sa ci Adafowang haw, yosanay kinian saka, haen san tiraan iray, tahira han nira, tira to ko lafin na Adafowang. Iyaan ko saka, "ini to kiso?" han to ni Tomong Cacing. "Hay!" sato. Iyaan ko saka, salikaf sato. "Matini sato kira iray, paterong ho ko i tiniay a nipanay akah ari?" han nira, "hay" sato. "Ira na 'oningan ko nihaenan ako kiyami, ira ano miiloh i nacila i, kira paterong a mihafay tira i, o hafay ko tafo?

於是 Adafowang 親自前往對方那裡，又經過一夜。「你來了啊！」Tomong Cacing 歡喜回答。「是的！」Adafowang 答謝。他們開始交談。「目前正在進行收割，為此，打獵之事能否稍後？」「是的！」他回答。「我不是說了嗎？若早點打獵的話，未收割之前恐怕沒有糍粑可做飯包？雖有收割的部份，

64 Naosanav kinian sa, ka matiya caay ho ka'oke'okem ko fodet. O sanay kiraan sa, kako ko tayranay haw, haen han ako ko kapah. Nikasaan ako kinian. Iray, cila samatiya tiraan sa, maoc to kita, caay ho ka cinglaw kako matini," han to ni Adafowang. Iyaan ko saka, dafak sa toraan ira, "o:y lomaoc kita" han to ni Tomong Cacing ko finawlan o niyaro' nira. Hanaw ako ko sowal. Iyaan ko saka, laoc sato, ira to ko finawlan.

但沒有曬乾入倉，實在不方便，如今已完成收割，所以我依言，今天親自來到此地向大家報告。不過今天我先休息，不講什麼事情，明天才說我的計劃。」Adafowang 說。次日，Tomong Cacing 發佈通報：「喔伊！今天 finawlan（男子組）集合。」部落居民此時才知道。於是眾人集合在一起。

65 Tolon sato ci Adafowang iray, "sakasaan ako ha tamowan o kapah, ira matini sa tiraan iray, kamo toraan. kira ira, iraan i etipay ko 'ayaw a miiloh. Ano ma'orad saan tiraan iray, malikat haca a mimaan.

Adafowang 說：「我告訴你們青年朋友！我們將開始打獵。不過，我們的獵區，以西方爲首選。西方獵區是廣大的原野，被高山遮蔽，一下雨，不容易看見太陽，草木弄濕，難以火獵。但目前正適合火獵。

66 Mamangay kina i tinay a Saliyoh ita, mapa'araay no cidal, awaay ko milidongay a lotok. Iyo sanay kinian ra sato iraanay aca ko 'ayaw ita haw. (Nikasaan ako kinian, hatira kiraan) Ira tafo sa toraan, malamitifeti:fek ko kilomaloma' to panay, ta o toron ko tafo. Han ko sowal namo o kapah haw to mato'asay. Hanaw ko sowal tiraan.

目前適合火獵的曠野，雖然面積不大。但是太陽直照，沒有山嶺遮蔽陽光。所以我們優先選定這地區爲獵場。青年組同時要轉告老人組，當天要帶的飯包，希望各家一律自備糍粑。因爲要以糍粑爲祭品進行祈禱（mifetik）。

67 Iyaan ko saka, tosa a romi'ad haw Misanga' kamo ano cecay pakamay namo ano cila, cila sakatosa iray, sanga' sa kamo to cokap haw. Hanaw ko sowal. Sakatosa a rom'ad hadimelen ko hiya 'etoman to sapidodoc to narikoran no lamal, ta caay ka lodoc ko saripa'" sa ko sowal ni Adafowang. "Roma sato kiraan iray, o 'afet namo kiraan iray, o tanoman sa tome:sen ko 'afet haw. O cepo kiraan iray. (mafaha kira howa, hanaw ko sowal) Iyaan ko saka, i sakatolo sa i, taloma' kamo haw.

爲此，後二天你們休息，同時各位準備製作皮鞋子（cokap）。這個足套是爲了火獵時，保護各位的腳底避免火燒傷！」Adafowang 講了這麼長的話。Adafowang 又說道：「此外，多準備一些裝滿葫蘆的火藥及火種（cepo）。（對不起我咳嗽了。）第三天你們可動身出發。

68 Iyaan ko saka, kasoy asa kamo malolamal o saka'araw to 'acefel." Han to ni Adafowang. Sanay kira. "O cepo namo kiraan looden namo to cepo. Iray, toloen a ritos, tosaen a kawat, iray, i tini i kailing a patakecko sakatosa haw. Sakatolo i, awitan to" haen han to ni Adafowang ko sapikawanan.

到了現場，你們要生火，我看見煙火便知道你們已經到達了。」Adafowang 這麼說。「要準備火炬三把，約兩個 kawat（約 15 公分）長，一把丟擲，一把繫在腰部，而第三把直接拿在手上就可以了。」Adafowang 這樣仔細地指導大眾。

69 O sanay kinian sa, iraan sato iray, hatira ko sowal ako haw. Aka pisami:si to cepo ato 'afet. Malaladalada' to tao to cepo ato 'afet. A awaay ko 'a'adopen i tira hakiya? kite:mek sato! haeni: to haw matakolokolod. nikasaan ako kinian." Han to ni Adafowang ko sowal parikor, "hay" sato malahok to Herek no lahok kira iray itowan to ci Adafowang. Hanaw ko sowal.

「我再告訴大家，各位的火種和火藥務必充份準備好，以免到了現場發現不夠，因為要獵取的獵物很多，各位絕對不要忘了這些話。」Adafowang 吩咐著。「是的！」大家回答。然後吃午飯。午飯之後，Adafowang 道別返家。

70 "Iyaan ko saka, sowal sa tiraan iray, ya nasowal ako to cecay pakamay iray, sakatosa iray, taloma' kamo iray, mapawa:na tina sowal haw!" han to ni Adafowang a parikor, "Hay, Adafowang," sato, pi:yoc sato a mafelec ci Adafowang. Iyaan ko saka, sowalan to ni Adafowang ko niyaro' naira. "Amo sa tiraan iray, pakamay kita ano cila, ira misaga' to kita i nacila, kamo anini to cokap. Hanaw ko sowal. Sa ray, ano caay ho kaemin i, ira ko saka, no sowal ako kira pakamay ho ano cila, tiya ray, sakatosa ray, misanga' ho to cokap haw, tosa a romi'ad i, sakatolo talaomah kamo, han ako.

「對了，我剛才說休息二天之後，第三天一定要出動，絕對不要忘記！」最後 Adafowang 又回頭吩咐了這句話。「Adafowang 長老，我們知道了！」眾人回答。於是 Adafowang 回去了。Adafowang 回到家，跟自己部落的人說：「你們明、後天，製造自己的皮鞋，知道嗎？就是說，你們利用這兩天休息時間製造自己所要穿的皮鞋。第三天我們才出發打獵。」

71 Nikasaan ako kinian sa, pakamay sa ano cila kita haw. A no cila kita ira, sanga'to cokap, i tiya a matiya sanga' sa kita." Han to ni Adafowang ko kapah nira. Sanay kira, hanaw ko sowal. Iyaan. ko saka, sowal sa tora iray, sakatolo iray, "oli! pada'da'ay to i tini i sae'tipan." Han to ni Adafowang ko kapah nira. "Kiso a Tamih i sawali a pafali haw" han to ni Adafowang.

就這樣。三天之後，「你們去吧！在西邊支援點火！」Adafowang 命青年們前往。「至於 Tamih 你呢，在東邊等候點火，因為那方向是逆風的。」Adafowang 又說。

72 "Kako sa tiraan iray, ano ira to ko 'acefel iray taosen kako!" hanto nira ko safa nira. Ira sa, mitaos to to katatala no kapah ni Tomong Cacing. Tahira sato iray, sowal san ci Adafowang:
"ini to kamo?" hanto riy,
"hay" sato.
(Mafaha kini saw?)
"O cepo namo i?" han to iray,
"tolo wawitoor"
"o 'afet namo i?" han to iray,
"matomes ko tanoman"

又向他的弟弟們說道：「若他們的指標火燃起來了，要向我靠攏！」
Adafowang 就去 Tomong Cacing 青年集合的地方。到達目的地以後，Adafowang 說：
「喔！你們來了。」
「是的！」大家回答。

（對不起，我又咳嗽了。）

「火炬帶來沒有？」

「有帶三把火炬！」

「你們的火藥呢？」又問。

「有，裝滿葫蘆！」

「喔！好極了！」

73 "Ari alapacilonged kamo to Cepo!" han to ni Adafowang sa, helonged sato to Cepo. "Ari, kira o sakatolo colenged i kaliling no cofel sato iray, colenged. Ya sato o sakatosa iray, (coreki') patakeci i tira i kiping. Malalamalamal ita ano honi awa to kite:mek ta mikowang a matiya. Nosanay kira sa matiranay kira haw. O kasaan ako kinian sa, iraan sato o sakatolo awiti!" han to ni Adafowang. Ira sa, "maherek to a miloged?" sa "hay" sato, "a, kako ko 'a'ayaw" han to ni Adafowang. O terik nangra howa, pakalotok cifalian sawali no Kiko.

Adafowang 重複地說：「火炬準備好了沒有？」他們查看自己的火炬，就開始點燃。Adafowang 又說：「再看看繫在腰際盒子的第三個火炬，準備好了，就點燃。第二個要準備繫在矛槍尖頭上的火炬，是準備等一會兒各人用槍時所需的火種。第三個火炬是要拿在手上。」Adafowang 如此說著。「準備好了沒有？」Adafowang 對大家說。「是的，準備好了。」「那麼我們出發，跟著我來！」Adafowang 說。於是沿著山路及逆著風向，往溪口的東邊去。

74 Nikasaan kinian sa, matira ko sowal sa tahi::ra i niterikan nira to nangra a malekaka iray, "tamako a ho, a mitamako to kita a no honi!" Han to ni Adafowang. sa, tafak sato, palamal sato, sa kosowal ni Adafowang. Hatira kiraan. Ira mapalamal to no kapah no Ciwidian ko noetipan, "ta!" han to ni Adafowang.

到達了預定的地方，Adafowang 說道：「我們休息一下，抽抽菸！」

於是大家坐下來休息抽菸。這個時候 Ciwidian 的青年在西邊已開始
點火焚燒。Adafowang 又說：「再跟著我來！」

75 Tahi:ra i terong iray, "Aya o sipsipan ako, ira o teking ako!
Malamalama' to kita no honi! tata i:raw i, or^or hanta! tatata
tatata!" han ni Adafowang. "Tadadadahal ko 1akelal i tira haw, o
finawlan sa ira to. Hanaw ko sowal. Matarikora kamo!" han ni
Adafowang. "Tatata, kafekac, oli, olili!" han to ni Adafowang. Ira,
makicapos to, masadak to i tira i lakelal ira sa, cedet cedet cedet han
to ni Adafowang kiyo o lalan.

走到原野的中央時，Adafowang 說：「哎呀！我的火柴和菸斗丟在剛
才休息的地方。請大家繼續往前走，我很快就來會合。」又說：「到
了那裡是廣大的原野，大家知道的。快走吧！」Adafowang 繼續說：
「走走！不要走太慢！」於是 Adafowang 掉頭走離開他們，來到自己
的人那裡。大約他們來到原野中央時，Adafowang 那邊的人開始在
路邊的草木堆點火焚燒。

76 Ira sa, cikahalafin ko nipada'da'an i satimolan. Yasa o
sawalian. iray, riketen to no safa nira ni Tamih Yaya' ira sa
ke:g, ke:g, sa ko lamal. Ira sa matekop ko kapah no Ciwidian.

不久，南邊的支援者以及東邊由弟弟 Tamih Yaya' 點燃的火焰猛然成
火海，燒死了所有的 Ciwidian 的人。

77 "Ira matira ko demak haw. O takaraway a malakomod, o
mitafokoday a kapah. Inian kini o nocay ni hiya haw ni
Adafowang haw, no safa nira nikasaan ako kinian" sa, ko langiwngiw
ni Adafowang to olah to lamal. Sanay kira. Iyaan ko saka, o lamal
sato 'acefel awaay to a ma'araw ko cidal yosanay to 'acefel.

「看！你們這些高傲的 Ciwidian 的青年領袖，以及你們這些意圖網殺

我弟弟的人，你們活該！我終於為弟弟報仇了！」Adafowang 看到猛烈的火自言自語地說著，以愉快的心情結束了為弟弟報仇的心事。就這樣，火燒起來，冒出來的煙火猛然上升，黑煙不僅籠罩大地，甚至連太陽都被濃煙遮蔽無法看見。

78 Iyaan ko saka, sowal sa tora, haen sa tora iray, lipalaw han to iray, ya ningargaran nira iray, mahekalalimalima.Ya sa nifariwan nira cecay kofo, iray, ra'ra sato i tira. Sa ko sowal no mato'asay. Hanaw ko sowal. Iyaan. ko saka, iyaan ko sakafo:law no Ciwidian haw. Yosanay kinian ta malo o lifol kirami, ira kiyo kapah ni hiya ira ni Rosa i tini patayra ta maholifol kirami, ira ko kapah ni Omaw i sawalian no Cirakayan ta manadifol kira mi, o kapah ni Fi'ik, hacera sari i:ni i Malenlen.

據說如此冷不防地受騙而身陷火海的人，無一倖免。被燒死的屍體散落在大約一公頃火燒得光禿禿的土地上。昔人是這麼講的。我就如此說。此事件發生之後，Ciwidian 社紛紛遷移往他處。同時別的部落也相繼遷移。Rosa 為首的部落及 Cirakayan 東邊以 Omaw 為首的部落，還有 Fi'ik 為首的部落等都搬到 Malenlen。[3]

79 Sakacingangan no Malenlen kira iray, haeminan no tamdaw haw. Hanaw ko sowal. Iyaan ko saka, i tira a mahicera hanaw kira i, ya tangasa i tira i Malicang i tira ko 'adawang tangasa i tini i hiya i Kaliyawan ka 'amis no Fakong tangasa i Kodic i tira ko niyaro'. O mama no kapah no Malenlen iray ci Tomong Cacing, o kapah iray ci Falaok Teneng, ci Idek Kalaheci, ira ci Dawah Teneng. Hanaw ko sowal tiraan sa, i tira haw ko sowal tiraan haw. Hae:n han ako ko sowal, nikasaan ako kinian.

因為 Ciwidian 人全部搬到這個地方來居住，故 Malenlen 有眾人集合

---

3 Malenlen 地點，傳說大概是位於東海岸 Fakong〔豐濱〕至 Kodic〔立德〕之間。

之意。該部落又有位於大門的 Malicang，北門的 Kaliyawan，南門的 Kodic、西門的 Fakong。大部落 Malenlen 的聯合青年領袖是 Tomong Cacing，青年幹部有 Falaw Teneng、Idek Kalaheci、Dawah Teneng。傳說就這樣說的，我照樣這麼講。

80 Iyaan ko saka, sowal sa tiraan iray, kapah no roma miheca kiraan iray, "Seraani ko Fafoy a tayraan i Cepo' haw," saan, ira ci Hopakan ko Taywan, ira sa o fafoy ko 'orongen no kapah no Fatavan. Tahira i salawit tiraan iray, "o:yay oyay" sato ko radiw no kapah no Fata'an a mi'orong to fafoy. Iyaan ko saka, tangasa i 'adawang no Malenlen ko kapah ni Falaw Teneng iray,

據說次年有一位漢人（Taywan）[4]，對馬太安社頭目 Hopak 說：「麻煩把我的豬運到 Cepo'〔大港口〕。」於是就命令青年們搬運。馬太安部落的青年們抬著豬走到東海岸，邊走邊唱：「喔呀～喔呀～」經過 Malenlen 部落的大門時，

81 ira, a cidoka' kira i, sadak kapah i, felot 'alawan to fafoy, sa ko Fata'an. Na sanay kinian haw. Iyaan ko saka, tahaloma' sa tora i paratoh kina cifafoyay a Taywan, "mati:ni 'arawan ko hiya iray, kami no kapah no Malenlen" hato "caay kiya kaen namo!" han to no cifafoyay a Taywan. Iyaan ko saka, sowal sato iray, "Caay hakiya! 'Alawan hakiya!" sato, iray, "Ano saan misera a matiya to fafoy kiraan iray, pihakelongi haw!" han to no tala'adaay no kaka holol iraan o Misakopangay, kaka holol han kiya misakopangay. Hanaw ko sowal.

Falaw Teneng 的青年突然出來將馬太安青年抬的豬隻搶了過去。青年們回到馬太安部落，報告漢人說：「我們運送的豬隻被 Malenlen 的

---

4 Taywan 係花蓮阿美族對臺灣光復以前來臺的漢人之稱呼，臺東阿美族則稱之 Payang。

青年搶走了！」「不！是你們自己吃光的！」漢人不相信他們的話。
他們說：「這是事實！眞的是被搶劫了！」又說：「若不相信，下次運
送豬隻時，請跟我們同行，查看事實眞相？」於是青年幹部的長輩
misakopangay 亦同意下次同行。

82 Iyaan ko saka, roma sato iray, "o:y tala'ada kamo a misera to
fafoy!" han ni Hopak. Sapalengaw ci Hopak. Hanaw ko
sowal. Dafak ira, mikakawa to, 'orong to to fafoy tolo ko fafoy
ni'orongan a tala Cepo'. Tahira i salawit iray, "o::yay oyay ira, ira:sa
a engoy tora na'onen to ha engoy. Ira matafala a maomah, hanaw
ko sowal. Ira, maopoh kamo a mikopir haw, ngavay kaeso' ko kafi."
Han ko 'olic no kapah a madiw.

終於運送豬隻的機會來了。「喔伊！你們去運送豬！」頭目 Hopak 下
命令。次日準備抬運的豬總共三隻。同樣送到大港口方面。走到途
中，他們邊走邊唱：「喔～嘿～我的乖孩子，你要吃得好！吃得好！
工作時可輕鬆！要多多吃地瓜葉！好讓我喝你的肉湯時，感到痛
快！」青年們吟唱的歌詞大概就是這樣。

83 Ira tangasa i tira i 'adawang kira ira, fohat tora ira, felot han
no kapah no hiya ira no Malenlen. "Hay ma!" sato kina
taywan. Iyaan ko saka, mafelec to "ira ano o mangah no niyam? no
kaenen namo saan? No ca 'arawi ko kapah no: ni: Idek kalaheci? ni
Faro o Teneng?! aci Idaw a Teneng?!" han to no kakaholol
sakopangay ira ko papikdan.

後來他們經過大門前的路上時，大門一打開，Malenlen 的人出來，
把馬太安青年抬運的豬隻搶走了。他們回到馬太安向漢人報告，「的
確如此。」漢人這才相信。有一次會議中，青年們說：「各位長輩，
大家都明白了吧，我們是清白的。爲了洗刷我們的冤枉，我們要向
Idek、Teneng、Idaw 的青年算帳！」青年幹部 sakopangay 組說。

84 Hanaw ako kiraan haw. Hanaw ako kiraan haw. Sa kako sa, matini sa sowal sato i tira ci Hopak, ira sa tora, "Folawaw ita kira na Malenlen!" han to niya Taywan." Ira, pakadawa saw to Fata'an?" sato. "O halotaywan kita." Han to niya cicafoyay. Sanay kira, no mafa na'ay to ngangan no Taywan tora cifafoyay haw kona ciira ko ngangan ko han ako. Caay ka matira ciira ko cifafoyay, caay ka saan ko mato'asay ira sa, patedoay aca ko sowal ano han i fangcal a matira? Nikasaan ako kinian haw, mafokil to ngangan noya cifa-foyay.

「我們把 Malenlen 部落趕走，挑戰他們！」漢人向 Hopak 說。「他們絕對打不贏馬太安部落！」又說：「我們漢人跟你們聯合起來攻打！」漢人如此鼓動馬太安部落。（真可惜，那位漢人，買賣豬的商人的名字叫什麼，我忘記了）。古人相傳這個故事的時候，都是這麼說的，不講那位買賣豬的商人名字。所以我也不能隨便給他起個名字。就是說，我不知道買賣豬的人叫什麼名字。

85 Iyaan ko saka, "Ano saan aca kamo tiraan iray, ira maoc aca kirami." han to ni Hopak kira sa, "O::y lomaoc kital!" sato. Iray, dafak sato iray, lenlen sato ko niyaro', "mimaan kita?" han to iray, "maoc kita" han to ni Hopak ko mipangaayay ci Hopakan. Hanaw ko sowal. Ira sa, sowal sa ira to ko finawlan malenlen to i tira i soraratan, halotaywan. Sanay kira. Hanaw ko sowal.

於是 Hopak 說：「那麼你們年輕人對此事在意的話，集合討論吧！」「喔伊！我們要集合！」次日才下號令。於是眾人熱鬧起來。「我們幹什麼？」「我們要開會！」有人問時，Hopak 就這麼回答。於是全體在集會所集合開會，包括漢人在內。

86 Iray, pa'afetan to, iray, palacoan to, iray, tiraen to i tira i Tanoman ko 'afet matomes ko pakilac no Taywan to laco. Hanaw ko sowal haw. Sanay sa sika, sowal sa tiraan, dafak sa tora i, ta lowad to a mifolaw. Hanaw ko sowal. Sakiniyarov sa tiraan i, ci Dawas Hecis kono Fata'an. Hanaw ko sowal. Iyaan ko saka, tahira sato i tira i, lima ko ma'edefay no 'adawang no Malenlen.

由漢人供給的子彈，火藥等全部裝滿葫蘆盒，就是各自準備槍枝武器等。次日，全體出動征伐。馬太安部落有位帶頭的勇士名叫 Dawas Hecis。來到了 Malenlen，大門關閉著。

87 Iyaan ko saka, fohat to sarakatay Awaay, fohat to sakatosa awaay, fohat to sakatolo iray, awaay, fohat sakasepat iray, "cima kiso?" sa ci Falong Teneng. "Kako sakiniyaro' no Fata'an!" han ni Dawas o Teneng ira mafokilay a papelo. Iyaan ko saka, "hawhay? ano ci Dawas Hecis kiso tiraan i, ira, kako sa kiraan, iray, ci Falong Teneng kako haw" han ni Teneng. Iyaan ko saka, sowal sato ko roma i, "kako ci Dawa Hecis haw, iray, kako ci Idek Kalahci" han to ni Licalalan.

於是他打開第一道門，沒有人；又打開第二、三門，還是沒有人；打開了第四門才有人出來說：「你是誰？」「我是馬太安的人。」Dawas Hecis 回答。其實這個人不太會講話。「哦！你叫 Dawas Hecis？我是 Falong Teneng。」就在自我介紹之後，二人打了起來。此外，又說：「我是 Dawa Hecis，我是 Idek Kalahci！」Licalalan 說。

88 Inian kinian sa, sowal sato iray, "cima kiso?" han to iray, "kako ira ci Falong Teneng" han to ni Falong. Iray, iraan sato iray, "kiso sa i matini kawas kiso sakiniyaro' iray, dipoten kako haw, hadime:len kako a midipot a kawas, iray, pafafoy kako iray, pa'ayam kako, iray, pahafay, papanay, pafonga, patali kako." sato. Iyaan ko saka, kakorawit sa to sadoy.

又問：「你是誰？」「我是 Falong Teneng。」馬太安的人向 kawas 祈禱：「祢是部落的神！求祢保佑我，保護我！如同你曾經惠賜我豬、雞、小米、稻米、芋藷等物品般，照樣保佑我！」禱告完了，二個人持盾牌（sadoy）打了起來。

89 Iyaan ko saka, makorawit ni Dawa Hecis ko sadoy ni Falong Teneng iray, safiaw ha ko sa ray, patelac, kakorawit kakorawit sato, makorawit ni Falong Teneng fek han iray, 'a'ed'ed sato to henatopi ci Dawa Hecis, ira sa, waw! sato ko Fata'an. Hanaw ako kiraan haw. Iyaan ko saka, masaay hakiya ko sakafolaw no Malenlen asa kamo, (caay ho kafolaw.) hatira kiraan. Iray, safaloco' sato ko peton i tira i Kiwit iray, masa ko i tiraay ci Nakaw 'Aliding aci Cawa' 'Aliding howa, i Kiwit

Dawa Hecis 鈎到 Falong Teneng 的盾牌後，很快地用槍刺他，可惜未打中，又打了很久，Dawa 被 Falong Teneng 鈎倒在地，同時用槍鏃刺死他，馬太安的人看情況不妙，喔地喊叫，就走了。也許你們想知道 Malenlen 遷移他處的原因。（不，這時尚未分散各地。）在奇美部落住有馬太安人 Nakaw 'Aliding 和 Cawa' 'Aliding 等人。那兒的親戚商議今後採取的措施。

90 Ci Foyan sato aci Lino' iray, rari,maomah to fidaw ko Fata'an. Iray, sowal sa iray, cecay awidan no hiya no na Foyan aci Odoy Kering ira ko ngangan sakiniyaro'. Hanaw ko sowal. "Ira kamo sato iray, o Kowang a maemin ko awiten ta haw!" sato ko sowal ni Lino' aci Foyan. Tahira i salawit kiraan iray, ira papelo sa ci Foyan, "Ra sa matira i, i tini kamo haw, iray, makiraa:n ko 'adawang han ako kiraan.

Foyan 和 Lino' 等前往馬太安，商討如何再攻打 Malenlen 部落。這時馬太安人忙著田裡工作。決定後由 Foyan 和 Odoy Kering 帶領一組出征。出發之前 Foyan 和 Odoy Kering 說：「這次我們全體使用的武器是火藥槍。」來到了攻打地點附近，Foyan 和 Odoy Kering 又召集全體訓話：「我先看看狀況如何？但不論怎麼樣不得由大門進去！

91 Iyaan ko saka, ano awa:ay ho kako aci Lino' iray, aka patedo a mikowang haw. Iray, ano tini ko Cidal ira, tiya kako ira, tiya kako a masadak a matiya. Ano misaliyoliyok a matini tira i hiya ray, i sa'owac ray, macekor to i matini kira 'adawang. Sa matini kako sa, ra sato ra ira, comod sato kako i 'Adawang iray, aka ho pikowang haw. Hanaw ko sowal." Han to ni hiya ni Lino' papelo. Iyaan ko saka, piyoc sato.

因此，我和 Lino' 未回來之前，不得隨便開槍。看到太陽差不多在那個位置時，我即將到來。我來到柵圍的出入口時，停留並四處轉一轉，觀察內外情況，我打開大門進去，你們稍後才開槍。」Lino' 這樣報告目前作戰策略。說完就走了。

92 Tahira i tira i etipay no soraratan a loma' ci Foyan aci Lino'. Hanaw ko sowal. Iray, "mimanay kamo?" han to, "miholol ay to salikaka. Ano adada ira ci mama, adada ci ina, adada ko peton, yosana:y kinian ha mama." Han to ni Foyan ko sowal, "ha" sato. Hatira kiraan.

Foyan 和 Lino' 來到集會所西邊的住家時，被問道：「你來了，有事嗎？」「沒有什麼，我們只是來探訪兄弟姊妹。看看伯父、伯母、兄弟姊妹們是否安康？」Foyan 這樣說。聽者高興極了，回應一聲：「哦！」

93 Iyaan. ko saka, "papina ko komod?" han to, "tatolo kami," ha to ni Idek Kalahci, "Oli takosen oli iray, nga'ay painian ako to sowal." Han to ni Foyan. Sa ko sowal haw. Hanaw ko sowal tiraan.

於是 Fayan 問：「你們這裡的幹部有幾位？」「我們共三個人」Idek Kalahci 回答。「請他們來，我有事跟大家商量。」Foyan 說。以前是這麼說的，所以我照樣這麼說。

94 Iyaan ko saka, sowal sato tiraan kira iray, ira to "mimanay kamo?" han to, "o matini:ay kami. Iya sato o Fata'an iray ira, maoc haw, lima a romi'ad, a maoc. Hanaw ko kiraan. Kami sa i matini iray, ira o Kiwit kami. Sakasaan niyam a tayni iray, pico'ola:w to to ciciw, ira to fafoy, ira to 'ayam, iray to hafay, to panay. Yosanay kinian sa, aca sowali: to ano han, felok sa matiya a mafolaw i, fangcal a matira? Ano talihafoen to yosanay kinian sa, inian kinian haw!" sato.

為此 Foyan 被問道：「你們來此有何貴幹？」Foyan 回答：「是這樣的，據說五天後，馬太安的人要來攻打你們這裡的部落。我們是奇美部落的人。所以我們建議，在馬太安的人尚未攻打之前，你們最好先殺光這些小豬、大豬、雞等，以及收拾你們的稻米等，以便準備安全逃難。為此，我們特地通報你們。就是說看在你們是鄰居部落份上，不忍到了那時，大家為逃難手忙腳亂的。」

95 Iya sa oy^oyan to ni Idek Kalaheci. Sanay kira sa, teka sa tayraan, "o maan ko oy^oyen?" sato, "mati:ni" han to ni Idek Kalaheci. Ira sa, "ho a i tini" sato, awaay to ko tatengilan a mitoktok to dodang to panay, awaay to ko tatengilan no lowi' no fafoy ato 'ayam. Hae:n han ako ko sowal. Iyaan ko saka, sowal sa tiraan iray, terep sato ko dodang ato lowi' no fafoy. Iray, sowal sa tiraan i, ira halafin to, "ira matini mama kira," sowal sato macakat to i salawit kira ko Fata'an.

於是，Idek Kalahci 通報部落的人。眾人問道：「什麼事？」「是這樣的……」Idek Kalahci 說。「哦！有這麼回事嗎？」部落的人為此忙於準備自家的工作。因此製造方臼的聲音，屠殺豬隻的慘叫聲，以及雞被宰殺的痛鳴等，到處不絕於耳。不久，也許家家都做好了方臼，豬、雞等的哀鳴也都停止了。然後有人來通報：「據說要攻打我們的馬太安隊伍已來到河岸那裡，準備進攻！

96 Ira o laco sato no Fata'an ira cecay Laloma'an, ira o 'afet sa tora i, cecay Laloma'an kira. Ira alatosatosa a Tanoman haw ko 'afet haw, sa ko sowal no tayranay i Fata'an. "Nikasaan ako kinian sa, kami sa tiraan iray, pakalimelimek sa kami. Inian kinian haw, sa kako sa sika, i matini sato kiraan i, kalahokan to kiraan i, hato i tira i tapang no salawit.

他們所攜帶的子彈及火藥是一箱一箱的那麼多。再說，每人最少攜帶二個葫蘆盒的火藥。」「你看馬太安的人終於來了，那麼我們先回家避難。據說他們還在河岸那裡集結，到達這裡的時候也許在中午。」

97 Sa kako sowalan ako i matini haw, i tira i salawit!" han to ni Lino'. Ira sa,fekac sato. Tahira i papotal no 'adawang iray, misaliyoliyok i tira a miricaric to pisipising, takelakelang, ira to a mikoskos to pising nga'ay kahengang saan. Ira, matira ko demak sa, halafin a misaliyoliyok ira piyoc sato. Tahira sato i soraratan ci Lino' iray, ira "macakat to! iray, cakat saheng. O toso sa tiraan iray, i saetipan no Tafalong, ira ko makateloc.

我再說：「他們現在在河岸那裡不要忘了。」Lino' 說完就走了。但 Lino' 到了大門外，轉一轉之後，把自己的臉部、胸部抓傷，讓紅紅的血流滲出，假裝跟敵人纏鬥過。不久後又轉一轉，跑回到集會所報告：「他們已經往這邊來了，分為二群隊伍。一群由西邊的 Tafalong 部落來。另一群的隊伍，

98 Hanaw ko pakayniay i tini hiya iray, i cawi' no Fafololay i, ira tada'aloman kiraan, awaay ma'araw ko talod, awa ma'araw ko kilang, tamdaw saan a memin." Han to ni Lino' ko sowal. Iyaan ko saka, "oli mama kaitoan to kamo tatosa." sato ira piyoc sato. Tahira i loma' iray, "kereng!" sato ko kowang. Ira o kalahokan. Ira sa satalo^to sato ko kowang no awid ni Foyan aci Lino', ceca:yay awidan. Ira sa ke:li' sato a itoan, away to ko cekot, caay ca ka lahok. Ira matira ko demak kiraan haw. Hanaw ko sowal takaraway a malakomod.

由 Fafololay 的山丘那裡趕過來。看來他們如似平野的草木，有一大群人。」Lino' 如此報告著假情報。「謝謝你們長老的情報。」他們說了，於是 Lino' 走了。到了外面預先安排好的 Lino' 的人碰地開槍。此時，正好中午，於是 Foyan 和 Lino' 的青年們這一隊繼續亂槍射擊，為使他們真的以為馬太安的隊伍來了。為此，Malenlen 部落沒有一人留下來，全部逃走，連午飯都沒吃。這一切都是高傲的領導人所造成的下場。

99 O sanay kinian, mafokilay a papelo Naosanay kinian sa iraan sato i nian kinian haw, hanaw ko sowal. Sato ko sowal ni Lino' aci Foyan. Hanaw ko sowal. Fata'an sato ray, maoma:h to, ira matira ko demak tiraan. Hae:n han ako ko sowal. Iyaan ko saka , "aka pakayni haw, pakayni kamo i pariyar, maki'awotaw no Fata'an kamo!" han to ni Foyan ira sa, pakayra i pariyar.

他不僅是個目中無人的高傲者，其實也無能力領導自己的居民，是個很笨的人物。Lino' 和 Foyan 後來就這樣地敘述著。另一方面，馬太安部落的人一直忙於自己的工作，根本不知道發生什麼事情。「你們不要從西方逃走，不然馬太安的人會趕上，先沿著海岸往南方走！」Foyan 說。

100 Ta, foting sato tiraan iray, pakayra to i Kiwit matira. Sacikomod sa tiraan iray, ci 'Afo Kona i tiraay a mahacera cecay a hiyanan iray, kaitira aca i hiya i Nafasayan, Cikidaan 'alomanay ko niyaro' sato. (A, ci Kacawan 'Afalong) sato. Ira sa, i tira ci Kacawan 'Afalong ko aro'. Ira matira ko demak haw. Hatira kiraan. Iyaan ko saka, sowal sa tora i, kalikodaan to ni Kacaw 'Afalong, ta cakat sa i tira i Pongodan, ta lipala to hatini o penen malipahak ci Kacaw 'Afalong kasa'opoan no niyaro' malikoda, ira sa raaketon ko penen haw.

於是邊走邊打魚順路來到奇美社。然後遷到 'Afo 所領導的部落叫
Nafasayan 那裡。（啊，不，Kacaw 'Afalong。）就是說他們暫時留
滯在 Kacaw 'Afalong 那裡。他們來到 Pongodan 時，[5] 正好是豐年祭，
Kacaw 'Afalong 熱烈歡迎他們到來。於是叫青年合力採用芒草建造
房屋，好讓這些外地來的人住下。

101　Ira matira ko demak tiraan. haw. Sa:an tiraan iray, sakatosa a miheca tiraan iray, colal sato ko Taywan, ira hacera saan loma' ni Kacaw 'Afalong. Hae:n han ako ko sowal. Iyaan ko saka, "mimaanay kiso?" han iray, "micakayay kako to olat, iray, to lokic." han to no Taywan. Matira ko demak. Sasowal sato toya Taywan iray, "saromi'ami'ad sa ko Fata'an a maoc. Falawaw ita kira na hiya ira no kapah ni Kacaw 'Afalong sa ko sowal no Fata'an." sato .

過了二年，有一位漢人來到 Kacaw 'Afalong 那裡。「你來看什麼？」
問。「我來採購山鹿的角和鞭。」漢人答。漢人又說道：「據說馬太安
的青年每天集合，準備來征伐你的部落。」

102　Iyaan ko saka, "cicora' kami to hiya haw, ira to cora' no tenga'an." sato, tira herek no ilisin, ira kasadakan no honahon no tilefo. Hanaw ko sowal. "Conek sato no Fata'an ira, sakalima iray, ano malifes matira i, talaomah kami a mifolaw. Iyosanay kinian, caay ka cai kami ka cicora' to cora' no tenga'an" sato tiro fohecalay wikol no tenga'an.

「他們出現時，頭上戴上雞羽毛。」漢人說。因為這個豐年祭期，原
野的芒草正出穗灑滿地。又說：「五天後，北風颳起時，出動征伐。
出發時，頭上務必佩戴雞羽毛。」漢人如此報告。所採用的羽毛是山
雞尾部的白色羽毛。

---

5 Pongodan 是指玉里東方，鐵份部落西邊，座落於秀姑巒溪中的小山丘。

103 Sanay kira,hanaw ko sowal haw. Sasisowa:l sato tiraan iray, matatodong aca to lima a romi'ad ko lifes. Hanaw ko sowal. Iyaan ko saka, nengan ko honahon a nanitiraay i salilis no Kalala i, sahaehaen sa matini, a matini sahaehaen sa ko honahon a misa'owi'owit a matini "inito ko Fata'an," sato fe:lot sato a mafolaw. Sanay kira. Mimaan ko Fata'an? maoma:h to. Hanaw ko sowal,

五天之後，如其所料，颳起了北風。由於風吹得很強，原野的芒草穗花不斷搖動，從遠地看來，好像人群走過來一般，草木皆兵。因此，他們認為馬太安的人果真攻來了。於是不分男女老幼，通通逃走了。這時候，馬太安一直忙著田裡工作，並不知道發生了這樣的事。

104 Iyaan ko saka, hacera sato kiraan ira, i Nafasayan, i Fanaw ca Tanawan haw ko hacera. Iya sa kiraan ira, matini sa kiraan ira, masolot ita kiraan matini i, ira, tolo ko dadaya. Iray, tini satora i, kaitira aca i tada niyaro' haw, a moko 'alomanay, sato. Ta, piyoc saan ko kapah ni Kacaw 'Aafalong, mahakelong ni Kacaw 'Afalong. Nikasaan ako kinian sa, hatira haw. Hatira kiraan.

這群逃走的人，又來到 Nafasayan，⁶ 還有 Fanaw，⁷ 池上的 Tanaw 那裡。Tanaw 只留他們住三個晚上。後來來到原住地，因為那個地方較大，可容納很多人。這時 Kacaw 'Afalong 也跟著來。

105 Iyaan ko saka, tangasa sato ray, i tira i Cinooman, (a i tira to i hiya i Piyuma.) Iyaan ko saka, sowa:l sato tiraan iray, tawos sato ci Kacaw 'Aafalong.
Hanaw ko sowal. Iyaan ko saka, iray, "mimanay kamo?" han to iray, "o matini:ay kami, folawen no Fata'an kami" sato. Iyaan ko saka, i, "cima ko kakitaan? " han iray,

---

6 Nafasayan 係指花蓮縣富里鄉東里村一帶。
7 Fanaw 臺東縣池上鄉。

"ira to" sato.

"Cima?" han iray,

"ci Calaw Mahiy, ci Apoy Mahiy" sato. Iraan sato Ci'awasan haw. Iray, ano caay ka ci'awasan i, cai ka picomod kamo;" han to ni Tanaw, sanay kira, ato safa nira o Komod, ci Ko'it.

後來更往南走，就來到 Piyuma（卑南族）部落那裡。Kacaw 'Afalong 進入那裡聯絡一下。到了那裡有人問道：

「你們來幹什麼？」

「我們是這樣的，因與馬太安部落作戰失敗而逃到這裡！」他們回答。

「你們的 kakitaan 是誰？」

「啊！」

「是誰？」

「是 Calaw Mahiy, Apoy Mahiy」他們回答。「好，告訴 kakitaan 要行血祭禮（ci'awasan）。[8] 若不做血祭禮，你們不得進入我領地！」頭目 Tanaw 及副頭目 Ko'it 說。

106 Hanaw ko sowal. Comoda!, tena' han to no Kapah ni Tanaw ira maherek a mifatek to sokin to mata ni hiya ni Apoy Mahiy, hanaw ko sowal. Kayat han to fek! Han to no kapah ni Tanaw. Iyasa, 'awas , 'awas, 'awas, 'awas han to ko tireng ni Apoy Mahiy. Hanaw ko sowal. Iyaan ko saka, sopet sato i tira i Niyaro' na Tanaw, hanaw ko sowal. Iraan kira haw, tiya misorot to to fasaw ira no kilomalo: ma' malosakalafi.

他們帶來少女 Apoy，Tanaw 的青年把她的眼睛用布巾蒙上後，帶到出入口大門那裡。然後 Tanaw 的青年將少女殺死放在地上。於是他們的人一個接著一個跨過死者，進入 Tanaw 的領地。經過了這跨過

---

8 ci'awasan（血祭禮，也稱跨過禮）。這是古代阿美族的傳統禮俗。即戰敗人群逃難到另一個部落時，必須犧牲具代表性的青年男女一位或一對，以爲代價，並且舉行跨過禮後，才能進入該土地。

禮之後大家才進入了 Tanaw 的部落內集合。後來 Tanaw 部落的人每一家拿出來剩食的飯供給他們做晚餐。

107 Iyaan ko saka, sowal sa tiraan iray, tolon sa ci Tanaw iray, "o fonga ray, soroten haw, o tali iray, soloten haw, malosakaranam, malosakalahok" han to. Iyaan ko saka, laoc sa to cila. Matira ko demak tiraan. (Mafaha kako kini howa, kina tireng kini howa.) Hanaw ko sowal. Iyaan ko saka, laoc sato tiraan iay, "tengili ko sowal ako haw, Kacaw 'Afalong iray, iya sa kiraan ira iya, a i tira a mihiya kamo haw a maomah kamo dadahal kinana a saliyoh i tira" han to ni Tanaw.

然後 Tanaw 吩咐說：「你們家家聽著！你們再拿出來蕃薯或芋頭供給來客，當作他們明天早餐和午餐！」次日，他們照樣地在會所集合。以上事情是這樣。（我又咳嗽了）。於是大家集合，Tanaw 說道：「Kacaw 'Afalong 你們聽著！你們要工作，種植食物的地方就是在那一邊！那裡可種田的地方很廣闊，去吧！」Tanaw 如此指定他們種田的地方。

108 (Maerec kako, mafaha kako, ma'erec kako.) Hanaw ko sowal. Iyaan ko saka, ira dafak sa tiraan iray, sanga'en ho ko takar haw, tatoloay ko fana'inay tolo ko takar. Sepatay ko fa'inay ray no loma' iray, sepaten ko takar namo maemin haw" han to ni Tanaw, Iyaan ko saka, sanga' toya romi'ad. Iyaan ko saka, felec tora iray, "maherek namo?" han to ni Tanaw patala a maoc tina romi'ad, iray, "hay, maherek to niyam" han to ni Kacaw 'Afalong.

（嗓子乾了，想咳嗽，我真的嗓子乾了。）Tanaw 說：「你們蓋房屋時，要配合若有三位男子要做三個床。若有四位男子要做四個床才對。大家就這麼做。」如此吩咐他們。為此，此日他們為建房屋而忙起來。Tanaw 來看他們說道：「你們做完了嗎？」「是的，我們做完了！」Kacaw 'Afalong 回答。

109 "Hay, haw ray, o waco namo kira i so'ot han ko waco namo haw, dakaw asa kamo hatinien ko takar, pakaynien i para'" han to ni Tanaw. "Hatira to?" han iray, "hatira to." sato. Iyaan ko saka, sowa:l sato talaomah to miso'ot to waco, o waco naira. "Iray, tahira kamo tiraan iray, madakaw kamo tiraan iray, a emin a patori kadakaw to i tini i takar, han haw!" han ni Tanaw ci Kacaw 'Afalong. Dafak sato tiraan iray, tolo a li'an kira fafoy.

你們的狗要拴好。再坐在建好的床台上，它的高度，大約要人的臀部那麼高。」Tanaw 說。他們回答說：「我們照辦！」於是來到山上時把自己的狗綁起來。「你們去那裡時，一定要從設置的床台上走過去！」Tanaw 命令 Kacaw 'Afalong。次日他們捕獲的山豬共有三百隻。

110 Mi'adop sa ko kapah ni Tanaw, matelep ko waco, 'adop sa tora malafelalaway ko waco. Iyaan ko saka, haw lata'en to no kapah ni Kacaw 'Afalong a matini kina fafoy to tolo a li'an, malecad sa a mapatay. Iya sa kiraan iray, patayraan to i tira i soraratan iray, sa'opoen to i tira. Hatira kiraan. Dafak sato iray, maoc to, komaen tina titi, misakilac tiyna titi noa fafoy, hanaw ko sowal.

於是 Tanaw 的青年去打獵時，他們的獵狗掉落泥沼，沈沒淹死了。後來這些淹死的狗變成 Felalaw 的昆蟲。同時被殺死的三百頭山豬，由 Kacaw 'Afalong 的青年來處理。於是把那些山豬集中運到會所那裡。次日大家集合在會所時把全部的豬肉都分給大家吃。

111 Iyaan ko saka, cila sato maparic ko laoc. Ra sa toraan ira, "awaay to ko 'osaw?" han to, "awaay to" sato tiraan sa raan sato iray, "inian a kapah no niyaro' patayni i tira iray, alaen namo haw, farafari a matini iray, 'afalangen a matini 'afalangen a matini, 'afalangen a matini nga'ay do^doen namo a pasinik." sa ko sowal ni Tanaw sanay kira. Iyaan ko saka cele:k sato. Iyaan ko saka, o fonga sa tiraan iray, alatolotolo a fodata. Ya 'alomanay iray, alasepat a fodata. Iyaan ko saka, o kaen naira. Sa ko sowal haw.

次日，又集合問道：「沒有剩餘的豬肉嗎？」「沒有！」回答。Tanaw
又吩咐部落的青年道：「這些東西，你們每一位分別拿去種植吧！」
爲此他們忙於工作。分給他們的甘藷，每家得三個籐筐（fodata）的
容量。人比較多的家庭可得四個籐筐的食物。

112 Iray, ya sato iraan iray, sakamo^tep a romi'ad, "oli kapah
hidipen to!" sato, hidip han to ira, i masa'iti'itic to ta cofay
sato. Iray, sowal sa tiraan iray, "ira, a macowa? a ira to kamo?" han
to ni Tanaw, "hay mama!" sato ko kapah ni Tanaw. Sowal sa tora i,
falat han naira ko hiya i, pasinik pasinik han naira sanay kira. Iyaan
ko saka, "masa'iti'itic to." sato.

大約過了十日之後，又來命令說：「你們又去看看情況如何？」他們
看了到處都已發芽，爲此就回來報告。「你們回來了，情況如何？」
Tanaw 問。「對！四處都正發芽著！」Tanaw 的青年回答說。於是他
們對那些幼苗進行適度距離的移植疏播。說：「明日集合！」「喔，我
們要集合！」喊叫。

113 Ira ra sa toraan iray, "lomaoc to ano cila" sato, "o::y
lomawoc kita!" sato oy^oyan ni Tanaw. Sakasaan tiraan
iray. Iray, sowal sato ci Tanaw iray, "aka ca ka i tira a maomah haw.
Hatomaan kamo a maomah to lotok no hinaliti' ato talod" sato ko
sapaimni ni Tanaw. Iray, raan sato iray, tolo a laya' kina malenlenay
a nanom.

Tanaw 向他們說道：「看來我不忍心你們在有雜草及芒草的荒野工
作，種植食物。」Tanaw 又叫他們遷移到別處以便耕種。但卻是沼
澤地帶，最深的泥水約有三尋之深，又被 sadowasi' 草遮蓋著，看不
到很危險。原來這是 Tanaw 的詭計，他說道：「這些無宿之徒，我不
管那麼多！」此人心裡是如何地狠毒。

114 Iray, sadipot han to no sadowasi' iray sa, "nga'ay simaan ko wawa no mafolaway yo," sa ci Tanaw. Iray, raan sato iray, tolo a laya' kina malenlenay a nanom. "Nga'ay mapatay i tira, morecep i tira i nanom" sa sato ko sowal ni Tanaw, ira saka, raan sato ray, "rahan na lotok iray, malakiloma' no kangic kiraan. Mamalasikaenn kira na kangic" sato kina nipisafaloco' ni Tanaw.

又說道：「看看他們沉沒泥中，自生自滅！」又說道：「他們若不陷入泥中死亡，也可能成為 Kangic（神話中的大蛇）的食物。」但，後來沒料到他們無事安詳地生活著。Tanaw 的詭計沒有成功。

115 Ira sa, "kaitira aca a maomah haw, nga'ay podpo:d podpod han namo ko maloda'eci nga'ay ranikay to," han ni Tanaw. Ira sa malinah aca. Hanaw ko sowal. Iray, hilam han ray, ngicingen naira to 'arikowad no kilang. Maherek a mihaen pacelak han naira to Talod. Ira sa caay to ka talaselot kina kapah ni Kacaw 'afalong. Hanaw ko sowal.

於是 Tanaw 又命他們移動到別的地方說道：「你們還是再移動到那裡去吧！那裡滿地都是 da'eci（箭筍），你們可自由採取為食！」我如此說。其實這個地方到處有無底泥土，是很危險的地方。幸好Kacaw 'Afalong 的青年們很聰明，把樹枝及芒草等砍取來後，堆積在泥土中舖路，大家才安然渡過，沒有人掉到泥中沉沒滅頂。

116 Ira sa, sakatolo a romi'ad. "Oli kapah hokhoki, ano ma'alolay to, mahiya i sota" sato ko sowal ni Tanaw, ira sa, tahira han to ray, micofay aca, "Iraan sato o mama, iray, pacelakan nira to kilang ato papah no talod. Ira sa, cayay aca, mafana' aca kira na kapah ni Kacaw 'Afalong" sato ko sowa:l no kapah ni Tanaw. Ira sa, "fangcal to!" han ni Tanaw ko kapah, ira sa, ca;sa ka 'eraci. Sakalima a romi'ad iray, "oli kapah! ira ano mamero to no kangic?"

第三天Tanaw派去青年說道：「去吧！探視他們是否淹死在泥水中？」

「長老！他們把樹木及芒草等舖路在泥土中，平安的渡過那裡，沒人死亡。這樣，Kacaw 'Afalong 的青年很聰明。」青年們回來報告。「也好！」Tanaw 說。之後暫時不理他們。

117 Sakalima a romi'ad iray, "oli kapah! ira ano mamero to no kangic?" sato ko sowal ira sa, hilam han to ray, cai: meroen no kangic, awaay kina kangic. Iray, raan sato iray, "masa'iti'itic tora i, maemin ko romaroma iray, o lalangasen to ko kilang a misalotok" sato ko paini no kapah ni Kacaw 'Afalong ci Tanawan. "Matira ko demak, maemin to ko hiya kapah ni Kacaw 'Afalong , mapasinik to ray, tada o salotoken to ko niniyaan nira to kilang, sato ko sowal mana" han to no kapah ni Tanaw a paratoh.

經過了五天，Tanaw 又命青年說道：「你們再去看看他們是否已經被 Kangic（大蛇）吃光了？」其實沒有一位被大蛇傷害的人。根本沒有所謂的 Kangic 在那裡出現。於是青年們回來報告說道：「他們平安無事！現在已進入了砍伐樹木，開始耕地工作！」「就是說，Kacaw 'Afalong 的青年們已開始種植各種的作物。如同平日一樣正式地耕地工作。長老！他們的狀況就是這樣！」Tanaw 的青年如此詳細報告。

118 Hanaw ko sowal haw. hatira kiraan. Sa, "ira? hilaman kira sera i, tadama:an a sera kiraan i, ira, nga'ay o pala to no kapah haw, hanaw ko sowal." han to ni Tanaw. Ira sa, raan sato iray, "ano dafak haw ray, pakafelec han no mita haw" sato. Ira sa, so'elinay, patalaan no mita a maoc no kapah no finawlan. Ira sa, patala han to na Tanaw aci Ko'ic. Iyaan ko saka, halafin tora i, ira to to kalahokan kina ca Kacaw 'Afalong, o finawlan ni Kacaw 'Afalong. Hanaw ko sowal.

不久後 Tanaw 又叫他們移動他處去，說道：「據說，這次我要你們去的地方，比以前你們去過的土地還要更好。我想那個地方可為你們青年們使用！」「為此，明天我們再集會商量！」於是青年們集合等待。

Tanaw 和 Ko'ic 親自參加集會。不久後，中午時，Kacaw 'Afalong 和
眾人來了。

120 Iyaan ko saka, herek no lahok iray, "ira, ini ko sowal ako ha
Kacaw" han to ni Tanaw. "Sakasaan ako tiraan iray, ano
hacowa kacihecian kira no hiya no fonga? saan ko faloco' i matini
iray, ira sato iray, aka eca ka i tira kaitira ira:wan a dahtalay haw.
Hay, tahira kamo ray, pasinik sa kamo to fonga ato tali.

吃飽飯後：「Kacaw 我有事給你講！」Tanaw 說。「我想，看來你們
現在所耕種的那些甘藷什麼時候可以收成，恐怕還要等很久時間。所
以，不如放棄它，你們再移動到那一邊的平原比去較理想。因爲這個
新的地方土地肥沃，一邊種植芋頭，一邊種植甘藷很快就有收成。

121 Hanaw ko, cecay a ngangaganan ko fonga, cecay a
ngagaganan ko tali,nga'ay a i tira aca kiso, kamo o kapah
to. Nga'ay patihi han no kapah haw, mi'orong to fodata, mi'orong to
tali. Iray, inian san kasasorotan i matini to fonga i matini ira,
alamo^tep to fonga to fodata matini i, ira 'alomanay ira, tosa polo'
ko fodata. Hanaw ko sowal. Matatodong ko nika ciheci noya haw, ira
sa tora iray, sa'atod sa'atod han a komaen. Matini sato iray, awaay to
ko kakaenen sa, tira: sato kamo haw. Maedeng sakacihci no fonga
iray, sakirahkad namo.

你們耕種還未收成之前，我們這裡的青年幫助你們，供應芋頭，暫時
當你們的糧食。這裡有我們徵收的甘藷供應你們，暫時分配每家十個
筐子，家人多的可拿二十個筐子。這麼有限的糧食，你們各家自行設
法（料理），能夠維持到你們的種植有收成爲止。所以希望你們在那
裡，耐心等待你們自己耕種的甘藷收成。

122 Iyaan sato kinian o felac matini to Alamo^tep a pa^pa iray,
pacamol pame rak han namo to niya haw to 'atoc kinian o

hafay." Han to ni Tanaw ko nika paini. Iray, "Ano Matira ano sanay a Tanaw i, kapah to. saan ko faloco' matini; Matiranay haw." Haen han to ni Kacaw 'Afalong. Hanaw ko sowal haw. Iyaan ko saka, dafak sa tora ira, matapakad to ko kapah ni Tanaw mi'orong to fonga, mi'orong to fodata, mi'orong to tali.

如今，給你們加發白米，每家分得十個杓子。你們煮甘藷（'atoc）的時候，把它混合少許，煮熟一定口味不錯！」Tanaw 這樣吩咐得很久時間。「你，Tanaw 長老，如此關心我們，我們只好聽命！」Kacaw 'Afalong 回答。於是次日 Tanaw 的青年全體出動搬運那些甘藷，芋頭等糧食。

123 Ira matira ko demak ira sa, toan to. Sowal sa tora i, cecay ko dadaya iray, dafak tora i, i toan to caira, mafoti' i fatad no lotok. Hanaw ko sowal haw. Iyaan saka, tahira sato ray, cakalahecidan, iray, ra sato tangsol sato malangangangangan a mipasinik to fonga to tali. Iyaan ko saka, ra sa tora iray, "ngangan han namo haw, ano alatolo kamo a ci ngangan.

他們的人也全體動身了。他們在半路過一夜，之後才到達指定的地方。到達指定地之後，立刻各自劃分種植甘藷及芋頭的園地。

124 hanaw ko sowal" han to no kapah ni Tanaw. Ira, "kami sato iray, mafelec to kami," han to no kapah ni Tanaw, ira sa mafelec to caira. Tahira sato i loma' kira iray, tahacerem to ko kapah ni Tanaw, marawis howa. Hanaw ko sowal sa, ko sowal no mato'asay haw. Hanaw ko kiraan. Iyaan ko saka, i, o sapalenga:w to ko mitengilay to matiranay, ci Hopak to , nano sowal ni Tanaw. Ira matira ko demak sanay, tayni i Fata'an a miholol.

「你們劃分土地的時候，也可分得二、三塊地皮，沒關係！」Tanaw 的青年說。「那麼我們到此為止，回家了，再見！」於是他們就回去了。因為路程很長，Tanaw 的青年到達家裡時，已經天黑了。我這

麼說是依照傳說的話。這個傳說故事是由 Tanaw 傳給頭目 Hopak 聽
的故事。那是有一天 Tanaw 來馬太安部落拜訪時所講的話。

125 Ira sa, iraan sakafana' ni Hopak, hanaw ko sowal. Iyaan ko
saka, sowa:l sato ray, (i toan to ko hay) foti', "mamang ko
kaen kira howa to fonga" sato ko sowal ni Tanaw. "A mimaan ko
mafolaway yo! ano fangcal a malakomod kiraan ira fo:law saca?
Sanay kiraan. Matira ko demak haw," sato ko paini ni Tanaw to
kapah no niyaro' nira. Hanaw ko sowal. Ira sa, ste:r sato.

Hopak 是這樣聽到這個傳說故事。不知過了什麼時候（派人去查看
情況），「他們一定吃膩了甘藷。」Tanaw 自言自語。「這就是流浪徒
應得的後果吧！當時，若他們的 Malakemoday（頭目）不那麼糊塗，
不會有今天的結局！哀呼⋯⋯」Tanaw 向青年們述說。從此無任何
動靜。

126 Iray, tahira i canglah iray, i! ci'acefel aca i tira na
nikaomahan naira kira a lotok. "I! ci'acefel aca?" sato ko
kapah, "hani aca ano iyaan to!" sato, ira sa, dipdip han to no kapan
ni Tanaw. Ira sa, raan sato iray, mafelec kini o midipdipay iray,
"mati:ni mama oyaan to taloma'!" han to ni yano midipdipay a
kapah. "Awalari! Ano dafak kira iray, takosen a patayni haw!" han
to. Iyaan ko saka laoc sato a patala. Iray, mangata ko pisakalahokan
iray, kalanangan ko cidal iray, menad sato mihakelong toya.
mitakosay kapah ni Tanaw. Hanaw ko sowal haw.

不知過了多少年之後的夏天，有一天從他們住的地方山中突然冒出煙
火。「咦？怎麼會冒煙？」青年們說。「是不是他們還在那裡？」於是
Tanaw 的青年們去看看。「長老！是的，他們又回來那裡住下！」去
看的青年向 Tanaw 回報。「好極了。明天請他們來這裡！」Tanaw 命
青年聯絡，同時這裡的人全體集合等待他們來。將近中午，炎熱太陽
當頭時，在聯絡員的帶領下他們到來。

127 Iyaan ko saka, ira to iray, "honiaw to maherek malahok, olili kapah. Iray, ano masolosolot no mita kiraan iray, caay to ka lahok kiraan," sato. Ira sa, herek no lahok iray, "ini to ha Kacaw 'Afalong haw? no minokay aca kamo?" han iray. "Iya: to ko nipalomaan to fonga, o tali sato iray, hato tangi:la no 'edo ko papah no tali,ira sa, pacacofayaw aca sa kami. Iya sa, i tira sa kita sa kami." Sato ko sowal ni Kacaw 'Afalong.

「青年們，先來吃飯！招待客人之後，再集合交談吧！」Tanaw 說。吃完午飯，Tanaw 又說：「Kacaw 'Afalong？你們為什麼又回來這裡呢？」Kacaw 'Afalong 回答：「我們在別處的生活不如這裡那麼好。因為我們在這裡的時候，我們耕種的甘藷及芋頭都是長得很理想。但是在那兒種的甘藷及芋頭葉子，就像老鼠的耳朵那麼大，長得很不好。為此，我們再回來這裡。從此不想再離開這個地方。」

128 Iray, "i matini sa, no hatini to kamo?" han to iray, "tini sato kami haw," sato ko sowal. Iraan san toraan, malaiwatan to kira ko pela' ni Kacaw 'Afalong. Hanaw ko sowal. Iyaan ko saka, "haw hay, iray, kamo sa matini, aka to ka folod. haw, lacidecide:k han namo i tini i hiya i sawali i cikaw no pariyar. Hanaw ako kiraan.

「你們想怎麼樣？」Tanaw 問。「剛才說過，我們想住在這裡！」對方回答。據說當時 Kacaw 'Afalong 部份家族已同化於 Iwatan（布農族）。「我要跟你們講，從此以後，你們最好不要再集體行動，該各自分散到各個地方最為理想，例如有的可往東部海岸方面發展。

129 Ira ano mafolod kamo matini kinian i niyaro' iray, o maan ko kaenen? matini i, masolep to ko kapah matini, honi o sakalahok ita? saan ko faloco' matiraay kira." Han to ni Tanaw ko sowal. "Nga'ay makamo^tep to kamo midefong to kasaniyaroaro'" han to ni Tanaw. Ira sa, ra sato iray, alato:sa to a pa^pa. Ya 'alomanay iray, sepat a pa^pa. Iyaan o caay ka papina iray, ala to:sa to a pa^pa, malosakalafi namo haw, malosakaranam namo, malosakalahok namo a malacidecidek a matiya. Ka to ka folod!"

若要維持部落性的集體行動，恐怕很困難，例如，糧食供給問題就有很大麻煩。你們看！青年們各個不都是疲倦無力嗎？先吃午飯再說吧！」Tanaw 說。「你們最好分組或頂多一組以十名爲限，分散加入各部落去。如此，比較方便。」Tanaw 說。「所以我說你們一定得分開來行動才好。現在分給糧食，各得二個杓子，人多的可得四個杓子。人少的也得二個杓子。這些糧食僅提供你們前往各地旅途中的午飯、早飯、晚飯用而已。」Tanaw 說。

130 Haen han to ni Kacaw 'Afalong ira sa, piyoc sato. Iyaan ko saka, aynian to i cikaw no pariyar. Sowal sa iraan iray, makatimol o Torik, iray, ka'amis sa tora i, o Mararo'ong. Tala'amis sa tiraan iray, iraan o Cieli'ay iray, ta 'amis sa tora i, o Kinanoka. Ta'amis sa tora i, o niyaro' no Pakara'ac, ta'amis sa iriy o Morenos, ta'amis sato i, Kakacawan. Ira ta'mis sato iray, raan o Ciokangan. Ta'amis sato o Cawi' hatira.

Kacaw 'Afalong 的人領到了這些糧食後，各自動身離去。他們大部份行走的方向是往東部的海岸地帶。從南端的 Torik〔都歷：信義〕起到 Mararo'ong〔美山〕部落那裡。又繼續往北方走去到 Cieli'ay，接著一直到 Kinanoka〔寧埔村基那鹿角〕部落。又往北走到 Pakara'ac〔南竹湖〕、Morenos、Kakacawan〔長濱〕。又繼續往北方的 Ciokangan〔長光〕、Cawi'〔靜埔〕等地。

131 Pakayra to ko kalacidecidek haw. Hanaw ko sowal i matini. Iyaan ko saka matiranay kira. Iraan ko saka, ro:ma sato a sakaenem a miheca, tadamaan to ko fonga, tadamaan to ko hafay no nikalacidecidek na Kacaw' Afalong ira to ko kakaenen.Ya sa a kapah tiya pakayraay i Palimeleng i, ira palafangaw ho kita saan. Iya sa, cairaan sato ray, tosa a polo' kira ko palafangay i tira i papela', niya pakayraay i Cepo' no Palimeleng. Hanaw ko sowal.

就這樣地分散到各部落。後來，約第六年之後，各部落的莊稼不錯，尤其是甘藷等大豐收。加入各部落生活的 Kacaw 'Afalong 的人，同樣地，有了飯吃，生活也安定了。而且分離向 Palimeleng〔玉里南邊的清水溪一帶〕發展的一群人想組成二十人的訪問團，訪問分住在大港口一帶的族人。

132 Iray, tahira sato iray, sakari:hkih sato, "Omaan ko matiniay a onihan? sato safohcal sa kino o da'eci ato talod?" sato ko sowal no palafangay. Sa cikakeridan sa tora iray, o roma to a Kacawan o wawa to ni Kacaw ko kakeridan, mapatay to kiya ci Kacaw 'Afalong. Hanaw ko sowal haw. Iyaan, ko saka, "o maan a onihan ko matiniay? Ira, palafangaw ho nasa, awaay ko pinang no lalan kini?" sato.

到了那裡時，沒看到人影，但到處聽到像似人的講話吱吱喳喳地聲音。訪問人看了路邊的草木等，自言自語道：「奇怪？那裡有這種 onih（毛毛蟲）把竹筍和草木的葉子吃得光光？」當時的訪問團團長是第二世的 Kacaw，老 Kacaw 'Afalong 已去世了。「這到底是怎樣的 onih 呢？我們要作客怎麼沒人迎接？看來都是 onih？」他們說。

133 Ira sa, tangic sato, "i?! no matini kamo malaonih kamo?" han to ni Kacaw, "awaay ko kakaenen niyam sa, malaririk kami." sato. Iyaan ko saka, naw malaririk kamo? han to, "cima ko komod" han to nira iray, "ci Ararining iray, ci Marinih ko tihi." sato ko sowal. "I cowa i matini?" han, "i ti:raw ko loma' i faled," sato. Tahira sato iray, "Arariring Aarariring" han to ni Kacaw, "o:y?" saan, i? iraan sato tiraan iray, awaay ko loma' "Araririk?" han, "o:y" saan, hilam han iray, i tira i kasadihif no fokeloh.

有的 onih 哭起來了。「喂！你們是人嗎？或是什麼樣的東西？」有人詢問。「是啊！我們是人呀！餓死後變成蚱蜢（ririk）！」他們回答。

問：「你們怎麼變成蚱蜢？你們的頭目是誰？」他們回答：「我們的頭
目叫 Arariring、副頭目叫 Marinih」、「現在在那裡？」又問，「住在
那一邊的上段，就是了。」回答。「Arariring! Arariring!」Kacaw 呼
叫著。「喂！」有回答。怪哉！有聲音怎麼沒看到房屋呢？於是再叫：
「Arariring!」「哦！」原來他住在岸石的洞穴內。

134 Matira ko demak kira. hanaw ko tiraan haw. "Cima ko tihi
iso? a o maan kiso?" han to ni Kacaw tora i, ira,
"o kakisowal kako." saan ci Arariring.
"Cima ko tihi iso?" han iray,
"ci Marinih!" sato. Ira sa,
"ha, malakomod kamo?" han tora,
"hay, malakomod kami" sato. Iyaan ko saka, "Awa' ha ira, tini sato
iray, aka kae:pod ha Ararinig haw aci Marinih. Iray, kamo sato iray,
o talod ko kamo, iray, o semot ko kamo, (o kilang) o papah no kilang
ko no namo a kaenen!" sato ko sowal ni Kacaw.

「你是夥伴是誰？你是誰？」Kacaw 問。

「我是這裡的青年幹部之一（Kakisowal）」Arariring 回答。

「你的伙伴呢？」問。

「Marinih！」答。

「那麼你們是這裡的頭目嗎？」

「是的！我們算是頭目！」回答。「我告訴你，從此以後你 Arariring
和 Marinih 二人不要離開這個地方，不要下來來到我那裡去！因為你
們要吃的食物是芒草、雜草、樹木的葉子等等很多。」Kacaw 說。

135 "Ira sa, aka pala:fang haw! Niyam san tiraan i, o faliyasan
ko kaenen niyam,o edid ko kaenen niyam, iray, 'adipong ko
kaenen niyam, o poroh ko kaenen niyam." ira matira sato ko paini ni
Kacaw. "O panay, o hafay, ira ko kaenen niyam matiraay, aka
kaepod, kamo haw."

「所以你們不要想旅遊到我們那裡！因為吃的糧食與你們不同，高粱、edid（麥子）、'adipong（稻米之一）等，都是你們不能吃的食物。」Kacaw 說。「再說，我們的人吃的食物是稻米（panay）及小米，你們不能吃，你們去那裡只會餓死。所以你們絕對不要下來到我們那裡。」

136 Hanaw ko kiraan sa, ra sa kiraan iray, sato ko sowal ni Kacaw. Hanaw ko sowal. Iyaan ko saka, sowa:l sato iray, ro:ma, ano.siwa kako a polo' ko mihecaan iray, ira sa, maepod ko ririk, mamang ho ko ina no niyam. Ira teli sato ko mama na ina nira ni Foting mama iray, sapalengaw iray, "aka kamaen to ririk, ko tamdaw!" sato ko sowal no sapalengaw, Foting mama. Ira sa, ca sa kamaen to ririk haw no mato'assy caira. Hae:n hanaw ko sowal.

Kacaw 如此再三、再四的告訴他們。從此又不知過了多少年，也許九、十年的歲月？那時，我的母親還在幼童的時候了。就是說，我母親的父親 Foting，他擔任 sapalengaw 時，曾說道：「孩子們不要吃蚱蜢，那是由人變成的小蟲！」Foting mama 是這麼說的。為此，昔人不能吃它們的肉！

137 Iyaan ko saka, iray, sowal sato ko no niyam a kamamang, kako makatimol ko niyam a sapanayan, tolotolo ko efer mato efer no Fadadayaw i, sa'aloma:n sato. Ira, misapanay kami, kako ci kaka ako ci 'Ida, ira ci kaka ako ci Lafin, ci kaka ako ci Parong, ci kaka ako ci 'Olam. Ira, matira ko demak i, matira kami a malekakakaka misapanay. Iray, iraan sato mi'odacay iray, ci ina ako ci Dakoc, iray, ci Malay peton ni ina ako, iray, ci Hafar, iray, ci Taray wawa ni ina ako, iray, ci Awa,iray, hatira ko mi'odacay to natalian.

記得我幼年的時候，跟大人去水田看大人割稻。我家的田地最南的地方，此時首次看如似 fadadayaw（蜻蜓），飛來飛去，原來僅只三、四隻的小蟲，不久後越來越多，實在數不盡。當時參加割稻的人 'Ida、Lafin、Porong、'Olam。這些參加割稻的人都是我的哥哥及姊姊們。另外，在芋頭園裡工作的人是我的母親 Dakoc，我母親的姊（妹）Malay，她的孩子 Taway 及 Awa 等。

138 Iyaan ko saka, do^doe:n niya a misapanay. Hatira kiranan sa, ma^pod i tira i tangtang misapanay iray, ira sapeti' han ako iray, pakafana' han to ako iray, "O maan ko matiniay sa ina, ci ko fafo:kod kini?" han to kiya no mako a ina. "Aya o ririk kini, maan hato?;komaen to to hafay" sato. Iyaan ko saka, so'elinay, hilam han to iray, sato'e:man sato a maefer nani timol.

她們彼此配合割稻工作的人。就在這個時候，不知從何處來的一群、一群的蚱蜢下來吃掉稻葉，我一人打死也來不及，即跑過去告訴我的母親：「媽媽，這是什麼東西呢？也不是 fafokod？」母親一看便說：「哎呀！糟了！那是蚱蜢會吃掉小米的！」母親很恐慌的告訴我。於是不久後一陣一陣地從南方飛過來如似黑雲一樣，一眨眼之間稻田變成蚱蜢之海。

139 Ira toko sato iray, i:raw i hiya i Dikapi'an, ira sa, tatiih fahfah sato a yana ririk. Iray, kako sa tiraan i, ala sato kako solsol han ako. Iray, "no miala hani?" saan kahot han ako i tira i lalan. Ira sa,matira sato o finawlan iray, raricafer a emin to ririk. Iyaan ko saka, tahaloma' todoh han tora i, kaeso'. Matira kira sa, so'elinay, iray, o siwayan ko hafay. Iray, saromi'ami'ad. sato kami a mimapapela' to kami a midawa.

據說又飛到 Dikapi'an 那裡，小米損害的一樣嚴重。記得當時雖然大人說：「不許捕捉！」禁止捕捉，但因小孩不管大人怎麼說，我還是一串一串地捕回家。回家途中，看到大家也在路邊的蚱蜢捕捉得多了。回到家了，把它烘烤後，吃起來實在好吃。然後，因為還有部份未收割小米，我們家人白天輪番看守，防止蚱蜢下前突襲加害小米。部落的人都一樣，家家還有未完成收割的小米，所以都這個做。

140 O finawlan sato iray, o cisapananayay iray, mapapela', ano tatosa ko midawaay. Ira, o lalaya'en ko penen a mitiwatiw. Iray, maefer iray, naikoran iray, maepod. A:wa sato ko niya sato'eman saan. Sa kiraan. Iyaan ko saka, awaay to ko papah no hafay ato kaladi. Matira ko demak kiraan naw. Hanaw ako ko sowal. Iyaan ko saka, roma miheca kira ira, yana kokepaay i tira i karici'an iray, ira mati:ya sa o lalonah a mihaen a misatakod a matini a matini.

白天的工作是把約長度六台尺左右的蘆葦不斷地揮一揮，阻止它們，但這樣做沒用，它們還是下來吃。除非到了夜間，也不知它們飛到那裡去？也許它們已吃光了小米和稻米的葉子就走了？到了翌年出現了更多的 kokepaay（蚱蜢之類），散落地面，如螞蟻般多。

141 Ira sa, "kamo sato o kita o finawlan iray, mikengkeng kita mipatay to kepa." sato, kengkeng han iray, matomes ko pakayni i para' ko kengkeng. Iray, patayen a mipi^pi iray, matiya: to. Iray, maepod i tira i Naodo'an iray pakopa pawawa. Iray poledeten no para' no ririk, i laloma' no sera ko wawa. Matira ko demak. Iray, ya sato no nihaenan iray, caay ka efer to ko niya, caay ka niya. Hatira, matira ko demak tiraan haw. Dado^do^do sa kiya o efer no kepa.

「全體居民動員起來，緊急挖溝！」有號令宣佈。於是居民們合力地挖溝，再把 kokepaay 抓起埋入。溝道大約到人臀部那麼深。就這樣將它們放入溝道壓住消滅。在 Naodo'an 地方，蚱蜢把其屁股插入土中產卵孕育幼蚱蜢。就這樣，地裡的蟲卵很快變成幼蟲並到處飛舞著。

142 Tefo sa ray, i:ra kopa, pakopa i tira, maefer to kiya i tiraay i nafodo'an. Hatira, matira ko demak tiraan haw. Dado^do^do sa kiya o efer no kepa. Tefo sa ray, i:ra kopa, pakopa i tira, maefer to kiya i tiraay i nafodo'an. Iray, nani tira i, maepod to i tira i koyo sawalian no niyaro', pakapa i tira. Sa:an iray, maepod i tira i sawalian no niyaro' no Fata'an, pakopa i tira. Ira sa, Iyaan sato tolo a miheca a (ira ko ririk) a cikahiya ko ririk.

這些幼蟲長成蚱蜢時，又成群結隊飛到 Nafodo'an 那裡停留。停留不久，又很快地產卵成幼蟲，成群飛到東部落 Koyo 那裡。然後再飛到馬太安的東邊那裡停留產卵，很快地又變成蚱蜢。據說，在那裡停留約三個年，繁殖不停。

143 Hanaw ako kiraan sa, talaniyaro' ko kopa iray, matalaw ko 'ayam. Ira matira ko demak kiraan. Micomocomod i loma' ko ririk, matira ko demak haw. Ira sa, ririk sato ko finawlan iray, o rakar, alatolotolo to rakar matomes. Ira sa, pataloma' ira, fadisaw haenen. Iray, ya nifadisawan iray, celak to fasolan iray, pawali haenen. Kira matira ko demak kiraan. Sa, tahira Tahed iray, pakopa, iray, a i, tahira i Kohkoh iray, pakopa. Ira sa, tolo a miheca ko kahiyaan iray, sakasepat iray, i cowaan awaay to. Ira, awa:sa to ko ririk.

這樣地蔓延飛到部落內，連雞看到那麼多幼蟲都不敢啄食。有些蚱蜢飛到屋內擾亂人家。爲此，家家出來合力撲捉蚱蜢，人人將捕捉的蚱蜢裝滿魚簍，每人捕捉到的蚱蜢不下三、四個魚簍。所捕捉的蚱蜢全部帶回，先用水煮過，再拿出來擺在 fasolan（籐蓆）上曝曬，以爲日後之佳肴，都是這樣處理。蚱蜢依然無法消滅，後來又飛到 Tahed、Kohkoh 地方停留繁殖。在各處停留達三年之久。但不知爲什麼，第四年突然消失不見了。

144 Hanaw ko sowal matini sa, ra: sa tora ira, i tira kira sapaini no mako haw. Iray, o niyaro' sato tiraan ira, o fonga to a ce:cay ko kakaenen ato Tali. Iray, mikapo ko sadak no hafay, mikapo ko sadak no Panay howa, Yosanay kinian sa, iraan sato tiraan iray, (alaca:ay) tatihi to no paenan ko panay ato hafay. Ira sa, iraan haw ko todong sapaloma haw. Hanaw ko sowal.

我要敘說的內容就是這些。由於病蟲害的災難部落的人僅靠著甘藷和芋頭生活。因為已經沒有小米和稻米的生產了。能夠留下來的小米和稻米僅堆積在米倉內的那一邊。這樣做都只是為了留下種子。

145 Narikoran no ririk tiraan ira, matayal to ko Fata'an ira, ira to ko kakaenen. Iyaan ko saka, matira ko sapaini no mako i matini haw. Hanaw ko sowal tiranan sa, iraan sato tiraan iray, o malaririk kiraan o nanitini:ay i Ciwidian haw. Hanaw ko kiraan. O cayay ka kalaririk kiraan iray, o Fata'an, o Tafalong, o Amis iray, iraan i o Kiwit, o Pa'ilasen, ira iraan o Cepo', ira kiraan o Afih, i Harawan, o Aangcoh, Takoliyaw, ira ato tokar, o Lohok, Matadim, ira kiraan 'Olalip, 'Olaw (Tara'aran) , ira kiraan o Nafasayan.

蚱蜢災害之後，馬太安部落的田中作業恢復正常，開始有飯吃了。所以說，這些蚱蜢的起源是由那些死亡的 Ciwidian 人變來的。有如此說法。但說死人不會變成蚱蜢的部落就有下例：Fata'an［馬太安］、Tafalong［太巴塱］、Amis［南勢］、Kiwit［奇美］、Pa'ilasen［富源］、Cepo'［大港口］。還有 Afih［東豐］、Harawan［樂合］、Angcoh［安通］、Takoliyaw［高寮］、Tokar［觀音］、Lohok［呂福］、Matadim［馬太林］、'Olalip［舞鶴］、'Olaw［北岡］、Nafasayan［東里］。

146 Ira o Fanaw (Ca Tanawan) , ira kiraan o Lilang, iraan o Piyuma. Hatira ko caay ka ririk haw. Hanaw ko sowal sa, mati:ra ko pakongko no mako. Iyaan ko saka, matiraay ko sapaini no mako sa, masaay hakiya ko kaira no ririk i nanicowaay ko ririk asa kamo. O sanay no mako kinian sa, oyo tatiihay kalakomod haw. Namitafokoday ci Tamih Yaya' to hiya ira kiraan o kaira no Ciwidian.

又，Fanaw（池上）的部落有 Fanaw、Lilang、Piyuma 等。以上的部落人，絕對不會變成蚱蜢的。我這麼說是詳細地告訴你們，讓你們知道，蚱蜢的故事及蚱蜢的由來。我說，這就是惡性頭目領導的後果。回頭來說，Ciwidian 人的暴行，從用魚網謀殺 Tamih Yaya' 開始，就是很明顯的證明。

147 Hanaw ako kiraan sa, iraan sato tiraan iray,o tamdaw:w to haw. Hanaw ko sowal tiraan. Saan to ko sapaini no mako sa, inian kiraan sa, teli sato ko mafokilay a i matini iray, "o nanisaga'an ni Iyis sama" saan, iray, namimaan misanga' ci Iyis sama to matiranay? caay ka saen kako o sapalengaw ci Unak Tafong? Cikasaan ko faloco' i matini sa, iraan sato i, ira pacefa: sa to matiraay a sowal? sa, ko faloco' ako i matini haw.

就是說，那些蚱蜢是死亡的人變來的。但現在有些人說：「這是耶穌所創造的一切！」我回答說：「稱為耶穌的創造那些東西有什麼用呢？我是個 sapalengaw，難道我這個 Unak Tafong 講古不算數嗎？」因為近年來有人批評我胡說八道，為此我心裡難過。

148 Hanaw kiraan sa, iray, matira:ay ko cacorocorok. Nikasaan no mako iray, matini sato kiraan iray, ira no mako to a wawa ci Talo ko rnafana'ay to matiraay a pakongko. Ira i Yakufa, o kaka no sadak no malekakakakaay peton no ina ako ko ciwawaay ci Taloan. Hanaw ko sowal sa, mafana' kiraan. Hanaw ko sowal.Ya sato no mako a peton ci Calaw Payo iray, peton no pakamamaay.

說公平話，這講古不是我創作的，而是我們部落世世代代傳承下來的。現在依據我的判斷，在部落內還有能力傳承給後輩的人，就是我的孫子 Talo（張泰德）一人吧！他現在在鄉公所上班。他是我母親表姊（peton，表兄弟姊妹之泛稱）孩子的兒子，相信他知道的講古一定也不少。還有我父方親戚那裡的人 Calaw Payo。

149 Ira sa, macowa matafaka ko hiya sato, iray, sa cikomod sa ci Calaw ci Calaw Payo, Iyaan ko saka, "ari kaka, pakongko i kako," saan ira sa, kafana'an ko nika pitafokod no kapah ni Tomong Cacing haw o Ciwidian haw. Ira, "mati:ni Calaw" han to no mako. Sowal sato iray, caay ka fana' ari mapawan to ni Calaw. Ira sa, nakafana'en nira ko wawa ci Calaw iray, mafana' kiraan. Iray, caay ho paholol ci Talo takowan. Hanaw ko sowal. Yosanay no faloco' ako matini sa, ini:an ko sowal ako haw.

Calaw Payo 說：「老兄！講古給我聽聽好不好？」他常來要求聽取有關 Ciwidian 的故事，例如；事情如何發生？當時的頭目是誰？青年們如何投網謀殺 Tamih Yaya' 及 Tomong Cacing 這些人等。儘管有些部份忘了，他只要有空，就很熱心地傳承，並爲兒子講古。不過，Talo 很久沒來看我，與我交談。所以我現在說說心中的苦悶。

150 Hanaw ko sowal sa, matini sato iray, nainian kinasowal ako matini sa, i, sowal sato iray, "pacefa koni Unak mama a sowal," sato ko Ciwlo. Ira matira ko demak kiraan haw. Hanaw kiraan sa, matini: sato i, ira ko sicyocyo ira a tatosa a tayra i Fata'an sa, kina caayay kako pasadak kiraan iray, "o hamaan, o roma to ko lalan" sato ko Ciwlo kiraan nasa kako, sini'ada kako ci cyocyoan. A tatosa.

再說，我爲什麼如此說呢？最近我又聽到長老會（Ciwlo）那裡的人說：「這位 Unak Tafong 耆老眞是胡說八道！」所以說現在有關這些故事，照長老會的人批評說：「講古有什麼用？是個迷信！」但我看在二位訪問官人遠道來到馬太安部落的熱心，我就說說這些故事，好讓二位訪問官人愉快地回去。

151 Ira hatira kiraan, sa, paini hato ako. Hanaw ko sowal haw. Iyaan ko saka, sowal sato iray,ci Liwsang ira sowal sa tora ira, "Cai kako mama" sato. Iray, "kapah to" ano caay pakafana' tora howa i, katayni:an to ni Liwsang a madado^do^do i, ira sini'ada kako kini. Sa miayi i, ira sa, sowa:l paini han ako kora ira, painian to ako ci Liwsang to komod, makitini Lopalangaw ira 'Ayaw no riyar, ta tangasa i tini ci Tatakosan,

爲此，我樂意地接受訪問，一一告訴二位。特別是劉先生說：「請教老先生！」「行了！」我就答應。那是我看在劉先生專程來拜訪，我怎麼敢不接受呢？為此，我把所有的一一傳授給他。我面對這麼熱心的劉先生，不留一個，統統講出來了。你看，從 Komod（歷代神譜）、Lopalangaw 故事、'Ayaw no riyar（洪水時代）、Tatakosan 神話，

152 Tangasa i tini ci Solol 'Alimolo maepod to. Iraan ko pakafana'ay to sowal no kawas haw. Hanaw ako kiraan sa, ra:sa tora i, na inian ko sapaini ako matini. Ira sa, tacowaan hanima, maherek to nacila ira sa, nikakakotakotay i matini takowan kira howa.

還有 Solol 'Alimolo 神話等主要的講古，全部都講出來了。同時，這些講古也是這些神人（kawas）親口傳授給馬太安的人。所以，由此知道，我講古的一切沒有一件是我 Unak 創作的故事。如前天說過，我不過是現任頭目，這講古是由前任頭目傳承下來的。

153 Nikasaan no faloco' ako, matira:nay ko sapaini matini haw. Sa kako tora, raan sato ira, awaay to iray, awaay to kinian o nisimedan no faloco' ako. Ano ta'angen ako, ko pacefa han ako ko sowal a matiya i, caayay ka matira ko kongko no mato'asay, ira fangcal matira? caay ka saan kako. Yosanay kinian sa, ra sato ray, o hatiraay ko sowal ako.

而輪到我講古的時代了。再說，我把所有的一切故事全部講完了，沒有一點隱藏。也許我講古無法滿足各位？那有什麼法子？我知道什麼，就說什麼。我不會把故事的內容隨便增加或減少。這就是我對這馬太安人的神話故事的珍惜和愛護的精神與態度。我的講古到此為止，全部完畢。謝謝大家！

第二十一章

Ci Aracan:
O lengaw no kaliyah
惡靈的起源

1 Ira sato o kapah ni 'Afoloyan iray, matira a matekop na Wakah, aci Pi'owasan sa. Iray sato iray, o demak sato tiraan iray, ci Fetili'aw, ci 'Anafoyan, ci Wahela' aci 'Aidi、ci 'Adidipan na i tira sa, mapatay to ci 'Afoloyan.

據說 'Afoloyan 的青年們是遭到 Wakah 和 Pi'owasan 毀滅的。當時諸神有 Fetili'aw、'Anafoyan、Wahela'、'Aidi、'Adidipan 等。又說，那個時候'Afoloyan 已經過世了。

2 Cipakakeridan sa ko kapah nira, mapatay to naira sa, sowal sato iray, awaay to masadak kiraan. Malanoawaay to, mala'alilis to, malalidep to. Sa ca kamaen to ko 'alilis ato lidep haw, maen to fita'ol ko 'ak'ak tahematini. Hanaw ko sowal tiraan. O la'is no 'ayam, 'alilis ato lidep. Ira hatira kiraan. Sowal sato ko talaetahay nira iray, ci Pakito maramod ato peton nira ci hiya ci Hoko.

這些死掉的青年領導者，有的變成野靈、變成鷹、變成鶩、還有的變成烏鴉。據說鷹、鶩是不吃鳥蛋，但烏鴉會吃蛋。鷹和鶩二種是其他鳥類共同的大敵。Pakito 和自己的同胞 Hoko 結爲夫妻。

3 Ira saci wawa sa ci Pakito aci Hoko ci Hofohofo. Saci peton saan ci Mowang i, ci Akay, ira malakaliyah to kiraan haw. Hanaw ko sowal. Ira sowal sato iray, a ci Sasololan sa tora iray, matini sato i, "mi'adop ho, kaletoen kako" sato ci Pakito, "mi'adop kita" sato. Tahira sato iray, "tini to haw" sato, macakat to ci Pakito.

Pakito 和 Hoko 所生的孩子名叫 Hofohofo，他的兄弟有 Mowang 和 Akay。Akay 後來變成惡靈。有一天，Sasololan 說：「若要去打獵先跟我聯絡吧！」Pakito 回答：「好呀，我們這就去吧！」到達山中打獵地點，Pakito 又說：「你留在這裡！」說完就進入山中。

4 Ira sa, o waco nira iray, aenem ko waco nira. Ira, "aka laliwen tini haw" saan. Iray, mifowal to i faled. Hanaw ko sowal. Iray, milifafoy to. Hanaw ko sowal haw. Teli sato iray, o Kangic, irasa, laliwan ni Sasololan aci Laleda'an ira sa "o matiniay ko 'a'adopen ni Pakito?" sato. Matira ko demak haw.

他帶著的獵狗，一共六隻。他向獵狗們說：「守在這裡，不要離開！」就動身往山裡去。開始展開打獵活動，狗突然對著動物吠叫。原來出現的是一條巨蛇。Sasololan 和 Laleda'an 一看便說：「Pakito 的獵物是這種的嗎？」他們說著就走了。

5 Iray, tahira sato ci Pakito iray, "Sasololan! Sasololan!" sato. "o:y" han to ni Sasololan. "No milaliw hani?" sato iraan sa, "Matalaw kami kiya o, tina kangic" han ni Pakito. Ira sa, pakalaenoan to, san tiraan sa, do^do han to na Pakito aci Wawa nira ci hiya ci Hofohofo. Ira tahira i laeno iray, mowad haca moko to mitala to waco ira sa, safi han to naira to 'idoc iray, ato wawa nira mapatay to.

Pakito 到達以後，就叫喚他們：「Sasololan！Sasololan！」「哦！」Sasololan 回答。「爲什麼跑掉呢？」「我們看了那條巨蛇就害怕！」他倆回答。後來 Pakito 帶著他的孩子 Hofohofo，從下方跟追那條巨蛇，又把巨蛇追到下面，獵狗很快地將它圍起來，此時，他們拿槍刺死巨蛇。

6 Ira lowad sato ray, "Sasololan Sasololan, mapatay to niyam" sato "Kataynian" sato. Tahira sato ray, mapatay to kiya kangic. Ira, "kiso sato matini a wawa Hofohofo iray, kasoyen" sato "misanawic kita" sato tina kangic. Ira sa, keton sa tora iray, hatiya o fasolan, o lolod no fasolan kiya kangic. Sa ko sowal no mato'asay to kongko.

之後他們喊叫：「Sasololan！Sasololan！我們殺死了那條巨蛇！」又叫：「來吧！」於是他到那裡時，巨蛇已經死了。Pakito 說：「孩子 Hofohofo 你去撿拾柴火來。」「其他的人來處理這個巨蛇！」這樣吩咐他們。於是他們開始切割巨蛇。巨蛇相當於捲起來的籐蓆般那樣大。昔人在神話故事裡是這麼說的。

7 Sa ci ngangan san, ci nani Solol 'Alimolo. Maan sa namifafahiay howa ci So- lol 'Alimolo, nanosowal ni mama nira ni Tatakosan, ta i tini to i sera a mifafahi, iraan ko pakongkoay. Ta maramod aci Lapacan, ciira ko pakongkoay ta maala no mato'asay tahamatini. Hanaw ko sowal.

因為 Solol 'Alimolo 聽命於父親 Tatakosan 神吩咐，降臨於人間，後來還和人結婚生子。同時，這些神話都由他親口傳授於人間。再說，由於他和 Lapac 結婚成為夫妻，為此他樂意傳給我們的祖先這些神話故事，留給我們現代的人。

8 Iray, yasa niketonan nira iray, cecay kawat kiya niketonan. Ya sa i, pela' han to iray, pela'en. haca i, todoh han to kiyo o pela'. Iraan sato riy, ira, safelifelinen to ni Hofohofo. "Maecak to kini?" sato, "Todohen ho, ketonaw hako a 'emin kinian a mitonton kinana tama'" sato.

然後把巨蛇全部切割，每塊約一個 kawat（約 15 公分）長。切割後分成兩半，一半火烤，一半包裹起來。由負責火烤的 Hofohofo 慢慢地反覆翻面燒烤。Pakito 說：「哦，烤熟了！」又說：「好極了，不夠的話，可再割來燒烤。」

9 Ira sa, maemin tora ira, "Ari, palatosaen kona Sasololan aci Laleda'an. Mita sa tora palatosa hanta." sato. Pakilac han to ca Sasololan aci Laleda'an iray, "caay ka maen kami to matiranay" han ni Sasololan aci Laleda'an ira sa, "a cima to ko komaenay tinian?" saan, "kaen han namo" han to ni Sasololan. "Awa kako fanglih!" han ni Sasololan. Haen hanaw ko sowal haw.

烤好後又說：「把烤好的分為兩半，一半分給 Sasololan 和 Laleda'an 二人。另一半是我們的份兒。」分給 Sasololan 和 Laleda'an 之後，他們說：「我們是不吃這種肉的！」Pakito 說：「這些誰來吃呢？」Sasololan 回答說：「你們自己吃吧！」但 Pakito 一定要他們吃掉，Sasololan 大聲說：「哇！我完了，這麼臭！」

10 Ira sa, maemin to naira, ni Pakito kiya ni sasololan aci Laleda'an, malalikel to wawa nira ci Hofohofo. Ari i, hatira kiraan. Han to ray, o laloma', palieson hanto ni Hofohofo wawa nira ko Koreng. Ira sa, patayra han to ko laloma' to 'ata'atay ato remeremes. Sanay kira. Iray, sowal sa tora iray, macacak to. Sa ko sowal no Kawas ni Solol 'Alimolo. Raan sato iray, macacak to sato, Iray, ira sa malahok sato ray, i ra:ay to a malahok ca Sasololan aci Laleda'an.

Pakito 無奈地收回 Sasololan 和 Laleda'an 的部份，又分給自己和兒子 Hofohofo。還叫兒子用鍋子把那些內臟煮一煮。內臟有肝和血等很多東西。不久後，內臟煮熟了。以上的神話故事是 Solol 'Alimolo 神說的。內臟煮熟了，大家要吃午餐。但 Sasololan 和 Laleda'an 二人遠離他們到別處用餐。

11 "Cima haca ko komaenay tina tama' hani?" saan. Ira sa, sowal sato iray, "eminen" han to iray, maemin to. Iray, "Cima haca ko misenatay tina tama'?" sato. Hatira kiraan. "Eminen namo pataloma'!" hato ni Sasololan. Kakawa sato iray, "yo sakasepat matiya haw ray, sakalima ira, kaletoen kami haw" han to ni Sasololan. "I cowa a mi'adop kita sato iray, i tira i sawa'eran no Arangahay haw" han to ni Sasololan aci Laleda'an.

Pakito 自言自語地說：「還有誰來吃呢？」又說：「乾脆吃光算了。」驚人的食量無人可比。又說：「眞的沒人要這個獸肉嗎？」Sasololan 說：「全部拿回家好了！」然後他們準備回家了。Sasololan 說：「四、五天後再出打獵的話，跟我們聯絡吧！」「那麼下次在哪裡打獵呢？」「我想在 Arangahay 的上段吧！」Sasololan 和 Laleda'an 回答。

12 Hanaw ko sowal, sa ko sowal no kawas ni Solol 'Aalimolo. Sa, matira ko demak haw. Iray, marepet ko sakasepat a romi'ad iray, ira to a mikaleto ci Pakito aci wawa nira ci Hofohofo, "Ini to kamo?" han to ni Sasololan aci Laleda'an. "Hay, inito kami" han to nira ci Sasololan aci Laleda'an.Ya, sa ci mama sa ci Sasololan iray, ci Kosiya, ci 'Awatek, ira ko wina ato mama. A cima ko mama ni Sasololan asa kiso? Hanaw ko sowal tiraan haw. Iyaan ko saka, tahira sato iray, "A patekoli to ko Waco a Laleda'an" han to ni Sasololan ira sa, tekol han to ni Laleda'an.

我這麼講，這是由 Solol 'Alimolo 神所講的故事。四天後，Pakito 和他的兒子 Hofohofo 到 Sasololan 和 Lalda'an 的家聯絡。「哦，你們來了？」「是的，我們來了！」他們回答 Sasololan 和 Lalda'an。Sasololan 的父親叫 Kosiya，母親叫 'Awatek。也許你想知道 Sasololan 的父母是誰？然後，Sasololan 向 Laleda'an 說：「餵食獵狗吧！」

13 Maherek sato iray, "kita dato" sato. Saci Waco sa ci Pakito iray, mamo^tep ko nira a waco. Ira oni Sasololan sato a waco iray, aenem hatiyatiya o Waco no Amilika ko waco ni Sasololan. Ira sa, "tini to a Laleda'an haw, ira to ano honi" hanto ni

Sasololan "Hay" sato ci Laleda'an. Lowad sato iray, "Kiso Pakito aci Hofohofo tata! alaen ko waco iso!" raka:t sato. Tahi:ra i safaled iray, cieli' maemin ko pala sa, "a i tini haw ko miso tina pililocan no 'adopen, pinanoman no 'adopen" han to ni Sasololan.

又說：「我們也來吧！」Pakito 所有的獵狗共十隻。Sasololan 的獵狗一共有六隻，都是像美國人的狗那樣高大。到了山中，Sasololan 說道：「Laleda'an，你在這裡等著我，我很快就會回來。」「好！」Laleda'an 回答。Sasololan 動身時又說：「Pakito 和 Hofohofo 你們二位跟我來，獵狗也帶著！」就走了。到了山中草原地方，「我想你在這個地方守著。這個地方看來有水源，也許獸物會飲水和戲水而出現。」Sasololan 說。

14 "Aka pilali:way i tini haw, pakayni to, mililoc i tini." han to ni Sasololan. Sanay ko sowal ni Solol 'Alimolo. Ra sa, taha-matini ko kacacorocorok no mato'asay. Hanaw ko sowal. Ya sa, tahira i fafaed iray, mifohad to ci Sasololan. Ra, "kok kok kok kok kok kok" sato ko 'ocil no waco nira.

「所以你最好不要離開這個地方，牠們一定會來此戲水。」以上是 Solol 'Alimolo 講的故事。因此這個故事一代一代流傳到現在。到了上面，Sasololan 就發現了獸物。聽到獸物 kok kok kok kok kok kok 的叫聲。

15 Ra sato tiraan iray, mafohad to. Iray mifohad to ko ni Sasololan. Tahira sato iray, "'aw 'aw 'aw 'aw 'aw" sato ko waco ni Sasololan. Ira sa tahira to i naroroh i tira ci Hofohofo aci Pakito, ra sa tora iray, mililoc tina roroh riy, matalaw to a hiyaen no kararayan ca Pakito ato ci Hofohofo laliwan. Iray, sa ko sowal no mato'asay, Katatolotolon a tahematini. Ira sa, tahira sa ci Sasololan iray, awaay to ci Pakito aci Hofohofo to naira, "Pakito, Makito" han to, "o:y" sato.

Sasololan 跟追後，獵狗又跟著趕來。'aw 'aw 'aw 'aw 'aw 叫聲不斷。
另一方面，Hofohofo 和 Pakito 來到山中沼澤邊時，看到一隻雄鹿正
在沼澤裡沐浴。因爲雄鹿看起來高大又兇猛，就害怕起來，逃得遠遠
地。這是由古代至今傳下來的神話故事。Sasololan 到了那裡，卻不
見 Pakito 和 Hofohofo 二人，於是 Sasololan 就大聲喊叫：「Pakito！
Pakito！」「喔伊！」回應著。

16 "No laliwan kina kararayan hani?" "Matalaw kami to waa'
micokah'" sa ko ca'of ci Sasololan. Ira ko ni Sasololan a
ni'ocilan. Hanaw ko sowal tiraan haw. Iray, ra sa tora iray, tahira sa i
tira, "ira ini o ripa' mililoc i tini!" Ira sa, cikalepel ni Oliyong, ni
Kedaw, ni Tomay, ni Ngaday, ira o waco ni Sasololan. Sa ko sowal
no Kawas haw ni Solol 'Aalimolo haw. Natahini i matini pakongkoan
nira ko mato'asay. Ira hatira kadado^do no sowal. Hanaw ko sowal.

「爲什麼逃走不理牠呢？」「我們害怕，鹿角會傷人！」他們回答。這
隻雄鹿原來是 Sasololan 發現的那隻。「哦！在這裡有腳印，在這裡
玩水！」他們如此跟追的，因爲他的狗 Oliyong、Kedaw、Tomay、
Ngaday 捉不住牠。以上的神話故事由 Solol 'Alimolo 神所講述，祂
講給老人聽的故事。這樣一代一代傳下來的。

17 Iyaan ko saka, tahira sato iray, na mapatay to ni Laleda'an
kira fiko' no Kararayan. Sowal sa tiraan iray, tokaden to ni
Sasololan, mikasoy to ci Laleda'an to sapitodoh to sapisafel. Yo
mitodoh tora iray, i salana'an i tini tiped no tokos o heci awaay ko
'okak sahto o heci. Iya sa tora iray, todoh han to ni Laleda'an.
Pasayra ko fali ira "I cowa ko fangsis no miso a Sasololan a 'adopen
hani a titi?" sato.

追上之後，由 Laleda'an 刺死那隻小花鹿。然後由 Sasololan 割剖鹿
肉，Laleda'an 撿木柴準備烘燒和下鍋炊煮。他們割取了背肉部位
（salana'an）的全部瘦肉準備來烘烤。待拾取的木柴多了，Laleda'an

開始烘烤鹿肉。不久之後，烘烤的香味順著風向傳出去，Pakito 聞到了，從遠處大喊：「好香的獸肉，哪裡來的呢？」

18 Hanaw kiraan ira sa, felin han to ni Laleda'an ira macacak to. Ira sa, palatosa han to kira o saled alatosa kawat. Ca Sasololan aci laleda'an iray, kawat hanen nira, palatosa han ca ira, iray, o nicalcalan naira a titi maemin to, "Ira, kaeso' to?" han to ni Sasololan, "Tadacai ko kaeso' ko no miso a ni'adopan hani! matira ko no niyam?" sato ci Pakito aci Hofohofo. Sanay kira. Hatira kiraan. Ira sa, sowal sa tiraan iray, "Paliesonen to a Laleda'an" sato. Misafel to to tinayi', to fitoka iray, macacak to cefos tiyo fokah ira sa, nga:lef kiyo olah "kok kok" sa mikafi. Awaay to ko 'osa'osaw na Pakito aci Hofohofo.

於是，鹿肉終於煮熟了。Laleda'an 把肉塊分爲兩半，各得一半。這是 Sasololan 和 Laleda'an 的臨時聚餐，還是全部吃光了。後來，邀請 Pakito 和 Hofohofo 前來吃鹿肉。「鹿肉味道怎麼樣？好吃嗎？」Sasololan問：「這個獸物的味道極佳！比較起來我們的獸物差的遠！」Pakito 回答。Sasololan 又說：「Laleda'an，你再把鹿肉煮一煮吧！」於是 Laleda'an 把腸子、胃等又加上粉腸煮燒，非常好吃。他們喝湯時自喉嚨發出 kok kok 地聲音。看來 Pakito 和 Hofohofo 的份兒全部吃光，連一滴湯也沒剩。

19 Ira sa, matira ko demak haw. Hanaw ko sowal. Hatira ho. Herek sa malahok kira iray, sakilac sato. Cecay cepi' kona Sasololan aci Laleda'an, lalikel to cepi'. Cecay cepi' koni Pakito. O 'ilif sato iray, o 'ilif no waco ni Pakito, o 'ilif ni Laleda'an ko cecay. Iyaan to o wikol, iyaan to o fadowac. O 'atay koni Sasololan, cika sakilacen ko 'atay, o fadowac a cecay ato tokos ato wikol ko sakilacen.

吃完午飯後，他們把鹿肉分給每一個人。一支後腿分給 Sasololan 和

Laleda'an。另一支後腿則分給 Pakito 他們。還有那些背肉、尾巴、排骨等都分給 Pakito 和 Laleda'an，可以餵食他們的狗。至於肝臟部分，不分給人家，Sasololan 自己留下。其他的如排骨、背骨、尾巴，大家都可分享。

20 Ira sa, matarahaf, ko waco ni Sasololan to waco nira, kelem kelem han ni Tomay aci Oliyong, ira ni Kedaw, ira ni Ngaday ira, mapatay kira waco ni Hofohofo. Ira sa, mala'oled, malakakiting, ira malafohet to ko waco ni Hofohofo malakawas to i tira. Ira matini ko nisacooan a 'a'ocil no waco nira.

後來他們的獵狗群打了起來。Sasololan 的獵狗 Tomay、Oliyong、Kedaw、Ngaday，把 Hofohofo 的獵狗咬死了。之後，這些被咬死的獵狗變成 'oled、kakiting、fohet 等怪蟲。這是 Hofohofo 的獵狗。因為他的狗附有邪靈，因此變成那樣子。我們的狗變成巨蛇（kangic）。

21 Ono mita sato iray, o 'oner, o kangic sato. Ira sa, malakakiting to haw, mala'oled to. Ira sa kaen han ko koyo iray, sadasadak ko 'oner, o 'oner ko kaenan haw, no 'oled ira tata'akay. Hanaw ko sowal tiraan sa, iraan sato iray, o caay to pi'adop haw. Hanaw ko sowal. Hatira kiraan. Iray, sowal sa tiraan iray, "aka pidokdok a mi'adop haw, tira pi'adopan ako, palosimet kami misaloma'." Han to ni Sasololan aci Laleda'an, "hay" saan.

因為他的狗附有邪靈，因此變成那樣子。我們的狗變成巨蛇。有的變成 kakiting 蟲和 'oled 蟲。每次殺掉臭鼬時，發現牠的的肚子內有很多的蛇。因為牠以蛇類為主食。從此不再去打獵。過了一陣子，Sasololan 對 Pakito 說：「由於我家忙著準備蓋新房屋，暫時不去打獵了，所以希望此段期間你不要進入我的打獵區。」Pakito 回答：「好啊，你放心！」

22 So'elinay, palosimet sato. Iray, malipowak to iray, dokdokan to no kapah ni Pakito sato. Iyaan sa, "olili takosen ko tataheciw olili!" sa ci Laleda'an ira sa, "ta'eciw" han to ni Laleda'an. ko Tataheciw, ira sa tayra sato. Ira, cacay kina tataheciw. "Sakasaan ako tiraan a somowal, takosen ko tataheciw sa kako iray, ira han midokdok ko kapah ni Pakito. O sanay kinian sa, i tira i dihif haw, tata'ang kira dief iray, kahengang kiyo fafaed cicikaw kina dihif" han to ni Sasololan ko tataheciw, iyaan sa efer sato.

於是他們忙於拆除舊房屋。但 Laleda'an 正忙於拆除工作時，有人說 Pakito 的青年偷偷地進入他的領區內打獵。Sasololan 命令 Laleda'an 說：「快去！找烏秋鳥（tataheciw）來！」於是他 ta'eciw ta'eciw 喊叫著，試圖找尋烏秋。後來，來了一隻烏秋，Sasololan 向烏秋說：「我叫你們來的用意是，有人說 Pakito 的青年進入我的獵區，因此要你去看看狀況如何。那裡有個石窟，石窟上端是紅色的還有個小門，一看便知，現在他們的人住在石窟裡面。」於是烏秋飛了上去。

23 Tahira sa tora iray, micofay ko tataheciw. Tahira sato ci Sasololan iray, "Sasololan" han no tataheciw, "o:y" saan,. "Ci'acefel kira dihif, kahengang to kiya fokeloh kiya" sato, "hay" han to ni Sasololan, "faecal kina dihif " han to ni Sasololan, ira sa, "oli! takosen ko kapot o tataheciw" saan. Ira sa, takos han no tataheciw ko kapot nira. Takos sa cira mamo^tep kira tataheciw.

然後烏秋返回來。向 Sasololan 說：「Sasololan！」「哦，我在這裡！」Sasololan 回答。「我看到了紅色的岩石，裡面還冒出煙火。」又說：「那個石窟看來非常壯麗。」烏秋說。「我知道！」Sasololan 回答。又說：「現在跟你的伙伴再去看看！」於是牠先去召集伙伴們。所召集的伙伴一共是十隻烏秋。

24 Iray, paka fana' han to ni Sasololan, "o soni namo haw ray, ta'eciw telep, ta'eciw telep, ta'eciw telep, ta'eciw telep!" han haw, o maan ko dadokdoken to pala a mi'adop han to ni Sasololan. Ira sa, misahidihidip, "o maan a 'ayaman ko makakitelep!" saan kira ca Pakito aci Hofohofo o kapah ni Pakito caira. Hanaw ko sowal haw.

Sasololan 還吩咐牠們說：「你們啼叫時，發出的聲音是像這樣，ta'eciw telep ta'eciw telep ta'eciw telep ta'eciw telep。表示我心裡對他們無端地進入我的獵區內非常生氣。」Pakito 的青年看了，彼此說：「奇怪！哪裡來的鳥群？叫著 makakitelep 是什麼意思？」帶領的是 Hofohofo。

25 Iray, dafak pausa dafak pausa, parasi' parasi' han to matini pasoo'. Ira, pakacowa howa a masadak cira? sa, ko sowal no mato'asay. Ira sa, pausa tora parasi'en, pausa tora parasi'en ko hemay. Ira, kinalima a dadafakan tora teli sato iray, "kato pausa tamiyan haw, ira sasikaekaen han to no niyam" sato. Iya sa, "o maan to ko kaen namo?" han to no pausaay, sanay kira. "Sasikaekaen han to no niyam" saan. ira ca:han to pausaen. Iya sa, i tira ko teka no kaliyah haw a maen to tamdaw. Hanaw ko sowal. Hofohofo, ci Hofo ko kakeridan.

雖然每天早晨有人送飯，但送飯很困難，找著石頭的間隙把手伸進去遞送食物。因爲他們困在裡面無法出來。爲此送飯的方法只能用丟的方式。大約第五天早晨，被困住的他們，從石窟內喊叫著：「不要再送給我們飯吃，我們可要互殺吃對方的肉。」「你們到底想吃什麼呢？」外面的人再問。回答：「我們可要互殺吃對方的肉。」從此，無人再送飯給他們。也因此開始出現吃人肉的惡靈（kariyah）。這惡靈叫 Hofohofo，他們的首領是 Hofo。

第二十二章

Ci Mayaw Kakalawan a ci Unak Kakalawan
馬耀和伍納克兄弟

1 Iray, i tiyaho iray, i 'ayaw no riyar iray, ira ci Kakalawan, saci fafahi san iray, ci Rongac Rinamay, o safa saan iray, ci 'Orikitaw. Saci wawa sa ci Kakalawan ci Mayaw Kakalawan, aci Unak Kakalawan a tatosa. Iraan san tiraan iray, alai ni 'Orikitaw ca Mayaw Kakalawan aci Unak Kakalawan a tatosa talalotok a mikasoy. Kalahokan san iray, "oli 'inay piradom, maso'aw kako," saan.

昔時，在世界發生洪水災害以前，有一對名叫 Kakalawan 和 Rongac Rinamay 的夫妻。其弟名叫 'Orikitaw。Kakalawan 有兩個兒子，名叫 Mayaw Kakalawan 和 Unak Kakalawan。有一天，'Orikitaw 帶著 Mayaw Kakalawan 和 Unak Kakalawan 兩兄弟去山上撿拾木柴。到了中午，'Orikitaw 說：「孩子們，我口渴了，去取水來給我喝！」於是二人就去取水了。

2 Iray, tayra sato ko tatosaay miradom, iray, ki'ayaw han ni 'Orikitaw a tayra mi'eror kiya nanom. Iray, taloma' sa kiya tatosaay, "mama ini ko nanom ma'eroray i" han to naira iray, "o maan a demakan ko matiniay? caay kari'eror i honi i, oli haca !" han ni 'Orikitaw. Iray, tayra haca ko tatosaay a miradom iray, pakafafaw ci 'Orikitaw a miki'ayaw a mi'eror toya nanom.

二人去後，'Orikitaw 偷偷地跑在他們的前面，很快地把泉池的泉水弄濁。二人回來向 'Orikitaw 報告：「舅舅，水取回來了，但水是污濁的。」「胡說！哪有這回事？我剛剛去看過，沒有污濁。你們再去取水。」'Orikitaw 吩咐兩人再次前往。二人離去後，'Orikitaw 又很快地跑去上游，再度把泉水弄濁。

3 Iray, taloma' sa ca Mayaw aci Unak. "Ma'eror kiya nanom a mama!" han to naira. "A Olili haca!" han to i 'Orikitaw? Sakatolo to riy, tahira sa tora riy, mi'eror ci 'Orikitaw. Dipdip han to ni Mayaw, fek han to nira, i tini i fati'ian.

Mayaw 和 Unak 回來說：「舅舅，泉水仍然是污濁的。」「那再去取取看！」'Orikitaw 說。他們第三次去取水時，有人正在那裡把水弄濁。原來那個人就是 'Orikitaw。但 Mayaw 卻在不知情的情況下悄悄地從後面窺探，然後偷襲，一棒揮出正好打在 'Orikitaw 側腰，人當場死亡。

4 Iraan sato ray, "Iyaan a sowal ni mama faki ita i, ina ina han haw ano citafad kamo toya mi'eroray, citafad kami ina" hanen sato ko sowal i, sa tiraan sa, tahira i rarong iray, "mama! mama!" han to awaay to a paca'of. Nengneng sa caira i, "Aya ci faki aca ita kini!" (Ira, mahaen iray, so'elinay moli han to ray, fetir.) Sato ko sowal malekaka. So'elinay piyoc sato, tahira i copa no loma' iray, "ina! ina ci tafad kami" sato . Ira sa, "dada" han no ina naira ni Rongac Rinamay. Iraan sato ray, "hanta o paci'eng?" han to ni Rongac Rinamay ko wawa nira.

他們打死人後，想到舅舅 'Orikitaw 曾經吩咐他們：「若你們砍到弄濁水的人頭，把它拿到你們母親那裡說：『媽媽，我們砍到了人頭。』這樣就行了。」他們回到工寮那裡喊叫：「舅舅！舅舅！」沒人回答，舅舅不見了。然後他們再仔細地看人頭：「哇！他不是舅舅嗎？」想不到突然發生這麼悲慘的事情。兄弟相談之後，只好帶人頭回家。快到家門時，兩兄弟大叫：「媽媽！我們帶人頭回來！」「好極了，快過來！」母親Rongac Rinamay說。「那麼把他的臉頰轉過來給我看看！」
Rongac Rinamay 又說。

5 Pahining sa o 'a'iloc iray, pahining sa o 'a'iloc. "Hanta oya pising!" han to iray pahining sa tiraan iray, o paci'eng. "Caay ko paci'eng, ka o pising" saan. Ma'araw to niyo ina naira." Naw? naw no haenen ko faki? o faki kira! Patorori patorori ko faki ako!" sato. Ira sa, ya sato iray, dafak tora i, "saliwayi!" han to no mama naira ni Kakalawan ca Mayaw Kakalawan aci Unak Kakalawan. Ci Kakalawan ko mama.

兩兄弟只給母親看脖子，母親急著說：「我要看看他的臉！」但，兩
兄弟還是只給母親看頸項。母親不耐煩地說：「不是側面，要看正
面！」兩兄弟不得已只好給母親看人頭的臉。母親一看，大聲驚叫：
「那不是你們的舅舅嗎？爲什麼你們如此對待舅舅呢？我要你們補償
舅舅。」次日起，依從父親 Kakalawan 的吩咐，兩兄弟 Mayaw 和
Unak 開始禁食。[1] 他們父親名叫 Kakalawan。

6 Ira sa, liway sato cika maen to hemay, cika maen to 'oled. Iray, sakasepat iray, "da" sato iray, maefer to ko loma'. Mamang ka takaraw ko loma' ni 'Orikitaw howa. Ira sa, maefer to ko loma'. Dato sa tiraan iray, efer sato iray, i fafaed to no loma' ko para' ni Mayaw aci Unak.

於是兩兄弟依循父親命令，不吃飯、不吃生米糰（'oled）。[2] 到了第
四天，開始練習，嘗試跳越屋頂。原來 'Orikitaw 的房屋又高又大。
兩兄弟 Mayaw 和 Unak 已能跳到屋頂。經過多次的練習，終於可跳
躍更高的房屋。這樣他們的輕功就不成問題了。

---

1 阿美族的青年自我鍛鍊，爲使自己跳得高，跑得快，都以禁食爲先決的條件。
2 'oled 是白米浸水軟化後，搗碎成細米再滲水搓揉成一握飯糰大小，爲阿美族祭神之
　祭品。

7 Ira sa, cikakaenen sato ray, miliway to, a pi'adop to sato. Fetik sato ci mama naira ci Kakalawan iray, "Kiso Sasoloan. iray, ci Hawa Idek , ci Kociya, ci Fonglohaw iray, ci Tatololan, iray, ci Laleda'an, iray, patama'i ko wawa ako ano dafak (ano honi) ! " han to ni Kakalawan, ira sa, mowad to mi'adop. Iray, kilikilim sato iray, matepa to no waco iray, fohad han iray, o lidak.

雖然輕功到達了自由自在之極點，他們仍然不飲食。但可以上山打獵。兩兄弟受父親之命外出狩獵。出動之前，父親 Kakalawan 爲兩兄弟祈禱：「諸神靈們，Sasoloan、Hawa Idek、Kociya、Fonglohaw、Tatolonan、Laleda'an！祈求祢們保護我的孩子們，惠賜他們能夠獲得更多的獵物。」然後才出發。之後，獵狗很快地捕獲到一隻母鹿。

8 "Ci tama' aca kini" sato, cikcik han to naira soyo' han ko remes. Ra sa tora iray, "citama' kami ina" han to ni Mayaw kakalawan." "da da citama' ko wawa ako kini!" sato. "Soyoen to ko remes" sato, "hay i" sato. Iyaan ko saka, ra sa tora iray, "Aya! kahengang ko remes kini! " han to ni Rongac

他們高興地處理母鹿，並將鹿血收集起來包裝好。兩兄弟回來忙向母親說：「媽媽，我們有獵物了。」「好極了！我的孩子！」母親高興地問答。母親問：「有沒有把血裝起來？」「有，在這裡。」他們拿出來給母親看。母親 Rongac 一看：「哎呀，這麼鮮紅的血？」

9 Dafak sato "pi'adop haca! " han no mama naira. Dafak sato iray, 'ipien to naira i, matepa to naira. Matira ko demak ira sa, ko^koen a makat o sapikeciw. Ira sa, tahaloma' sato iray, "ci tama' kami ina" sato, "o maan?" "sapikeciw" sato.

次日，父親說：「你們再去打獵！」於是又去打獵，又有獵獲。這次的獵物是幼鹿，用手捕捉的活物。抵達家門，告訴母親：「媽媽，我們有獵物了！」「什麼獵物！」母親問。「一隻幼鹿。」

10 Matira ko demak tiraan sa,
"soyo'en namo ko remes!"
"Hay" sato. Iyaan sa, sowal sato ray,
" Kahengang kini?" sato,
"Pi'adop ho ano dafak haw?" han to ni ina naira ni Rongac.

母親又問：

「你們有沒有蒐集牠的血？」

「有，在這裡。」給母親看。

母親看了又說：「又是鮮紅的血。」

「明天你們再去打獵！」母親再次吩咐他們。

11 Ira sa, 'adop sa iray, fohat han.ira o fokod. Ira sa tiraan i,
'orogan to naira a midimata', "o remes i?" saan,
"tinien niyam" sato,
"Aya, koheting to kini!" sato. Ira sa, iraan sato iray, "pacamolen to to
remes ko pisafel" sato to sakalafi naira. Hatira kiraan.

好極了，這一次又獵到了一隻雄鹿。他們把雄鹿扛著回來。母親問
道：「牠的血呢？」

「血在這裡！」

母親看了說：「啊！變黑色的血？」母親又吩咐他們：「把血和肉一起
煮一煮。」當做晚餐食用。

12 Iray, sowal sa traan iray, capakamay. Iray, sakatolo i, mowad
to a talaomah, hae:n sa ko pisanga' to ta'eref haw, sato.
Ka'amis kono kaka iray, katimol kono safa feked. Ira sa, papapah
han to naira o pasalaenoen to ko papah no kilang. Iray, talod sato
ray, do^doen ira ko safan no kilang. Ira sa, herek sato ray, paro han
to fokeloh.

此後暫時休息。第三天，父親命他們出動去獵人頭，為此，父親教他
們怎麼裝置石壓陷阱（ta'eref）獵人。為此，遠征到別的部落安置石

壓陷阱。哥哥設在北邊，弟弟設在南邊。他們依照石壓陷阱的製作法，先挖坑，再用樹葉佈置坑內，或以樹枝及雜草等當支架，然後在上面安置石頭。

13 Matira ko demak sa, maemin to. Hatira kiraan. Iyaan ko saka, taloma' sato riy ira, "maemin to niyam mama" sato. "Aray, matira maemin to ray, pafokeloh to ta'eref namo iray, ira kamaomah aca" sato.

他們依照父親教導的方法，完成之後返家。回到家後，向父親說：「爸爸，我們作好了。」「那麼連石頭的佈置都做好的話，行了。你們就像平常一樣工作！」

14 Cecay ko kaomah, maherek tiraan iray, "ano dafak iray, mara:tar kamo a mikiloma' haw! Maheka'edil ko wali" sato, "ma'edil ko cidal" sato. Ira, kiloma' sato i soraratan, misowacay ko kapah ni 'Afoloyaw. Ira sa, kiloma' sato riy, "wa:w" sato. Ira sa, laliwan to na Mayaw kakalawan aci Unak Kakalawan.

休息一天之後，父親告訴他們：「明天一大早，太陽剛出來時刻，你們開始行動，偷襲他們。」但太陽出來了，這個時候在集會所守衛的 'Afoloyaw 的青年，發現有人前來偷襲，大聲叫喊：「喔！」並跑出來追趕他們。Mayaw 和 Unak 使勁地拼命逃跑。

15 Ira sa, kiloma' sato riy, "wa:w" sato. Ira sa, laliwan to na Unak Kakalawan aci Mayaw kakalawan, matira. Iray, tahaloma' sato iray, "matini mama" sato. "Awa' ari, sakasaan sa matira iray, pafolo'an ko liyok no soraratan ato niyaro' haw naira" han to no mama naira ni Kakalawan.

青年們大聲喔喔喊著追趕，他們倆則拼命逃跑。兄弟倆回到家裡告訴父親：「事情就是這樣。」「我告訴你們，你們要記住，對方為了防範你們的偷襲，可能在集會所四周或部落籬笆，暗置了箭竹陷阱（co'er to folo'），你們可得小心。」

16 Ira sa, ya sato tiraan iray, "yo sakalima naira iray, sepat ko kamaomahan namo haw. Iray, sakalina iray, patay asa kamo to fafoy haw. Iray, soyo' han to namo ko remes noya fafoy" han to ni mama naira ni Kakalawan. Ira sa, "cecayen ta laya' kini pihiya haw. Pilet han i, paremes, pilet han i, paremes han haw. Ira nga'ay ira kiloma' han namo i, "wa:w!" nga'ay saan.

「你們先休息四天。第五天，殺一頭豬，然後把豬血裝起來，為作戰引誘敵人之用。」父親 Kakalawan 這樣說明。又說：「這個豬血的應用方法是這樣的，若敵人追趕，一邊跑，一邊每隔約一尋（二米）距離，把豬血滴在地面或籬笆上，一直到暗築石壓陷阱的地點。

17 Ya, afay doka' ini! tahafolo' kinana mikiloma'ay i kitaanan kini! Nga'ay saan ko kapah ni 'Aafoloyaw" sato. Matira ko demak tiraan. Iray, sowal sa ko Kawas tahamatini. Hanaw ko sosal. Ira, tahira sato i tapang tiraan i, maletep to. Iray, mafekafekac a malefafa caira i tapang to no lalan. Tangasa i piko ma'ading no piko iray, mafekafeka:c caira.

這麼一來，追趕你們的人就會發現地上的血跡，誤認你們受傷了。」
這是神靈親自告訴我們的故事，流傳到現在。獵人頭的日子終於來臨。兩人跑到筆直的大馬路時，一人把另一人背著慢慢地跳走，到轉彎的道路時，因人看不到你們，背上的人下來，兩人拼命地跑。

18 Matira ko demak na Mayaw kakalawan aci Unak Kakalawan. Tahira i tapang iray, malafafa, tahira i piko iray, mafekac cakod sato i tira i ta'eref naira. No'amisan koni Mayaw Kakalawan, i notimolan koni Unak kakalawan.

Mayaw 和 Unak 兩人就這麼做。再說，兩人跑到筆直大馬路上，故意一人背著一人跑，跑到轉彎時，兩人又一起跑到暗置石壓陷阱的地方。然後在該處，個別躲藏起來。Mayaw Kakalawan 在南邊，Unak Kakalawan 在北邊。

19 Ira sa, pa'orad han naira. Hatiya o lalatangan tiyo 'afet kiya nian o sapisa'oradan a mifetik. Fetik sato iray, "kamo Hapoyong iray, kamo o Matefoy, kamo Pikiseran, kamo o Lalomilan ira saka, kahetik kamo o 'oner" han to ni Unak Kakalawan.

兩人急急地向神靈乞求降雨之後，果真下了大雨。雨滴大約像火藥（'afet）的容量那麼大。乞雨的禱詞大約如此：「諸神靈 Hapoyong、Matefoy、Pikiseran、Lalomilan 啊！請降下雨水吧！」

20 Ira sa, sa:an to iray, ira ma'orad to. Ira misaliyoliyok awaay ko pinang ca Mayaw kakalawan aci Unak Kakalawan. Ira sa, kidadihong sato i tira i hiya.i ta'eref ci Mayaw Kakalawan. aci Unak kakalawan. Ira sa, iraan sato iray, kakawih sato a matini to kamay "ato ta'ta'aw ita ko tekali" sato. Ira sa, caay ka cinglaw caira kawih sa matalaw katengilan. Sa ko sowal no mato'asay.

後來真的下雨了。四處雨濛濛，伸手不見五指。Mayaw Kakalawan 和 Unak Kakalawan 躲在那裡。為此，追過來的人們，一陣慌忙找避雨的地方，有些人正好躲在石壓陷阱那裡。兩人看時機到了，彼此用手指暗示：「來，我們打斷石壓陷阱的支架！」因為不能出聲講話，只用手來表達事情。古人是這樣說的。

21 "Fek" han iray, "ket!" sato a matelek ko ta'eref. Matira ko demak. Oya sato o sasepat iray, kotod sa a kidadihong. Ira, sato tiraan iray, mala'ayam kira iray, "kasepat, kasepat, kasepat, kasepat" san to dadayadaya mala'ayam to kiraan.

然後，猛然地把支架砍斷，碰地一響，石壓陷阱全部塌下來。事情的

狀況就是這樣。結果被壓死的有四人。據說這四位死者皆變成夜鳥，
即在夜間 kasepat kasepat kasepat（意指四個人）啼叫著的怪鳥。

22 Ira sa, epod sato,kitemek sato a milefot to tangal caira a malekaka. Maherek a mihiya iray, pafafalod pafafalod han to ko fokes. Ira, maherek a mifalod iray, ci'onoc sato. Iyaan ko saka, o da'olaw kono kaka, o talo'inang kono safa. Pa'onoc sato iray, tofiso sa kono kaka, kakoy han koni Unak Kakalawan mapetek, "masaay kono miso hani kaka?" sato.

接著，兄弟倆下來各自分別砍取人頭。人頭砍下來之後，以頭髮綑綁收拾整齊，再把人頭縛綁於棍棒上。哥哥的棍棒是取自 da'olaw（黑皮九芎）樹，弟弟的棍棒則是 talo'inang 樹枝。兄弟倆準備回家時，哥哥很順利挑起棍棒來，但弟弟 Unak 的要挑起時，棍棒卻折斷了。弟弟問：「哥哥，你用的棍棒是取自什麼樹呢？」

23 Ira sa, "o no mako iray i roma ko piletekan ako" saan. Matiraay kira ko demak haw. Hanaw ko sowal. Ala saray, falo ko fiyang. Ira sa, "ari ko 'onoc iso!" han to no kaka nira ci Unak, kakoy han ira "ngela'" saan, "o macowaay ko no miso kaka i?" sato. "Olililili!" saan, ala sa o lidateng. Matiraay kira.

「我的棍棒是從別的地方砍下來的。」哥哥說。不得已，弟弟再取 fiyang 樹做棍棒。哥哥說：「試試看！」弟弟把棍棒挑起來，啪地一聲又折斷了。弟弟問：「哥哥，你到底用什麼樹當棍棒呢？」「再去找吧！」哥哥說。弟弟這次找的是咬人狗（lidateng），照樣沒有用。

24 Ira sa, "kakawaen to" han to ni kaka nira, kakawa sa kakoy han "ngela'" saan. Ira sa ciremes ko lidateng haw, nano remes no tafad ni Unak kakalawan. Ira sa, "o macowaay ko no miso kaka?" han to ni Unak. "Tatatata! pafeliaw ako kiso tirawan kakapahay ri ta, pakafana'i ako kiso to "'onoc!" han to ni kaka nira ni Mayaw.

哥哥說：「挑起來！」弟弟一挑還是啪地一聲折斷了。據代代祖傳說法，為何咬人狗樹有血紅的樹汁？那是由於 Unak Kakalawan 所砍下的人頭而來。弟弟再問：「到底哥哥所用的棍棒是什麼樹？」哥哥 Mayaw 說：「來來來！我跟你講，你若讓給我那個很漂亮的人頭，我就告訴你我用的棍棒是什麼樹？」

25 Matiraay sa, iray, tahira sa i i tira iray, "o maan kinian o niletekan ako? no caay pakatepa?" han to ni kaka nira ni Mayaw, Ira sa, "oli leteken ari!" han to, ta'ta' han nira ko tapangan a miletek. Maherek tora i, capo' han to ni kaka nira ni mayaw, to- toc "hatinien hatini ka raraya'" han to ni Mayaw. "Iray i tini ko piketon hay male- cad to no mako" han to no kaka. "Tatatata!" sato. Tahira sato iray, "Kaira:wan kakapa:hay ko sapafeli takowan" han to ni Mayaw o kaka nira sa, pafeli han to no safa nira. safa nira.

弟弟答應了哥哥的條件之後，哥哥 Mayaw 帶弟弟說：「我的棍棒就在這裡砍的，你怎麼找不到呢？」哥哥說：「去吧，砍過來！」於是弟弟去砍取樹幹。哥哥又說：「把樹幹的枝子修砍之後，照我的棍棒一樣的長度割斷！」弟弟完成，哥哥又說：「好吧，我們回到那裡去！」到達那裡時，哥哥向弟弟說：「給我那個漂亮的人頭！」弟弟不得已，只好讓給哥哥那人頭。

26 Iry, tosa kono safa (kaka) iray, tolo koni mayaw, malosakatolo ni Unak kira i, pafelian ci Mayaw. Hanaw ko sowal haw. Iyaan ko saka, kakoy sa tora i, caay to ka petek. Ano hani sato ray, matopa to naira iray, "ina ina, palitemohen. kami to epah!" han to naira. Ira sa, nanosowal no kaka, macopa ko loma' tahidangan to no safa i 'a'ayaw ko safa. Ira sa, tahira sa tora "da, ko 'inay ako, da!" sato celak han to ni mama nira ni Kakalawan ko fasolan.

哥哥 Mayaw 原來只有二個人頭，後來由弟弟得來一個，增加成三個人頭，弟弟原來有三個人頭，因讓給哥哥一個人頭，變成只有兩個人頭。於是弟弟挑起來人頭時，棍棒不再折斷。他們回家快到門前時，大喊：「媽媽！請爲我們灑迎靈酒！」這是弟弟喊叫的。因爲回到家以前，哥哥告訴弟弟要這麼做。「好孩子們回來了！」父親高興地迎接兩兄弟。就拿來籐席（fasolan）鋪在地上。

27 Ira sa, i sa'amis ko no kaka, i satimol ko no safa. Iray, "dafaken to a misilsil to'eman to kini!" han to ni Kakalawan ira sa matira. Iray, sowal sa ci Kakalawan iray, "Inian o panay haw, o felac iray, tiraen i fakar, iray, ci fafoy ano dafak. Iray, ano dafak iray, maratar a misalemel haw. Iray cicora' ci Mayaw Kakalawan to cora' no tenga'an aci Unak. Iray, citapad ci Mayaw Kakalawan" sato.

然後把人頭放在籐席上，哥哥的人頭在北邊，弟弟的人頭在南邊。Kakalawan 說：「天黑了，先放在那裡，明天才處理也行！」Kakalawan 又說：「明天我們要行祖靈祭。多準備稻子，白米放在籐筐。還有豬肉等不要忘記。同時明天一大早，Mayaw 和 Unak 二人要戴上雉雞的羽冠。尤其是 Mayaw Kakalawan 要穿著綁腿褲。」

28 Ira citafolak saka'iray naira. ci malay kayo cofel. Hanaw ko sowal. Sa ci maray sa tora i, yaan to ka'apaay tafolak. Hanaw ko sowal. Sa citakelang sa tora i, yo madahalay tafolak, ira padita' hanen. Ira matira oraan o nisaharotian ko hiya ko kaos. Hanaw ko sowal. Ira sa, sowal sa tora i, tifeken to ko hakhak, 'oled sato i, hatinien, han to ni Kakalawan ko fafahi nira ci Rongac Rinamay.

翌晨全家依照父親的話盛裝打扮。帶著頭飾（tafolak）、羽飾刀鞘（malay）、祭刀等，參加人頭祭。再說，他們儘可能地拿出最精美的頭飾和羽飾刀鞘來盛裝。胸飾是用特大的 tafolak 所作。帶子也用 haroti 裝飾。父親 Kakalawan 告訴 Rongac Rinamay 要準備糯米飯和生米糰等。

29 Ya sato mato'asay iray, ira,ci Tafong, ci 'Olaw, ci Calaw, ci Looh, ci Angah, iray, ci Hino ira o mato'asay maemin. Iray, iraan sato riy, polong sato i loma' ni Kakalawan ko mato'asay. Matira ko demak tiraan. Hanaw ko sowal. Iyaan tora sa, "ka cicora' to a Mayaw, cicora' no tenga'an aci Unak, kafohkac to" sato. "Kiso Rongac iray, kafohkac to" sato. Sa ci maray sato ci Rongac Rinamay.

又召集 Tafong、'Olaw、Calaw、Looh、'Agan、Hino 等所有的老人們。這些老人在 Kakalawan 家集合。父親告訴 Mayaw 和 Unak 兄弟說：「你們戴上羽冠後，請出來吧！」又向妻子說：「Rongac 你也請出來參加。」Rongac Rinamay 盛裝走出來。

30 Ra. sa so'elinay, i 'ayaw to no tatoro'an ko piteli to tafad i fasolan, hay i 'ayaw no paenan. Ira, nengneng sato ci Rongac Rrinamay iray, "Afay ka kapah ko ni Iyaw kini!" han to nira ci Mayaw. Ira sa, "aya, cikaka:pah ko ni Unak kini? alatolo kira i, masasafa: ko hiya kira howa ko 'ali'it'it" han to ni ina nira ni Rangac Rinamay. Iraan sa tiraan iray, ma:raro' a hanen, "oyaan o kapahay ni Mayaw i, ni Mayaw kiraan? o no mako i, pa'acoy to 'onoc na mapetek ko mako.

舉行人頭祭的地方，就在屋簷外的院子，把人頭安置在籐席上進行供祭。Rongac Rinamay 看了人頭之後，對 Mayaw 說：「孩子 Mayaw，你砍的人頭真漂亮！」後來又向 Unak 說：「看來你砍的人頭不怎麼漂亮，你是弟弟還是不夠勁兒。」弟弟聽了母親的話，忿怒地說：「媽媽你錯了，原來那個漂亮的人頭是我砍的，不是 Mayaw 自己取得的人頭。因為我的挑棍折斷，後來我們交換人頭和木棍。

31 Na han ako ira sa, cefis sa to kakapahay hani" sato, han no safa. Celi' sato ko hiya iray, "wa:w i wali kako masadak a ina! a, Waka', Lopili'aw ni waka', ci Anafoyaw ni waka', ci 'Owasaw ni waka', ci 'Alikisaw ni Waka'" sato. Ira sa, hatira ko 'olic ni Mayaw kakalawan sa. Pek! sato paperok to sera pakayni i fakafakaan.

結果哥哥選取了那個漂亮的人頭。」哥哥聽了之後，不甘心地向母親喊叫：「喔！喔！媽媽請您看看！我是從東方出來的。諸神靈啊！Waka'、Lopili'aw ni waka'、'Anafoyaw ni waka'、'Owasaw ni waka'、'Alikisaw ni waka' 啊！」接連地禱告著。之後，弟弟 Unak 也跟著 Mayaw 大聲禱告。一邊禱告，一邊踏地跺腳，然後身體逐漸沈入土裡直到腰部。

32 Ira sa, "Wa:w, i wali kako masadak Lopalangaw, ira ci Ma'o'ol, ira ci Afedo'ay, ira ci Caricapic, Tatakosan, ira ci Raropayan, ira ci Atalaay, ci Cidal howay a masadak!" sato. "Ano roma ko masadakay i tini i 'ayaw tiraan iray, a o tireng ako a matiya haw!" sato. Fek! sato ray, pakayni i kirikiri'an. Paliyaw haca a mitahidang, "i wali kako a masadak ha Toro'aw ni Waka' haw, ira ci Fatili'aw ni waka', o Waharah ni waka', 'Anafoyan ni waka'!" saan, iray, "Pihodidipan ni waka'" saan.

再繼續喊叫：「我乃從東方出來。喔！喔！Lopalangaw、Ma'o'ol、Afedo'ay、Caricapic、Tatakosan、Raropayan、Atalaay、Cidal……」又叫：「凡在東方出現的異象，那是我自己……」再碰地跺腳，身體沈入土裡直到胸部。又喊叫：「我從東方出來！我的諸靈神，Toro'aw ni waka'、Fatili'aw ni waka'、Waharah ni waka'、'Anafoyan ni waka'、Pihodidipan ni waka'！」

33 Iraan sa, ra satora milecep to. "Ayamolecep to ci kaka ako kini!" sato ci Unak. "Wa:w i wali kako masadak mama. Aray, dipoten kako ha Waka', ato ci Fetili'aw ni waka', ci 'Oto ni Waka', ci Lahlah ni Waka'" (O maan kora ci Lahlah sanay? Ira o miko^koay to kaliyah kiraan haw, to kapah ni 'Afoloyaw ira sa ci Lahlah han kiraan.) (Iray, ci 'Anafoyaw iray, 'Analoyaw ni Waka' sato.) Ora saka nafoy nira, manafoy a midipdip hanaw ko tata'osen nira. Hanaw ko sowal, hatira kiraan. (Ya sa tora i, i wali a masadak haw a o maan ko masadakay nani wali haw a o tireng ni Unak Kakalawan saan.)

這個時候，哥哥已沉沒土裡不見人影。弟弟見了心想：「啊！我的哥哥不見了！」於是弟弟跟著喊叫：「喔！爸爸，我從東方出來！諸神靈呀！Waka'、Fitili'aw ni Waka'、'Oto ni waka'、Lahlah ni waka' 求你們保佑我！」（所謂 Lahlah 神？據說是專司保護 'Afoloyaw 青年而打擊 Kariyah 惡靈的神）、（還有 'Anafoyaw，即 Waka' 是他的祖神，也是守護神。）（所謂從東方出現 [masadakay nani wali]，那是指 Unak Kakalawan 本身。）

34 Iya sa, sowal sa tora i, fek sa tora i, tahini to i 'a'enocan kiya no safa, "wa:w cekoren kako Lopalangaw, ira ci Honahonaw Sapaterok. iray, ci Tema'o'ol, ci 'Afedo'ay, ira ci Calipacip, ci Tatakosan" sato. Fek sa tiraan i, kafit han ni ina nira ko cora'. Ira sa malakili ko 'Owang haw. Hanaw ko sowal. (O maan ko 'owang asa tiraan iray, tolo i satimol, iray, tolo ko mifaleday i tini i etip kiyami. Ora sa 'owang han kiraan haw.) Hanaw ko sowal tiraan sa, ra sa toraan iray, o paherek kiraan.

弟弟再跺腳沈下土裡，已到頸部時大喊：「Lopalangaw、Honahonaw Sapaterok、Tema'o'ol、'Afedo'ay、Calipacip、Tatakosan 啊！求祢們看著我！」最後跺腳時，母親趕過來抓住他頭上的羽冠。據說母親所抓住的羽冠變成北斗星（'owang）。所說的故事到此全部完畢。

35 Ira, o herek ni Unak Kakalawan a ci Mayaw Kakalawan kira ira, sadak sa o 'icep ko no kaka haw, o fila' ko no safa, Iray, sakatolo sa tora ira, o facidol. O safa sa tora ira, o kiyafes, o karo', o mami', o minowad, o lopas. hatira, o mami' no pangcah kira. Hatira ko paini no mako haw. Hatira ko sowal ako.

後來，有關 Mayaw Kakalawan 和 Unak Kakalawan 二人的傳說，還

有如下的流傳：哥哥沉沒的地方長出了檳榔樹，弟弟沉沒的地方則長出了荖葉。又說，哥哥沉沒的地方長出了麵包樹，而弟弟沉沒的地方則有蕃石榴、文旦、橘子、李、柿及野生的橘子等水果樹。我所報導的故事如上，到此為止。

第二十三章

Pakayniay ci Akayan
阿凱的故事

1 Ira, i tiya sato, lomaoc ko Tafalong keton sato ko sowal. "Tananamaw ho ita ko Cikayoman" sato. Iray, i tira i kapatayan ni Akay a Ngayangay i citefosay saetip no cidatayay. Ira sa, sowal sato ray, ira to aemin ko Kayoman, iray, malalood to iray pakikis han to no Cikayoman tangasa i 'Atomo. Hanaw ko sowal, haw.

那時太巴塱人在集會所聚眾決議：「我們來嘗試與 Cikayoman 部落互相較量一下。」他們的中心站設置在 Akay 死亡的地方，即七里香樹區（cidatayay），西邊是甘蔗園（citefosay）那裡。終於 Cikayoman 部落來攻擊太巴塱部落，並將太巴塱人逼迫到 'Atomo 那裡。

2 Iray toan to ko Cikayoman. Tafalong sato tiraan iray, mi'orong to to pakamidan, to fodata iray, tangolangolan ko Tafalong tangasa i tira i salawit, tapang no salawit ko romaroma. Sowal sa tiraan iray, ya mifa'inayay to Taywan, ya Fata'an iray, tayra sato i tira i Fata'an, kiyaan cifa'inayay to Taywan, iray, mati:ni ko Tafalong iray, looden no Cikayoman sato to Komod. Iray, Sapalengaw sa tiraan i, ci Hopak. Hanaw ko sowal.

Cikayoman 人走後，太巴塱的男女老幼扛著行李往 salawit 方向逃難，[1] 有些人還留在 salawit 的山腳下。這時候，有一位嫁給漢人的馬

---

1 salawit 指海岸山脈山頂東西斜坡的分嶺。

太安部落婦女，向馬太安部落的幹部報告：「太巴塱部落遭受 Cikayo-man 人攻打，正在逃難中！」當時馬太安部落的大頭目是 Hopak。

3 Iray, telek sa ci Hopak tiraan iray, "naw? matini kamo o papikedan iray, oy^oyen haw, cima to ko ca'idadang?" O sanay kinian sa, ira sato ray, ira taynien ko Tafalong, ira "nga'ay mapolong kita i tini" haen hanto ni Hopak ko sowal. Ira sa, patakosan no papikedan. Iyaan a romi'ad tiraan sa, mati:ni ko demak no pakacowaay han to ni Hopak, no pakayniay i patay ni Akay sato ko sowal no Tafalong. Fafotingan iray, to pisowan, iray, lima a celed. Ko panay hatira ko paini no Tafalong sa. O sadak no malekakaay pakayni haw. Hanaw ko sowal.

Hopak 緊急召開會議說道：「消息不好了，你們青年組立即號召集會準備抗戰。我們為好鄰居，難道要袖手旁觀？同時，派員請太巴塱部落的總領袖前來，與我們共謀如何抵抗敵人進佔之策略！」於是青年幹部奉命，立即派人前往太巴塱部落聯絡如何作戰。後來 Hopak 了解太巴塱部落和 Cikayoman 部落交戰的原因，原來是 Akay 被殺害所引起的事件，是為爭奪捕魚區而死。為補償人命，對方要求太巴塱部落該開放捕魚區，並賠五束糯米穗綑給對方。我們和太巴塱部落原為同宗的後代。

4 Iyaan ko saka, hinam han kiraan, i cikaw to no nanom no Tarawadaw ci Akay. Iyaan ko saka, sowal han to ko Tafalong tiraan iray, "Namimaan kamo a mihaen? matini sato caay pakadawa to Cikayoman hanaw ko sowal haw. Matini sato iray, mangata to kamo a micolo' to hafay namo i, hanaw ko sowal tiraan sa, matira ko demak. Hatira kiraan. Ta cila sato kamo ira, pataloma' han to namo matiya ko korekoreng namo. Iyaan ko saka, ra sato laoc sato ko i tiniay a kapah haw.

原來 Akay 的屍體在 Tarawadaw〔花蓮溪〕下游溪岸被人發現，不知道是遭誰殺死的？於是，對方藉口怪罪太巴塱，要求爲死人償命。結果引發二部落的交戰。Hopak 指責說：「你們爲什麼要做傻事？弄到這個地步而敗在 Cikayoman 的手下？我告訴你們，把你們所有的小米先搬到另外地方疏散開去。這是得先進行的重要事情。再有時間，重要的家財等也應搬出去疏開才對。同時，次日，我將調動這裡的青年階級配合貴方的行動，切記！

5 Iyaan ko saka, ra sato toraan iray, o maan a demakan namo ko maatiniay? O sanay kinian sa, ra sato toraan iray, ala: nan to ko pakayniay i Lasana' iray, o Kalafi ato Laowaw. ira to Laceles, ira to Lafangas iray, Ma'orad ato Papikedan." Sato ko sowal ni Hopak.

我方所出動的青年部隊，包括 Lasana'、Kalafi、Laowaw、Laceles、Lafangas、以及青年領導階層（papikedan）Ma'orad 等階級。」以上是 Hopak 向太巴塱部落的重要人物報告的計畫。次日，Hopak 乃依照計畫調動各階級勇士待命備戰。

6 Sa, dafak sa tora i, ira saawiawid sato. Ci Calaw Oday papikedan no Lasana' kiraan iray, "i tiraan a Talo'an iray, namo awid kiraan haw. Ira a talo'an iray namo awid kiraan haw! Ira sato ray, niyam to kira hiya. O sanay kiraan, matini sato i, mahekapito mahekaenem, mahekalima ko yofayof to tafo ira sa, hae:n han ako ko sowal haw"

又命令 Lasana' 階級的組長 Calaw Oday 兼任總指揮員，命令道：「那裡的 talo'an（小屋）由你們的人員站崗，這裡的 talo'an 由你們的成員站崗，那裡的 talo'an 由你們的人員站崗！yofayof 階級可分成七、六、五，各小階級負責運送全體的食物（便當）。」以上是我的報告。

7 Tahira sa, tatala sato i tini: to i saetipan no 'Atomo. Hanaw ko sowal tiraan. Iyaan ko saka, "i tira sa tora, aka 'osawen ko hafay haw, hanaw ko sowal" han to ni Tayoman. Ira matira ko demak kira. Hanaw ko sowal. Iyaan ko saka, ira taemin felec sato.

全體大會合地點就在 'Atomo 那裡。是這麼說的。另一方面 Tayoman 指示：「所有的小米不要留在那裡。」這就是準備作戰的狀態。全體到齊了立即動身。

8 Ira o papikedan ato sapalengaw ato (sawtiw, ato sawtiway) tatala sa i tira i sa'amisan no picodadan no Tafalong. Ira hatira ko demak ira sa, halo Mato'asay, halo finawlan no Tafalong iray, teli teli teli teli han to misaawiawid. "Haenen ko demak namo haw, kato polongi" han to ni Talolay.

青年的領導階層、頭目及哨長，還有各階級組長集結在太巴塱國小的北邊。所有太巴塱部落的人，有幾位就安置這裡，有幾位就安置那裡，處理完善。說道：「群眾不要集中在一起！」

9 Maherek a rnihiya toraan iray,
   "nima kinian?" han to iray,
"o no mako" ira,
"nima kinian?" han iray,
"o no niyam" makera no niyam kiraan.
"nima kinian?" han,
"o no niyam"
"nima kinian?" han iray,
"niyam" sato. Iyaan ko saka, haw ra ira, onian ko demak haw. Hanaw ako ko sowal tiraan.

問道：
「這是誰的？」
「是我的！」
「這是誰的？」
「是我們的！」是我們找到的。

「這是誰的？」

「我們的！」大家同聲的說我們的。

「是我們的！」總之，事情就是這樣。

10 Sa, iraan sato tiraan iray, "pataloma'en to ko fafoy namo" ha to ni Hopak ci hiya. Ira ko patolon no sapalengaw, tolon sato ci Hopak tiraan iray, "o 'aca no Fata'an kiraan iray ra, a o koreng to kirami ira to koreng, 'atomo, safotingan, sadangahan haw. Yo sanay kinian, hae:n han ko demak" han to ni Hopak. Hatira kiraan. Ta, ya sato a romi'ad iray, "mama, lomaoc haca ko Fata'an, i matini saan iray, tanamay aca niyam haw koyo kapah no i tiraay Cikayoman naosanay kinian" han to ni Saloolay. Iyaan ko saka, ya saan tora, "Tatii:h to kapah" han to ni Hopak, "caay mama. Matini sa tora iray, maan han to ko sapisakilang?"

頭目 Hopak 命令他們：「你們的豬要搬回去！」Hopak 又說：「我告訴你們，馬太安青年搬豬的酬勞如下：甕（koreng）、陶壺（'atomo）、魚簍（safotingan）、圓鍋（sadangahan）這些而已。」次日，有人來通報：「長老，今天我們馬太安青年全體出動向 Cikayoman 部落挑戰！」Saloolay 階級代表報告。Hopak 回答：「不行，青年們！」「長老，不是這麼說的！若是那樣，我們將來砍木材時，會發生困難！

11 Ira ciceka ko wa'ay haw? to lalan matokinilay a fokeloh? O matakaway no lowah a matiya? a masay ato lapot?" matini sato ko paini ni Sasololan. "Awaay, fangcal ano matira ko sowal namo o kapah toranan ira sa, ano haenen tora iray, kiso: to i matini tona ira sahakelong to haw! Pitahidang to malataw, tahidang tora iray, ceko:r ko kapah i matini haw! palatapedan a kapah, iray, pa'enganganay no fayfahi ko kapah i matini.

我們的腳底被刺釘住一樣，道路是彎彎曲曲，路面相當不平，處處有突出的大小石頭，狗藤葉綁著腳阻礙走路。」Saloolay 說。Hopak

回答：「要是你們主張這個說詞，那就照你們的意思去做吧！希望你好好地帶領青年。你帶領全體青年時，別忘記呼喚 Malataw（軍神），並祈禱：『軍神啊，保佑我們的青年勇士。女子們喜歡的青年勇士們，

12 Ira sa, o Kalafi ira, o Laowaw ira, to ira o Laceles, ira to Lafangas, papikedan sato o Ma'orad. Yosanay kira sa, haenen ko demak ano dafak haw! hanaw ko sowal" han to ni Hopak sapalengaw. Ira sa ci Tomong Cacing sapalengaw to. Dafak sato tiraan iray, "mitengil kami mama. Ira ko saka, cima to ko tari^ridan a matiya? iray, saka'ami'amis, sakatimotimol a matiya? Saka tayra i Folalac? sakatayra i Cepo'?" hae:n han to ni Hopak. "Kiso matini haw Lopalangaw ira, ci Honahonaw Sapaterok, ira ci Tema'o'ol Sapaterok, ira ci Afedo'ay Sapaterok, patafedo'en ko kapah haw ano dafak.

他們有 Kalafi、Laowaw、Laceles、Lafangas、青年領導階層 Ma'orad 等階級。』切記明天就這樣呼喚軍神祈求守護。」頭目 Hopak 反覆說著。此外，另一位 Tomong Cacing 頭目，次日說：「長老，請指示我們！讓誰作我們的總帶領？如，北方地區？南方地區？如，Folalac 地方，Cepo' 地方派誰去聯絡？」Hopak 求神道：「諸神啊，Lopalagaw 神、Honahonaw Sapaterok 神、Tema'o'ol Sapaterok 神、'Afedo'ay Sapaterok 神，祈求諸神，保佑青年勇士們明日的行動。

13 Kiso matini ha Yaka', ira ci Fetili'aw ni Yaka', ira ci Fo'elasaw ni Yaka', Tamiyayaw ni Yaka', ci Tolahlah ni Yaka', ci 'Anafoyaw ni Yaka', ci Hodadipan ni Yaka'. Han toraan saka, ano so'ayaw matiya ko kapah no Cikayoman a mayiya, ka o fedih no 'aredo a matiya haw, ta awa ko kecal no kapah ni Toray. Yosanay kinian sa, panegneng ko kapah ako toranan iray, kaka i 'aramay haw, ira ka; tangal kirami, ka i Latefi' kirami, ka i Takelang kira a matiya, na osanay kinian. Yaan ko saka, mati:ya haw!" han to ni

Hopak kira, lowad sato ko Lasana' haw. Yosanay kinian sa, tahira sato i kapatayan ni Akay i tira i saetipan no Cirakayan iray, ira, papelo to ci Looh Teneng mikofah to Malataw.

Yaka' 神、Fetili'aw ni Yaka' 神、Fo'elasaw ni Yaka' 神、Tamiyayaw ni Yaka' 神、Tolahlah ni Yaka' 'Anafoyaw ni Yaka' 神、Hodadipan ni Yaka' 神，俯聽我們的祈求。若和 Cikayoman 的青年交戰時，保護青年們不至於受傷陣亡。凡我方勇士的身體各部位，如頭部、手足、胸部等要害部位，請保護！」Hopak 懇切祈禱之後，由 Lasana' 階級領頭出發。他們就抵達 Cirakayan 的西邊，Akay 死亡的地方，停留一陣子。Looh Teneng 又向 Malataw 祈禱。

14 Iray, sowal sato ko iray, ngayngay han to no Ma'orad. Iyaan ko saka, satalo' to sato ko kapah ni Toray Cikayoman, iray, papelo: ho ci hiya ci Looh Teneng. Hanaw ako ko sowal. Maherek a papelo toraan i, "nengne:ngen ko kapah haw! Pafeci'en pakatakoden haw, pakaco'isen ko pacek, no Cikayoman haw!" haen han to ni Looh Teneng, ira sa, "ari kapah!" han to nira sa, masoni to ko kowang no hiya no Fata'an.

Ma'oway 階級勇士們出現於 Cikayoman 部落青年群的對面時，他們開始喊叫起來。這時，Looh Teneng 又發言訓話。Looh Teneng 訓話之後，又祈禱說：「祖靈，賜給我青年勇士，打仗能速跑，能輕跳的功夫！同時解除 Cikayoman 部落所暗設的種種危險陷阱！」如此說後，發令：「開始！」馬太安部落的勇士們開始發炮攻擊彼方。

15 Ira matira ko demak ira sa, mahetatolotolo, mahetatosatosa, mahesasepasepat ira sa, pakikis han to no Lasana', o Kalafi, o Laowaw, ira to Laceles ato Lafangas ita to papikedan o Ma'orad. Iyaan ko saka, iyaan to ko sakafolaw haw no Cikayoman haw. Hacera saan iray saetip no Lidaw ira, Nataoran to kami saan. Hanaw ko sowal tiraan sa, ra sa toraan i, o matiraay kina sowal i matini haw, sa ko sowal ako.

我方在青年領導階層 Ma'orad 階級的指揮之下，由 Lasana'、Kalafi、Laowaw、Laceles、Lafangas 等各階級共同聯手攻擊，因此對方屍首散落各地。Cikayoman 部落打敗仗之後，部落開始分散遷移到各個地方。有些移到在 Lidaw 部落，有些移到 Nataoran 部落那裡。以上，這個故事是這樣流傳下來的。我的話到此爲止。

第二十四章

Tafong
達豐事件

1 Iyaan sato a loma' iray, o mama ni Iteng ci Tafong. Iray, cimamisowal sa, ci Tafong iray, ci Iyot tatosa a tiyaan ci Looh. Sowal sato tiraan iray, o fanolan a sokin ni Tafong. Hanaw ko sowal tiraan. Sa, ira sa toraan iray, "ayi! Tiraan a sokin caliway ako papodapocay ako to siringan" han to ni Iyot ci Tafong. "Aka, iray, ini ko miso i, iraan o pararomis takowan. Saan ko faloco' ako sa, ayi! o sokin ako" han to ni Tafong. Matira ko demak haw. Hanaw ko sowal.

有個人名叫 Iteng，父親名叫 Tafong。Tafong 的愛人名叫 Iyot，她另有一位男友名叫 Looh。Tafong 有一條 fanolan 頭巾。有個晚上 Iyot 向 Tafong 說：「你的頭巾拿出來借給我，我要為它裝飾紅線邊。」Tafong 說：「不，這是你的頭巾！不是我的。請妳還給我，屬於我的那一條！」

2 Iyaan ko saka, sowal sato ray, roma toraan mi'olid ci Iyotan ci Tafong maletakeda ato ci Looh, "ayi o sokin ako hay han ni Tafong. Caay kakahi "wa samaanen ako saw? iray, wa sidayen ako? o sanay kinian sa, o mimaan caay ka kaika:ir ako i?" han to ni Iyot. Iyaan ko saka, matira ko demak ira, caay to ka i tira ci Tafong a mi'olid, i tira to ci Piti'an o wawa ni Kayting. Hanaw ko sowal

有一個晚上 Tafong 來到 Iyot 家遊玩，恰好遇到 Looh。Tafong 說：「我的頭巾還給我！」Iyot 回答：「我不會弄丟的，幹嘛這麼急？我還沒有動手裝飾呢！」從此之後，Tafong 不再跟她來往，他跟 Kayting 的女兒 Piti' 來往。

3 Iyaan ko saka, sowal sa tora ira micomod aca kiya ci Looh ci Iyotan. Yaan ko saka, matira sa, i tira: sa ko sokin ni Tafong. Matira ko demak. O sakamoetep a romi'ad kira ira, alaaw to ko sokin ako nasa ci Tafong, maherek malafi, iyaan ko saka, dipdip han to ni Tafong, ya maherek to malafi sato ci Tafong ira sa, tala; han to ni Tafong.

後來 Looh 入贅，和 Iyot 成婚了。但 Tafong 的頭巾還在 Iyot 家那裡未取回。如此說。過了十天後，Tafong 想去拿回頭巾。於是 Tafong 晚飯吃飽後去等候 Iyot 出門。

4 Iray, miala ho kako to kasoy sa ci Iyot ira, kaot han to ni Tafong ya sa lalimek sato i saetip no paco^erongan i moco'. Hanaw ko sowal haw. Iyaan ko saka, halafin cikakahi ci Iyot a pafeli tina sokin, ira sa, ci Looh sa tora i, yo misi'ay i cowa to terep nosa? saan kilim sa ci Looh ira sa, ira to a masasireng ca Tafong aci Iyot.

不久，Iyot 想拿木柴，出門時，Tafong 一看她出來，即前去拉住她並帶到置柴屋的西側躲起來。二人爭執許久，Iyot 還是不肯交出頭巾。不久後，Looh 出門小解，他想剛才明明聽到有人講話的聲音，怎麼忽然沒聽見？於是他四處找尋，結果發現 Tafong 和 Iyot 在那裡並肩交談。

5 Iya sa, cefis han ni Looh ko sokin ni Tafong iray, katalo'afang to tini i 'afala. Mato hana:nay ko no mukasi. Nikasaan ako kinian. Ira sa, i cowaan to ci Tafong a ma'araw to ni Looh ko sokin? Hanaw ko sowal.

此時，他不顧一切，往前把掛在 Tafong 肩膀上的頭巾搶走當作證

據。昔日發生的事情就是這個樣子。這個情況下，Tafong 的行動被
Looh 發現，那麼，Tafong 有什麼為自己脫身的法子呢？

6 Iyaan saka, pafesoc to i tapang ci Looh pafeli tiyo sokin ta tayraan ci Iyotan. Hanaw to kiraan tiraan sa, haen han to hatira kiraan. Ira sowa:l sato tiraan i, "mafoti'aw to ina" sato kira ci Looh, "Mimaan talasoraratan?" han no ina nira ci Kaiting ina ni Iyot. Matira ko demak tiraan haw, hae:n han ako ko sowal.

Looh 搶走 Tafong 的頭巾之後，直奔到母家那裡，把 Tafong 的頭巾
交給母親暫時保管，然後回到 Iyot 那裡。事情的前後就是這樣。
Looh 說：「媽，你們休息睡覺。」「你還去集會所幹什麼？」妻子
Iyot 的母親 Kaiting 問。

7 Iray, hilam han iray, o tafod ni Tafong to tafolak, pamalay han to fafakelo ira paopih hanen. Iray, "ina ina" sato ci inaan ni Tafong ci Rengosan ato peton nira ci Awaan. Yosanay ci Awa o peton nira. Hanaw ko sowal matira:ay kira. O sowal ni Looh ci inaan ni Tafong ci Rengosanan, "caliwaw hako ko tafolak iso, kakoay ko citafolakay" han ako ci Tafong, "oli maca'it to sa ci Tafong".

原來 Tafong 的頭巾嵌著薏仁，又裝飾著紅色的羽毛，非常漂亮。
Looh 說：「Ina Ina！」是對 Tafong 的母親 Rengos 和他的姐姐 Awa
來問道。Looh 向 Tafong 的母親說：「我向 Tafong 要求把 tafolak 暫
時借我用。」Tafong 說：「好啊，掛在那裡！」

8 ira sa, "i cowa ina?" "maan kira maca'itay to" han to ni Aloay Porekit peton nira, ala han to ni Looh. Iyaan ko saka, tahira sa ci Tafong a mafelec nami'olid iray, ci Piti'an iray, ina iray, "cowa to ko tafolak ako ina?" sa ci Tafong, "i o sowal ni Rongac i honi i, "ya,ina ina" saan, "o maan?" han ako, fohaten kako sa kiya,

「Ina 在哪裡？」Looh 問。「不是掛在那裡嗎？」Tafong 的姊姊 Aloay

Porekit 回答。於是 Looh 就把它拿走。」Tafong 到了 Piti' 母親那裡說：「我的 tafolak 在哪裡？」「呃？剛才 Looh 來過說：『伯母！』」「什麼事？」我回答。「請開門！」

9 iray, "mialaay to tafolak ni Tafong, caliwaw ho kono sa'ali a Tafolak haw" saan ira sa, i cowa? "o maan kora maca'itay to" han no niyam, "nano sowal iso howa." "Tomay! Yasa ira Sokin ako kiraan, alaaw to ko sokin ako saan kako sakamo^tep kinian. Yaan sato ayien ako i, cikakahi papocapocan ako, palilisan ako saan ci Iyot. Iyaan i, no ca:pafeli tiyaan o Taringring? yana sokin ako? sa kako."

於是她進來屋裡說：「我來要拿 Tafong 的頭冠，暫時借用好嗎？」又說：「放在那裡？」我回答：「不是掛在那裡嗎？」人就走了。「不對！那是我的頭巾，十天前已借用了。我剛剛拿回來的。原來我拿回來時，Iyot 不肯還給我說：「我為你裝飾 pocapoc（流蘇）和 lilis（邊飾）。」過了好幾天，她仍然未歸還，我想：「她怎麼到現在還沒還給我？」

10 Iyaan ko saka, ya sato cikakahi iray, matakop ako. Hanaw ko sowal. Ira sa, ci 'Apak Kito, ci Marang 'Ipoc, ira ci Ingay, ira ci Hopak, ira ci Dokoy, ira ci Ririw, ira ci Kapa'. Ira matira ko demak haw ira sa, matira ko demak sa, i tira ko Tadang haw. Hanaw kiraan sa, matini sato kiraan iray, "kita sa i matini pa'ilo ira, ka pitaos haw" sato tamiyan. o pakainaay kami. Ira cisafaw cecay ko pakainaay no ina ni Awa no niyam. Hanaw ko sowal tiraan haw.

因此，這一次我去催促她，還是不肯還，不得已我就這麼做！於是 'Apok Kito、Marang 'Ipoc、Ingay、Hopak、Dokoy、Ririw、Kapa' 等人集合。事情這樣惡化進展。長老（faki）向我們警告說：「這個糾紛，我們避免干預為妙！」他向母方的我們指示。我們母方的親屬共有十一家。

11 Iya sa, ca:cay a laloma'an haw ira ko pa'iloay. "Ano tomeli' to ko lopini'an i, sa ira, emin asa kinian o pakamamaay, pakainaay sanay kiraan ira, a cima to ko fafahi a matiya? Yosanay kinian!" haen han ni Marang 'Ipoc ko sowal. Iyaan ko saka, cecay ta laloma'an ko pa'iloay haw, ira ko matiraay o Tadang. Hanaw ko sowal tiraan sa, mati:ra ko sowal ako.

但有異議違反的家，僅只一家。「爲了一家的錯誤，有必要全體親族（含父方和母方）都受到糾紛的連累嗎？將來還有誰要作自己的妻子呢？」長老 Marang 'Ipoc 這樣地責備他。最後，只剩一家違反受罪。事情就是這樣，我就照樣這麼說。

12 Iraan saka, tato:lo ko laloma'an ko citadangay. Hanaw ko sowal. Matiraay sa, raan sa tora iray, oya cecay ngangasawan haw. Nikasaan ako kinian. Cika matiya o Tafalong, mafohat ko coco iray, "o maan ko haenen a pacoco takowan o ina:!" sa ko Tafalong. Ira ano mililoc kira iray, "o maan ko haenen papoki takowan?" sa ko fana'inay, Iyaan ko saka, ngangasawan sa ko Tafalong pa'ilo tiya na mafohatay ko cocco, ira ma'araway pa'araway to poki a mililoc. Hanaw ko sowal tiraan ira, cika matira haw.

其實，參與糾紛的共有三家，也可以這麼說。因爲他們彼此的關係是直系家族的關係，因此無法脫離不愉快的事情。馬太安部落和太巴塱部落的情況不一樣，若有一位婦女暴露乳房，看到的人喊叫：「她暴露了乳房，污辱我。」鬧起來告發對方，將使其受部落處分。例如，有位男子在洗澡時看到女子，喊叫著：「她暴露了私部！」並且不分青紅皂白，把小事鬧大，主要是就女性暴露乳房或陰部問罪，嚴重到雙方親族對立談判的地步。但馬太安部落是不會鬧到這種程度的。

13 Iyaan ko saka, mangodo to pi'ada'ada. Han ni Hopak ko sowal i tini i Lalaocan. Ya ci Hopak ira Sapalengaw to. Hanaw ko sowal sa, o hatiraay ko sowal ako.

因為這是最可恥的事情。這些是 Hopak 每次在集會所的訓示中，常常警告我們的話。Hopak 是部落的頭目。

第二十五章

O pipasifana' ni Solol 'Alimolo to pipalakaw
所羅魯阿利摩洛授與巴拉告捕魚法

1 Cima ko pakawanan sa ray, caay ho kaepod ci Solol 'Alimolo iray, awa: sa cika'efor awa ko pinang, 'a'ala'alaw to lakaw. Malalefolefod caay ho kaepod ci Solol 'Alimolo. Haw ko sowal. Iray sowal sa tora ira, cifafani to tiya na sowal ako nacila i cito'elay kiya. Iray, tini sato i, "tini cika i tira, samaanen mama ko lakaw" han nira i, "cacalicali:w asa" han ni mama nira ni Mayaw ko sowal.

昔日，關於捕魚，人們尚無良好的知識及經驗。有些人根本沒有技術，就貿然前往，所以收獲量不太理想。由於沒有人教導如何捕魚，況且 Solol 'Alimolo 尚未降臨人間教授捕魚方法。如昨天所講，Solol 'Alimolo 經茄苳樹（to'el）降臨人間，並與人妻結婚。Solol 'Alimolo 問岳父：「父親啊，你們從前是怎麼捕魚？」「我們輪流捕魚！」岳父 Mayaw 回答。

2 Ira sa, "no haenen?" sato ko sowal ni Solol 'Alimolo laoc sato. "Iraan sa no lakaw matini iray, mafokil aca kamo ray, i tira i fedeng iray, 'inilen ako a misanga'" han to ni Solol 'Alimolo na maherek a maoc. Iyaan ko saka, iyaan sato ray, "matini kamo saw?" sato, ta tangasa i tira i niya i pala no Malakapingay. Hanaw ko sowal. Nasa:an tiraan iray, fodfod sato to Tafalong.

「不是這麼作的。」於是 Solol 'Alimolo 召集眾人教導如何捕魚。「我要教你們 palakaw 捕魚法。」[1] Solol 'Alimolo 親自帶著大家到溪裡指導。頭一次實習的地點是在 Malakapingay。Solol 'Alimolo 說：「你們來的人就這麼多？」後來馬太安部落的捕魚活動盛行起來，就與太巴塱部落的人發生糾紛。

3 Ira sa, ono Makereng aca kiraan o Fedeng i tira ko naira Makereng a sasifatan. Iray, ono Penoan sato a sasifatan iray, ira i tapang no copo, saetipan no Fata'an,hatira ko hiya haw. Iray, sowa:l sa ko wawa no Cacifong iray, ira, o Cacifong to ko sa'ayaway to Tafalong ato Fata'an ato Malifoh, Taporo.

也因此，馬太安部落自行規劃組織「小部落」的捕魚區域，即 Makereng 部落（馬太安部落分區之一）的捕魚區在 Fedeng 地方。Penoan 部落（馬太安部落分區之一）的捕魚區在馬太安部落西邊的 Copo 的上段。但根據 Cacifong 部落（馬太安部落分區之一）的後裔表示，Cacifong 領先 Tafalong〔太巴塱〕、Fata'an〔馬太安〕、Malifoh（馬太安部落古分區之一，已遭洪水沖失不存在）、Taporo（馬太安部落分區之一）等部落和小部落區分配到魚區。

4 Iya sa, awaay ko lilep no Fata'an ato Taporo, Cacifong ato iraan o Malifoh. Hanaw ko sowal. Iyaan ko saka, ra sato ray, siwa miheca kafodfod ato Tafalong, iray, cai pakadawa to fata'an haw. Fata'an sato ray, fayfahi maomah. Ko fayfahi, no Tafalong sa tora mapirapir sakafolaw, masolep ko Tafalong kafodfodan. iyaan ko saka, capa han to ni Tafed 'Ofid, Tafedasing, ci 'Ayal, ci Sayi, o rarikor to sakiniyaro'.

Fata'an、Taporo、Cacifong、Malifoh 等沒有捕魚區。因此，馬太安部落與太巴塱部落爭執，費時九年，終於順利解決問題。二部落起糾紛期間，馬太安部落的女子照常工作，但太巴塱部落的人因害怕，準

---

1 參考本書第十四章註 1。

備遷居他處避難。幸好後輩的領袖人物 Tafed、'Ofid、Tafedasing、
'Ayal、Sayi 等人合力挽救這混亂的局面。

5 Iya sa, iya sa kiraan i, sanga' han i sakamo^tep a miheca. Ira matira ko demak haw. Iray, "kamo tora kiraan iray, aka to pihiya kamo o kapah. A mihaen kamo i, iray cima to ko ca'idadang?" han to no sapalengaw. Ira matira ko demak tiraan. Hanaw ko sowal tiraan sa, iraan sato iray, ham adada ci Solol 'Alimolo, ci Hopak, ko nihiyaan nira. Hanaw ko sowal.

可以說這個糾紛事件，在第十年才完全解決結束。sapalengaw 說：
「你們不要吵鬧了！二部落彼此鬧得越久，仇恨就越深，這樣是不行
的。希望忘掉所有以往不愉快的事，重新和睦相處。」當時 Solol
'Alimolo 生病，由 Hopak 擔任仲裁。

6 Iyaan ko saka, sanga' sato caay to kafodfod. Hanaw ko sowal haw. Hatira kiraan. Iray, sowal sato ci Hopak tiraan iray, "Ra sato o namo o Makereng iray, tira ko namo a 'Iyor haw. Iray, no Fata'an sato ira, pakayni i cepo' no Fedeng ko no Fat'an tangasa i tini i pala'edan ato Tafalong." Iray, makakenikenis i tira, tangasa i Karowa' iray, nanitira iray, ira i Fata'an pararem san tiraan ira, Taporo iray, pararem sa tora i, no Penoan. Iray, no Cacifong sa tora i, ira sa'amisan no Fahol.

是故，從此不再混亂。Hopak 族長裁定：「Makereng 部落的漁區在
於 'Iyor，馬太安部落的漁區從 Fedeng 的下游至到太巴塱部落附近的
界址（pala'edan）。由 Karowa'〔光復自強外獄北方〕地帶開始，劃
分給馬太安部落。再來往下屬 Taporo 部落部分，再往下為 Penoan
部落的漁區，至於 Cacifong 部落以 Fahol〔馬佛部落〕的北邊為漁區。

7 (Mafaha' kako howa, caedes ko 'a'enocan.) Ira sa, i tira ko no Cacifong a lilek o "Cirorangay" han kiraan. Hae:n han ako ko sowal haw. Ira sa tiraan iray, caka cadiwayen ko lakaw. Ano ira ko micadiway ira, mainge:t to kiya o cilakaway. Hanaw ko sowal. Hanaw ko sowal tiraan. Ya sato no 'Iyot kiraan iray, kiyo o Makereng kiraan iray, "nano 'iyor no mama ako i." saan yasa cipafeli. Matira ko demak.

（我咳嗽，喉嚨痛。）換言之，Cacifong 部落的漁區在構樹茂盛的 Cirorangay 這個地方。palakaw 捕魚法是禁止用手網去捕魚的方法。若有人隨便進去 Cilakaway 用手網捕魚，所有 lakaw 區的主人不但不允許，還會罵人不懂事。也許還會說：「這是我祖先留下的家產！」

8 Ya sato o Fata'an kiraan iray, "Ano ca ka eminen no nanom ko hiya kao, ira a cikamatira ko ni (cacapikan) caay ka matira" han to ni Arat, "ko cai: ka hiya ko nanom" han to ni Okong, ko cai: to kamatira ira to misieked. Ira ira:to ko pakalakelalay haw, tangasa Tanawan Tay, ira sa awa to ko lakaw no Fata'an, no Taporo, ato Penoan, Cacifong, i raan sato cecay o Fedeng.

Arat 說：「有次因發生大洪水，致使馬太安部落的原有地形遭沖刷流失，改變成了現在的模樣！」「是的！洪水實在太嚴重了！」Okong 補充說明。原來的 lakaw 區，因大洪水變成溪流主道，無法再成為 lakaw 區，到了 Tanawan Tay 擔任族長時，並未重新分配。也因此，Fata'an、Taporo、Penoan、Cacifong 等部落只好共同利用 Fedeng 區來捕魚。

9 Iyaan sa tiraan iray, o no mako to a nikalakomod, "Matini sato kiraan iray, malalakelal to kinian o hiya iray, ka hanen haw, alama:mang to kita! i cowaen ta pakelang to patay?" hanaw ko sowal. Namatini ko sowal ako sa, alama:mang to i matini haw. Hanaw ako kiraan. Hatira kiraan. Iray, sakasaan ako kiraan o pido^do to mato'asay iray, iyaan o sakakaay iray, "I! hae:n han ko demak haw a ci'oled kamo.

一直到了我擔任族長，又再度召集族人重新分配。我說：「如今，部分 lakaw 區變成溪流主道，不便作為 lakaw 區，為此我們重新分配，各部落區分配範圍極小，那也是不得已的。原則上僅維持各家進行 pakelang（捕魚祭）。」這是目前 lakaw 區域範圍極小之故。我依照古人訓示教導大家：「每次施行 milakaw 之後，必須進行 'oled 祭。

10 Iray, sa ci'oled sa toraan iray, fetik sa a matiya i, ci Idek to, Taremon to haw!" han to ko sowal. Ira sa, fetik saan, ira naniraremay iray, o ciwa' ko lowad naira iray, malakamicomocomod i tira haw. O ciwa' no Satefo iray, malekacomocomod i tira iray, ciwa' no Malofasi iray, malekacomocomod i tira saan. Ira caay pihiya kiyaan o no Marik no Lidaw kiraan. Hanaw ko sowal tiraan. Matira:ay haw, i tira ko teka haw. Ira sowal sato ray, ilisin to, malekalaholahok sato to lakaw ato sa'etek. Ira sa, i tira kinian a demak sa, cato ka siwar ko lakaw. Caay to ka dadokdokdok a mikafos.

進行 'oled 祭時，務必記住首先得祈求的神靈是 Idek，接著祈求的是 Taremon。」大家照此進行 mifetik，並分別前往各支流的角落，從下游往上游進行 mifetik。就是 Satefo［馬太安溪］支流及 Malofasi［馬里勿溪］支流重新行 mifetik。但，Marik 支流和 Lidaw［東昌溪］支流不必再行 mifetik。從此之後，舉行豐年祭期間，不再擔心辦午餐活動時，沒有捕魚的地方。就是全部落的漁團（各部落區）居民都有固定漁區可以捕魚，不再有爭先恐後的不愉快事件。

11 Iray, o "wilek no ina, o wilek no mama" sato, Ira sa mtira. Anini sato i matira kiraan iray, nipakilacan to ako kiraan iray, caay to ka do^do haw. Ira o no laeno no Co'ongan awaay to, sasa'opo: sato i tira i Fedeng. Hanaw ako kiraan, iray iraan haw, iraan kiya no maka'aw'aw ko mato'asay to sa'eteng to lakaw, sanay kira ko sowal.

對這個漁區，如今人人稱道：「這是父母（老祖宗）傳下來的地方。」
現在雖然由我平均分配規劃，但還是無法完全照辦。如今已取消了下
段的 Co'ongan〔嘉農溪〕地點，現在都集中在 Fedeng 地方捕魚。原
來從古至今，爲了捕魚地點分配不平，各階級爭執不斷。

12 Sikae:n sa makakalaholahok kiraan i, o titi: to i kailisinan,
hanaw ko sowal. Ira matira ko demak, tangasa i fatad ano
awaay ko foting iray, makakalaholahok to. I tira to i lakaw a
makakalanolahok. Tafo saan i, o toro:n to. (Mafana kako:) Hanaw ko
sowal.

同樣的狀況下，豐年祭時的午餐，就是以豬肉爲主要的午餐菜餚。之
外，平常的集體活動，若沒有魚，就在 lakaw 區附近各自吃午餐。當
然便當一律是糍粑。

13 Iray, foting ko sakalahok i pala. Hanaw ko sowal.Fetik sato
kiraan iray, yato Idek aci Taremon haw. "Anini sato i, awaay
haw ko kalang no parod matini iray, feret han. Iray, malasinafel ko
sikaen ira, na pahalhal ko fafahi to toron, ira sa malasinafel ko sikaen
haw todong no pakelang to patay. Inian kiraan sa, iraan sato iray, ko
sa:to o epah ko miso haw!" han to a mifetik

其實，每當舉行野外午餐活動時，已習慣吃魚喝菜湯。而每次 fetik
時呼喚的 kawas，同樣是 Idek 和 Taremon 神。祈禱：「祖靈，祢看！
爐灶裡煮的螃蟹就這麼一點，根本不夠大家飽食一餐，祈求祖靈賜給
我們上等菜餚，以搭配妻子們準備的糍粑，以便圓滿葬禮後祭儀的需
要。」（對不起，我咳嗽了。）

14 "Ini ko 'oled, iray, o Waka' tora iray, piso'eda:cen i tini
nanitiniay i riyar haw!" hanto ko pifetik i tira i makakala-
holahok. Hae:n han ako ko sowal. Sa, sowa:l sa tiraan i, ira, maherek
ko ilisin i, mali'alac to, tahesafariw to. Mi'araw to cipatayay kiraan

iray, dafak pakelang to. I fatad no mihecaan matakaw kako kini ano saan iray, mikafos, mifoting. Hanaw ko sowal tiraan sa, matini ano ca pakafana'i kiraan ano han i, caay ho kasadak kira howa, caay ho kasadak ni Tenged ko matiranay. Yosanay kinian sa, sadak sa kako.

又祈禱：「這裡有 'oled，Waka' 祖靈請接納，勞煩讓魚類從海洋逆游而上，好讓青年下河捕到魚！」豐年祭後，進行了漁撈祭才去工作。有時是葬禮之後進行漁撈祭。之後，家庭渴望吃魚和小蝦等，可以隨時下溪捕魚。我爲何說這件事，因爲還沒有向大家說明這件事。趁這個機會讓大家知道。

15 'Osaway ano han kina no Solol 'Alimolo matiya no kawanan no kawas i, maanen misawad ko matiranay? Nosa nay kinian sa, matira kira demak kira sa, ngongot han to ko matiratiranay haw. Ta caay to ka'a'ala'alaw matini to lakaw i matini. Hanaw ko sowal tiraan, matira: ay ko sapaini ako matini sa, masaay hakira?

若是我又保留不公開講述讓大家知道，或許會因此得罪祖靈 Solol 'Alimolo。因爲我們知道祂曾經親口講述過。祂是至高的權威者，人們應該記住這個訓示，避免爲分配漁區而發生不愉快的爭執。此事如此，我就這麼說，也許你們想問那是爲什麼呢？

16 Mali'alac kami to patay, to ilisin, pakelang kami to no patay, sa caira o Pangcah, o Fata'an i, iray, o maan o tafokod? asa kamo? O cering ko no niyam haw o Fata'an iray, o rakar haw, laop han no cering ko lakaw kiya malaop ta a pacering iray, Parakar hanen. Tosa ko tatangalan iray, tosa ko cepo'. Maherek a parakar i, wadwad. Sato to fari'akar no 'aol haw. (Matira ko demak.) Sanay sa, maherek a mi'a'al iray, ta alaanan han to kiya o kakongkong kira masakedofay a kilang o lalidec. Hanaw ko tiraan sa, i tira ko foting a moko. Hanaw ko kiraan.

也許有人會問我們阿美族馬太安部落，在喪禮或豐年祭的 pakelang

（漁撈活動）時，用什麼漁具捕魚？是撒網（tafokod）？馬太安部落的捕魚法是採魚簾法（cering），就是先拿魚簾把 lakaw 區圍起來，然後把魚驅趕至魚筌（rakar）集中，即可捕獲魚。這是 lakaw 區內的捕魚方法之一。或者先把魚筌二個安置在上段，下段也安置二個來驅趕魚群也行。另一種方法是，把 lakaw 區用魚簾圍起後，將內部堆積的小竹枝挖開挪到陸地上，再將原先放置在水底中空的九芎樹，拿到陸地上倒掉。這樣一來，進到木洞的魚群通通可以抓到。此即 palakaw 捕魚法。

17 Iyaan ko saka, matini kiraan iray, "o maan. kira hiya? Ira i cowa ko Fata'an a mikafos?" asa ko i tiniay, to sanay sa, sadak han ako kiraan haw. Hae:n han ako ko sowal. Nikasaan ako kira matiranay kira sa, i nian ko sowal haw. Ta, caay to kaleceng a matini ko pikafos pipakelang.

不論捕魚或小蝦，馬太安人都用這樣的方法來捕捉。目前對於這個捕小蝦，或者 pakelang 活動，並沒有什麼特別限制。

18 Ira sato o tafokod iray, mikihatiya to nisaga'an no Taywan to tafokod ira sa citafokod to ko Fata'an anini o kapah. Hanaw ko sowal tiraan sa, iya: sato o na'ay ho kako a mikafos sanay i, mitafokod ko wawa. Inian kini ko fangcalay kini, tangsol o palieson sanay, o ceringay kini, maroray a mitafokod sa ko sowal i, pacena' milakaw mikafos. Hanaw ko sowal matira:ay kira ko no Fata'an. Hanaw ko sowal.

由於青年們跟漢人來往的關係，他們學會撒網捕魚。為此，馬太安的青年若對捕小蝦感到興趣缺缺，可換用撒網捕魚方式調整他們的工作情緒。相反地，若感到了撒網捕魚很辛苦，也可更換用魚簾來捕魚，實在有趣。這就是目前馬太安部落所運用的捕魚方法。

19 No Tafalong san tiraan iray,i tango sako Tafalong a mikafos. Ira nanoto'as awaay ko palakaw ko no Tafalong. Hanaw ko sowal, mitango i tini i Co'ongan no Fata'an. Hanaw ako kiraan sa, matini sato ko sowal ako i matini haw, hae:n han ako ko sowal. I, ko masa, awaay ko mafana'ay no Tafalong to haen han haw ya, ko lakaw han matini ko wilek namo, awaay ko sanay kira to Tafalong sa, o cadiway sa ko no Tatalong haw a sapitangol, ira mitangol i tini Co'ongan ko Tafalong. Awaay ko lakaw no Tafalong tahamatini.

至於太巴塱人，他們只能在沼泊邊捕小蝦，自古他們就沒有 palakaw 漁法。他們常去的河泊，就是在馬太安部落 Co'ongan〔嘉農溪〕那邊。因爲太巴塱無人教導 palakaw 漁法是怎樣的捕魚方法，他們僅懂得利用手網法，所以捕魚區僅限於 Co'ongan 這個地方。總之，至今尚未用 palakaw 漁法捕魚。

20 Hanaw ko sowal tiraan matira:ay kira sa, tini; sato kina sapaini no mako haw. Pa'ilasen i, awaay ko lakaw. Ira cadiway sa ko Pa'irasen. Watawata:ay aca ko cilakaway haw. Hanaw ko sowal. Matiranay kira, saan to ko faloco' i matini iray, o ninian kina sowal a sapaini ako. Lawaay hakira ano han iray, naw? nikasa;n ako ira sa, tongod han to ko nipakafana' matini haw, ko sowal i matini. Hae:n han ako ko sowal. Hatira ko sowal ako.

事情就是這樣，我照這樣這麼說。再說，Pa'ilasen 部落沒有 palakaw 漁法，他們只靠手網法捕魚。我說 palakaw 漁法是非常高明的方法。所以，我認爲我們部落非常幸運，有這麼獨特的漁法。在這樣長久的談話中，我考慮很久才公開這個事情，因爲這是我們部落傳承的生活技術（捕魚祕法），若我不說，我的良知將不安。我的話到此爲止。

第二十六章

Ci Calaw Engay
查勞厄愛事件

1 Ira Sowal sa tiraan iray, ci Calaw Engay mikadafo ci Nakawan. Iray, mikadafo sa ci ina, sa ci mama sa kira i, ci Looh Teneng iray, sa ci fafahi sato ray, ci Orok. Iraan ko ina ni Nakaw haw. Sa ci sa'ali sa tirraan iray, ci Kayting. Hatira ko fayfahi, maan sa ko tereken to sa'ali. Hanaw ko sowal.

據說 Calaw Engay 是入贅到 Nakaw 家為婿。他的岳父名叫 Looh Teneng，Looh Teneng 的太太名叫 Orok，就是妻子 Nakaw 的母親。Nakaw 的姊妹名叫 Kayting。

2 Iray, i cowa ko tapang asa kira i, o maan kora nisowalan anini, hanaw ko sowal. Ca:cay to i matini ci Wayan, ci Lamen hatira to ko nano teloc ni Looh Teneng aci Orok. I tira a mikadafo ci Calaw Engay Masakarowa'. Hanaw ko sowal. Iray, masa, masadak to ko hafay iray, malahakelong to 'ali nira ci Mirengan matira ko demak, maloko'idoc awitan.

現在他的本家還在嗎？是的，僅留下一家。就是 Wayan 和 Lamen 這些人，他們就是 Looh Teneng 和 Orok 的後代。Calaw Engay 就是入贅到在 Karowa' 定耕的這一家。當時正是小米出穗的時候。他和妻子的兄弟 Mirengan 各自持著槍去打獵。

3 "Iray, kiso ha 'ali iray, satimolan haw, kako sa pakayni i sa'amisan. Miliyok kita" saan, awaay ko folad foreset. Hanaw ko sowal. Iyaan ko saka, lowad sato tatosa i Talo'an to a moko. Iyaan ko saka, tahira i narakatan ni Engay malecad aci Calaw Engay. Calaw Engay haw ko kadafo. Hanaw ko sowal. Citapang sa ci Calaw Engay iray, iraan pikadafoan no mako no mato'asay no mukasi. Hanaw ko sowal.

到了獵場，Calaw Engay 對小舅 Mirengan 說：「你從南邊過去，我由北邊走過來。」此夜是個暗夜，月亮沒有出來。兩人約定之後，一同回到山上的小屋暫住。Mirengan 依循著 Calaw Engay 走過的路前進，並且與 Calaw Engay 同時到達目的地。Calaw Engay 是女婿，他的本家是我現在入贅的那個家的祖先。

4 Sa ci ina sa ci Calaw Engay iray, ci Ifong ci Mayaw ko fa'inay. "Hay, ca pamamai" han kira ci Calaw han ako awaay ko pinang kira. Iyaan ko saka, tahira sato ray, tomayi' ci Mirengan iray, mipetek to sa'isol ira , "ngela'" sa ko pitek "a ini to kina fafoy" sato. Ira sa, dipdip han ni Calaw Engay ira sa, koheti:ng to moho a mi'isol, ira to kini sa "pek" han to nira "ako'" sa ci Mirengan ini i cepi'. Ira sa, matira ko demak tiraan haw tono mukasi. Nikasaan ako kinian. Awa ko Kowang, nikasaan ako kinian haw. Hatira kiraan

Calaw Engay 的母親名叫 Ifong，她的丈夫名叫 Mayaw。我無法確認 Mayaw 是不是 Calaw 的生父，所以暫時不提他們的父子關係。Mirengan 到達之後，因內急，即就地在近處拉屎。當他折斷樹枝準備擦屁股時，發出 ngela' 聲響，Calaw Engay 以為有山豬來了。於是靜悄悄地挨近，看到蠕動的黑影（未查覺那是 Mirengan 正在擦屁股），拿起標槍就投擲出去，只聽到哎喲（ako'）聲，射中 Mirengan 的大腿。這是古代傳下來的歷史事件。當時還沒有槍枝。

5 Iyaan ko saka, "Ira! mimaan kiso a mayi'? aka ka mayi' ira mipitek kiso haw ray, o fafoy a saan kako haw, hanima kiso?" Sato. Iya o ra'it kiya 'idoc ni Calaw Engay. Hanaw ko sowal, matira ira:wan. Matira ko demak sa, fafa han to, misiket to haloraan o ramoran. Ira sa, fafa hanto ni Calaw Engay ko sa'ali nira ci Mirengan a pataloma'.

看吧！「你爲什麼要去大便？」「我不是說不要大便，以免折斷樹枝的聲響被誤認爲山豬，不是嗎？」Calaw Engay 的矛槍具有反方向的鉤牙，無法拔取出來。於是 Calaw Engay 把他的小舅連人帶槍柄一起揹回家。

6 Tahira sato i loma' iray, "ina" sa to terong no dadaya mafelec iray, "fohaten kako ina! masafi ako ci 'ali ako ci Mirengan." sato. "Naw!" sato ci Looh Teneng. Ira sa, fohat han to ni ina ni Looh Teneng ni Orok, Hanaw ko sowal. Ira ra sato tiraan iray, namacowa ko sapisafi iso?" han to ni Looh Teneng iray.

半夜時刻回到家了，大聲叫道：「媽媽！」「媽媽！開門，我打傷了我的小舅（'ali）Mirengan！」「怎麼了？」岳父 Looh Teneng 詢問。岳母 Orok 把門打開。後來，Looh Teneng 問：「你是怎麼刺傷他的？」

7 "Pakasa'amisan kako ray, ra sa cira pakayni satimolan haw, hakakamayi' mipetek to sa'isol i,o fafoy haw nasa kako masafi ako, haenan ako ina" sato. Sowal sato ray, kona awaay ko'ilo. Iray, sowal sato ray, tolo a romi'ad, kelac han miwa'ecik misaloloc ko sikawasay, no mukasi. Hanaw ko sowal. Tata'ak ko Kawas iray, tosa tolo a romi'ad iray, sakasepat kira i, na caay ho kapatay a tangsol iray, mapatay to i sakasepat. Hanaw ko sowal haw ira sa, sacisowal sa ira, "da i, kiso sa iray, ko maa; nen aca haw aka pilaliw.

「我們去山中打獵時，二人說好，我從北邊走過去，他從南邊過來。但走過去不久，他方便之後，我聽到折枝擦屁股的聲音以爲是山豬來

了，擲槍刺傷了他。媽媽，事情就是這樣。」Calaw Engay 說明。原
來沒什麼問題，但傷口惡化，於是請來巫師行巫醫祭（misaloloc）照
顧約三日。但運氣不好，照顧了二、三天，第四天，人就離世了。
「看哪，孩子 Calaw Engay！這是人無法阻止的命運。所以你不要傷
心而想離開這個家。

8 Saan ko faloco' ako. Malawawa, malatireng aca ni Mirengan
kiso ha Calaw. Hanaw ko sowal." Han to ni Looh Teneng. O
Sapalengaw ci Looh Teneng. Hanaw ko sowal. Iyaan ko saka,
"fangcal to, aka pilaliw a Calaw, malatireng to ni Mirengan kiso
"'inay" han to no fafahi ni Looh Teneng ci Orok. Ira sa sa:an tiraan
iray, masolot ko olat kira howa mapatay.

希望你留在這個家，替代過世的 Mirengan 照顧這個家，我如此吩咐
你。」Looh Teneng 說。Looh Teneng 當時是擔任 sapalengaw。「對
了！你不要離開我！你替代 Mirengan 就是了！」岳母 Orok 也求他
留下來。

9 Matira ko demak. Hanaw ko sowal. Maketon ko olat saka
mapatay ci Mirengan Ta i tira: sato to cecay miheca. Sa:an
iray, ira, midokdok a cifaloco' ci Nakaw ci Engayan. Iray, sato tiraan
i,celi' sato ko peton ni Orok tiraan iray, pakamamaay tiraan i, ato
peton ni ina ni nira ni Linga iray, "naw cika paysin a maramod?
makasafi i, ma:ramod kamo a Nakaw haw?" han to no peton ni
Linga.

事情就是這樣。由於 Mirengan 斷筋病死。Calaw Engay 之後滯留一
年之久。後來，有人發現 Calaw Engay 和 Nakaw 二人秘密來往。聽
到這種事情的消息之後，Orok 和 Linga 的親戚反對地說：「這種事絕
對是禁忌（paysin），怎麼能作夫妻呢？他殺了人，Nakaw 怎麼會跟
他結婚？」Linga 的兄弟強烈反對。

10 Ira sa, lalima ko peton nira to fa'inay ira, o fafahi sa tora i, tatolo sasepat. Hanaw ko sowal, tiraan haw. Iyaan ko saka, tata'ak ko 'ilo. Ira, sowal sato iray, pa'ilo to. "Matira ka caay kangodo ni Calaw Engay. "Matini cika paysin?" han to no pakamamaay. Iyaan ko saka, ato wawa no kadafo no pakamamaay pakainaay. Iyaan kiya pa'iloay to pikadafoan ako ci Ifongan.

他的兄弟有五個人，姊妹有四人之多。所以，這件事麻煩頗大。終於起了糾紛。看來 Calaw Engay 是不知廉恥之徒。「這種行為不是犯禁嗎？」長老們異口同聲非常不滿地說。此外，母方們的女婿們也感到失望。我這樣說就得罪了我妻子本家的 Ifong。

11 Hakelong sa tiraan iray, ci Ngohod, ci Kaytang, ci Koyo Engay, o hatiraay ko peton ni Calaw Engay sa. Telek sato ko sowal no pikadafoan ni Calaw Engay iray, "kamo sato tiraan i, ciko wawa ni Saomah Mayaw?" sato ko sowal. Haenen ko sakiniyaro' hananay ko 'a'ayaw ni Kalaliw Fadah. Nanicaliwan ni Kalaliw Fadah ko fafani, ira sa, cipinang to codah kira howa. Hanen ako kiyami. Hanaw ko sowal.

陪著他受審的人有 Ngohod、Kaytang、Koyo Engay 等。這些人都是 Calaw Engay 的兄弟（姊妹）。Calaw Engay 的妻家長老主張：「你們不也是 Saomah Mayaw 的孩子嗎？」所以，無論如何為 Kalaliw Fadah 所作的，[1] 全為部落居民的安寧為優先考量。Kalaliw Fadah 的

---

1 依據馬太安另一傳說，Kalaliw Fadah 是馬太安的英雄人物。因滿身罹患白癬皮膚病，不僅受同年齡階級成員欺侮，甚至心儀的女孩也琵琶別抱。於是賭氣地不顧部落的安危獨居野外。一日，馬太安和畢撒那安（Pisana'an）之間發生戰事，畢撒那安壓境至馬太安部落附近，馬太安甚至有淪陷的危機。大頭目和部落幹部非常驚愕，為何馬太安青年如此不堪一擊？其中必有蹊蹺，經詳審領導階層，始知是 Kalaliw Fadah 缺陣。大頭目為了部落的安寧，便拆散 Kalaliw Fadah 心儀女子的婚姻，強迫配給 Kalaliw Fadah。這個舉動果然奏效，Kalaliw Fadah 奮不顧身，使得馬太安青年戰勝畢撒那安部落。Calaw Engay 妻家長老的意思就是想把大事化小，小事化無，以和為貴。

妻子是借來的，爲的是安定他的情緒、鼓勵他勇敢地衝鋒陷陣殺敵。

12 Iyaan ko saka, iraan sato ray, fafahi nira ko kapahan no fahahi nira, ta matira aca. Hanaw ko sowal. Iyaan ko saka, iraan toraan haw riy, halifafahi to ci Calaw Engay ira miratoh to faki. Ira sa, "naw no caay kadipot han a malekaka aci Nakaw? sato aci Kayting? sato ko sowal. "Naw? i mati i sato cato pisacacak? ma'orip kako i?" sa ci Kayting. Iyaan kiya no mihiyaay to faki aca mahaen ko tapang no pikadafoan ako no mukasi.

除非他的妻子主動找他和好，恐怕他不會理性的面對這件事。Calaw Engay 曾告訴過舅父（faki），他本人還是愛著自己的妻子。有人說：「他爲什麼不願意照顧 Nakaw 和 Kayting 姊妹？」據 Kayting 說：「你看，家裡沒人煮飯，但我不是好好的生活嗎？」這個事情昔日就發生在我妻子的家。所以一個人不聽長老們的教訓，得罪人的後果就是這樣。

13 Ira sa, sowal sato iray, ni'enafan to ko hafay i omah, matira ko demak cecay ko ma'enafay a hafay tolo to ko caayay ka 'enaf. Matira demak haw, ira sa, talatalod sato, i tira i Co'ongan a talatalod ci Calaw Engay. Iya sa, sowal sa toraan iray, sakalima a romi'ad iray, alaen to. Matira ko demak tiraan. Hanaw ko pilitapang tiraan haw, macowa? saan kamo. Hanaw ko sowal. Iray, mihakelong to, mafelec to, talaoma' to ci Ifong, hay ci Mayaw,ci Koyo Engay, ci Saomah Mayaw, ci Ngohod, Kofid, ci Kalitang hatira ko mafelecay. Ci Calaw Engay sato tiraan iray, cito kakahi.

當時正忙於焚燒小米田的工作。有一處已整理完畢，還有三處尚未進行焚燒草木整地的工作。就在此時 Calaw Engay 逃避到 Co'ongan 那裡。但第五天之後，他的家人到那裡接他回來。希望你們能夠瞭解我如此詳細報導。其實前往那裡找 Calaw Engay 是 Mayaw、Ifong、Koyo Engay、Sawmah Mayaw、Ngohod、Kofid、Kalitang 等人。雖然有這麼多的人勸他回來，Calaw Engay 還是不肯回來。

14 Iray, iraan sato cacolicoli:, a tahirasato iray, ma'a'icep to. Sacila'ed sato to fedfedan iray, pafeli han no pakakowangay to 'icep. Pasasofeli, pafelien ko mokowangay, kowawa. Hanaw ko sowal. Matira ko demak haw. Masa'osi to ako i naci:la kiya nika lahok kiyami. Nikasaan ako kinian.

雖然吵了起來，但後來經調解，雙方誠意交換檳榔食用（ma'a'icep），表示和好。雙方中間原來置放著燃燒的火把表示隔離。交換檳榔儀式是先由加害者家人代表，把分配好的檳榔交給受害者家人。有關他們午餐的狀況，前幾天我已講過。大概大家都知道了。

15 Iyaan ko saka, litemaw aca, iray, sato ira sa, herek no lafi iray tayraan to kiyaan o sa'ali nira ci Doho. Hanaw ko sowal. Ira sa, teli to sowal ira sa, "mati: ni ha ina haw. O sowal ni mama ako ni Looh Teneng, i tira:to kita i tira i amis kirami, i tira a mahahanghang haw" han to ni Doho ci Mayaw aci Ifong,

為此，晚飯後，妻子兄弟（'ali）Doho 又去那裡聯絡。Doho 向 Mayaw 和 Ifong 說道：「ina（長輩）事情是這樣的，我父親 Looh Teneng 說：『我們要在北部的那裡集會談話。』」

16 "A, maanen katayraan?" han to, "caay mama, wa tayraaw kita!" sato. "Samamaan sato ko pipaherek no matiniay ta malicay to ko ina i tira i lalan? ira ko wawa? no pakamamaay, pakainaay?" sato. Matira ko demak. Ira sa, dafak tiraan iray, maranam to. Teli sa ci Looh Teneng iray, "kamo sa ano hani haw iray, ano o hakhak, ira ano o rara' aca, ano o titi aca" sato. Iyaan ko saka, "ano maherek a komaen kamo tiraan iray, cika pakatosa a kimit haw iray, ca pakaci'enoc, ano o kaliling sanay iray, cecay a kaliling, ano rara', ano titi ira cecay" hanw ko sowal kiraan.

「不必去那裡！」他們拒絕。「不！長輩我們非去不可！」他努力勸說。「我們雙方不和解，未來的生活，如何面對呢？對我們的子孫後代如何交代？對父方及母方的親族如何說明？」他又說了。次日早飯之後，Looh Teneng 說道：「大家切記，若去那裡，對方有供應的糯米飯、紅豆湯、豬肉、菜等。吃飯時，各位抓飯千萬不超過第二次，喝紅豆湯拿匙不超過第二次，吃豬肉也不超過第二塊。」

17 "Teli asa ko tao iray, naikoran tiraan maemin ko tapila' i, iray, iraan sato iray, ano awa sa kapatay no wawa ira, ano masafisa:fi cika patay to asa kira o rnisafiay ko wawa" sato ko papelo ni Looh Teneng. Ira sa, sowal sa tiraan i, ira to ko mitakos iyaan to ci iya ci Doho sa'ali nira. Hatira kiraan.

「那是爲了避免人家在背後批評說道：『這些人都是飯桶，不知恥的人。他們殺了我們的人，又吃光了我們的飯菜，眞丟臉！』等等閒話。」Looh Teneng 這樣訓示著自家人。不久之後，對方的聯絡人 Doho Sa'ali（妻子的兄弟）又來通知。

18 Iray, "Ano saan aca haen han. Aca" saan kira sa, tayra sato. Iray, raan hato iray, a pito ko tapila', ira sa o ngangasawan nira tomes to ko loma", niraan no pakapatayay.Pacafay ci Calaw Engay, ira sa ni Calaw Engay iray, ca:cay lalora a'an. Hanaw ko sowal kiraan haw.

「要是這麼說，就順著去吧！」他們終於同意去那裏和解。到了那裡，對方供應的餐食共有七個飯籑（tapila'）。因爲加害者的家族也都來參加，爲此房屋內擠滿人群。Calaw Engay 也來了。他們一家人坐在某處的飯籑內。據說是如此。

19 "Ano matapakad kira mangodo. Saan ko faloco' tora tala tao saan tiraan, mangodo haw. Hanaw ko sowal sa, pakafeten to

ko hiya ano hani iray, mangodo" han to ni Mayaw aci Ifong. Sa ko
sowal no loma' ako haw. Hanaw ko sowal. Iyaan ko saka, iyaan han
kapah to, hanaw kiraan. "Ano iraan a matiya, o maan to ko
kae:nen?" han to no peton ni Linga fana'inay. Nikasaan ako kinian
iray, a cima saan ci Koho, sanay ko sowal sa, piyoc sato.

「若我們很多人去作客，就不好意思。所以我們盡量避免對他們做出
過份的事。以免我們這邊丟了面子。」Mayaw 和 Ifong 向大家說。我
母家是這麼說的。就是說：「行了！」就結束了這事。不過，Linga
的親戚有異議：「若這麼做的話，我們怎麼能供應大量的糧食？」那
誰來負責？Koho 說完就走了。

20 Tahira sato iray, ira to ko tahka ato titi. "Dadadada mama."
(sa, iray, i honi sato i, macapo i honi hanaw ko sowal.) Iyaan
a sowal ako i honi caay to kakahi ci Calaw Engay. Ano ca takosen no
kapah iray, toloaawidan iray, ca kakahi ko papikedan. Iray, sowal sa
tiraan iray, tolo ko pakamay ira ci Calaw Engayan iray, takos han. no
papikedan iray, ca kakahi.

他來到那裏的時候，飯和肉已經擺好。準備招待吃飯「伯父，請！」
（我剛才忘了說。）我補充說明：Calaw Engay 表示不願意。派了三
個階級的青年和幹部去請他來，還是不肯。隔了三天，又派青年幹部
去請 Calaw Engay 來，還是不肯來。

21 (Iray, mapoton aca i hani, hanaw ko sowal) Iray, tangasa sato
i kaherek ta mihafay, o roma to a miheca" cito kakahi ci
Calaw Engay. Iray, tatosa to ko wawa, ci Saomah Mayaw ko wawa
nira aci Canglah iray, sa ci mama sa tora i, ci Icih. Hanaw ko sowal
haw. Iyaan ko saka, sa ciloma' sa iray, ira sa'amisan no naloma'an ni
Kowat o Taywan i cikaw no lalan ira:ho i matini.

（啊，對了，剛才我講的部份有些遺漏了。）到了翌年收割小米時，
Calaw Engay 還是不肯來。他有兩位孩子，名叫 Saomah Mayaw 和

Canglah。他的父親名叫 Icih。如此說。他居住在 Kowat（漢人）遺址的北邊路旁角落，現在還在那裏。

22 Iyaan ko saka, teli sato ci Hopak tiraan iray, "naw no tadahaen hanen? cato pakaalaala kamo o kapah? ato papikedan? amo i no kapot a masapalengaw? Ira to inian o cipetonay? Tayra: to ko hiya?" sato. Somowal ko loma' no mapatayay ko hiya, "hanen to haw? ano ci wawa kira iray, mala'edo, ira mipatay ko wawa ni Calaw Engay haw, ira mati:ra ko demak. Ano cayen ka haenen ko demak tiraan i, a o maan ko kaenen ako? maanen ako ko hafay?" sa ko sowal ni Calaw Engay sato.

Hopak 說：「為什麼事情弄到這個地步？尤其是你們階級成員和幹部不能開導，我這個做頭目的，還能做什麼呢？所以我想，還是由他的親戚來勸他才對！」死者的家人說：「算了吧！反正 Calaw Engay 的孩子將如同野鼠般失去了歸根，因為我們不承認，等於死人一樣。」Calaw Engay 還是拒絕地說：「我不這麼做，如何生活呢？」

23 Iyaan ko saka, teli sato ko ina ni Mayaw "alaen ko maan saw? alaen ano matiya, tahini hani pakacafi: to? saka, aka to alai" han to ni Mayaw ko sowal a mararamod aci Ifong ato Peton nira. Iyaan ko saka, sakapa:tay ni Mirengan. Ira tini sato ira, iraan kiyami ko saka cikakahi no wawa ako. Ano awaay ko hafay i tamiyanan to, ya o maan ko kaenen no cikasaan sanay to haw. Hanaw ko sowal" sato.

Mayaw 說：「我說過算了。反正要求什麼，他一定不肯。假如他肯的話，他拿什麼東西賠償呢？」Mayaw 的妻子和其他的人一樣這麼想。「Mirengan 因此而死。我的兒子不願意的理由也是一樣的道理。所以一家若沒有充足的糧食小米，什麼事情都辦不到。」他人說。

24 O wawa ni Mayaw aci Ifong koni o ci 'Okakan, (aci 'Alimolo) hanaw ko sowal tiraan naw. Iyaan ko saka, rakat sa ci Hopak, makat ci 'Alimolo, makat ci Papikedan. Iyaan ko saka, rasa tora iray, " ca ka amo ko mialaay haw? Iyaa:n to kira o pikadafoan ni Calaw Engay? na pakasafiay na iraan ko mialaay.

原來這個 Hopak 是 'Alimolo 的孩子。為此，Hopak、'Alimolo，以及青年領導階級層他們都造訪了。「為什麼你們主動地擔任召集人呢？應該由加害人的家族來當召集人才對。

25 Saan ko faloco' ha mama tiraan iray, matini sato iray, kera hani mowad. ko finawlan, kera hani mowad ko finawlan, saan ko faloco' iray, iyaan ko mialaay kiya saan ko faloco', matiranay kira." Haen han to ni Mayaw aci Ifong ato peton nira ci Saomah aci Looh, hanaw ko sowal aci Ipih aci Ngohod aci Koyo Engih.

我想若不這麼做，恐怕部落居民成群抗議，這樣一來，事情更麻煩，所以召集人應由加害者的家方來負責才妥當。」Mayaw 和 Ifong 及他的親戚 Saomah 和 Looh、Ipih，以及 Ngohod、Koyo Engih 等人都持著相同的意見。

26 O emin nira sa, iya maaingiingid. caira a malekakakaka. Iyaan ko saka, sowal sato iray, hololan to no papikdan kiraan ci Orok aci Looh Teneng, ira matira ko demak. Ira, mati:ra. O papikedan ko mialaay ato kapah i, iray, naw? cikasaan ko faloco' ako saan ko sowal ni Ifong aci Mayaw ato fa'inay ni Saomah Mayaw, hanaw ko sowal aci Koyo Engih, ira cika dawa a likafen no niyam sato.

於是他們終於在一起交談溝通。就是可以和青年幹部面對交談。他是 Looh Teneng 和 Orok。事情就是這樣。「為什麼發動青年幹部和青年們來為難我呢？」他終究抗拒不想和談。後來 Ifong 和 Mayaw，還有 Saomah Mayaw 及其丈夫 Koyo Engih 等人失望地說：「那個人很不好商量。」

27 Raan sato iray, "rakat han namo a matiya ha mama! kiso cika o sapalengaw to?" han to ni no papikedan. Cawi sa tora, "hay, Ifong aci Mayaw saan ko faloco' iray, tadasowa:l to ano makahikahi to yosanay to no pakakowangay pakasafiay haw. So'elin to a matira ira sa, a rakat asa a matiya: to kita ano cila iray, sasepat kamo o papikedan ato kami aci kaka ako ci Hopak, ira ci 'Alimoio" sato. Ira saka lomowad tayraan to.

最後青年幹部說：「還是由你當頭目的長老，親自去請人來較理想。」
大頭目回答：「是的，Ifong 和 Mayaw 我了解你們的話。是我願意召集當事人的家庭和受害人的家庭，召開二家和解會議。為此，我想明天召開會議時，你們青年領導階級成員四位和我們頭目 Hopak 及 'Alimolo 都在場。」於是就起身準備去參與會議。

28 Sowal san tiraan iray, "mati:ni haw!" han to no ni Looh Teneng. Ira awaay caay ka pakawayawaya, caay pakatowa' ci Mayawan aci Koyo Engih aci Looh fa'inay ni Saomah Mayaw. Hanaw ko sowal. Iyaan ko saka, "maan hani? mala'edo ko wawa ita? A, ono cedeng? ira sa a matiya ira, aca ka hani miiloh ko hafay i, ano eca kaedeng sakapatay i, ira ci Milengay i, ira cikapatela:c to? cika saan ko faloco' i matini? hanaw ko sowal.

Looh Teneng 很肯定地發表意見：「事情就是這樣。」Mayaw、Koyo Engih、Looh（Saomah 的丈夫）等對 Looh Teneng 的談話，一點也不表示反對意見。如此說吧。說道：「又怎麼樣？叫孩子變成孤兒？有了義務勞動誰來做？種小米誰來種？讓孩子自己滅亡這麼好嗎？

29 O nira kararamod a matiya to aci Nakaw ira, sowa:l ano hani cika pilaliw ko wawa ako, cika saan haw? Cacoli sa kamo sapapili'an to wawa ni Saomah Mayaw? han ko nikalacidecidek no malekakakaay i, matiya ko malekakaay matiya ka o parod? I, iraan sato tiraan a maatiya kiraan i, ira, ano o tao ko masafiay no wawa niya i, caay ka patela:c to i ca kapatay kira ko wawa namo? ira sa matira?

要是想與 Nakaw 作夫妻，我的孩子會自動地離開你吧？你不這麼想嗎？你們兩爭吵是爲了排除 Saomah Mayaw 的孩子嗎？這麼一來，不是造成兄弟姊妹分裂，家族親友的不睦嗎？若是被害人是他人的孩子的話，事情不會這麼簡單了事，對方至少要求你家要把加害當事人處死！

30 Ano caay aca ka'enaf ko Ariri saw? ano macowacowa ko peton ako?" haen han to ni Saomah Mayaw. Iyaan ko saka, tre:p saan ci Looh Teneng o sapalengaw. Pacawi han to ni Hopak, "i: aka ka matira haw! ano iraan ko demak ira: ko patelac namo i matini a Looh Teneng? caay ka saan ko faloco' i matini?

「你看，現在爲了我兄弟之難，你家的小米倉庫不是已經用光了嗎？」Saomah Mayaw 如此責備對方。這時 Looh Teneng 頭目一直靜默不開口。Hopak 回答：「我不認爲 Looh Teneng 完全沒有錯！」

31 Ano caay ka hiya kita o sakiniyaro' kako i, hanaw aca ano han i matini a mico'is i, fangcal a matiya? saan ko faloco' ako? Ano caay ka tayra ci Calaw Engay tora iray, cika so'eli:n to ni Ifong aci Mayaw aci Saomah Mayaw? Yosanay i matini ha Koyo, sanay ko faloco' ako sa, ra sa tora ira, sa:an kako a misafaloco'.

站在全部落的和睦立場，我不可能完全站在反對爭議的那方。不過，不管哪一方有錯誤，我想主要的問題是，若確定 Calaw Engay 不肯赴會解決這件事，應該由 Ifong 和 Mayaw 及 Saomah Mayaw 等人負責。Koyo 你認爲如何？以上是我想了很久的看法。

32 Iyaan sa, pa'ayawi ci Looh Teneng.haw? 'aloman. kini ko sapalengaw saan ko faloco' sa, ca pihidihi:dip patayraan, samanen saw? Ano mitaos saan tora ira, samaan to ko wawa no mako? no sadak no niyam a malekakakaka a matiya ato peton no fafahi.

其實，我想這個事情該由 Looh Teneng 一人全權負責才對。你看，我們部落的頭目不是有好幾位嗎？爲此，我拒絕參加談判。再說，若要我參加談判，我怎麼面對我方的孩子？分家的兄弟姊妹們及他們的妻子們。

33 O sanay kinian sa, o tomili'ay a matiya cika ramod haw. o sana:y to no mako kira a Mayaw haw aci Ifong. Ira sa, ra sato tiraan iray, no namatiya kako ira namimaan i tiya? no cikasaan? asa nikasaan ako sa, rasa toraan mafokilay kako tora pakasafi haw, hanaw kiraan.

因此，我不能親自赴會談判，希望 Mayaw 和 Ifong 了解我處境。再說，當初發生事情時，我根本不知道，他們也沒有通知我去參與處理這個事情。

34 Ano caacaay kamatira ira, mafana' ko faloco' ako to saka cikaramod ano matiya tomili'ay ko wawa no wawa! ano miramod ko nira a wawa mikadafo. Sanay no mako kinian." Ya sato ci Payo Engay tora ira, "kato hanenen ko sowal saan ko faloco'. Matira sa, ra sa tiraan iray, kasini'adaen ko niyaro' a 'inay.

要是早知道，他要爲此由殺傷人事件引起離婚再婚的問題，我也不知道如何解決他們的孩子歸屬於哪一方？以上是我的意見。」Payo Engay 說道。「我想你不要說這種話吧！孩子，我想你至少諒解部落的事情吧？

35 Hanaw ko sowal matira sa, tini sato iray, maan han ni Calaw? Ci fafahi to kako ciwawa to kako ci Saomah Mayaw aci Canglah tatosa ko wawa ako i, saan ci Calaw ira, so'elin to. Matira saka, makat kita ano dafak ha 'inay" han to ni Hopak. Iyaan ko saka, lowad sato ko papikedan haw. Ira ko tatolo ko sapalengaw, ira ci Looh Teneng, ci 'Ayal Molo, ci Hopak.

你這樣做，叫 Calaw 怎麼辦？他有了妻子，有二位孩子叫 Saomah 和 Canglah，要如何對待呢？好孩子，你想一想，明天我帶你去赴會面對談判吧！」Hopak 說。因此，青年幹部才離開走掉。這些頭目僚共有三位，即 Looh Teneng、'Ayal、Hopak 等人。

36 Iyaan. ko saka, tahira sato iray, caay to pakacoliay ca Ifong ira sa "ano matira aca a mama i, simanay aca a matiya saan ko faloco' ako saka, ra sato ci Nakaw a matiya, iray, a maanen ako mama? saan ko faloco'. Matiraay kira sato ko sowal na Ifong ci Hopakan. Ira sowal han to ni Hopak kiraan ira, "Nakaw'" han to, "maan mama?" sato ci Canglah, "masowal to ko faloco' ako to sapiliyasaw ci Calawan" han to ni Hopak.

到了會場，Ifong 他們不再抗爭，說道：「長老大人，我想雙方不要再爭執，委託長老大人裁決這個問題，不就好了嗎？」Ifong 向 Hopak 提出建議。於是 Hopak 問道：「Nakaw！」「是什麼事情，大人？」Nakaw 回答。「你要跟 Calaw 離婚，已經決定了嗎？」Hopak 問。

37 "A, caayay mama, maedengay, faloco' ako ci fa'inay i matini, saan ko faloco' ako kira. Sanay sa, inia:n to a cecay kira iray, siday han ako kini o wawa ako ci Ingih aci Saomah Mayaw, a iyaan aca ci Dongi ko maalaay ako. Hanaw ko sowal a dipote:n to ni Panay a matiya ko wawa ako a matiya." han ni Nakaw ira sa, kahi saan. Ira, mahekamakat to ci Dongi ira, sasafaay ni Calaw Engay.

「不是這麼說，大人！我仍然喜歡我自己的丈夫。不過，我想我的小孩 Canglah 和 Saomah 二人留下來。但最小的小孩子 Dongi 我要帶走！因為我想這兩個小孩子可由 Panay 來養育就行了。」Nakaw 這樣回答之後，Hopak 才同意。Dongi 那時只是個剛學會走步的小孩，是 Calaw Engay 是最小的孩子。

38 Hanaw ko sowal sa, ra sato tiraan, matira:ay haw ko pakayraay no mukasi, pakasafiay to la'ed. Nikasaan ako kira sa, sowal sato ray, saloma' han to no finawlan ko loma' ni Calaw Engay haw, cicidek sato ina. Iray, tahira sato ira, "o:y maoc kita! Misaloma' to loma' ni Calaw Engay" sato.

這是昔日因為持槍（la'ed）誤殺傷人家的往事。後來部落負責建造 Calaw Engay 的房屋，與其母分居生活。作此決定後，叫道：「喔！今天召集男子組來建造 Calaw Engay 的房屋。」

39 Iyaan ko saka, cecay a romi'ad a mihiya, lima laya' ko loma'. Tadamaan to ko loma' ni Calaw Engay. Midapo no finawlan ci Calaw Engay. Haen han ako ko sowal haw. Iyaan ko saka, o maan haca awaay to ko maan, caay to kararawraw. Hatira kiraan haw. Mapaherek to kina sowal.

於是，一日之內搭建好了房屋。房屋約有五庹那麼寬廣。部落的人很照顧 Calaw Engay 一家。從此之後，不再有人爭論。一切平靜無事。以上，我所說的話到此結束。

第二十七章

Mayaw Kapohong
馬耀旮博弘事件

1 Sa, i nacila sato iray, sa'osien to i nacila to pakayniay pakakowang. Ira sa sato o pakayniay iray, oya no mako a peton ci Mayaw, han no mukasi aka saan haw. Iray, no kariponan. Hanaw ko kiraan. Iyaan ko saka, sowal sa tora iray, masafi kira no mi'adopay to, iray makat to dadaya tahepalaw ci Mayaw Kapohong, to tipod, ira sa, i tira i fedeng.

昨天講了槍殺事件。這是我親戚 Mayaw 的經歷，不是講古，是在日本時代發生的事件。失手打傷了獵師 Mayaw Kapohong。事件發生在夜間，當晚無月光，天色非常陰暗。

2 Iray, pakasaetip ci Kakit, mako a peton iray, mafoti' i lako. Iray, sowal sa tiraan iray, ora sikal nira kiya o lofong. Iray, "kelong, kelong" saan. "Aya o fafoyan kini?" sato ko mako a peton. ci Mayaw. Ira sa, masoni to ko kowang nira i, "anako" matango' kako!" sato ci Mayaw Kapohong. Hanaw ako kiraan haw. Hae:n han ako ko sowal.

話說當夜，我的親戚 Kakit 在西邊的田裡睡覺。他把獸皮鋪在地上睡覺。夜深了，出現窟窿窟窿聲響。在黑暗中醒來的親戚心想：「是不是有山豬來了？」不久之後，碰地發出槍響聲。「哎喲！我的腿骨折了！」Mayaw Kapohong 痛得哀嚎。

3 O wawa ni Mayaw Nikar ca Tamod, Ira kira ko demak tiraan haw. Haen han ako ko sowal. Saci fafahi sa cira iray, ci Mayaw Oyat iray, ci Kacangot. Iraan ko ina ni Mayaw Kapohong. Ira sa, oya sato tiraan iray, 'ayaw no koko' kira iray, mafoti:' kako, iyaan ko saka, fahal iray, misakoko' to ko 'ayam sarakatay koko'. Celi' sa tora i, "a, ina Dakoc! ira ci Mayaw, iray, ci Hafay, ci Da'olam!" sato, ira ci "Tafong!" sato.

Mayaw Nikar 的孩子名叫 Tomod。Mayaw Oyat 的妻子名叫 Kacangot，是 Mayaw Kapohong 的母親。某日一大早，我還在睡覺，大約公雞第一次鳴叫之後，外面有人來喊叫：「伯母 Dakoc、Mayaw、Hafay、Da'olam、Tafong，請起來開門！」

4 Iyaan ko saka, "pakakowang ci Mayaw" sato, iyaan ko saka, "haw wawa?" sato i paenan a maro'. Iray, sowal sa tora ci Iwat tiraan iray, ira, fa'inay ni Iyot o pa'alian ni Mayaw Kapohong. "Inian ha mama iray, ko maanen nira, ano caay ka demak ko kafoti' han o fecir, talapala han mafoti', yo sanay mama kinian sa, ra sa tora i, iya sato o peton namo ha ina Dakoc tora iray, aka kasomowal ci Fotingan haw, ira ci Hetengan" sato.

他們進來坐在土間說：「Mayaw 被槍彈沒傷了！」「可憐的孩子！」老人們驚叫了起來。前來報告的人是 Iyot 的丈夫 Iwat，他是 Mayaw Kapohong 的姊夫。他說：「發生這樣的事非常遺憾。若他在野外睡覺時不動身體，也許不會發生這事件。求大人不要責備你們的親戚如 Dakoc 伯母或是 Foting 和 Heteng。」

5 "Ya ano masasinaonaol han namo o kaemangay fangcal a matira? samaanen ko malopini'ay ko ano tomeli' kinian o pakah, o peton no fafahi ako. Saan tiraan sa, sanay sa tora, kamo cecay ha ina mama" sato ko sowal ni Iwat. Yaan ko saka, i tira haw ko matiranay. Iya sa, makalasowal sa tora ira, tayra sato kami aci 'Olam mama, ci Tafong mama ako, ci Kakit. Iyaan ko saka, tahira sa tora iray "anako: anako:" sato.

「你們後輩孩子們，彼此互相交往是可喜的事。若自己的妻子或兄弟姊妹健康活潑，相信你們當長輩父母的，一定是心情愉快。」Iwat 說。既然發生了這種事，我方無話可說。在不得已的情況之下，我們 'Olam 伯父、Tafong 我父親、Kakit 等討論將如何面對此事。我們大家去看看受傷的人，到了那裡，他不斷哀嚎著：「痛呀～痛呀～」。

6 Iray, ya sato tiraan oya tora ci Papay o Kamamitir iray, "aka katalaw a 'inay." Hay a sikol tira: to tapang no mama no mama ako, ci Panong ira ci 'Afo 'Ekoy saan. ra matira ko demak o latosaan kiraan. Iyaan ko saka, ra sa tora i, "anako: anako:" sato, "taynien kiya mikowangay takowan patayen ako" sato ci Mayaw Kapohong.

Papay Kamamitir 說：「孩子，你不要害怕，忍耐些！」這個時候，我父方的人 Panong、'Afo 'Ekoy 也來了。這些人是為了讓雙方溝通而前來調解的仲裁人。受傷的人不斷喊著：「哎喲～哎喲～請快把打傷我的人叫來！我要宰了他！」

7 Mamang ko adada na Kapohong! Milowi' ci Papay, mamaan a iso ko matiraay Mayaw? ini ko tamdaw anini matini ko sowal? Cikasaan saw? ira sa matini o patay to ako cidoka' kako?" no han iso? ano caay ka foti' kiso materong ni Mayaw o wawa a mikowag kiso? Nika saan ako o maan a sowalan to matiniay" han to ni Papay o Kamamitir o wawa ni Panong o Patokang. Hanaw ko sowal. Iyaan ko saka, matira:ay haw kira sa, terep sato.

Papay 聽了，憤怒指責：「Mayaw？那是什麼話！『我快死了！』這是男人該說的嗎？我告訴你，若你不在那裏睡覺，Mayaw（後輩）絕對不會有人誤殺你！所以，你不該說這種話，你也應該負一半的責任!」Papay Kamamitir 是 Panong Patokang 的孩子。終於他不再講話了。

8 Pohpoh hanto ni Kakit, mafana' ci Kedal Tafong mama niyam aci Mayaw. Iray, ra:rari pohpohen ni Kedal 'Olam a maledek saan, matiya: to. Iyaan ko saka, ya sa tora iray, hatiraaw ita sato felec sa kami a maranam haw, hanaw ko sowal. Iray, tahira sa Kami ira 'araw komaen to toron ato pakaen howa. Nikasaan. ako kinian sa, sowal sa tora ira, laloen to ni Hafad kiya o hiya o rarikoran ira, hilam han tora i, tahira sa kami iray macaca:k to. Macacak to ko titi.

Kakit 來爲他進行巫治（mipohpoh）。此外，我父親 Kedal Tafong 和 Mayaw 也會此法術。雖然 Kedal 'Olam 施行了巫治，還是無效，受傷者一直不停喊痛。雙方講和後，我們才離開回去吃早飯。與對方和好，從此加害者負擔受傷者的食物，如無限制供應糬粑或肉類直到傷者康復。爲此，Hafad 從此爲料理這飯菜忙個不停。像煮米飯得先泡水後才蒸熟。

9 Iyaan ko saka, tifek han to kiyo o toron haw. Iray, hatini ka tata'ang hato teko, iray, sasilafay sa tora i, matomes ko tanoman to titi malasakaranam no Cidokaay. Hanaw ko sowal. Iyaan ko saka, ra sa tora iray, kako to mako mifafahi to kako. Matira ko demak tiraan.

蒸熟了，又拿下來春搗成糬粑。春好之後切割，大塊的裝好，豬肉也裝滿葫蘆，然後送到受傷者家裡當他的早餐。這個時候，我已結婚了（入贅）。

10 Iray, macara iray, tayra kako a palowad. lomaoc iray, tayra kako palowad. Sarakat patayra to toron iray, maherek a malafi iray, parenged kako. Dafak tora i, alaen ako ta ala han ni Mayaw o peton ako i takowanan. Iyaan ko saka, iray, ca karanam. Iya sato kiraan iray, ira, i tira to a misafel ci Mayaw i loma' no pakakowangay. Ta ala sa hatiya: to ko toron. ira maditadit ko tapila' to dafada:fak. Hanaw kiraan haw.

要去工作或集會所，我一定先去探望他。每天早上送糍粑到那裡，晚飯後赴溪裡設置魚籠捕魚（parenged）。次日一大清早，收回魚籠的魚蝦，再由我兄弟Mayaw接過去送到受傷者家裡。此時他未吃早飯。送到的魚蝦又親自動手料理，才供給受傷者當早餐，糍粑照樣帶去。就是每天早上照樣裝滿飯籃的糍粑。

11 Dafak maherek malafi ira paroen haca ako, alaen ako i loma' ako, alaen ni Mayaw. Ira mati:ra haw, tolo a folad. Rahenay maadah a makopit iro matengo' ko 'okak howa. Hanaw ko sowal kiraan matira ko demak kiraan howa. Ca kako pisina'el. Herek no ranam kira ira, sadak sa ca 'Ongay iray, "ha, pades to sato 'inay a mipadang,[1] aka ka saan a 'inay, a maanen a milaliw?

每天照樣於晚間赴溪裡放捕魚器，次晨收回，然後 Mayaw 接手。如此連續約三個月之久。由於骨頭折斷，痊癒很慢。實情就是這樣，我照實說。當時我實在沒有休息的時間。早飯後，'Ongay 前來並說：「孩子多，辛苦你了。爲了對方的康復，要耐心照顧、服侍。

12 Saan ko faloco' matiranay kira, sa cemo:t namo aci 'Ida, hanaw ko ano ca ka alaen ni 'Ida kadafoen no fafahi nira ci Hida ni Kaliting howa i, sa nanimaanan kamo ha Iyaw" han to ako. Sasatatosa: sa cara aci 'Ida a mihiya, a mipalowad ci Mayawan. a mihahoy. Hanaw ko sowal. Iraan tahaloma' kako iray, maherek a malafi tayra to kako parenged. Haenen han ako.

同時，你們和 'Ida 也該承認是自己倒楣。尤其是你們 Mayaw 一家有婚姻關係的人，不會不理會這件事。」其實，每日照顧病人，由他和 'Ida 兩人輪流。我是照樣回家，吃晚飯後到溪裡放魚籠捕魚。

---

1 'inay 係太巴塱和馬太安部落長輩對男青年的暱稱。對年輕女子的稱呼，馬太安稱 engoy，太巴塱稱 faeng。

13 Iyaan ko saka, cipalawa to dafada:fak a patayra to ano awaay ko titi aca o 'okak o heci. Hanaw ko sowal. Ano ca: sa ka citama' kami a malekakakaka ci Idat, kako i, o maan ko sapafatis? o maan ko sakaranam a palafay? Ta ira sato iray, tosa a korengan kiyo o no mako hatiniay a koreng matomes. Ira milafin sato ira hatira: to, na 'Idat sato hatira: to, ni Paring sato hatira: to.

因此，每天早上送去飯菜（豬肉等），沒有間斷。好在我兄弟擅於打獵，常有獸肉，不然我們拿什麼東西供給病人呢？如病人的早餐的食物等。原來我家的醃肉裝滿這麼高，有二個 koreng。此外，Lafin 家、'Idat 家、Paring 家等也有同樣容量的醃肉，這些都是供應的資源。

14 Yosanay kinian sa, raan sato o titi iray, ira:to ko cihemayay. I tiraay ko tahaloma' han miala ci Mayaw to Rakar i, tafo han ni Mayaw i tira i palo' to, tanalomaloma' no mako a parenger. Han ako tahira sa tora, pakakowangay ni Mayaw ira loma' tiraan ira, palieson ci Mayaw, cika patayra:en i ina niyam aci Mayaw. Hanaw ko sowal sa mati:ra ko nipasina'el haw.

不但消耗了許多的肉類，米飯也不知消耗了多少數量。還有我每晚魚籠捕獲的魚蝦，照樣由 Mayaw 送去，每次送去的數量也不會少於一個 palo' 的容量。Mayaw 送去後，又自己在那裡料理供給病人，我和 Mayaw 的母親們，再也沒有機會嚐到自家的滋味。所以我說照顧病人的狀況就是這樣。

15 Hanaw ako kiraan sa, sowal sato tora iray, sapiadah sa tora iray, o kodih no Tamorak haw. Ira, saepi' kiraan. Haen hana:nay kira no Pangcah kiraan a sapiadah to matiraay haw. Pacedet pasomadan to, faedet tora i, pasomadan to ko kodih no tamorak. Ira tosa karitotoyay hatoto no karitotoyay fohegcalay ko falo micipatay i fanoh no waco. Haen han ako ko sowal. Ira hati:ra ko tatodong no sapaiyo haw no Pangcah. Nikasaan ako kiraan. Matiraay kira.

所以我說，當時唯一醫藥材是取用南瓜的果核（kodih）。這是供消炎用，阿美人對這病患唯一的藥材及治療法。它的用法是把南瓜的果核黏住傷口，等到冷卻感覺有股熱氣起來才更換新的，一日數次，反覆更換。此外，另有一種野草叫 karitotoyay（狗毛草），它的花白色（種子）愛附著狗的皮毛上，通常是取用它的草根。使用的方法同南瓜的果核一樣，這個就是阿美人的藥材。

16 Sa koni saka, ira sowal sa tora, ma'akik to, iray, matiya: to ko no parenged no mako haw. Ano ca:ay ho ka makat ira matira ko demak kiraan. Saan ko faloco' i matini ira sa, malaheci:to a makalowad ko tatihi no paenan to panay cikesay haw. Matira kira ko demak kiraan,

雖然傷口乾了，我們還要繼續照顧他，直到能起床走步為止。再說，遇到了這樣的事情，實在痛苦。因為這個事件，我家花掉了大約米倉的一半米飯。事情就是這樣。

17 Pafelian nira ko tara'aran fohecalay sa ira, iraan to o fangsisay, pafelian sa i, o katepaay to, ira pariraan sato iraan iray, o hodec to. Ira pakakotakota:y to nanisowalan no ina no mako haw. Hanaw ko sowal, matiraay kira. Iyaan ko saka, iray sato kiraan ira, adah sato ira, maala ko sakasepat a folad.

除此之外，不但得供給普通的米，還要供給 tara'aran 米（稻米之一），這是稻米中最香的，是很特殊的 katepaay 米（紅稻米），還有 hodec 米等。這些都是我母方辛苦得來的。傷者的病狀終於在三個月半後好轉起來。

18 Iyaan sato kako tiraan ira, o safa ako ci Mayaw kiraan, makori a padeteng to nifalahan to tayi', to nifalahan to isi'. Kira matira ko demak kiraan haw. Hanaw ko sowal tiraan matira:ay kira ko makori ko mako a peton a misina'el. Haen han ako ko sowal kiraan sa, sowa:l sato riy, ira, mapela' cecay folad sakasepat iray, rakat sa ci Mayaw Kapohong a miyatyat to tireng nira. Iyaan tora parenged ho kako hanaw ako kiraan haw. Iyaan riy ira, o tore:n to, cilafa:y to titi. Na osanay kinian sa, ca haenen kira tireng haw iray, maanen ko matiranay pakasero'ay, pakasafiay, saan ira sa, inian kina dademaken haw.

到了這個時候，我的弟弟 Mayaw 為服侍病人及倒棄病人的屎尿，污物等，也已瘦得不成人形。再說，為此長期的糾纏，我的兄弟姊妹們個個又瘦有累。約到三個半月時，Mayaw Kapohong 才可起床做些柔軟運動。此時，我照樣下溪放魚籠及送飯米和菜肉等服侍病人。此是加害人的家方，對受害人的贖罪義務。

19 Hae:n han ako ko sowal. Madadeteng kina folad sakasepat ira sa, yatayat sato a i pala talaomah ci ina nira ci Mataw Iyat. Hanaw ko sowal ira sa, ira:an tora ira, cecay dadafakan nira ira, ko lala'ed ira parenged kako alaan to ni Mayaw. Matiya: to ko pausa to toron, to titi. Ira matira ko demak tiraan haw, laseng sato ko sakasepat iriy ira, a'id'id sato ci Mayaw iray, ca sato kako haw kaparenged.

在第四個月左右，因病人已可走動，他的家人及母親 Mataw Iyat 才安心出外到田裡工作。為此，我施放魚籠作業較輕鬆些，間隔一日，第二日夜間才放置，次晨照樣由 Mayaw 送到病人的家。當然，糍粑和肉，照樣每天早晨送過去從不間斷。就是過了四個多月，當病人 Mayaw 可離床隨意走動，我才停止施放魚籠的作業。

20 Hanaw ko sowal tiraan sa, mati:ra ko pakafana' ako to matiraay pakasafiay haw. Nikasaan ako kinian, hatira kiraan. Iyaan ko saka, ira sato ray, ano mapatay kiraan matira ko sowal iray, cato kaci'ilo tiraan mahiyaay matalaw to. Ma:mang ko parengedan pakaen howa? Ma:mang ko titi ato toron! Maemin ko tatihi a paenan kira sapakaen titanan.

以上，是有關誤打傷人事情的報導。假如說受害人不幸死亡，對方恐怕不敢再向加害人提出賠償（'ilo）的要求。因爲加害者也爲了照顧病人消耗了莫大的漁獲、米飯以及肉類等資財。再說，爲了供給受害者，米倉的一半存糧都用光了。

21 Cika saan a matiya? ra sato ira, aka pa'ilo haw! Ano mapatapatay ci Mayaw hanaw ko sowal" saan caira o ciwawaay ci Mayawan Kapohong, ira matalaw kaco'isan. Nikasaan ako ra sa tora, matira:ay ko sowal haw. Sato kako hatira kiraan. Iray, saan tora iray, ano citama' kako to ma:an iray, pakohong han ako to cepi' no fafoy kira. Ano ci tama' ko mako a peton tora, pakohong han to to hiya to cepi' no ngafol.

也許他們知道這利害關係，所以他們的親戚有人說：「若 Mayaw 死了，不得提出賠償問題！」他們害怕提問被推翻的不利。再說這當中，我獵到了山豬，一定送給他們前肢一支。我的兄弟若獵到花鹿，也少不了送一支前肢到他家。

22 Ira ano citama' ko mako a peton ci Edaw iray, to fafoy pakahongan to.Yo kararayan ko tama' iry, pakohong hanen ira mati:ra haw. Mati:ra haw, hanaw ko sowal sa, masaay hakini ko sapa'orip no pakasafiay ano han i mati:ra haw. Hanaw ko sowal tiraan sa, o masaay kira ko sapaini asa kamo, Rasaan tora ira, sowa:l sato to Sakatolo a mihecaan tora ira, a sakalima a mihecaan iray, 'aloman to ko Ripon.

另一位我的兄弟，也獵到了山豬，還是一樣送一支前肢。即使你獵到的是幼小山豬，照樣送給他家前肢。總之，加害者對受害者的生活負擔及服侍是這樣重視，而且辛苦。所以我清楚告訴大家。不過，三、五年之後，來了很多的日本人。

23 Iyaan ko saka, pakawali ko teleng, ya sowal ako naci:la. Teka sa tora, no sawalian no copo no Rinahem. Satimolan sa tora i, i Yamato. I tira ko sala'edan ato Pa'ilasen mapolong ato Tafalong. Maherek kiraan iray, miteka to kakerker. Teka sa tora i, tira i Rinahem, iray, satimolan sa tora i, tira i yamato.

如同昨天講過，日本人開始架設電話線，東段由 Rinahem［壽豐］的堤防地方開始，南段再到 Yamato［南富］地方開工。Pa'ilasen［富源］和 Tafalong［太巴塱］合力的工程中段就在那裡。這個工作完成之後，又開始施設臺車鐵道（kakerker）。由 Rinahem 地方開始至南段 Yamato 地方為止。

24 Ira sakalima mapaherek tora ira, taroh sato ko teloc matiraay ca Ifok. Hanaw no tomirmir no hiya nicokerohan. no 'Amis tora iray, patayraen niyam i Pa'ilasen. Hanaw ko sowal toraan pata ra i Micoho ta sraen to no Micoho tangasa i Tamasato. Matiraay kira ono hiya ho no kakerker. Matiraay ko sapicolo' to kakerker han ko matiranay sapicolo' to 'afel. Hanaw ko sowal. Iyaan ko saka, iraan sato iray, yo sakatosa a polo' iray, teka sato o cilamalay iray, i no'amisan no Maerir.

工程約於第五年完成，首先由我們下一級的成員，如 Ifok 他們前來服役，執行推車作業。這樣，由北方人推進來的臺車，再由我接過來轉送 Pa'ilasen 地方。由 Micoho［瑞穗］接過去之後又送到 Tamasato［玉里］那裡。這就是昔人臺車作業的狀況。而這個送貨用的推車稱之 kakerker（臺車）。這個臺車當時專門用來運送煤貨。如此說，大約過了二十年後，火車通車，車站設在 Maerir［木瓜溪］的北邊。

25 Ira, maherek to a misorot to kowang. Hanaw ako kiraan. Iyaan ko saka, raan sato iray, tira ra kami a miteka haw to Cilamalay, ta, awaay to ko sakapi'adop, soroten to no Ripon ko kowang, ko pana' Hanaw ko sowal sa, ca: sato kami pi'adop. Hanaw ko sowal sa, pakayraay ko nika pakakowang. Hanaw ko sowal matiraay sa, wa hatiraay ko sowal ako.

另一方面，這個時候，日本政府已沒收了各家的槍彈。火車的開通是我們那時代的人所開創的。再說，這個時候日本人沒收了我們的獵具如槍彈，弓箭等。從此沒有了獵具，不再打獵。我想日本人沒收槍彈的原因之一，大概是因我們有時會發生槍支傷人事件吧！

第二十八章

Idek aci 'Afetongan
伊德和阿福杜幹的故事

1 I nacila sato i, o 'Amis san tora iray, kami ko kaka ira ci 'Afetongan a mi'eco tamiyanan sa kira sowal no mako kiyami. Iray, no Fata'an to kinian. Ra sato kiraan iray, sa cikadafo sa ci Idek iray, mapapetonay aci Dayo, aci Idek Rengos.

昨日我講過了。有關 'Afetongan 的故事，'Amis（南勢阿美）認爲他們的故事才是正統的傳承故事。[1] 其實不然。我是在講述馬太安的故事。Idek 的女婿原來與 Dayo 和 Idek Rengos 有親戚關係。

2 Ira ci Depongan ko ni Dayo a fa'inay, ni Rengos sato iray, ci Idek. Iraan sato o wawa ni Idek iray, ci Mawrafas. Sa kakaay a wawa ni Dayo aci Depongan iray, ci Mawday. Haen han ako i nacila kiyami.

Dayo 的丈夫是 Depongan；Rengos 的丈夫是 Idek。Idek 的孩子名叫 Mawrafas。Dayo 和 Depongan 的長子名叫 Mawday。昨天我不是這麼說了嗎。

3 Ira sa, raramod saan ci Mawrafas aci Mawday. Matira ko demak haw. Hatira kiraan. Sowal sato i nacila kiyami iray, mi'araw to.

---

1 此處的 'Amis 是稱秀姑巒阿美指溪口以北的南勢阿美，有「北區阿美族」之意。

Iray, sacipala sa ci Idek nani tini ini mafolaw to nanitini sawa'eran no Satefo. Matira ko demak tiraan. Hanaw ko sowal. Iyaan ko saka, i sararem sa tora i, no finawlan.

她（Mawrafas）和 Mawday 結婚了。這事情昨天不是說過了嗎。他們去工作。Idek 他們遠從 Satefo［馬太安溪］源頭（sawa'eran）搬到這裡，他的田地在上游，部落居民的耕地在下游。

4 Iray, ci Fadawan, iray, i Taporo iray, i Tono' i Ci'owalan, sawali no niyaro' no Ci'owalan. Haen han ako i nacila iray, malitapang ako i nacila iray, a o maan ho ko sasa'osien haw. Ha naw ko sowal kiraan. Sa, ra sato ira, maherek a miro'it iray, wa kafana'an to sapiro'it ni Mawday.

他的田地包括 Cifadawan［光復火車站一帶］、Taporo［馬太安公墓一帶］、Ci'owalan［峭壁部落］的東邊。這些我昨天都講過了。今天還要說什麼呢？到了 miro'it（始割祭）時，由 Mawday 先來進行，因為他知道祭儀要怎麼舉行。

5 Iyaan sa, ra sa tora iray, "aka pisaowex haw, cipapaha ko hafay namo!" han to ni Dayo tina raro'itan. Ta dafak miro'it. Ira matira ko demak kiraan. Hanaw. Ira matira ko demak kiraan. Hanaw ko sowal. Iyaan ko saka, sowal sa toraan. Iray, "O finawlan mama i, ca piro'it to? Kita sato i, caay pa'ayaw miro'it?" hanto ni Mawday.

Dayo 吩咐：「你行祭時，不可以發出嘆氣聲，以免家裡的小米無法結實！」「爸爸！人家已完成 miro'it，我們不準備進行 miro'it 嗎？」Mawday 問。

6 "A, o miso: to 'inay kiraan ko 'ayaw miro'it haw." saan. Matira ko demak tiraan. Hanaw ko sowal. Iray, "oli kakoyen ko fafoy oli" sato. Iray, tahira han ni Mawday iray, malatenos, cofa:y saan. "I! malatenos kira sa mama?" han ni Mawday ci mama nira ci Idek. "O tenos i cowa saw? kaiya i paenanay han kiya? Tifacay to facal!" han ni Idek. Ira sa, sakinatosa kiraan, tahira han malateno:s to .

「啊！孩子先進行你家的 miro'it 吧！」「去！抓豬吧！」Mawday 看著豬變成了竹筒。「爸，怎麼變成了竹筒呢？」Mawday 問他的父親 Idek。「你說竹筒在那裡？是不是越過豬舍的那個？」Idek 說。他去看三次，還是一樣是一支竹筒。

7 Ira sa, "Matini mama, o teno:s to." "Ha, tatatatata!" han to ni Idek ci Mawday. Ira, tahira sato, "'ok 'ok 'ok 'ok 'ok" sato. Naw han kiraan iray, no cipasadaken ci Mawdayan ko "mana hafayan ko matiranay? to 'okoy?" sanay ko laloma' ni Idek. Ira sa palatenosen nira ko fafoy. Hanaw ko sowal. Ira sa, kakoy haca ci Taremon, ci Mayaw Leda' ira, i loma' ato fafahi nir ci Mawrafas. Hanaw ko sowal

「爸！還是一樣，一支竹筒，不是豬！」Mawday 說。「去去去吧！」Idek 又叫 Mawday 過去。果然發出 'ok 'ok 'ok 'ok 'ok 的聲音，豬終於出現了。有一天，Mawday 問：「這是什麼小米？只不過是一種葫蘆罷了？」Mawrafas 和 Taremon、Mayaw Leda' 及他的妻子一起來抬豬。

8 Sa, patayra han to i potal iray, lo'ec han to koyo o wa'ay a tosa. Ira matira ko demak tiraan haw. Hanaw ko sowal. Iyaan. ko saka, sowal sa tora i, "kakawaen to ari!" sato. Iyaan ko saka, lilid han to ni Mayaw Leda' aci Taremon. Ira ci Mawday sato tiraan iray, miawit to raro'itan nira cikaranam. Hanaw ko sowal.

然後抬到外頭，用籐把牠的兩腿綁起來。又說「準備好！抬起來！」於是由 Mayaw Leda' 和 Taremon 二人抬走。Mawday 沒吃早飯，拿取自家始割祭用品（raro'itan）隨即離去。

9 Tahira sato i pala kiraan ira, "tangsol han mipacok!" han to ni Idek. I loma' ko fafahi ni Idek ci Rengos. Hanaw ko sowal. Iya sa, fafilo sato ato sa'ali nira tatosa. Iray, "palesafonaw ho kako to kasoy, talaen ho kako," saan. Hanaw ko sowal haw. Iray, likaten to ni Idek ko lamal, maherek to a palifanges, iray, tokadan to ko tinayi'. Safel sa tora i, yo salana'an, o kafid no 'ilif, hatira ko pisafel. Hanaw ko sowal.

來到了山田，Idek 說：「立刻殺掉！」Idek 的妻子沒跟上來，留在家裡。於是他和親家二人合作進行。他說：「我先去撿取柴火，等我一會兒！」Idek 把火升起來，剝了豬皮並剖開豬肉，連肚子的腸都看得見。然後把豬脊椎兩旁的肉（salana'an）和前肢含肉（'ilif）部分都割下來烹煮。

10 Iya sa, paladihta' to tiro o cepi', tiro kahong. Hanaw ko sowal haw. Maherek tiraan iray, micikcik to tiro fadowac a tosa, iray, iraan to o wikol, iraan to palatosa kiyo o tokos, ira to nisafelan to tangal. Hanaw ko sowal kiraan haw. Matira kiraan. Iray, ya sato kinian o fanges kiraan ira, ma:mang o keciw han kiraan, patakec han i raro'itan haw, o wawa no 'okoy mamangay. Hanaw ko sowal tiraan sa, samatiya han to o tara'aran tolo, sapatih han to i tira, han ko taymangan ato raro'itan.

同時把後腿、頭骨及肩胛骨分別取開來。接著，切割二支排骨、尾巴、脊骨的一半及頭部全部下鍋烹煮。到了儀式場所，先建造一座放置始割祭用品的棚架，然後把豬皮油脂塊及幼小的葫蘆掛上，再拿三個大的葫蘆及酒瓶，與其他祭品堆放在棚架邊。

11 Ira sa, maherek a mihiya ira fetik sa tora i, "kiso o 'Alimolo iray, tangal no fafoy ira, tangal no 'ayam iray, kalamicomocomod haw! hanaw ko sowal. Nikasaan ako kinian sa, kiso 'Alimolo iray, coro:ki ko nangatoan no finawlan haw, ira to no mako.

這些祭具裝備完畢，開始進行 fetik 並說：「'Alimolo 神啊！這裡的豬頭和雞頭都獻供給祢，請接納。'Alimolo 神啊！請惠賜部落豐收！

12 Ira, kiso Sapalengaw iray, lasi:li ko talo'an haw no finawlan. Kiso Losisidaw iray, pasisi:den ko talaomah" han to ni Mawday i tira i pala. "Ano dafak ano palasil ira, kiso 'Alecalay tapalen ko kapah haw." Han to ko sowal kiraan. Hanaw ko sowal tiraan sa, matira ko demak haw. Nikasaan ako sa, sowal sa tora iray, (tohtohen to ni) maherek tora iray, mifetik tora, satalo'an sato.

Sapalengaw 神啊！請祝福我部落居民的小屋，好讓我們可以安心休息。Losisidaw 神啊！請保護我部落居民的工作！」Mawday 就這樣在山田裡進行 fetik。又說：「'Alecalay 神啊！請祢保護明天青年們的作業活動！」這些事完成之後（把東西拿下來），進行 mifetik，然後才開始搭建小屋。

13 Maherek ci Mawday ira, "tohtohen to" sato ira sa, tohtoh han to ni Taremon haw. Nikasaan ako kinian, matira ko demak kira sa, malahok to. Tatodong a malahok kiraan ira, dademak kiyo remes. Nengnenga:n to ray, dademak kiyo 'atay mala'apapenoc, oya remes iray, malaalonah. Ya sato salo'ot'ot ira dademk ira, malararikah. Iya sato o fanoh kiraan iray, dademak iray, mala'atikak. Iya sato toraan. o kinapecih kiraan o pa'atay iray, rnalaferarangad to. Ya sa o cekih iray, papa:kay a hiya, iray sa, malaferara:ngad kiya o tayi, ira sa malaferaraga:d kiyo o ceki'.

儀式結束，Mawday 說：「倒出來吧！」Taremon 就把物品倒出來，並且開始吃午飯。當他們吃午飯時，放在地上的血和肝開始活動起來。看看其狀況，動起來的豬肝變成大黑螞蟻；豬血變成小螞蟻。那些 salo'ot'ot（爪子）動起來後變成蜈蚣。豬毛動起來後變成蚯蚓。那些零零碎碎的豬肉動起來後變成牛屎龜。豬趾也變成牛屎龜，牛屎龜喜愛吃玩牛糞，所以叫牠 ferarangad（獨角仙）。

14 Yaan o tayi' malaferaranga:d to, sacihana sa ko tangal, haen sa matini, ira:y matini. Hanaw ko kiraan haw. Ira sa, mao:lah to tayi a mimolimoli. Hanaw ko sowal. ira saka, hatira kiraan.

那些豬糞同樣也變成牛屎龜，牠的頭部與其他稍爲不同的是帶有花紋，現在這些昆蟲還是到處可見。這些蟲喜歡把牛糞玩成圓圈狀。

15 "Ira, tini sato i, mihafaya ano sa maherek ko lahok ano han, micereng kita ha mama" han to ni Mawday, "ya maanen fangcal to!" han to ni Idek. Ira sa, 'orong han to ni Taremon aci Leda' ko titi haw. Hanaw ko sowal. Ya sato o tinayi' iray, safel sato a mitonton tiyo tinayi' malosakalafi, hanaw ko sowal to pacamol to 'atay.

「我想，吃午飯後才割小米，但不是要先 micereng 嗎？父親，你想怎麼樣？」Mawday 問。「好呀！照你說的進行！」Idek 回答。於是，豬肉由 Taremon 和 Leda' 扛回家。回到家，把腸子和肝拿出來烹煮當做晚餐。

16 Hanaw ko sowal sa, mati:ra ko likakawa ni Mawday haw. Hanaw ko sowal sa, iray, "oy^oyen ko waco ari" han ni Idek ci Mawday "Awaay kira mama!" han to ni Mawday. "O maan kira madikoay to saw?" "i:! ci: Tomay aci Kedaw, ci Oliyong aci Ngaday!" han to ni Mawday i, cai: ka mowad. Kinatosaen matira:to pioy^oy ni Mawday.

Mawday 的工作就是這樣。「把狗叫過來！」Idek 說，「父親，沒看到？」Mawday 回答。「你沒看到在那裡吠叫著？」於是 Mawday 喊叫：「喂～ Tomay、Kedaw、Oliyong、Ngaday!」叫了兩次，狗們也沒有追過來。

17 "Ay ay, kakoay aca" sato ira sa, yaan a fohecalay a fokeloh iray, malafohecalay a waco. Oya folatakanay a fokeloh iray,kahengangay ko folatakan iray, malafolatakananay a waco. Iya sa a kohetingay iray, rarid sa koheting ira a Fokeloh; ira, rarid sa a koheting ko waco. Haen han ako ko so wal haw. Nikasaan ako kinian sa, matiranay kira. O litapang ako.

「好！由我來吧！」於是 Idek 開始變起了怪花樣。白石頭變成白狗。花紋石變成花紋狗。黑面石變成黑狗。

18 Ra sa toraan iray, tahaloma' sa tora i, ira, "Mawday!" han to ni Idek aci fafahi nira ci Rengos, "pafatisen ci ina iso haw!" tahira sa matiya, hakowaay ko fafoy? hani sato iray, mafatad i honi haw. Ira ra sa tora ira, herek a mihiya ray, "paliesonen!" sato "iraan o fisoay" sato ko sowal ni Mawday to fafihi nira. Iray, palieson han to no fafahi nira.

回到了家，Idek 和 Rengos 說：「Mawday！」「部分的豬肉送給你的母親吧！」他們說。不知是多大的豬肉？對了！我剛才只說了一半。Mawday 叫妻子：「燒水煮 fiso（膀胱）吧！」於是妻子開始工作。

19 Ira sato tora, "pasalangi" sato, matira ko demak tiraan haw. Ira "pafelaci" sato. Pafe:lac ko fafahi kiraan i, "ira, kiso o 'Alimolo colo:i ko nipafelac no fafahi ako a misalamal haw." Hanaw ko sowal tiraan. Iray, "kamato fonak aca, kamato dita' aca." sa ko pakafana' ni Mawday, hani ina nira a sowal ni Dayo. Hanaw ko sowal sa, ra sato riy ira, "ano hacow sato a pafatis?" "no hani to maherek to tora ano honi!" saan. Ira sa, saan tiraan iray, rnakerah to kiyo nisalamalan. Iray, epoden to ni Mawrafas fafahi nira, fasaw hanen.

「鍋裡要倒水！」然後又說：「鍋裡倒米！」妻子正把白米倒入鍋時，在旁的 Mawday 禱告：「祈求 'Alimolo 神，祝福我妻子加水入米及燒飯！」「如同砂石及粘土般取用不盡！」Mawday 繼續祈禱。這是從他的母親 Dayo 那兒學來的。「什麼時候動身分送呢？」「稍等，作完之後才去！」米飯煮好，Mawday 的妻子把它拿下來放涼。

20 Iyaan ko saka, mafasaw to riy, tohtoh han to. Matira ko demak tiraan haw. Iray, ra sato riy, tira han i tapila' kiya nitohtohan nira sa, fetik sa tiraan ira, "kiso matini haw ira, micereng kako matini ha 'Alimolo, kira iraan. iray, tangal no fafoy, tangal no 'ayam kiraan iray, kamalicomoco:mod aca haw".

米飯冷卻了之後倒出來，就是把米飯倒置在籐籩（tapila'），然後，Mawday 對著米飯進行 fetik：「'Alimolo 神！現在我行 micereng，請垂納我的獻供。這裡尚有豬頭、雞肉等，表示我對祢的信仰。」

21 Hanaw ko sowal tiraan. Ira, ra sato kiraan iray, "kiso Ma'icang ira, aci mahodhod, aci Mainging, ira raan sato tora, ci Saselican, ci Mamodefet iray, corok nan ko nangatoan no finawlan;" han ni Mawday. Ira sa, matira ko demak tiraan.

然後，繼續進行 fetik，並祈禱：「諸神啊！Ma'icang、Mahodhod、Mamodefet 啊！請一一祝福我部落居民的工作！」Mawday 如此進行著儀式。

22 Ira sa tora i, ano maemin to, pela' han sakalafi kini o faes sa, ya han nicikcikan iray, patayra han to i pa'alopalan. Hanaw ko sowal, iraan to ko dado^doan a miro'it haw. Tangasa i ka'arawan no Ripon to raro'itan. Hanaw ko kiraan, matira ko demak,ira hatira ko sapiracoan haw. Ira herek sato tiraan mifetik iray, "mama" sato, "iya na sowal iso mama i honi iray, pafatis kako haw, aka pitala takowan a malafi. Hanaw ko sow tiraan" hanto ni Mawday ko mama nira, ci ina nira.

fetik 儀式完畢，祭品分為二半，一半當家人晚餐，另一半放在 pa'alopalan 獻供祖靈。以上就是傳統的 miro'it 祭儀，一直到日本人來，還依照慣例舉行。fetik 儀式之後，「父親！如你剛才說的，我現在就動身去分送豬肉，你們不必等我回來，可先吃晚飯。」Mawday 說。

23 "Ira, kalahakelongto i!, mamimaan ko misidayay!" han to ni ina nira ni Rengos. Ira sa, sa cilafay sato kini o nisalamalan o nisafelan to tahira. Hanaw ko sowal, to mitongal to nanipalaay a fasaw Hanaw ko sowal. Nikasaan ako sa, "Aka mama pihakelong. Teli sa ci ina ako i, ano mihakelong a matira i, aka pihakelong haw ko fafahi iso haw, sa ci ina ako." Han ni Mawday. "Aya tatiih Mawday, ano iso a cacay" Han to ni Idek yaan sa, yaya:an ci Mawrafas, "mihakelong kako, mihakelong kako," saan.

母親 Rengos 說：「你的妻子也帶去，留她在家裡幹什麼？」然後把烘烤、煮熟，還有山田裡獻供剩餘的一些豬肉放在 lafay（盤具），人就走了。「父親，不要讓我妻子一道去，因我那裡的母親說過絕對不要帶妻子前往！」Mawday 說。「Mawday 你一個人去不行！」Idek 說。同時他的妻子 Mawrafas 要求：「我要跟你去，我要跟你去！」

24 Sa ko sowal no mato'asay. Hanaw ko sowal. Tahi:ra to i fatad kiraan iray, masoaf. (mafaha^ kako kini howa) Hanaw ko sowal. Irs sa, capo' to penen ira tolo, ala to masay iray, 'elet hanto nira. Ira sato ko lafay ira ca'it hanto. Matira ko demak. Teli sato to sowal to fafani nira, "aka pihakelong hani, ira matini sato i, cipapah to ko hafay namo! sa ci ina ita i, hanen to haw!" sato ko piani ni Mawday to fafahi nira.

昔人這樣傳承給我們後人。我就如此說。兩人終於一道前往。途中，妻子嘆了一口氣。（我又咳嗽了。）Mawday 把路邊的菅蓁（penen）三支及狗籐砍下來綑綁做支架，設置在地上，掛放 lafay，並坐下來休息。Mawday 向妻子訴苦：「我說過妳不要跟來，如今妳嘆氣了？我媽說過，這樣的行爲會讓我們的小米長葉（cipapah）受到傷害，你看怎麼辦？」Mawday 很失望地說著。

25 "Nima ni:ma sato ko salonganay a ca:cay sa ko faloco' ako
sa, ca kahirateng ako howa" sa ko cawi ni Mawrafas. Hanaw
ko sowal haw. Matira ko demak ira sa, tayra sato. Iray, mahatini o
loma' iso a Liwsang kiraan iray, "na'ay kako a Mawday iray, ha:ni
aca kiro cirot, 'angtol kamo iray, 'angcep kamo! Haw ko sowal
tiraan, aka paci^ci a taynian!" sato.

「我看你一人太孤獨，所以就跟來了。想不到我會發出嘆氣聲。」
Mawrafas 回答。他們還是繼續往前走。來到母家，距離住宅約差不
多到劉先生那裡那麼遠時，母親出來說：「Mawday 我不要你們來！
棕背伯勞鳥剛才告訴我，你們搞鬼！你們有屎臭、尿臭！不要進來我
家！」

26 Palitemoh han to nira i lalan ho. Paci^ci han to no wawa nira
ni Mawday ato fafahi nira ci Mawrafas, ira sa, tangasa sato.
"Paci^ci saan i, no ca pi'enoc to sowal ako i nacila? ra sa tora haen
han ko piro'it haw, han kiso tiraan iray, ano macowa iray ano awaay
ko fafoy ira, o maan ko sowalen? Ano cifafoy i, o maan. ko sowalen
hanaw ko sowal haenen kiso Mawday i matin i, hanen to haw!

母親在途中如此大罵他們，Mawday 及妻子 Mawrafas 二人不理會母
親的阻止。「你們不聽老媽的勸告，讓人非常失望。前幾天我已說過
miro'it 的規矩，若沒有豬肉來供祭也行，若有豬肉供祭，得行 miro'it
祭。不是這麼清楚告訴你嗎？如今你妻子嘆氣，絕對是犯了禁忌！

27 Ira, cipaph ko hafay namo, malakarator to han to no ina nira
ni Dayo. Ira matira ko sowal ni ina nira haw. Hatira kiraan.
"Oli kaitod to i pala no ina ato mama namo!" sato, piyoc sato. Tahira
sato iray, mitala: to a malafi ca ina nira aci mama nira to sa'ali nira.
Hanaw ko sowal haw.

將來你家的莊稼絕對會受損！」母親 Dayo 警告 Mawday。他母親說
的話就是這樣。「回家吧！要幫忙你們父母的田裡工作！」於是他們

走了。回到家，父母和妻子的親戚們都還在等候他們吃晚飯。

28 Iyaan ko saka, sowal sato, dafak sato iray, mihafay to, dafak i, mihafay to. Ira, sakamo^tep iray, maemin to ira a peco'en ko hiya ko 'okoy. Ira matira ko demak tiraan. Sowal sato ci Mawday tiraan iray, "maemin to mama kiraan ira, cipiro'it ko no miso?" hanto ni Mawday, "pacena'aw to hana. Kailoma' ho maroray kamo cidacidal" sa ci ina nira ci Rengos aci Idek.

次日及後幾天，他們連續收割小米。第十天之後，葫蘆也採收完畢了。事情就是這樣。之後 Mawday 說道：「父親，miro'it 儀式完成了嗎？你們不舉行 miro'it 儀式嗎？」「休息吧！天氣這麼熱，辛苦你們，暫時在家休息吧！」岳母 Rengos 和岳父 Idek 說。

29 Haen han ako ko sowal sa, pacena' saan. "Liloci ho iray, ciho pililoc kiso na miro'it i?" hanto ni ina nira ni Rengos ira ci Mawday. Hanaw ko sowal sa, pacena' sa a mililoc ci Mawday. Hanaw ko sowal. Iray, dafak sato iray, "oli katayra to oli, hatiniay to haw;" saan, ira matira ko demak, maleca:d ko pala na Mawday. Hanaw ko sowal haw. Nikasaan ako kinian, Ya na sowal ako kinian ira sa, kaomahan to ni hiya, fariwen to ni Mawday. Iray, maemin to ko ni Mawday tiraan iray, hanen ako i nacila kiyami.

於是他們就休息了。Rengos 伺機向 Mawday 說：「洗澡吧！你看從舉行 miro'it 儀式後，你都還沒有洗澡。」於是 Mawday 就去洗澡。次日，「去吧！去你想去的地方，我們的部份只有這些了！」Rengos 說道。因為 Mawday 的田地和岳父母的同在一個地方。Mawday 又重新開伐耕作他的田地，並且完工了，我不是昨天說過了嗎！

30 Kaherek to a mifariw toraan, "kato, kato pifariw;" han ni Idek. Iyaan ko saka, ya sa toraan ira, masowal to ako pisanga'to kapon ('acocol). Ira kao kapon ho ko sapifariw, matira ko ni Idek. Hanaw ko sowal. Hanen ako i nacila kiyami. Ira mirocek to to pisa'owa'owar ci Idek a minanom. Iya sato o finawlan iray maherek to a mitafed. Ira matira ko demak tiraan.

差不多完成了，Idek 說：「不要再砍伐了！」我不是說過了嗎！Idek 製造了竹陀螺（kapon），用來砍伐草木的工具？以上是我昨天講的內容。各角落整理之後開始飲水。其實，部落居民的工作這個時候都已完成。但，Idek 自家還在引水？

31 Talakakaered caira, talasasanga' to kapon. Hanaw ko kiraan haw. Haen han ako ko sowal i nacila. Iyaan ko saka, maherek ko kapeci' no hiya ray, no kapon iray, patisodan. Mapeci' ko kapon iray, makelet no keliw iray, patisodan. Hanen ako i nacila kiyami. Hanaw kira sa, maemin to. Han ako kina sowal ira sa, maan to ko pihiyaen tora, ko piisi' to. Hanaw ko sowal kiraan.

此時，他家還忙於紡線及製作陀螺。這事昨天已講過了。爲了耕田，Idek 利用陀螺整地。一個陀螺損毀了，又更換新的；一條線斷了，就更換新的線。昨天我不是這麼說了！這樣又告了一段落。Idek 又向鄰近他人的田地放了尿水。

32 O maan to ko hiyaen o pikawkaw to a mi'aporod to 'osaw a ma'alol no isi' ni Idek. Hanaw ko sowal. Iyaan ko saka, ra sato ray, hafa:y sato. Iray, lima a romi'ad caira caho ka emin. Iray, mahaemin to howa hacecayen ko hafay ato lafoni. O no finawlan sa i, o lafoni: to. hanaw ko sowal. Iyaan ko saka, ra sa tora ira, (mapawan kako ma?) Ci kaemin kira ira, paliw han no finawlan. Ira sa, maemin to ko nihiyaan iray, ni Mawday.

他的尿水像雨水般，把田裡堆積的草木樹根沖到別人家的田地。但到了收割的時候，Idek 家的小米，收割五天也做不完。因爲他的小米和旱稻（lafoni）比其他人的還要多。（啊！我忘了。）Mawday 家的早就做完，由部落居民合作運回。

33 Hanaw ko sowal haw. Iray, felec sa tora ira, pela'en to nira, iyaan to ko mapa'aca ni Mawday ko finawlan to nanipadangan no finawlan a micolo', roma miheca iray, malosapaloma to, ira o karator to. Hanaw ko sowal. Haen han ako i nacila kiyami. Nika mapawan ako sa, talarikor aca. Nikasaan ako, matira:ay ira sa, sowal sa tora ira, tosa a polo' ko romi'ad a mihafay ira, maemin to.

回家後，Mawday 把那些搬運回來的收成，分給那些幫忙運回的人以爲酬勞。同時留下一些種子（karator），預備明年使用。昨天我不是這麼說嗎。因爲我忘了，我又倒回來講述。大約二十天，小米收割才告結束。

34 Hanaw ako sa, ra sato ra iray, ca pililoc a mafelec, nawhan ira, komoris kita sato. Matira ko demak tiraan haw. Iray, ra sa toraan iray ira, mifetik to. Matini sato tiraan ira, matira to a misa lamal. Hanaw ko sowal. Iyaan ko saka, herek a misalamal iray, fetik sato, matira kina sowal ako i haniay. Hanaw ko sowal. Ira o epah ko sapifetik ira, tiraan i pa'alopalan haw, hanaw ako, mati:ni.

昔日小米收割期間，回家是不洗澡的，komoris（終割祭）結束之後才可以洗澡。施行 komoris 時也要進行 mifetik，同時還有 misalamal（獻供祭）。[2] 此外，在舉行 misalamal 時亦進行 mifetik。換言之。以酒來進行 mifetik。

35 Hanaw ko sowal. O matiranay kiraan haw. Iyaan ko saka, sowa:l sa tora iray, maemin to kira iray, "a, Mawday" sato, "maan?" "matini sato iray, maemin to kira ira, ano cila sa tiraan iray, masa'sa' ho kamo!" sato. Iyaan ko saka, sowal sa tiraan iray, "i, ka pihiya haw! kao pipakelang ko nga'ay" sato ko sowal. Ira sa, awit, i

---

2 misalamal 有生火烹煮祭品之意。

loma' ci Mawday mipadang a pawali ira to peton nira. Iyaan ko saka, sowal sa tora i, lalima kiya o mihakelongay. Hnaw ko sowal.

祭儀完成後，Idek 說：「Mawday！」「什麼事？」Mawday 答。「如今事情差不多做好了，你們明日可以休息了！」次日，Idek 說：「今天要進行 pakelang（儀式後捕魚）！」[3] 但是 Mawday 想在家裡幫忙他的兄弟姊妹曬穀。共有五個人跟隨他去捕魚。

36 "I, cipakelang kiso? maemin, i cowa haca ko hafay?" "Maemin to." "Iso i?" "Maenin to, lalima. Sowal sa tora iray, "tata, mali'alac kita," han to ni Idek. Sako sowal no finawlan haw, Tahamatini. Iyaan ko saka, aro' sa tora i, i lakelal, awaay ko nanom. Sanay kira.

「你不跟我們去捕魚？割小米的工作不是已完成了？」「完成了！」「你呢？」「不！五個人都去！」「好吧。我們都去 mali'alac！」[4] Idek 說。每位部落居民至今都這麼說。他們到了河邊坐在沒有流水的河床處。

37 Iyaan, o 'oteng sa tora ira, o fokeloh. O 'oteng no macaraay a mamangay a fokeloh, iyaan ko malo'oteng ni hiya haw, nira ni Idek. Raan sato iray, "mikasoyaw ho kako ira, tafokoden kiraan a foting." han ni Idek. Ira sa, tafokod han. "kela'" sa kiya fokeloh, o lakelal howa i, alaen ko maan howa? Sa, ko sowal no mato'asay.

他所用的 'oteng（鉛墜）是小石頭。就是 Idek 利用小石頭作撒網的 'oteng。Idek 向大家說：「我先去撿木柴，你們好好捕魚！」其實，照 Idek 說的，在沒有水的河床上撒網捕魚，簡直是開一個很大的玩笑。昔日老人都這麼說。

---

3 pakelang 是喪事後之捕魚祭，表示由聖而入俗的過程。
4 mali'alac 是喜慶後之捕魚祭，表示由聖而入俗，恢復平日的生活。

38 Ira to, "naw no ca pitafokod hani?" Han to ni Idek, iray, "ari, tafokoden!" "kela'" saan, "awaay kini?" han to no niyan no sasepat, lalima, halosakaenem ci Idek. "I", alai, kakoay to ko mi hiyaay! Likaten ira!" sato. Iyaan ko saka, awit to tafokod iray, feng han to nira mapeci' a padeteng kiyaan o minengnengay to. Iray, ra sa tora i, kidkid han to. Sa, ko sowal no mato'asay.

Idek 回來了說：「怎麼了？怎麼不下網捕魚呢？」「投下魚網吧！」Idek 催促，他們不得不聽從，投下魚網，僅聽到碰地落地聲。包含 Idek 在內，他們共有六個人。「喂！由我來吧！你們先去生火！」Idek 說。投下魚網後，刹那間網裡一大堆魚群動了起來。因此，大家手忙腳亂叫喊起來。之後，他們把漁獲收起來。昔人是這麼說的。

39 Ira matira ko sowal no mato'asay haw. Nikasaan ako kinian. Ira, aka 'osawi aca kira: ano hani iray, han a cinglaw, nikasaan ako kinian. Raan ko saka, "maedeng to" han to ray,

古人就是這樣說的。他們不留一條魚，通通收起來。

40 "caay ho ka edeng" sanay sa, raan sato ray, han sato mimaymay to tafokod, ira sa haen sato matini i 'afala, iray, haen han to nira matira i, macefad to. Ira sa, kidkid han to nira. Ira sa, macefad caira haw o aenem. Sa, ko sowal no mato'asay.

Idek 說道：「這樣夠嗎？」他們說：「還不夠吧！」於是 Idek 再度拿起魚網投拋下去。還是一樣，網了很多的魚，大家合力把漁獲收起來。六個人看到這麼多的魚，非常滿足。老人這麼說。

41 Hilam han iray, palafokelohen ni Idek ko foting. (Hanaw ako) hay, palafokelohen ni Idek ko foting i, ya sato ra iray, cinanom to. Sanay kira. Hatira kiraan haw. Ya sato kiraan iray, safelen to no milikatay to lamal. Ira sa, "ira, malahokaw to" han to ni Idek. Sa, matira ko demak kiraan sa, tosa ko cifar to dika haw kilang, podac no dika. Hanaw ko sowal.

其實，是 Idek 將河床變成水流，將石頭變成魚，以上都是古人說的。到了中午由負責炊事的人烹煮。煮好了，Idek 說：「大家開飯了！」用兩個 dika（闊葉樹）皮製的食器盛滿食用。

42 Nikasaan ako kinian sa, ya sato oni o sadangahan howa ira, mamang ko fa^det ira sa misanga' to cifar. Nikasaan ako kinian. Iyaan ko saka, sowal sa tora ira,hilam han iray, o nanolata' ni Idek a misakilang malafoting. Sa, ko sowal no mato'asay haw. Hanaw ko sowal. Hatira to ko sowal ako. Iray, roma sato maherek a pakelang iray, a mali'alac iray, tayra sa ci inaan ni Mawday.

若直接使用鍋子盛裝食物太燙，所以只好以 cifar 替代。[5] 我說過 Idek 有時取來木塊變成魚。這是古人說的。捕魚祭結束，Mawday 到母家那裏。

43 Iray, "no taynian maemin ko sapihafay ni mama iso?" hato, "pakelang to kami i nacila aci mama ako i," han to ni Mawday. Ira saan sato tiraan iray, "milaliw kako saan kako ina" han to. "Aka, cato!" saan.

Mawday 的母親說：「你怎麼有空來？你岳父的稻田割完了嗎？」「是的！昨天我和岳父的捕魚祭也結束了。」Mawday 說。Mawday 向母親說：「媽！我想要休妻！」「不！不行！」母親說。

44 Ira, hatira kiraan haw. Nikasaan. Iray, o roma to ko sowal ako. "Pilaliwi!" hato, Iray, ra sa tora ina kiraan iray, "tomangic kako," han to ni Mawday. Ira sa, tefo sa ci Mawday iray, i soraratan no Lidaw haw. Ira mapolong ato Pokpok. Hanaw ko sowal

---

5 cifar 是指用闊葉樹皮或檳榔莖幹製作的食器。

tiraan.

以上如此，我這麼說。我現在要改變講述的內容。母親說道：「你走吧！」「我不想要，我會哭！」Mawday 回答。後來 Mawday 還是休妻來到 Lidaw[東昌] 部落的集會所。這裡是和 Pokpok[仁里] 部落共同的集會所。

45 Iyaan ko saka, sowal sa to laoc no 'Amis iray, hatefo sa i tira i Soraratan. "Cima kiso?" han tora i, "kako ci 'Afetongan mama" saan, ma'idi to peton ni Idek ci Kokohan aci Takoyan ira "ci 'Afetongan kako!" han ni Mawday. Hanaw ko sowal haw. Iyaan ko saka, cila sato ray, tadama:an kira tireng ni Mawday. Hanaw ko sowal tiraan.

Mawday 到達時，南勢阿美正在集會所召開會議。「你是誰？」老人問著。「我是 'Afetongan 啊，老伯！」因為這裡正好有 Idek 的兄弟 Kohkoh 和 Takoy 二人在場，唯恐他們認出他來，所以改名稱說：「我是 'Afetongan。」次日，Mawday 參加召集活動時，打扮得特別帥氣。

46 Iray, "kita sa ano cila iray, laoc sa, sa ko sowal ni 'Afetongan. I tini to kako a mifafahi, sa ko sowal ni 'Afetongan i nacila sa, kiso tora kongkong han ano dafak haw" sato ko mato'asay. Hanaw ko sowal. Iya ko saka, "kong kong kong" sato ko kongkong to lalidec. Hanen kono 'Amis todong no "o:y^oy" haw.

長老命令青年說：「去通報部落居民，有位名叫 'Afetongan 的青年願意和部落的女子結婚。爲此，全體部落居民明日在集會所召開會議。」次日，kong kong 敲擊聲響了起來。[6] 這是南勢阿美的通報方法，主要是用中空九芎樹（lalidec）木頭製作的。

---

6 阿美人慣以會發出 kong kong 聲響的中空樹幹當警鐘、通報器或歌舞打節拍的用具。

47 Haen han ako ko sowal. Iyaan ko saka, lesafon san ko fafahifahi no 'Amis. Iyaan kapahay iray, safalahfa:han saan kiya kapahay a fafahi a Limecedan i 'a'ayaw ni 'Afetongan. Do^do sato iray, onini o kapah, do^do sato i, onini o rarikor. Sanay kira. Matira ko pihiya no Mato'asay no 'Amis haw.

終於南勢阿美的婦女們集合起來。就是社內美麗大方的姑娘們全部集合到會所。在 'Afetongan 面前獻殷勤，讓 'Afetongan 從中選出一位作妻子。那些被認爲漂亮的姑娘依序走到 'Afetongan 面前。這是南勢阿美故事的說法。

48 Hanaw ko sowal, matira:ay kiraan a sowal ako. Iyaan ko saka, maherek a mi'owar kiraan iray, "kamo iray, ka i 'a'ayaw kamo haw, do^do han nonini o sakatosa a nisa'osian," hanto no mato'asay no 'Amis. "Kamo sa o sakatolo iray, makarikor kamo haw. ira ci 'atomo kamo" han to no mato'asay ira sa, ya sato i, cekos sa to 'atomo. Hanaw ko sowal.

我就這樣的詳細報導。長老說：「如剛才說明，第一組的姑娘們走完了，由第二組的姑娘們跟著出來走過去！」南勢阿美的長老這樣安排。「接著，第三組的姑娘們也同樣頂著水壺走出來！」長老們說，於是各個折返家裡拿陶壺。

49 Iraan sato tiraan iray, ya o rari:kor i, o mafodafodasay, o makenikeni'ay a fafahi a limecedan no niyaro'. Hanaw ko sowal no 'Amis. Nikasaan ako matira:ay kina sowal ako matini haw. Nakasaan ako kinian sa, teka sato iray, "katalaomah to a mihacol to nanom!" han to no mato'asay. iyaan ko saka mihacol to.

最後一組出來的女子是患有皮膚病而且是單眼視力有障礙的姑娘們。這是南勢阿美式的故事。當長老們說：「請第一組的姑娘們頂著自己的水壺到田園（katalaomah）去舀水！」姑娘們就頂著陶壺去了。

50 Iray, mafelec to. "Nengneng, nengnengen a 'Afetongan" han nengne:ng han nira i, ma'araw to "ira?" matafesiw to kiya o soraratan "ira?" han nira i, "awaay mama." sato ci 'Afetongan. "I cowaay ko malofafahi ni 'Afetongan? Tadama: an ci 'Afetongan i, no matira ci 'Afetongan?" sanay kira ko sowal no 'Amis haw.

這一組的女子回來了，長老對 'Afetongan 說：「'Afetongan 你要仔細看！」姑娘走到集會所那邊了。長老問道：「'Afetongan 怎麼樣？」「長老！我沒中意的。」'Afetongan 說。「怪了？怎麼沒有意中的呢？英俊的 'Afetongan 沒一位看中意的！」南勢阿美的講古就是這樣說的。

51 Hae:n han ako ko sowal. Ano caay palasafa ko 'Amis haw,caay pakongko kako haw. Hanaw ako kina sowal. Sa kako. "Ira patalaomahen to no honi kiyo Sakatosa" sato, pataloma' han to kiyaan.

若南勢阿美沒有瞧不起馬太安部落，我不會批評他們的故事。這是我的想法。「再來，第二組的姑娘們頂著水壺走過去吧！」長老們說。

52 Iray, ci'ironong to, mihacol to,iray, "nengnengen 'Afetongan" han to no mato'asay. Matafesiw to ko soraratan i, "i cowaay ko han iso?" han iray, "awaay mama. Awaay ko nanengnengen ako" sa ci 'Afetongan toya Mido^doay. "A cima ko haenen ni 'Afetongan?" sa ko cinglaw no 'Amis. Ira, "oranan o rarikor haw?" sato ko romaroma no 'Amis ira sa, pakataloma' han to a mihacol.

「'Afetongan！好好瞧瞧！」長老們說。她們經過了集會所後，長老再問 'Afetongan：「選中了哪一位呢？」「伯父，沒有！」「'Afetongan 到底要選怎樣的人呢？」長老們開始議論紛紛。「難道是在最後一組嗎？」於是先叫她們挑水後，才叫她們走過去。

53 Iray, felec sa tora ira, matafesiw to, (maracing kiya ci Rengos, maracing ko mata) iray, "ira:wan ko han ako mama." sato a mitoro' maka:t to a misatosol. Sa, ko sowal no mato'asay. "Naw? iraan ko han ako sa o pakoyoc?, awaay ko peton, (awaay ko ina) a, mafodih ko ina, ca:cay cira ka maomah" han to no mato'asay, "o faloco' ako mama" sato .

最後一組的這些人，（Rengos 是患眼疾 [maracing] 的女子）[7] 她們出來走過去。這時 'Afetongan 叫道：「長老們，我要的就是她！」長老們開口說道：「爲什麼要她呢？她是窮苦的人，沒有兄弟姊妹，眼睛又有障礙。將來僅靠你一個人工作？」「我知道長老！但我中意她！」

54 Mati:ra ko sowal haw. Nikasaan ako kinian, matiranay kira. Iyaan ko saka, patihi han to no mato'asay. "I cowa ko loma' mama?" sato, "tatatatatata" sato do^do han to kiya ci Rengos. Sanay kira. Hanaw ko sowal kiraan haw.

事情就是這樣，所以我就這麼說。於是長老們就陪他走。又問：「伯父，她住在哪裡？」「走！走！走！」他們就跟著 Rengos 去了。

55 Nikasaan ako sa, masaay hakira ko sapaini nira ano han ni, matira:ay ko sasowal ako haw. Hanaw ako kinasowal. Tahira sato i loma' iray, (cimaay kiya kiya ina ni Rengos? mapawan kako) hanaw ko sowal haw.

到此，認爲我講古的內容如何？其實沒有別的就是這樣。以上如此說。到了那裡。（我忘了 Rengos 母親的名字叫什麼？）

56 Iray, "ira sa matini ira, o cifa'inayay ko wawa iso ha ina. Iray, ci 'Afetongan o Malataw," hanto no mato'asay no 'Amis. "O malataw sa ray, cifa'inay sa ira, mingodo matini a mafodih kako, malapakoyoc i matini.

---

7 maracing 是指瞇眼或有眼疾者。

到了那裡，長老向 Rengos 的母親說：「從此以後，你的女兒 Rengos 有個丈夫了，名叫 'Afetongan，是位 Malataw！」長老就這樣告訴 Rengos 的母親。「和一位 Malataw 結婚？實在不敢當，不好意思接受。我家那麼窮苦，而且眼睛又不正常。

57 Ira, ca:cay ci Rengos matini a mipakaen takowan maan han nira," "maromod kami aci hiyaan" sa ci 'Afetongan ira, ano ci 'Afetongan aca kira na Malataw i, afay ngodo ako. O maan ko sapakaen ako?" han to ni hiya iray ni ina ni Rengos. Matira ko demak tiraan haw. Haen han ako ko sowal.

Rengos 的母親說：「只有 Rengos 一個養活我的家，沒有其他的人。」 'Afetongan 說一定要結婚，可能嗎？」「'Afetongan 是一位 Malataw 的話，我更感到不安。要用什麼糧食養活他呢？」Rengos 的母親這樣苦訴不想接受。

58 Iyaan ko saka, iyaan sato ray, kaen sato ray, o fonga, kae:n sa ci Mawday. Manana:may to a maen i tira i pikadafoan nira ci hiyaan howa ci Idekan. Hanaw ko sowal haw. Nikasaan ako matira:ay ko sapaini ako. Iyaan ko saka, mafelec to ko finawlan, cila sato ray, malecad to a mi'araw to 'Amis ira sa, lomaoc a mi'araw. Hanaw ko sowal tiraan haw.

其實，Mawday 吃甘藷也無所謂，在 Idek 家時，經常吃甘藷，早已習慣了。至此，大家散會回家。次日，眾人為了分配作業而集合。

59 Iyaan ko saka, "matini sato kiraan iray, ira, i satimol ko namo haw, i sa'amis ko no mako mama," han to ni 'Afetongan ira ko niyaro' no Lidaw ato Pokpok. Hanaw ko sowal sa, matira:ay kina sowal ako matini haw. Dafak sato to namaoc iray, mi'araw to.

'Afetongan 向 Lidaw 和 Pokpok 的人說：「你們的部份在南側，我的部份在北側，分配好了？」次日又集合分配耕地。

60 Iyaan ko saka, sowal sato ray, "iray, i cowa kiso 'Afetongan?" han to ray, "i tini kako sa'amis mama" sato tora sa'amis no naloma'an no Alumi han hananay. Hanaw ko sowal. Sa'amis no niyaro' no Kaliyawan. Nikasaan ako matira:ay. Ira sa, felec sato ko finawlan. Dafak i, ira makakenikenis ko finawlan no 'Amis. Ira, dafak sato iray, makakenikenis haca. Matira ko hiya ko 'Amis haw.

所以老人問：「你要哪部分？」「我要在北側的部份。」聽說這個一塊土地位在 Alumi 公司的北邊。[8] 就是 Kaliyawan（加里彎）部落的北邊。[9] 然後，部落居民就回家了。次日，北方部落的人分配耕地。次日，一樣又繼續分配耕地工作。

61 Ano tolo a romi'ad misanga' to sala'edan. Haen han ako ko sowal. Iyaan ko saka, (ci Idek) ci 'Afetongan sato ray, "kiso ha Rengos iray, pikaeredi to keliw haw sa'apa:en" saan. Hatiya o sapitilo ita to no mato'asay to mangcel. Nakasaan ako matira haw kira. "Hatinien" han to ni 'Afetongan.

分配耕地之後，有些家裡為了整理各自的分界線，花了二、三天的時間。於是，'Afetongan 說：「Rengos 你要紡製很多麻線。」麻線大約要捕捉山羌那麼粗大。「就這麼做吧！」'Afetongan 說。

62 Iraan sato tiraan iray, miala ci 'Afetongan to kakawaw ni Idek to sapifariw, ira misanga' to to kapon, "ira maiala to ni Idek a sapihaen ni Idek kiya" san, ci 'Afetongan. Ira sa, mikaered ci Rengos iray, misanga' to kapon ci 'Afetongan. Sa, ko sowal no mato'asay haw. Hae:n han ako ko sowal.

---

8 Alumi 指「鋁」，是日語借詞。光復後改成氮肥廠。這故事發生的地點在氮肥廠北邊。
9 Kaliyawan（加里彎）部落是指花蓮飛機場西邊的噶瑪蘭部落。

其實，'Afetongan 模仿 Idek 使用陀螺當砍伐器。「我們要用 Idek 的
方法來工作。」'Afetongan 說。於是，在家裡，Rengos 是忙於製線，
而 'Afetongan 則忙於製陀螺。老人這麼說，我就這麼說。

63 Iyaan ko saka, sakatolo to a romi'ad iray, satarektek sa i 'anifa i, maemin to ko no tao a safariw i, sa ci ina nira. Sa ko mato'asay, Hanaw ko sowal. Nikasaan ako kinian sa, matini sa to kiraan iray, iray, sakasepat iray, "hanta ko porod iso?" han ni 'Afetongan, sanay kira.

過了三天，他們還在忙著這些工作。另一方面，Rengos 的母親看了
心想：「人家的田已經耕完，自家的什麼時候開始呢？」到了第四天，
「你們做的線球怎麼樣？」'Afetongan 詢問。

64 Iyaan ko saka, sowal sato ray, "caay ho" sato, iya sato misanga' to ci 'Afetongan to kapon. Ra sato ray, "maemin to ko no finawlan a safariw. Sa, ko sowal no mato'asay. Hanaw ko sowal haw. Nikasaan ako kinian. Iray, ya sato kiraan iray, "iray, hacowa to?" han "awaay ho" han to ni 'Afetongan. Mikaered ho ko fafahi nira. Matira ko demak tiraan. Sanay kira

'Afetongan 說：「陀螺還沒做好！」於是他忙著趕工。這個時候，部
落居民耕地整理的工作早就完成。「還要多少才足夠呢？」「還沒好！」
'Afetongan 說。他的妻子繼續捻線。

65 Iyaan ko saka, "tolangi: ho. Hatini i tiya matatodong haw" hanto ni 'Afetongan ko fafahi nira. Hanaw ko sowal. Iyaan ko saka, sowal sa tiraan iray, o sakalima a romi'ad. Iray, mi'enaf to ko 'Amis. Iray," mi'enaf tora iray, sowal sato iray, misararong to ko 'Amis kamokoan a mitafed. Sa, ko sowal no 'Amis. Ira sa isafa ko Fata'an saan

「那麼你的部分再增加！增到這麼大才可以！」'Afetongan 說。於是

第五天，部落各家開始焚燒（mi'enaf）作業。南勢阿美人又集合建造小屋，爲了剷除樹頭或蘆葦根工作（mitafed）時，可以當休息處使用。這是南勢阿美的講古。他們認爲馬太安人的故事是新式的，不及南勢阿美講的那麼傳統。

66 Matira ko demak tiraan. Ano hani to ko no mako to no Fata'an haw, no 'Amis kinian. Nikasaan ako kinian. Iyaan ko saka sowal sato ray, mitafed to ko finawlan no 'Amis Iray, cai ho kafariw ko ni 'Afetongan. Iray, sowal sato ray, maemin to ko no 'Amis. Matira ko demak tiraan haw nofinawlan.

事情就是這樣。這是南勢阿美講的故事內容，等一會我將敘述馬太安部落的故事。當南勢阿美人已開始 mitafed 工作時，'Afetongan 連砍伐都還未動手。部落居民有的早已完成了。

67 "Hacowa to ko porod iso?" han to ray, "ra ho!" "a, maedeng to" sato. Talaomah sa ca 'Afetongan ato fafahi nira haw. Hanaw ko sowal.

「你的線製作了多大？」「看吧？」「喔，夠了吧！」'Afetongan 和妻子前往田園。

68 Toko sa tora i, i wingawing no satowakong yana lotok. Iray, tira a moko ko fafahi nira. Ira, pakapariyar to ci 'Afetongan. Iraan sato iray, sa'amisan iray, tahira sa'owac. Sanay kira. Saka pakariyar sa ci 'Afetongan i sawali nira lotok, iray matira, sadak sa tiraan iray, malalitemoh to i tira i kasasikolan,

妻子先站在 Satowakong 山上的那一端。另一方面，'Afetongan 從那座山的東方海邊過來，朝著北至 sa'owac（澗溪）。總之，'Afetongan 朝著邊界行走，又從東側來到那裡，最後和妻子會合。

69 Haen sato a matini iray, a mitaos to fafani nira. Sa ko 'Amis. Tahira sato iray, "ayi kira o kapon, ayi" sato patakec han to i tira i kapon. Sacipalo san tiraan iray, ca sikeliwen ko keliw ira ko podac nitofacan to keliw.

就和妻子說好。到了那裡說道：「把那個陀螺拿過來！」於是用線把陀螺綁住在那裡。線是未剝削麻皮製成的麻繩。

70 Hanaw kira sa, malo o sapalo. Haen han to a mihiya to kamay iray, ma'acocol to. Paloen to ni 'Afetongan matini ira sa, ringer sato a matini a mi'acocol ira, palo han to ni Rengos ira sa, ya sato nira a niawitan iray, patakec han to nira. Maherek a patakec, palo han nira a mi'acocol matira ira, maringer to. Kapon han naira mararamod, "wa:w" seto. Mapeci' kini o hiya nira ko kapon nira, mafedfed kira iray, pakotayan, palecaden a pakotay.

這個麻線是用來轉動陀螺的。用手操作後轉動陀螺。'Afetongan 打下陀螺之後，它就這樣轉動起來，若線鬆掉轉動力降弱，繼續拋打下去，保持強烈的轉動力。夫妻二人忙著操作陀螺，發出嗡嗡轉動聲，若有陀螺毀壞或遭線纏結，立即更換新的陀螺繼續操作。

71 Solot han kini o nihiyaan to (nipakotayan to) , ira sa, i tira ko cofay i tira patakec. Ira sa, so'elinay, ira patakec han to ni 'Afetongan ira ta paloen to no fafahi. Patakec han to nira iray, hanen to nira matini iray, paloen nira. Lalecad sa mipalo caira, "wa:w" sa masoni. Matira ko demak ira sa, "tefoy tefoy tefoy tefoy tefoy" saan.

把陀螺的捲線拉著才能轉動，反覆這樣做。'Afetongan 把線捲銜接後交給妻子操作。有時候二人同時一起敲打陀螺。陀螺不斷地旋轉並發出嗡嗡聲音，還會不斷地 tefoy tefoy tefoy 跳動工作著。

72 Mafedfed kira ko hiya (ko keliw) ira sa, hanacecay a pakotay iray, e:min sato ko safariw. Ira matira ko demak. Sa, ko

'Amis. Iraan sato kira iray, nialaan to sapifariw ni Idek haw, nitodogan ni Afetongay.

捲線纏結，立即換新線，在很短的時間，整理出廣大的田地。事情就是這樣，這是南勢阿美講的故事。其實 'Afetongan 完全模仿 Idek 的砍伐方式。

73 Hanaw ko sowal tiraan sa, maherek a mifariw tiraan i, alaen to nira ko ni Idek a mitodong a minanom to sa'owa'owac. Ira sa sowal sato ray, maherek a mifariw tiraan i, dafak sato ray, isi' han nira sa, tayraay to no finawlan kiya o kaherekan a mitafed. Sa ko sowal no 'Amis. Hanaw ko sowal tiraan.

砍伐之後，還是依照 Idek 的引水方法，灌溉耕地的每個角落。這些工作做完，次日又來耕地放尿。妙的是，他的尿變成洪水把耕地的草木沖到人家的耕地。南勢阿美是這麼說的。

74 Iyaan ko saka, matiraay a niisi'an ni 'Afetongan ko safariw. Matira sa, kami ko kaka han to no 'Amis ko sowal. Ira sa matira ko no 'Amis a kongko. Ra sato mihafay to ko finawlan, iray, mihafay to to 'okoy. Sanay kira.

就是說，'Afetongan 用自己的尿水整理並灌溉耕地。南勢阿美向來認爲，這故事是正統的，而且是領先馬太安的說法。收割時候到了，各戶開始收割小米，採收葫蘆。

75 Sakalima a romi'd maemin to ko no finawlan. Iray, sakapito a rom'ad, iray ca kaedeng a micolo' to 'okoy mahekatosatosa kira howa ko ni 'Afetongan. Sa ko sowal. Hanaw ko sowal haw. Iyaan ko saka, paliw han to no finawlan, Ira sa maemin to. Ira sa sowal sa tiraan iray, sa'opoen to kina 'okoy. Matira ko demak tiraan, hanaw ko sowal.

經過了五天，部落人大部分皆已收割完畢。七天之後，收成還是搬不完，'Afetongan 叫部落的人幫忙搬運。最後，在大家的協助下才完成搬運工作。搬回的葫蘆全部集中一處。

76 "Iray, ano dafak sa, karatar a tayraan haw" hanto ni 'Afetongan. Sa ko 'Amis. Hanaw ko sowal. Tengili kono Fata'an a kongko ano honi. Hanaw ko sowal. Iyaan ko saka, menad sato ko fiyaw no 'Amis tiraan iray, "ini to kamo?" han to ni 'Afetongan, "i, 'Afetongan!" saan. Awit tina hiya iray, fek han nira i, o felac no hafay.

'Afetongan 向來幫忙的人說：「明天請早點來到這裡！」南勢阿美如此說。等一下請聽聽馬太安式的講古！次日，眾人來到 'Afetongan 家。「你們都到齊了？」'Afetongan 問說。「是啊！'Afetongan。」眾人說。'Afetongan 拿起來葫蘆，倒出來。

77 (I tira a ma.) "Naw no makakiroma?" sato ko Fata'an haw. "Maedeng kamo tinian?" han nira iray, "ca kaedeng kami" sa, ala sa tiya 'okoy iray, fek han iray, o felac no hafay, sa ko 'Amis.

馬太安人聽了這個故事說：「爲什麼和馬太安部落的故事不一樣呢？」打出來的小米全分給部落的人。「你們夠了嗎？」「我們還不夠！」有人說。於是，就拿出葫蘆，將之打破後，小米都跑出來了，南勢阿美是這麼說的。

78 "Na cima ko mitifekay i tira ho i hiya?" sa ko Fata'an haw. Hanaw ako kiraan, pacaciwa' ako kinian. Iray, mafowas ko hiya, matomes ira nisorotan to no finawlan. a satapes ato tapila' sanay kira.

馬太安人對這個講古反駁說：「葫蘆裡的是未春搗的小米，爲什麼變成白米（felac）？」我插入了馬太安人的閒話。'Afetongan 打出來的白米很多，把整個部落的籐簸箕（satapes）和籐邊（tapila'）全拿出來也裝不完。還剩很多白米。

79 O maan ko tapila' howa na Rengos pakoyoc howa. Sa, ko 'Amis. Hanaw ko sowal. Iray, "cikaedeng kami" sato. Fek han ko sakatosa a tanoman i, o felac to no fafay. Fek han kini o ira sakatosa no hiya iray, o fela:c to no hafay.

因爲 Rengos 家很窮，沒有這種籐邊器具。南勢阿美這麼說。如此說。尚有人說還要，於是打破第一個和第二個盛水用竹筒（tanoman）取出白米。

80 Fek han kini o sakasepat iray, o fal:c to no panay. Enem ko nipiefek to no 'Amis haw ni 'Afetongan ira sa, "maedeng kami" sato.

繼續打破第三、四個盛水竹筒，出來的一樣白米。約打破六個，才喊說：「我們夠了！」

81 Iya sato o peton no ina nira tiraan iray, iyaan ko pakamamaay, iyaan ko misalahokay, iyaan ko misalamalay to hemay haw. Malosapakaen tiyaan o mipadangay a finawlan naira o 'Amis. Hanaw ko sowal. Iray, macacak tora ira, ala sa caira riy, o fitonay kidkid han naira. Sa, ko 'Amis.

另一方面，這個時候雙方的親戚忙於準備煮午飯，好供應給來幫忙工作的人。米飯煮熟，把棘竹筒拖到大家的眼前。南勢阿美這麼說。

82 Iyaan ko saka, ra sato tahira, ra sato iray, "maedeng kamo?" han to ira sa, "caay kami kaedeng" han to, "inian i?" han. "ca ka edeng kami". Sakatosa, "inian i?" han, "maedeng to maan haw?" sa ko romaroma, "inian o sakatolo?" han "ha, maedeng kami" han to nora somowalay.

'Afetongan 問大家說：「你們看這個夠不夠？」「我們還不夠！」大家說。「這個呢？」「我們不夠！」然後又拖出第二支棘竹筒，再問：「夠不夠？」有人說：「怎麼會夠呢？」回答：「那這第三支棘筒呢，夠不夠？」「好！我們足夠了。」部落的人說。

83 Fek, fek, fek, han to iray, "ko ko ko kok!" sato mati:ni. Iya sa ca'ang iray, raririway sa ko foekan. Sa ko 'Amis a sowal. Iyaan ko saka, "no matira ko 'Amis?" sanay to ko Fata'an kira. Hanaw ko sowal haw. Hatira kiraan.

'Afetongan 手持棍子朝地上的棘竹不斷敲打，棘竹立刻 ko ko ko kok 叫起來，並出現了一隻大豬。棘竹的枝葉也變成了小豬。南勢阿美是這麼說的。所以馬太安人說：「爲什麼南勢阿美的說法跟我們不一樣呢？」

84 Iray, maherek sa tora iray, pacacorok han to ni 'Afetongan kiya o tapang iray, kidkidki:d han to. Iya sato o ca'ang nira iray, awaay to kina foekan ira cipapa:h to. Tangasa sa i tira i piletekan iray, patireng han to ni 'Afetongan sa ko 'Amis haw. Nikasaan ako kinian. sa, hatira kina sowal ako i matini haw. Nikasaan ako kinian. Ira, ira sa a sowal ako i nacila i, cifafoy to. Nikasaan ako kinian, matiranay kira.

這事之後，'Afetongan 從棘竹的頭部插入，枝葉的小豬不見了，只見竹葉。南勢阿美說，'Afetongan 把棘竹再拿到原來砍取的竹林插種。如同昨天我講過的，他們就是這樣獲得豬隻的。

85 Cipafatis i tiya haw piro'itan haw. Hanaw ko sowal. I tiya to o 'osaw no hiya mipadangay a niyaro' no 'Amis kiyaan sapafatis. Hanaw ako, ci inaan nira ci Dayoan aci mamaan nira ci Depangan Dayo. Mapoyapoy ko fafahi nira.

依照習俗，piro'itan（收割祭）期間，不必進行 pafatis（分享豬肉）。頂多分給前來幫忙的南勢阿美人，尚有剩餘的豬肉，才可以進行 pafatis。就是分給他的母親 Dayo 和父親 Depang。此時，他的妻子懷孕了。

86 Yaan sato tiraan iray, cikawal kina hiya a kamakatan na 'Afetongan ato fafani nira ci Rengos iray, mapoyapoy iray, matefad iray mapatay iray, mala'oner. Sa, ko 'Amis haw. Hanaw ako kiraan, matira:ay kira. Iya sato o pihiya iray, pa'oficaw kako ano han iray, parato :h ci inaan ako kini sa, paratoh saan.

前往娘家的路上，有一段是架有梯子的路。'Afetongan 和妻子二人爬上梯子時，妻子因懷孕，攀登梯子時不幸墜落地上死亡，後來還變成了蛇。南勢阿美這麼說。這事他不能私下了斷，不得不告訴母親。於是，就這樣坦白地告訴了母親。

87 "Mati:ni ina kako" sa egang sato a mangic kina mato'asay. "Iyay:ya ko wawa ako i, cepe:k hani." saan. Ira sa, mipatado: ho ci hiya a pawali haw ira ci 'Afetongan. Mafahkol to 'ariri ira, laliw sato, taloma' tayra ci inaan nira haw. Sa, ko sowal no 'Amis. nikasaan ako kira, matiranay kira ko no 'Amis haw. Nikasaan ako kinian. Hatira ko sowal ako.

「媽，事情就是這樣的。」老人家一聽到這噩耗，哇地大聲哭了起來。「可憐啊！我的女兒！死得太慘了！」'Afetongan 暫時停留妻家照顧料理家事。小米曬乾放入米倉，'Afetongan 才離開妻母家回到家鄉生家那裡。這些故事的內容就是南勢阿美式的說法。因此，我就這麼說。我的話到此結束。

第二十九章

O sarepet no Fata'an maomah
馬太安農具的演進

1 Pakayniay i kasadak no marad no mukasi no Fata'an haw. Hanaw ko sowal. A o maan ko sakamaomah. No naikoran no riyar asa. A alala:en ni Marokirok o fanaleno pakadodang i riyar kira howa. Hanaw ko sowal

關於馬太安部落古代（鐵製）農具的來源。昔日，洪水時代之後，到底是用什麼農具來工作。也沒有提到 Marokirok 坐方舟逃離洪水時，是否帶走一些農具。

2 Iray, sakamaomah sa ray, o fokeloh. Cecay miheca ira, o fokeloh iray, caedesen ko mato'asay no mukasi ho, o kawas ya sato o tama' naira to kararayan iray, o kahong "onianay aca!" sato i hatini ko kahong tata'angay a kararayan sa, iraan to ira sa, caay to ka o fokeloh, caedes sa.

據古人說，當時的農具都是用石頭製成的。雖然這時屬於神人時代，但一年到頭，天天使用石器還是會造成手部疼痛。後來，從獵獲山鹿中發現肩胛骨，就說：「我們改用這個東西吧！」從此之後，便改以山鹿肩胛骨為農具。

3 Ira sa, taneng sa a maomah haen han nira colok ira felih kamkamen ta matini ko semot, sato kohong haw ko sakamao mah. Hanaw ko sowal tiraan. Sa, o kahong sato to mihecaheca:an awaay ho ko Taywan. Yosanay kinian sa, ya sato kinian o falinah ira yasapitenooy to no fay fahi iray, iraan ko hawan iray,

由於水鹿的肩胛骨粗大堅固，使用起來手不疼痛，因而取代了石器。田裡的工作，凡砍伐雜草、掘土、翻土整理等都以這個肩胛骨爲工具。因這個時代漢人（製造鐵器者）尚未出現，大家只好年年以骨頭爲工具。後來把骨頭製成 falinah（婦女編織用器具），充當刀具使用。

4 Tikel han a matini tek han iray, tepoy toktok han ira tepoy saan. Caay to ka i tira i kilakilagan a maomah. Hanaw ko sowal tiraan. Ira sa, ra sa tora iray, (hanaw ko sowal) o hafay, palomaan to to katepaay, ira to aiya'an to pocikan, kohetingay tara'aran, potonana, fadiyaw, hanaw ko sowal. Sa, ora: sato sakaomah haw. Hanaw ko sowal sa, matira ko sakamaomah no Fata'an. Inian sato o Taloko iray, o fokeloh, fokeloh saan.

使用骨具之後，不管做什麼事都很有效率。有了這些工具，昔人種植 katepaay（紅糯米稻）、pocikan（紫紅色蕃薯）、kohetingay tara'aran（黑色胡瓜）、potonana、fadiyaw 等作物。這些都是使用肩胛骨的結果。以上就是馬太安人使用的農具。據說這個時候太魯閣族的人還在使用石器。

5 Inian sa o Tafalong o fokeloh. Ira, ira sa, matira ko hiya haw, masolep ko Tafalong. Mahaen ko pi'ada'ada. Nikasaan, cecay ko Hawan, howa. Hanaw ko sowal sa, ono Fata'ata'an aca ko pasomadananay tiya o hiya to kahong no kararayan sa dadahal to ko nikaomahan, ci ka solep ko Fata'an. Hanaw ko sowal matiraay.

太巴塱方面也一樣還在使用石器，太巴塱部落實在落伍多了。此外，各地方的部落也一樣，還在使用石器，甚至連大刀都沒有。尤其是馬太安部落的骨具裝上把柄之後，使用起來更加方便。因此，耕作面積隨之寬廣，莊稼多了，生活當然不會窮苦。

6 Iyaan ko saka, hacowaay hakira aka ka saan. Iraan sa, iraan haw ko no Fata'an haw. Hanaw ko sowal. Iyaan ko saka, ra sa tora i,mafokil ko Fata'an mimaan sa miala to kanong o? o sakalimaan han no mato'asay ko sowal. Matira ko demak kira sa, nengneng sa kako i nacila ray, ti:raw picodadan. Ira iray, Taypak iray, cecay kina kahong ono Fata'an kira ha singsi. Nikasaan no mako matiraay kira, hanaw ko sowal. Hatira ko sowal no mako.

也許大家想知道馬太安部落的農具是什麼樣子？原來不過是如此。但現代馬太安人已不知道昔日骨製工具的效率，還批評說：「這些骨具已遭時代淘汰，沒利用價值了！」昨天參觀臺北中研院博物館時，看到一件骨製工具。先生，我想說不定它是由馬太安部落搬過去的！我的話到此為止。

第三十章

Kararamod no Pangcah
阿美族的議婚

1 Iraan san tiraan iray, o roma kina sowal ako haw. Iya i honiay ano ca litapangi kira pifafahi no kapah ano hani, satapangen ako mapaherekay sakitini i pifafahian, kailisinan ko picomod, ira pisoraratan a micomod iray, pi'arawan a micomod han ko paherek i honi kiyami, ta tangasa i tini i picereng. Hanaw ko sowal tiraan.

我要講述別的事情。現在說有關青年們的結婚季節。昔日的習慣，約於小米收割豐年祭之後舉行。此外，在pisoraratan（加入年齡階級），pi'arawan（相親），至picereng（成婚）期間內亦可。

2 Ra sato kira, o fatad no mihecaan iray, ano yo misapatay misalafii kiraan iray, "hana 'icep hana?" sa ko fayfahi to fana'inay, "awaay hana!" saan. Iyaan ko saka, raan sa tora riy, awit han to no fayfahi kiya o dofot, hanaw ko sowal sa ta pafeli sa ko fayfahi to lipot to mamisowal to fana'inay. Hanaw ko sowal tiraan ano i tini i pisalafii to mapatayay. Hatira kiraan.

年中有年輕男女一同參加某家喪禮之通宵守夜時，某位女子問男子：「朋友，你有檳榔嗎？」男子回答：「沒有！」而女子若有中意的男子，則會主動從自己的腰袋拿出一支菸捲（lipot）送給對方。昔日，年輕男女相遇的機會，大多在這樣的通宵守夜之時。

3 Felec sato iray, ano mafolod iray, makalimelimek saan, matalaw taoan. Ano pakahining ko tao matira i, "ciira ko mamisowal no wawa iso, o wawa ni ira." ano hani ira a mangodo. Ira, "masaso:wal ho i, caay to ka ngodo" asa. Matira ko demak a mafelec a mi'olid a misalafii haw. Hanaw ko sowal. Iyaan ko saka, sowal sato ray, ira tangsol to i 'ariri a masasowal. Ira sa, sowal sa tora i, ira "no pacefa to a miaheng kako to 'icep haw? inian iray ira, masa no talakop a pacahfak sa ko miso a tireng?" han no fana'inay kiyo o fayfahi.

過些日子，兩人交往成熟，出外約會，但盡量不公開，需避人耳目。因為被人看到難免會害羞，且避免人家說：「哦！你家女兒的情人是某某人的兒子。」或說：「哦，這兩位年輕人結婚之前已有丟臉的行為。」等閒話。昔日年輕男女的約會，就是徹夜在外頭談情說愛。雖說是在外頭相會，但大多在離家不遠的米倉旁邊。男子開口說：「妳給我檳榔吃是什麼用意？想陷害我嗎？」

4 "O maan a sowalan ko matiranay? Sa miaheng to 'icep i, ira no cika o faloco' ako? sa miawit a miala to dofot i, no cika o faloco' ako? Sa kako tiraan matiranay sa pafeli to lipot i, ya cika o faloco' ako?" sato ko fayfahi pacawi to no fana'inay a sowal. Iyaan ko saka, hatira sato iray, "mafoti'a to" sato, pafeli han no fayfahi to lipot haw tatamakoan a mafoti' i soraratan.

女子回答：「你怎麼這樣說話呢？給你吃檳榔，難道不明白我的心意嗎？我又從腰袋拿出一支香菸給你，還不知道我的心意嗎？」女子這樣回答男子，以表達她對男子的情意。男子說：「是該休息的時候了。」女生遞給男子香菸後，兩人就分手，男子前往集會所過夜。

5 Saan, matira ko demak. Iyaan ko saka, sowal sato iray, yo kasienawan iray, cecay ko fodoy no kapah mafoti' i soraratan. Iray, dafak sa tiraan iray, mikasoy to mitatala to citaforak to mitala timol soraratan no Taporo. Hanaw ko sowal. Iyaan ko saka, felec sato a talaoma', iray, sa ci'ironong sa a mikasoy. Matira ko demak.

昔日，即使冬天很冷的時候，青年男子也一樣在集會所過夜睡覺，所用的被單僅一件衣服。依照昔日慣例，過夜的青年，每日一大早起床，必須前往山上砍取木柴。集合地點在南邊 Taporo 集會所。平常也是依約定時間，由山上扛木柴回來。

6 Tatala sa tora i, mipateli i coerong matira. Ira to kiya mamisowal nira to fayfahi kiraan iray, ano ci'ironong to fonga kiraan ira sa, hakelong sato. Tahira i cowa ray, "oli ko miso haw" saan. "Ha oli ko miso" sa ko fayfahi. Matira ko demak tiraan. Hanaw ko sowal.

採回來的柴薪集中放在置柴所（coerong）。這個時候，碰巧遇到從田裡扛著甘藷歸來的女友，男子就幫她把甘藷扛回家。來到家門前，男子說：「到家了，請進，再見！」女子回答：「請慢走，謝謝！」兩人就這樣道別。

7 Iyaan ko saka, herek no lafi ko fana'inay ray, ano mafolad kiraan iray, milimek iray talayalan. Ira matira ko demak tiraan cikapicopa to loma'. Hatira kiraan. Iray, ano i tini kako i hiya iray ma'araw no tao a matiya saan sa, limek sa ko fana'iaay haw. Hanaw ko sowal.

月夜時，男子吃過晚飯，前往女友家遊玩。先躲在屋簷下，等候女友出來。不可直接進入屋內見人。男子因顧慮在此處被人看見會不好意思，於是先躲起來。

8 Iray, mafoti' to ko malininaay iray ya no wina no pi'olidan nira riy, sadak sato, awaay to ko tamdaw tamako saan, nga'ay ma'araw no nisowalan kako saan. "Aya, ira to kira!" sa taos han to no fafana'inay haw. Hanaw ko tiranan sa, i raan sa tiraan i, "mafoti' to ci ina iso haw?" han "mafoti' to" saan ko fayfahi ira sa "kato ka i tini kita, ira ko tamdaw" han to no fana'inay ta tala'ariri sato. Matira ko demak haw. Hanaw ko sowal.

到了差不多看不到女友家人的形影，即大家都入睡時，男子就走出來，在暗處抽菸，同時以香菸的煙火做爲與女友相會的暗號。「啊，你來了！」女子出聲並靠近男子。「妳母親們睡了嗎？」男子問。「是的，睡了！」女友回答。「我們不要在這裡講話，人家會聽到。」於是兩人走到小米倉庫那裡交談。

9 Iyaan ko saka, sasowa:l sato. Iray, caay ho pipanay, pihafay iray, caay ho kasasawad a masasowal. Iyaan ko saka, sowal sa tora ira, "masa i, picomodi aca ari?" sato ko sowal. "A, o madaponoha?" han no fana'inay. Hanaw ko sowal,

兩位情侶就在那裡談情說愛。照例，年輕人的交往，一直到收割小米前日才停止。彼此交往到成熟的階段，就開始談論婚事。「你想，我們什麼時候結婚？」女友問，「像我這種鰥夫，你願意接受嗎？」男友開玩笑說著。

10 Iyaan ko saka, nainian kinian haw, nikasaan ako kina sowal ako i honi, matira ko demak kira han i katatafalongan ko sapicomod han ako kina sowal i hani kiyami. Sa matira ko demak no mukasi haw, mipa'araw to tamdaw a mafolod milimek.

剛才我說過，男女要結婚，必須經過漫長的交往，才能談到婚事。再說，昔日的年輕人要相會時，絕對要避人耳目，不要被人看到。

11 Hatira kiraan ira, ano to'eman kiraan iray, awaay ko folad iray, i tira i pacoerongan i moco' no kasoy i tira a midipi. Ira matira ko demak kiraan. Iyaan ko saka, cai: kafoti' ko malininaay. Sakasaan a i tira i moco' ray, 'ading no kasoy iray, ma'arawa misi'a ho ko ina nira, ko peton nira, ira ko fayfahi a peton saan ira sa, limek sa i tira. Tira: saan a moko, hinam han ko li kes so'elin mihaen a matini, a ma:mang ko likes howa.

例如，在無月暗黑的晚上相會時，則靠近置柴屋的側壁交談。有時是家人尚未睡覺，他們就已經相會。所以，兩人會躲在置柴屋的側壁談心。還有，此時她的母親或姊妹們可能隨時會到屋外小解。兩人躲在那裡，也許到三更半夜都未結束談話。這時，若有許多蚊子飛過來叮咬他們的臉部等，他倆都得忍受像這樣的蚊蟲侵擾情況。

12 Hanaw, mitala, ca:ay ho kafoti' ko mama ko ina iray, ko sa'ali kiraan i tira caay ho ka talapotal ko mamisowal. Iray, pakafoti: ho to ina. Hanaw ko sowal ira sa, mafoti' tira sa, palamal sato to lipot, iray, tamako sato i tira i satimolan no loma'.

照例，女子的父母姊妹等家人還沒睡覺之前，她是不能出門相會的。因此，等到家人都入睡，男子才可點火抽菸。相會地點還是在南側的老地方。

13 Iyaan ko saka, ira ca kafana' ma'ading to ko fana'inay, "i cowa matiya kina mamisowal ako?" sa ko fayfahi. Ira, kilim sa tora i, "eca: kasadak hani?" sato ko sowal. "Ano cai ho ka foti' ko mama iso, ci ina iso i, ira cika sadak kako i tini a milimek saan.

女友出門找人時，心想：「親愛的，你在那裡？」她到處尋找，因為人躲在暗處。女友說：「為什麼躲著不出來？」男友回答：「妳的父母還沒有睡覺，我怎敢出來呢？

14 Caay ka 'araw ko lipot ako? ira nacaay ka kera? A caay ka saan ko lipot ako?" Han no mamisowal to fayfahi, "caay ka 'araw hana" sato, ira sa "tata to, tayra to 'ariri" han no fana'inay. Matira ko demak ira sa, matira ko demak haw. Haen han ako ko sowal. Sowal sato i 'ariri kiraan iray, ira matini sato kiraan i, ira, "ano caay to ka cifaloco' takoan i, mipararomay to haw. Matini sato sasepat ko mamisowal tiraan i, ano pasayra to kiso i?" han to no fana'inay. Iyaan ko saka, raan sato iray, "aka haenen ko sowal hana. Cima ko makahiay saw? Mamang to i tira: kako a mipa'olid sa kina tamdaw! saan ko faloco' matira." hani nira ko sowal. Iyaan ko saka, "kiso iray ko adihayay ko mamisowal? sanay ko faloco' ako matini i, mafana' kako to mamisowal iso i. Ci ira, ci ira, ci ira, saan i. Ira

出來坐，我抽菸的煙火不是被人看到嗎？」男友說。女友說：「但你這麼做，不是害我找得好苦嗎？」「好了！不要說了，我們到米倉那邊坐著吧！」男友說。他們兩人就在米倉邊開始交談。「妳對我的情意是眞誠的嗎？我還不太了解妳是否眞的愛上我。就我所知的，目前愛上妳的男人共有四個人，不是嗎？難道妳不能選擇我一個人嗎？」男友說。「你不要這麼說好不好？誰說我跟他們要結婚？我去過他們的家拜訪了嗎？我根本不愛他們。」女友回答，然後繼續說：「我知道你故意作弄我、考驗我。我知道愛上你的人更多，如某某小姐、還有某某小姐、

15 matira ko demak tiraan sa ko fayfahi." Hanaw ko sowal. Iyaan ko saka, "a cima ko ma'araway iso? ayi:yi tisowan? iray, o matokaay mikasoy? iray, o caay pilidafak? Iray a malamiledok to pala? ta adihay ko mamisowal iso haenen? Iyosanay no mako iaan iray, aka haenen ko sowal," sa ko fana'inay. Raan ko saka, cawi sato ray, (pacacawi, a iray) "ira, inian i, cika pakaeso' to to sowal i takowan i matini?

某某小姐不是嗎？」如此吐露內心的憂苦。「你眞的看到她們愛上我嗎？我是個懶於砍木柴的男人，不會早晨工作的男人，不會耕田的不中用男人。妳怎麼說很多女人喜歡我？妳講話不要那麼過分好不好？」男友說。「你不必以甜蜜的話引誘我，我喜歡你是肯定的。

16 Yosaaay kinian haw. No maan sa, ira 'acefel a miiloh tiraan i, ira o fali no nani'amisay tiraan i, ira, pasa'amis ko takelang ako haw. Ira mato fali ko tireng iso. Saan ko faloco' ako i matini matiranay kira, hae:n han ako sowal." sa ko fayfahi. Iyaan ko saka, "mamaan to saw? Ira kopkopkopaw ako kiso ira saan kiso?" han no fana'inay.

但我沒信心擁有你，因為你如同冒著的煙火，吹過來的北風般空虛。這是我的眞心話，你跟我說實話。」女友說。「說的也是，我想我一定會跟妳結婚。」男子說。

17 Iyaan ko saka, raan sato iray, "matini sato halafinaw ita ko sowal ano hani, ira mafolaw ko mamisowal iso" han no fana'inay, ira sa, "mimaan to? Nga'ay o acaengar to a mi'olid kira haw to mamisowal ako," sa ko fayfahi. Iray, cawi sato kiraan iray, "mangodo taoan hani, a maapac a manikar kiraan i,fangcal a matira?" han no mamifana'inay. Matira ko demak tiraan haw, nikasaan ako kinian. Cawi sa ko fayfani iray, "cai, nga'ay ma'iray ciira i lalan a paka'iray takowan," saan ko fayfahi, "Omaan a sowalan ko matiranay? ta mamaan aca? Haminen.

「在外面交談這麼久，妳家人不會怪罪我嗎？」男子又說。「我家人不會干涉我們的事！」女子說。「眞不好意思，尤其是妳明晨要早起燒飯。」男子說。女子回答：「不，我不認爲如你想得那樣麻煩！」

18 ko koreng a patalaloflof hana, ciko pacahfak sa ko miso a tireng?" han no fana'inay. Iyaan ko saka, matira ko kasasowal i tira i 'ariri haw. "Nikasaan ako kinian matira sa, matini sa tora ira sa, ano saca ko faloco' iso tora iray, i tini aca kita i kailisinan haw, tira a maramod kita," han to no fayfahi, "ta caay to ka sasawad ko nafaloco' ita." sato.

「你那什麼話？你想我的身價，那麼重要嗎？」男子說。二人在米倉那裡交談的內容大致如此。「我想，若這個是你的眞心話，那麼在豐年祭期內，我們二人舉行婚禮，你覺得如何呢？」女子再度要求決定。「那是求之不得的事情，我也是這麼決定！」男子同意。

19 Iyaan ko saka, maletep to, mihafay to, mipanay to, misaloma' to matira, lomaoc to to sapipahko ato sapisaepah a misama'ma',ira matira ko demak ira sa, sowal sa tiraan iray, ira mihiya sa sowal kako i hani matapokaw to ko nipawalian, ko nipa'pa'an nira iray, misahemay to.

到了收割小米、稻米、蓋房子時期，召集住民在集會所參加部落會議（lomaoc），進行 pahko（豐年祭的預備工作），並且開始釀酒，如同剛才我說過的，先準備好酵母，開始煮飯，準備造酒作業。

20 Ira raan sato iray, "maoc kita haw to sapipahko," sato. Matira ko demak, han cipacefa i tira i fatad no mihecan haw, a micomod paysin. O madaponohay howa sa pacefa: sa a micomod? mapatay ko fa'inay ira tira ko kalecad no mapatay ko fafahi iray, iyaan ko i fataday a miheca a micomod. Hanaw ko sowal ira sa, hananay ko demak haw. Haen han ako ko sowal. Nikasaan ako kinian sa, sowal sa tora i, ra, matira ko sowal no mama.

部落號令：「今天部落要舉行 pahko 祭！」不能隨便擇日舉行婚禮，但若是未亡人，可隨時舉行入贅禮。例如，丈夫或妻子死亡者，隨時可再行婚禮。若是年輕的初婚者，則是絕對的忌諱。我這麼說，因為先人也是這樣訓示我們的。

21 Iyaan ko saka, so'elinay tangasa to, (pipahkoan) a pihiyaan i pahkoan iray, "matini ci mama ako haw, ci ina ako. Iray, awaay haw iray, o misanekaytisowan? mafana' kako, saan ko faloco' ako" han no mama. Iray, "o cima? cima ko makahiay to wawa no miso? sa ko tao?" saan. Ira salama no mama to 'a'ayaw a mafofi'.

pahko 祭來臨了，家家可以開始舉行婚禮活動。到了這個時期，父母大人開始查問自家的女兒是否有意中人，問：「我們老人家關心女兒們的婚事是應該的，不知妳看上哪家的青年郎？」平日在晚間家人上床睡覺前會談這樣的話題。「哪一位青年郎敢看上你家女兒？」女兒回答。

22 So'elinay, iray, kacifaloco'an no nina mama kiraan ato ina kiraan iray, fafocirir han to nora sato iray, taos sato kiyo, mafoti' to talapapotal to kiyo fayfahi. Iray, malikat to ko nipakpakan ira to tamako, taos han to no fana'inay haen han ko demak.

若父母親滿意現在女兒正交往的男子，則催促女兒加快談論婚事。待某個晚上，男子來了，坐在外頭抽菸等候女子出來接他時，則入屋與女方家人見面。

23 Iyaan ko saka, tala'ariri to, sowal sato ko fayfani ira, "sowal ni mama ako aci ina iray, a cifa'inay haw, ka iyaan o kacifaloco'an ako, hanaw ko sowal, o wawa ni ira. Hanaw ko sowal. Tini lalaocan iray, caay ka palawa a mipananom ciira. Yosanay kinian.

照例，兩人先坐在米倉那裡聊天，女子開口說：「我父母說，若要結婚，應該選擇父母老人喜歡的某家青年郎才對。因為那位青年郎，平常在集會所的活動表現優秀，常常遞水給我喝，

24 Saan ko faloco' ako iray, ka iyaan haw, han to no mama, nimama ako kako." sato. "Haw hay, ano matira aca ray, sowali ci ina ako haw, ray, kako to mako ray, mafekac kako ano hani a somowal. Hanaw ko sowal ta mala nisowalan to ko malo ko ina ato mama." han no fana'inay.

我對他的印象特別好。妳能跟他結為夫妻最理想不過！」「原來如此？我還有什麼話說？不過我認為我不是如妳父親所說的那樣是有本事的

男子，不論如何，我還得向我父母說一聲才可論及婚事！」男子回答。

25 Iyaan ko saka, so'elinay iray, mahereka:y to roma a kiyanan ko yo mama, yaan o faki ya o fana'inay, matira ko demak. Iyaan ko saka, tengil han ko i tira i moco' iray, mafoti' ci mama iray, "mama han nira" "maan saw?" "kapalal hana mama!" han to no wawa nira tini o fayfahi mamisowal nina fana'inay.

兩人在外面如此交談。照昔日的慣例，有些家庭暗中派人靠近牆壁偷聽他們的對話。其實，父母他們也還沒睡，等候兩人進來屋內。「爸爸！」「什麼事？」「請起來一下，有事相談！」女兒叫父親起來。

26 Iray, ra sato mama tiraan iray, "cifa'inay kako saan kako mama!" han no no wawa to fayfahi. Ya sa a sowal i honi singtoen ako. Iray, ra sato kiraan iray, "kairaan to ko ko fa'inay haw, caay ka sawasawad.

「爸爸，我想要結婚？」女兒開口說。如剛才我說過的，父親開口說：「我說過父親理想的準女婿，即是你未來的丈夫是要什麼樣的男人？妳都知道了。

27 ko faloco' ako iraan. Ira, mi'oway aca, Iray, ca palawalawa a mi'oway. Hanaw ko sowal." sato ko sowal no mama nira. Iray, ra sato matini sato i, ira, mipanay to ano cira i, maemin to ko sapihafay i, ira, a i tiya to haw, "mipanay ano dafak, miteka mipanay," sato. Iray, cila sato kiraan iray, "i tiya to a mihiya haw, a taloma' sakatosa mipanay." sato. Matira ko demak tiraan. Iray, ra sato ra iray, "i, pina ko ramod ita haw, iray, ano patahirawen kiraan a mtiya

主要是能夠獨自入山採取山籐的青年男子，我就滿意了。」又說：「如今妳決定他作準丈夫，我也同意。後天我家開始割稻（小米），收割完了，我們馬上舉行婚禮！」於是女方準備決定舉行招婿婚禮，並告訴親友：「我們全體親族要在第一次割稻後與第二次割稻前舉行婚禮。」因此準備婚筵事宜。兩人又相會交談：「我父親這樣告訴我：『人生能結婚幾次？為此，你們的終身大事一定要慎重的考慮，並以認真的態度來決定才對。

28 i, saan ko faloco' matini teka mipanay matini i, nga'ay comoden ano dafak haw. Pitalaen i tira i timolay sorraratan no Taporo, sato ko sowal ni mama ako." sato. Matira ko demak ira sa, "hay, ano saan matira i, ira kapah to," hato kiyo fana'inay.

為此，馬上舉行婚禮不得拖延太久。如今割稻完畢，明日要舉行婚禮，若你同意，明日在南處 Taporo 集會所等候我方的迎接！』不知你覺得如何？」「既然你們這麼決定，我也這麼決定！」男子同意。

29 Iyaan ko saka, ra sato kiraan iray, "hatiraaw ita ko sowal haw, saan ko Faloco' ako sa cika kako ano dafak i, ira herek a maranam tiraan ira, cefis to 'onoc ako, hawan ,o fodoy ako, to koric." sato ko sowal kiya no mifayfahi. Iray, ra sato matiya, "tala han to ano dafak ano tira i 'adawag timolay sorraratan Taporo haw," hato kiyo fana'inay. Matira ko kasasowal naira to dadaya.

又補充說：「由你家來作主，我沒什麼意見。吃完早飯，依照慣習，我一定準時前往赴會。但不要忘記帶扁擔（'onoc）、佩刀（hawan）、長衣（koric）等到 Taporo 集會所給我使用。」「好吧！請明天在南處會所等候我們。我們也準時到那裡迎接你！」女子回答。兩人就這樣交談直到深夜。

30 So'elinay, maherek a maranam iray ra, cefis to hawan, o 'idoc, o fodoy to koric. Ira iya han ca pafeli kiraan iray, tatiih kira, sa ko faloco' ako i matini haw. Hanaw ko sowal. sato. Iyaan saka, kiso tora kalamkamen to talaomah ano dafak haw. Han to kiyo fana'iany, kiyo mamisowal nira, ira sa, ra sa tora ira to, macacolos to to ina nira, ira ci mama nira, sa'ali nira. Iray, ano tatosa ko fana'inay iray, emin sa mipanay hanaw.

次日，早飯之後，女方家帶著佩刀、槍（'idoc）、長衣等送到集會所接迎準女婿。昔日的婚禮，不這麼做是不行的。男方也應該依照約定時間，到集會所那裏接受迎親儀式。此外，雙方（新夫妻）的父母及親族們也都到場觀禮。

末代 **sapalengaw** 的話：
馬太安大頭目 Unak Tafong 1958 年錄音重現
Words of the Last Sapalengaw:
Re-Presenting the 1958 Recordings of
Fata'an Chief Unak Tafong

主　　　編：黃宣衛

口　　　述：Unak Tafong（何有柯）

記音／翻譯：Namoh Rata（吳明義）

編　　　輯：黃淑芬

封 面 設 計：黃啓瑞

出 版 發 行：中央研究院民族學研究所

　　　　　　臺北市南港區研究院路二段 128 號

　　　　　　電話：(02) 2652-3300

排 版 印 刷：天翼電腦排版印刷股份有限公司

　　　　　　新北市中和區中正路 716 號 8 樓

　　　　　　電話：(02)8227-8766

定　　　價：新台幣 650 元（精裝）

　　　　　　新台幣 550 元（平裝）

初　　　版：中華民國一〇三年七月

GPN 1010301288（精裝）　ISBN 978–986–04–1728–9
GPN 1010301289（平裝）　ISBN 978–986–04–1729–6

國家圖書館出版品預行編目 (CIP) 資料

末代 sapalengaw 的話：馬太安大頭目 Unak Tafong
　1958 年錄音重現 / 黃宣衛主編；何有柯（Unak
　Tafong）口述；吳明義（Namoh Rata）記音／翻譯.
　-- 初版. -- 臺北市：中研院民族所，民 103.07
　　面；　　公分
ISBN 978-986-04-1728-9（精裝）
ISBN 978-986-04-1729-6（平裝）

　1. 阿美族　2. 民族文化

536.337　　　　　　　　　　　　　　103012768